数林外传 系列

跟大学名师学中学数学

周期数列

第 2 版

◎ 曹鸿德　编著

中国科学技术大学出版社

内容简介

周期性是中学数学中的一项重要内容,也是各种竞赛的考点.本版在第1版的基础上做了较大改动,增加了更多与周期数列相关的基础知识,同时纠正了一些印刷错误,并完善了书中的一些证明.本书从递推数列出发,讲述了一阶、二阶递推数列,以及递推数列的有界性和单调性;最后讲述了本书的重点——周期数列以及模周期数列.其中前三章对于参加自主招生考试的学生是非常有益的.书中附有大量的练习题,并提供了解答或提示.

本书可供中学生、中学教师以及数学爱好者阅读.

图书在版编目(CIP)数据

周期数列/曹鸿德编著. —2版. —合肥:中国科学技术大学出版社,2013.6(2019.11重印)

(数林外传系列:跟大学名师学中学数学)

ISBN 978-7-312-03200-4

Ⅰ.周… Ⅱ.曹… Ⅲ.代数课—中学—教学参考资料 Ⅳ.G634.623

中国版本图书馆 CIP 数据核字(2013)第 118283 号

中国科学技术大学出版社出版发行
安徽省合肥市金寨路 96 号,230026
http://press.ustc.edu.cn
https://zgkxjsdxcbs.tmall.com
安徽省瑞隆印务有限公司印刷
全国新华书店经销

*

开本:880 mm×1230 mm 1/32 印张:9.125 字数:246 千
1992 年 3 月第 1 版 2013 年 6 月第 2 版 2019 年 11 月第 3 次印刷
定价:24.00 元

再 版 前 言

考虑到递推数列性质的完整性,再版《周期数列》一书时,增加了递推数列的其他性质.这些增加的内容,不仅为《周期数列》提供了基础,而且增加的前几章中的一些定理揭示了一些高考、自主招生和竞赛数列命题的背景,同时对广大高中数学教师是有参考价值的.

这次再版,不仅纠正了许多印刷错误,并尽可能地纠正了一些不完善的证明和错误,而且在知识系统方面尽可能做得更好一点.

1990年后本人从事了十年行政工作,1999年退休后又重新"玩起了"我所热衷的数学,有些新的发现,兴致颇高,晚年生活很充实.这次特邀卢明、沈新权和吕峰波三位浙江省数学特级教师参与前几章的编著和审稿.吕峰波编写第1章,沈新权、卢明和曹鸿德合作完成第2章和第3章,曹鸿德和徐洪泉合作完成第4章和第5章.后生可畏,是可以有所作为的.我一路能够走到现在,还能做点数学工作,除了坚持,也与大学学习时复旦大学数学系给我打下较为坚实的基础有关.

单壿先生几十年如一日地支持我的工作,这次又给予许多指导,例如,第3章中"混沌"一词是单先生提供的,并又审阅了全书.

在这里,我要提起一些往事.记得1988年夏,严镇军先生看到我的《模周期数列》手稿,举荐给湖南教育出版社《数学竞赛》

发表，后入选在北京举行的第 31 届 IMO 对外交流文集《Mathmatical Olimpiad in China》．先生又力促我完成全书．严镇军先生是一个诚恳实在的人、治学严谨的人．虽然严先生有点重听，和他说话颇为吃力，但一谈到数学，他便眉飞色舞，热情地投入讨论．严先生已作古多年，我一直怀念他．

我的学生徐洪泉当年在南开大学数学系学习时为我查找了不少资料，并参与了一些定理的证明．

这里，对支持和帮助过我的朋友一并表示感谢！

书中如有错误，敬请读者指正．

曹鸿德

2012 年冬

前　　言

由于纯数学与应用数学的推动,对周期数列的研究在不断地深入.这在数学竞赛中也有所反映,书中的大部分例题便取自各类竞赛.

本书在写作过程中,得到了单墫和严镇军两位先生的支持,单先生仔细审阅了本书的一、二两稿,对于写作(特别是一些证明)给予了许多指导.借此机会,谨向两位先生表示衷心的感谢.

由于才疏学浅,书中难免存在缺点和错误,敬请读者指正.

曹鸿德

1990 年冬

目　次

再版前言 …………………………………………………… （Ⅰ）

前言 ………………………………………………………… （Ⅲ）

第1章　一阶递推数列 …………………………………（ 1 ）
1.1　基本概念 …………………………………………（ 1 ）
1.2　通项公式的求法（Ⅰ）……………………………（12）
1.3　通项公式的求法（Ⅱ）……………………………（23）
1.4　和及和的不等式 …………………………………（41）

第2章　二阶递推数列 …………………………………（62）
2.1　二阶线性递推数列通项的求法 …………………（62）
2.2　可以转化为二阶线性递推数列的线性递推数列问题
　　　………………………………………………………（69）
2.3　非线性二阶递推数列及高阶递推数列的问题 ……（76）
2.4　二阶线性递推命题构造初探 ………………………（84）

第3章　递推数列的有界性和单调性问题 ………………（97）
3.1　一阶递推数列的有界性和单调性问题 ……………（97）
3.2　一阶递推数列的发散问题 …………………………（122）
3.3　数列方程组的收敛和发散问题 ……………………（129）
3.4　高阶递推数列的有界性和单调性问题 ……………（132）

第4章　周期数列 …………………………………………（139）
4.1　基本概念 ……………………………………………（139）
4.2　判定周期性的方法 …………………………………（149）
4.3　和数列的周期性 ……………………………………（167）

4.4 周期点列 ………………………………………… (170)
4.5 函数迭代和周期点 ……………………………… (177)

第 5 章 模周期数列 ……………………………… (188)
5.1 基本概念 ………………………………………… (188)
5.2 模斐波那契数列 ………………………………… (200)
5.3 模纯周期数列 …………………………………… (213)
5.4 和数列的周期性 ………………………………… (229)
5.5 周期与初始项无关的条件 ……………………… (234)

练习题解答或提示 ………………………………… (244)

第 1 章 一阶递推数列

1.1 基本概念

定义 1.1.1 设一元函数 $f(x)$ 的定义域为 D,值域也为 D.若 $a_1 \in D, a_{n+1} = f(a_n)(n \in \mathbf{N}^*)$,则称数列 $\{a_n\}$ 为由函数 $f(x)$ 导出的**一阶递推数列**,函数 $f(x)$ 称为数列 $\{a_n\}$ 的递推(迭代)函数.

定义 1.1.2 如果一个数列 $\{a_n\}$ 从第 2 项起,每一项与它前一项的差等于同一个常数,即 $a_{n+1} - a_n = d(d\ 为常数)$,这个数列就叫作**等差数列**,这个常数 d 叫作等差数列的**公差**. 等差数列的通项公式为 $a_n = a_1 + (n-1)d$,或者 $a_n = a_m + (n-m)d$ $(m, n \in \mathbf{N}^*)$,其前 n 项和

$$S_n = na_1 + \frac{n(n-1)}{2}d, \text{ 或 } S_n = \frac{n(a_1 + a_n)}{2} \quad (n \in \mathbf{N}^*).$$

定义 1.1.3 如果一个数列 $\{a_n\}$ 从第 2 项起,每一项与它前一项的比等于同一个常数,即 $\dfrac{a_{n+1}}{a_n} = q$,这个数列就叫作**等比数列**,这个常数 q 叫作等比数列的**公比**,等比数列的通项公式是 $a_n = a_1 q^{n-1}$,或者 $a_n = a_m q^{n-m}(m, n \in \mathbf{N}^*)$,其前 $n(n \in \mathbf{N}^*)$ 项和

$$S_n = \begin{cases} na_1 & (q = 1), \\ \dfrac{a_1(1-q^n)}{1-q} & (q \neq 1), \end{cases}$$

或

$$S_n = \begin{cases} na_1 & (q = 1), \\ \dfrac{a_1 - a_n q}{1-q} & (q \neq 1). \end{cases}$$

显然,由定义知等比数列 $\{a_n\}$ 的每一项 $a_n \neq 0$.

由定义 1.1.1 可知,等差数列的递推函数为 $f(x)=x+d$;等比数列的递推函数为 $f(x)=xq$.

等差数列和等比数列称为最基本的递推数列.

一个数列的第 n 项与前面的 k 项 $a_{n-1},a_{n-2},\cdots,a_{n-k}(k\in\mathbf{N},k<n)$,若有关系式 $a_n=f(a_{n-1},a_{n-2},\cdots,a_{n-k})$ 成立,则称数列 $\{a_n\}$ 为由 k 元函数 f 导出的 k 阶递推数列,其中前 k 项 $a_1,a_2,\cdots,a_k$ 称为数列 $\{a_n\}$ 的初始项.关于 $k(k\geqslant 2)$ 阶递推数列,我们将在第 2 章专门研究,本章的重点是研究一阶递推数列,但也会涉及部分能转化为一阶的 $k(k\geqslant 2)$ 阶递推数列.

等差数列的基本性质:

(1) 设 $\{a_n\}$ 是等差数列,若 $m+n=p+q(m,n,p,q\in\mathbf{N}^*)$,则 $a_m+a_n=a_p+a_q$.特别地,$2a_{n+1}=a_n+a_{n+2}(n\in\mathbf{N}^*)$.

(2) 从等差数列 $\{a_n\}$ 中依次等距离(设为 k)地取出若干项,所得数列仍然是等差数列,其公差为 kd.

(3) 对公差为 d 的等差数列,依次按 k 项分组,每组的 k 项之和依次组成的数列仍是等差数列,其公差为 k^2d,即 $a_1+a_2+\cdots+a_k,a_{k+1}+a_{k+2}+\cdots+a_{2k},\cdots,a_{nk+1}+a_{nk+2}+\cdots+a_{nk+k},\cdots$ 是公差为 k^2d 的等差数列.

(4) 若数列 $\{a_n\}$ 是等差数列,则有 $a_n=kn+b(k,b$ 是常数,$n\in\mathbf{N}^*)$,$S_n=An^2+Bn(A,B$ 为常数,$n\in\mathbf{N}^*)$,其中 k,b,A,B 为待定系数.

等比数列的基本性质:

(1) 设 $\{a_n\}$ 是等比数列,若 $m+n=p+q(m,n,p,q\in\mathbf{N}^*)$,则 $a_ma_n=a_pa_q$.特别地,$a_{n+1}^2=a_na_{n+2}(n\in\mathbf{N}^*)$.

(2) 从等比数列 $\{a_n\}$ 中依次等距离地取出若干项,所得数列仍然是等比数列.

(3) 对公比为 q 的等比数列,依次按 k 项分组,每组的 k 项之和组成的数列仍是等比数列,其公比为 q^k,即 $a_1+a_2+\cdots+a_k$,$a_{k+1}+a_{k+2}+\cdots+a_{2k},\cdots,a_{nk+1}+a_{nk+2}+\cdots+a_{nk+k},\cdots$ 是公比为

q^k 的等比数列.

(4) 若数列 $\{a_n\}$ 成等比数列,则有 $a_n = A_1 q^n$（常数 A_1, $q \neq 0, n \in \mathbf{N}^*$）, $S_n = \begin{cases} na_1 & (q=1) \\ A_2(q^n-1) & (q \neq 1, q \neq 0) \end{cases}$（常数 $A_2 \neq 0$, $n \in \mathbf{N}^*$）,其中 A_1, A_2 为待定系数.

例 1.1.1 已知数列 $\{a_n\}$ 中,$a_n = n^2 + \lambda n (n \in \mathbf{N}^*)$,且 $a_{n+1} > a_n$ 对任意 $n \in \mathbf{N}^*$ 恒成立.求实数 λ 的取值范围（这里的 $\{a_n\}$ 是高阶等差数列）.

解 由 $a_{n+1} > a_n$,可知 $(n+1)^2 + \lambda(n+1) > n^2 + \lambda n \Leftrightarrow \lambda > -(2n+1)$,故要使对任意 $n \in \mathbf{N}^*$,不等式 $a_{n+1} > a_n$ 恒成立 $\Leftrightarrow \lambda > [-(2n+1)]_{\max}$. 显然,当 $n=1$ 时,有 $[-(2n+1)]_{\max} = -3$,因此所求的 λ 的取值范围为 $(-3, +\infty)$.

例 1.1.2 已知数列 $\{a_n\}$ 中,S_n 是其前 n 项和,且 $S_{n+1} = 4a_n + 2 (n = 1, 2, \cdots), a_1 = 1$.

(1) 设数列 $b_n = a_{n+1} - 2a_n (n \in \mathbf{N}^*)$,求证:数列 $\{b_n\}$ 是等比数列;

(2) 设数列 $c_n = \dfrac{a_n}{2^n} (n \in \mathbf{N}^*)$,求证:数列 $\{c_n\}$ 是等差数列;

(3) 求数列 $\{a_n\}$ 的通项公式及前 n 项和.

分析 由于 $\{b_n\}$ 和 $\{c_n\}$ 中的项都和 $\{a_n\}$ 中的项有关,显然可由 $S_n - S_{n-1} = a_n$ 作为切入点,消去 S_n.

解 (1) 由已知 $S_{n+1} = 4a_n + 2$,可知 $S_{n+2} = 4a_{n+1} + 2$,前面两式相减,得

$$a_{n+2} = 4a_{n+1} - 4a_n \quad (n \in \mathbf{N}^*). \tag{1}$$

对式(1)恒等变形是解题的切入点.把式(1)化为

$$a_{n+2} - 2a_{n+1} = 2(a_{n+1} - 2a_n). \tag{2}$$

因为 $b_n = a_{n+1} - 2a_n$,所以由式(2)得

$$b_{n+1} = 2b_n \quad (n \in \mathbf{N}^*). \tag{3}$$

由已知得 $S_2 = 4a_1 + 2$,即 $a_1 + a_2 = 4a_1 + 2$. 由于 $a_1 = 1$,故 $a_2 = 5$,

$b_1 = a_2 - 2a_1 = 3$.

由式(3)可知,数列$\{b_n\}$是首项为 3、公比为 2 的等比数列,故 $b_n = 3 \cdot 2^{n-1} (n \in \mathbf{N}^*)$.

(2) 因为 $c_n = \dfrac{a_n}{2^n} (n \in \mathbf{N}^*)$,所以

$$c_{n+1} - c_n = \dfrac{a_{n+1}}{2^{n+1}} - \dfrac{a_n}{2^n} = \dfrac{a_{n+1} - 2a_n}{2^{n+1}}$$

$$= \dfrac{b_n}{2^{n+1}} = \dfrac{3 \cdot 2^{n-1}}{2^{n+1}} = \dfrac{3}{4} \quad (n \geqslant 1).$$

又 $c_1 = \dfrac{a_1}{2} = \dfrac{1}{2}$,故数列$\{c_n\}$是首项为$\dfrac{1}{2}$、公差为$\dfrac{3}{4}$的等差数列,从而有

$$c_n = \dfrac{3}{4}n - \dfrac{1}{4} \quad (n \in \mathbf{N}^*).$$

(3) 因为 $c_n = \dfrac{a_n}{2^n}$,又 $c_n = \dfrac{3}{4}n - \dfrac{1}{4}$,所以 $\dfrac{a_n}{2^n} = \dfrac{3n}{4} - \dfrac{1}{4}$,

$$a_n = (3n - 1) \cdot 2^{n-2} \quad (n \geqslant 1).$$

当 $n \geqslant 2$ 时,由已知得 $S_n = 4a_{n-1} + 2 = (3n - 4) \cdot 2^{n-3} + 2$;当 $n = 1$ 时,$S_1 = a_1 = 1$ 不适合.

综上可知,数列$\{a_n\}$的通项公式 $a_n = (3n - 1) \cdot 2^{n-2}$ $(n \geqslant 1)$,其 n 项和

$$S_n = \begin{cases} 1 & (n = 1), \\ (3n - 4) \cdot 2^{n-3} + 2 & (n \geqslant 2). \end{cases}$$

例 1.1.3 已知数列$\{a_n\}$为等差数列且公差不为 0,数列$\{a_n\}$中的部分项组成的数列 $a_{k_1}, a_{k_2}, a_{k_3}, \cdots, a_{k_n}$ 恰为等比数列,其中 $k_1 = 1, k_2 = 5, k_3 = 17$. 求 $k_1 + k_2 + \cdots + k_n$ 的值.

解 设等差数列$\{a_n\}$的首项为 a_1,公差为 d. 因为 a_1, a_5, a_{17} 成等比数列,所以 $a_5^2 = a_1 a_{17}$,即 $(a_1 + 4d)^2 = a_1(a_1 + 16d)$,解得 $a_1 = 2d, a_5 = 6d, a_{17} = 18d$,从而 $a_{k_1}, a_{k_2}, a_{k_3}, \cdots$构成公比为 3 的等比数列,故 $a_{k_i} = a_1 \cdot 3^{i-1} = 2d \cdot 3^{i-1} = 2d + (k_i - 1)d (i \geqslant 1)$,

$k_i = 2 \cdot 3^{i-1} - 1$. 因此

$$k_1 + k_2 + \cdots + k_n = 2(1 + 3 + 3^2 + \cdots + 3^{n-1}) - n$$
$$= 3^n - n - 1 \quad (n \geq 1).$$

例 1.1.4 设等差数列的首项及公差均为非负整数,项数不少于 3,且各项之和为 97^2. 这样的数列共有多少个?

分析 本题的关键是 97 为质数,从而可讨论 n 的所有取值.

解 设等差数列的首项为 a,公差为 d,项数为 n($a, d \in \mathbf{Z}$, $n \geq 3$),则由已知得

$$na + \frac{1}{2}n(n-1)d = 97^2,$$

即

$$[2a + (n-1)d]n = 2 \cdot 97^2. \tag{1}$$

因为 $n \geq 3$,97 为素数,故由式(1),n 的值只可能是 97,$2 \cdot 97$,97^2,$2 \cdot 97^2$ 四者之一.

(a) $d \geq 1$.

当 $n = 97$ 时:

若 $a = 0$,则由式(1)得 $96d = 2 \cdot 97$,即 $48d = 97$,无解;

若 $a \geq 1$,则由式(1)得 $a + 48d = 97$,解得 $a = 1, d = 2$,或 $a = 49, d = 1$.

当 $n = 2 \cdot 97$ 时:

若 $a = 0$,则由式(1)得 $193d = 97$,无解;

若 $a \geq 1$,则由式(1)得 $2a + 193d = 97$,无解.

同理,当 $n = 97^2, 2 \cdot 97^2$ 时也无解.

(b) $d = 0$.

由式(1)得 $na = 97^2$,解得 $a = 1, n = 97^2$,或 $a = 97, n = 97$.

综上,符合条件的数列共有 4 个.

例 1.1.5 $n^2 (n \geq 4)$ 个正数如下排成 n 行、n 列:

$$a_{11}, a_{12}, a_{13}, \cdots, a_{1n},$$
$$a_{21}, a_{22}, a_{23}, \cdots, a_{2n},$$

······

$$a_{n1}, a_{n2}, a_{n3}, \cdots, a_{nn},$$

其中每一行的数依次从左到右成等差数列,每一列的数依次从上到下成等比数列,并且所有的公比相等. 已知 $a_{24} = 1$, $a_{42} = \dfrac{1}{8}$, $a_{43} = \dfrac{3}{16}$, 求 $a_{11} + a_{22} + a_{33} + \cdots + a_{nn}$ 的和.

解 由已知得 $a_{44} = 2a_{43} - a_{42} = \dfrac{3}{16} \cdot 2 - \dfrac{1}{8} = \dfrac{1}{4}$. 对第 4 列,有 $a_{44} = a_{24}q^2 = \dfrac{1}{4}$, 又 $a_{24} = 1$, 解得 $q = \dfrac{1}{2}$. 由于每一列的数成等比数列,故 $a_{12} = a_{42} \cdot 8 = 1$, $a_{13} = a_{43} \cdot 8 = \dfrac{3}{2}$, 从而第 1 行的公差 $d_1 = \dfrac{1}{2}$. 因为第 1 行的数成等差数列,所以 $a_{11} = 2a_{12} - a_{13} = \dfrac{1}{2}$, 从而有 $a_{1k} = \dfrac{1}{2} + (k-1) \cdot \dfrac{1}{2} = \dfrac{k}{2}$. 又因为每一列的数成等比数列,所以 $a_{kk} = a_{1k}q^{k-1} = \dfrac{k}{2^k}$, 于是

$$\begin{aligned} S &= a_{11} + a_{22} + a_{33} + \cdots + a_{nn} \\ &= \dfrac{1}{2} + 2 \cdot \dfrac{1}{2^2} + \cdots + n\dfrac{1}{2^n}, \end{aligned} \tag{1}$$

$$\dfrac{1}{2}S = \dfrac{1}{2^2} + 2 \cdot \dfrac{1}{2^3} + \cdots + n\dfrac{1}{2^{n+1}}, \tag{2}$$

两式相减,得

$$S = 2 - \dfrac{1}{2^{n-1}} - \dfrac{n}{2^n} \quad (n \geqslant 1).$$

例 1.1.6 设有固定项的数列 $\{a_n\}$ 的前 n 项和 $S_n = 2n^2 + n$ ($n \geqslant 1$). 现从中抽去某一项(不包括首项、末项)后,余下项的平均值是 79.

(1) 求数列 $\{a_n\}$ 的通项公式 a_n;
(2) 求这个数列的项数,问抽取的是第几项?

解 (1) 由 $S_n = 2n^2 + n$, 得 $a_1 = S_1 = 3$. 当 $n \geqslant 2$ 时, $a_n = S_n - S_{n-1} = 4n - 1$. 显然, a_1 满足此式, 故数列 $\{a_n\}$ 的通项公式是 $a_n = 4n - 1 (n \geqslant 1)$.

(2) 设抽取的是第 k 项 ($1 < k < n$), 则由已知得 $S_n - a_k = 79(n-1)$, 从而有
$$a_k = (2n^2 + n) - 79(n-1) = 2n^2 - 78n + 79.$$
因为 $a_k > a_1$ 且 $a_k < a_n$, 所以 $2n^2 - 78n + 79 > 3$ 且 $2n^2 - 78n + 79 < 4n - 1$, 解得 $n < 40$, 故 $n = 39$. 于是 $a_k = 2 \cdot 39^2 - 78 \cdot 39 + 79 = 4k - 1$, 解得 $k = 20$.

综上, 数列 $\{a_n\}$ 共有 39 项, 抽取的是第 20 项.

例 1.1.7 (1991 年全国高中联赛试题) 设 $S = \{1, 2, \cdots, n\}$, A 为至少含有两项的、公差为正的等差数列, 其项都在 S 中, 且添加 S 的其他元素于 A 后均不能构成与 A 有相同公差的等差数列. 求这种 A 的个数. (这里只有两项的数列也看作等差数列.)

解法 1 设 A 的公差为 d, 则 $1 \leqslant d \leqslant n - 1$. 分两种情况讨论.

(a) 若 n 为偶数, 当 $1 \leqslant d \leqslant \dfrac{n}{2}$ 时, 公差为 d 的 A 有 d 个; 当 $\dfrac{n}{2} + 1 \leqslant d \leqslant n - 1$ 时, 公差为 d 的 A 有 $n - d$ 个. 因此当 n 为偶数时, A 共有
$$\left(1 + 2 + \cdots + \frac{n}{2}\right) + \left\{1 + 2 + \cdots + \left[n - \left(\frac{n}{2} + 1\right)\right]\right\} = \frac{n^2}{4} (\text{个}).$$

(b) 若 n 为奇数, 则当 $1 \leqslant d \leqslant \dfrac{n-1}{2}$ 时, 公差为 d 的 A 有 d 个; 当 $\dfrac{n+1}{2} \leqslant d \leqslant n - 1$ 时, 公差为 d 的 A 有 $n - d$ 个. 因此当 n 为奇数时, A 共有
$$\left(1 + 2 + \cdots + \frac{n-1}{2}\right) + \left(1 + 2 + \cdots + \frac{n-1}{2}\right) = \frac{n^2 - 1}{4} (\text{个}).$$

以上两种情况可统一为 $A = \left[\dfrac{n^2}{4}\right]$ ($[x]$ 表示不超过 x 的最大

整数).

解法 2 对于 $n=2k$,所述数列 A 必有连续两项,一项在 $\{1,2,\cdots,k\}$ 中,另一项在 $\{k+1,k+2,\cdots,n\}$ 中.反之,分别从 $\{1,2,\cdots,k\}$ 和 $\{k+1,k+2,\cdots,m\}$ 中任取一个数,以它们的差为公差可作出一个 A.此对应是一一对应.因此,这种 A 的个数为 $k^2 = \dfrac{n^2}{4}$.

对于 $n=2k+1$,情况完全类似.注意集合 $\{k+1,k+2,\cdots,n\}$ 中有 $k+1$ 个数,故 A 的个数为 $k(k+1) = \dfrac{n^2-1}{4}$.

以上两种情况可统一为 $A = \left[\dfrac{n^2}{4}\right]$.

例 1.1.8 给定正整数 n 和正数 M. 对于满足条件 $a_1^2 + a_{n+1}^2 \leqslant M$ 的所有等差数列 $a_1, a_2, a_3, \cdots$,试求 $S = a_{n+1} + a_{n+2} + \cdots + a_{2n+1}$ 的最大值.

解 设 $a_{n+1} = a$,公差为 d,则由 $S = (n+1)a + \dfrac{n(n+1)}{2}d$,得 $a + \dfrac{n}{2}d = \dfrac{S}{n+1}$. 又由已知得到 $(a-nd)^2 + a^2 \leqslant M$,所以

$$M \geqslant \dfrac{4}{10}\left(a + \dfrac{n}{2}d\right)^2 + \dfrac{1}{10}(4a - 3nd)^2 \geqslant \dfrac{4}{10}\left(\dfrac{S}{n+1}\right)^2,$$

$$\sqrt{M} \geqslant \dfrac{2}{\sqrt{10}} \dfrac{|S|}{n+1} \quad \Rightarrow \quad |S| \leqslant \dfrac{\sqrt{10}}{2}(n+1)\sqrt{M},$$

当且仅当 $4a - 3nd = 0$ 时,等号能取到,故

$$S_{\max} = \dfrac{\sqrt{10}}{2}(n+1)\sqrt{M}.$$

例 1.1.9 已知数集 $A = \{a_1, a_2, \cdots, a_n\}$ ($1 \leqslant a_1 < a_2 < \cdots < a_n, n \geqslant 2$) 具有性质 P:对任意 i,j ($1 \leqslant i \leqslant j \leqslant n$),$a_i a_j$ 和 $\dfrac{a_j}{a_i}$ 两个数中至少有一个属于 A.

(1) 分别判断数集 $\{1,3,4\}$ 与 $\{1,2,3,6\}$ 是否具有性质 P,并说明理由;

(2) 证明: $a_1 = 1$, 且 $\dfrac{a_1 + a_2 + \cdots + a_n}{a_1^{-1} + a_2^{-1} + \cdots + a_n^{-1}} = a_n$;

(3) 证明: 当 $n = 5$ 时, a_1, a_2, a_3, a_4, a_5 成等比数列.

解 (1) 由于 $3 \cdot 4$ 与 $\dfrac{4}{3}$ 均不属于数集 $\{1,3,4\}$, 故数集 $\{1,2,3\}$ 不具有性质 P. 由于 $1 \cdot 2, 1 \cdot 3, 1 \cdot 6, 2 \cdot 3, \dfrac{6}{2}, \dfrac{6}{3}, \dfrac{1}{1}, \dfrac{2}{2},$ $\dfrac{3}{3}, \dfrac{6}{6}$ 都属于数集 $\{1,2,3,6\}$, 故数集 $\{1,2,3,6\}$ 具有性质 P.

(2) 因为 $A = \{a_1, a_2, \cdots, a_n\}$ 具有性质 P, 所以 $a_n a_n$ 和 $\dfrac{a_n}{a_n}$ 中至少有一个属于 A. 由于 $1 \leqslant a_1 < a_2 < \cdots < a_n, a_n a_n > a_n$, 故 $a_n a_n \notin A$. 又 $1 = \dfrac{a_n}{a_n} \in A$, 所以 $a_1 = 1$. 因为 $1 = a_1 < a_2 < \cdots < a_n$, 所以 $a_k a_n > a_n$, 从而 $a_k a_n \notin A (k = 2, 3, \cdots, n)$. 由 A 具有性质 P 可知 $\dfrac{a_n}{a_k} \in A (k = 1, 2, \cdots, n)$.

又 $\dfrac{a_n}{a_n} < \dfrac{a_n}{a_{n-1}} < \cdots < \dfrac{a_n}{a_2} < \dfrac{a_n}{a_1}$, 故 $\dfrac{a_n}{a_n} = 1 = a_1, \dfrac{a_n}{a_{n-1}} = a_2, \cdots, \dfrac{a_n}{a_2}$ $= a_{n-1}, \dfrac{a_n}{a_1} = a_n$, 从而有

$$\dfrac{a_n}{a_n} + \dfrac{a_n}{a_{n-1}} + \cdots + \dfrac{a_n}{a_2} + \dfrac{a_n}{a_1} = a_1 + a_2 + \cdots + a_{n-1} + a_n,$$

即

$$\dfrac{a_1 + a_2 + \cdots + a_n}{a_1^{-1} + a_2^{-1} + \cdots + a_n^{-1}} = a_n.$$

(3) 由 (2) 知, 当 $n = 5$ 时, 有 $\dfrac{a_5}{a_4} = a_2, \dfrac{a_5}{a_3} = a_3$, 即

$$a_5 = a_2 a_4 = a_3^2.$$

因为 $1 = a_1 < a_2 < \cdots < a_5$, 所以 $a_3 a_4 > a_2 a_4 = a_5$, 从而 $a_3 a_4 \notin A$. 由 A 具有性质 P 可知 $\dfrac{a_4}{a_3} \in A$. 由 $a_2 a_4 = a_3^2$, 得 $\dfrac{a_3}{a_2} = \dfrac{a_4}{a_3} \in A$, 且 $1 <$

$\frac{a_3}{a_2} = a_2$. 由 $\frac{a_4}{a_3} = \frac{a_3}{a_2} = a_2$ 以及(2)的结论, 有 $\frac{a_5}{a_4} = \frac{a_4}{a_3} = \frac{a_3}{a_2} = \frac{a_2}{a_1} = a_2$, 即 a_1, a_2, a_3, a_4, a_5 是首项为 1、公比为 a_2 的等比数列.

例 1.1.10 (2008 年江苏省高考试题)(1) 设 $a_1, a_2, \cdots, a_n$ ($n \geqslant 4$) 是各项均不为零的等差数列, 且公差 $d \neq 0$.

(1) 假设将此数列删去某一项得到的数列(按原来的顺序)是等比数列.

(a) 当 $n = 4$ 时, 求 $\frac{a_1}{d}$ 的数值;

(b) 求 n 的所有可能值.

(2) 求证: 对于一个给定的正整数 $n (n \geqslant 4)$, 存在一个各项及公差都不为零的等差数列 $b_1, b_2, \cdots, b_n$, 其中任意三项(按原来的顺序)都不能组成等比数列.

解 首先证明一个"基本事实":

在一个各项均不为 0 的等差数列中, 若有连续三项成等比数列, 则这个数列的公差 $d_0 = 0$, 即数列是常数列. 事实上, 设这个数列中的连续三项 $a - d_0, a, a + d_0$ 成等比数列, 则 $a^2 = (a - d_0) \cdot (a + d_0)$, 由此解得 $d_0 = 0$.

(1)(a) 当 $n = 4$ 时, 由于数列的公差 $d \neq 0$, 故由"基本事实"推知, 删去的项只可能为 a_2 或 a_3,

若删去的是 a_2, 则由 a_1, a_3, a_4 成等比数列, 得 $(a_1 + 2d)^2 = a_1(a_1 + 3d)$. 因为 $d \neq 0$, 故由上式解得 $a_1 = -4d$, 即 $\frac{a_1}{d} = -4$, 此时数列为 $-4d, -3d, -2d, -d$, 满足题设.

若删去 a_3, 那么 a_1, a_2, a_4 成等比数列, 从而得 $(a_1 + d)^2 = a_1(a_1 + 3d)$. 因为 $d \neq 0$, 故由上式得 $a_1 = d$, 即 $\frac{a_1}{d} = 1$, 此时数列为 $d, 2d, 3d, 4d$, 满足题设.

综上可知, $\frac{a_1}{d}$ 的值为 -4 或 1.

(b) 若 $n \geq 6$，则从满足题设的数列 $a_1, a_2, \cdots, a_n$ 中删去一项后得到的数列，必有原数列中的连续三项，而由"基本事实"知，数列 $a_1, a_2, \cdots, a_n$ 的公差 d 必为 0，这与题设矛盾. 因此满足题设的数列的项数 $n \leq 5$，又因题设 $n \geq 4$，故 $n = 4$ 或 5.

当 $n = 4$ 时，由 (a) 中的结论知符合题意.

当 $n = 5$ 时，若存在满足题设的数列 a_1, a_2, a_3, a_4, a_5，则由"基本事实"可知，删去的项只能是 a_3，从而 a_1, a_2, a_4, a_5 成等比数列，于是有 $a_2^2 = a_1 a_4$ 且 $a_4^2 = a_2 a_5$，即
$$(a_1 + d)^2 = a_1(a_1 + 3d)$$
且
$$(a_1 + 3d)^2 = (a_1 + d)(a_1 + 4d).$$
分别简化上述两个等式，得 $a_1 d = d^2$ 且 $a_1 d = -5d^2, d^2 = -5d^2$，解得 $d = 0$，矛盾. 因此，不存在满足题设的项数为 5 的等差数列.

综上可知，n 只能为 4.

(2) 证法 1 假设对于某个正整数 n，存在一个公差为 d' 的 n 项等差数列 $b_1, b_1 + d', \cdots, b_1 + (n-1)d'$（$b_1, d' \neq 0$），其中任意三项 $b_1 + m_1 d', b_1 + m_2 d', b_1 + m_3 d'$ 成等比数列，这里 $0 \leq m_1 < m_2 < m_3 \leq n - 1$，则有
$$(b_1 + m_2 d')^2 = (b_1 + m_1 d')(b_1 + m_3 d'),$$
简化得
$$(m_1 + m_3 - 2m_2) b_1 d' = (m_2^2 - m_1 m_3) d'^2. \quad (1)$$
由 $b_1 d' \neq 0$ 以及式 (1) 可知，$m_1 + m_3 - 2m_2$ 与 $m_2^2 - m_1 m_3$ 或同时为 0，或均不为 0.

若 $m_1 + m_3 - 2m_2 = 0$ 且 $m_2^2 - m_1 m_3 = 0$，则由 $\left(\dfrac{m_1 + m_3}{2}\right)^2 - m_1 m_3 = 0$，知 $(m_1 - m_3)^2 = 0$，解得 $m_1 = m_3$，从而有 $m_1 = m_2 = m_3$，矛盾. 因此，$m_1 + m_3 - 2m_2$ 与 $m_2^2 - m_1 m_3$ 均不为 0. 由式 (1) 得
$$\frac{b_1}{d'} = \frac{m_2^2 - m_1 m_3}{m_1 + m_3 - 2m_2}.$$

因为 m_1, m_2, m_3 均为非负整数,所以上式右边为有理数,从而 $\dfrac{b_1}{d}$ 是一个有理数.

综上,对于任意正整数 $n \geqslant 4$,只要取 $\dfrac{b_1}{d}$ 为无理数,则相应的数列 $b_1, b_1 + d', \cdots, b_n$ 就没有连续三项成等比数列. 例如,取 $b_1 = 1, d' = \sqrt{2}$,那么,n 项数列 $1, 1+\sqrt{2}, 1+2\sqrt{2}, \cdots, 1+(n-1)\sqrt{2}$ 满足要求.

证法 2 对于给定的 n,不妨设公差 $d = 1$. 若其中某三项 a_p, a_q, a_r 成等比数列,则 $(a_1 + p - 1)(a_1 + r - 1) = (a_1 + q - 1)^2$,可以解得 a_1.

(p, q, r) 共有 C_n^3 组,相应地,可以得到 a_1 最多有 C_n^3 组解. 如果取异于这 C_n^3 组解的 a_1 值,则此时任三项均不能构成等比数列.

1.2 通项公式的求法(Ⅰ)

求递推数列通项公式的常用方法有:叠加法、累乘法、迭代(递推)法、换元法、先求 S_n 法、数学归纳法、不动点法等等. 我们将在下一节专门论述不动点法.

1. 叠加法

对于形如 $a_{n+1} - a_n = f(n)(n \in \mathbf{N}^*)$ 的数列,常用叠加法来求通项,具体操作如下:

$$a_n = a_1 + (a_2 - a_1) + (a_3 - a_2) + \cdots + (a_n - a_{n-1}).$$

若令 $b_{k-1} = a_k - a_{k-1}$,则

$$a_n = a_1 + \sum_{k=1}^{n-1} b_k.$$

2. 累乘法

若递推式可化为 $\dfrac{a_{n+1}}{a_n} = f(n)(n \in \mathbf{N}^*)$,则

$$a_n = \frac{a_n}{a_{n-1}} \cdot \frac{a_{n-1}}{a_{n-2}} \cdots \frac{a_2}{a_1} \cdot a_1 = a_1 \prod_{i=1}^{n-1} f(i).$$

3. 迭代（递推）法

若递推式可化为 $a_n = f(n)a_{n-1}(n=2,3,\cdots)$，则可有限次使用递推式进行迭代，得到

$$a_n = f(n)a_{n-1} = f(n)f(n-1)a_{n-2} = \cdots$$
$$= f(n)f(n-1)f(n-2)\cdots f(2)a_1 = a_1 \prod_{i=2}^{n} f(i).$$

例如，数列 $\{a_n\}$ 满足：$a_1 = 5, a_{n+1} = 2a_n + 3$，求 a_n。利用迭代法，我们有

$$a_n = 2a_{n-1} + 3 = 2(2a_{n-2} + 3) + 3$$
$$= 2^2 a_{n-2} + 2 \cdot 3 + 3 = 2^2(2a_{n-1} + 3) + 2 \cdot 3 + 3$$
$$= 2^3 a_{n-3} + 2^2 \cdot 3 + 2 \cdot 3 + 3 = \cdots$$
$$= 2^{n-1} a_1 + (2^{n-2} + 2^{n-3} + \cdots + 1) \cdot 3$$
$$= 2^{n+2} - 3.$$

4. 换元法

对于某些特殊的递推数列，根据其特点，可通过构造一个新的数列把它转化为等差数列、等比数列或者易求通项的数列来求它们的通项公式。例如，形如 $a_{n+1} = pa_n + q(p \neq 0,1; q \neq 0)$ 且 a_1 已知的一阶线性递推数列，可以通过构造辅助数列将其转化为等比数列来求其通项，也可以通过三角函数等其他形式换元。

5. 先求 S_n 法

即用前 n 项和 S_n 求 a_n：数列的前 n 项和与通项之间的关系是

$$a_n = \begin{cases} S_1 & (n = 1), \\ S_n - S_{n-1} & (n \geqslant 2). \end{cases}$$

6. 数学归纳法

即通过特殊的例子猜出数列的通项公式，再用数学归纳法给予证明。

例 1.2.1 已知数列 $\{a_n\}$ 中，$a_1 = \dfrac{1}{2}, a_n = a_{n-1} + \dfrac{1}{n^2 - 1}$

($n > 1$). 求 $\{a_n\}$ 的通项公式.

解 由已知得
$$a_n - a_{n-1} = \frac{1}{(n-1)(n+1)}$$
$$= \frac{1}{2}\left(\frac{1}{n-1} - \frac{1}{n+1}\right) \quad (n \geq 2),$$

所以
$$a_n = (a_n - a_{n-1}) + (a_{n-1} - a_{n-2}) + \cdots + (a_2 - a_1) + a_1$$
$$= a_1 + \frac{1}{2}\sum_{k=2}^{n}\left(\frac{1}{k-1} - \frac{1}{k+1}\right)$$
$$= \frac{1}{2} + \frac{1}{2}\left[\left(1 - \frac{1}{3}\right) + \left(\frac{1}{2} - \frac{1}{4}\right) + \cdots + \left(\frac{1}{n-2} - \frac{1}{n}\right)\right.$$
$$\left. + \left(\frac{1}{n-1} - \frac{1}{n+1}\right)\right]$$
$$= \frac{1}{2} + \frac{1}{2}\left(1 + \frac{1}{2} - \frac{1}{n} - \frac{1}{n+1}\right)$$
$$= \frac{5}{4} - \frac{2n+1}{2n(n+1)}.$$

例 1.2.2 已知数列 $\{a_n\}$ 中, $a_1 = 2$, $na_{n+1} = (n+1)a_n + 2$. 求 $\{a_n\}$ 的通项公式.

解 本题虽不是 $a_{n+1} - a_n = f(n)$ 型的, 但我们可以将它转化为这种类型.

在 $na_{n+1} = (n+1)a_n + 2$ 两边同除以 $n(n+1)$, 得
$$\frac{a_{n+1}}{n+1} = \frac{a_n}{n} + \frac{2}{n(n+1)}.$$

令 $b_n = \dfrac{a_n}{n}$, 得
$$b_{n+1} - b_n = 2\left(\frac{1}{n} - \frac{1}{n+1}\right),$$
$$b_n - b_{n-1} = 2\left(\frac{1}{n-1} - \frac{1}{n}\right) \quad (n \geq 2).$$

又 $b_1 = \dfrac{a_1}{1} = 2$,故可求得

$$b_n = b_1 + 2\left[\left(1 - \dfrac{1}{2}\right) + \left(\dfrac{1}{2} - \dfrac{1}{3}\right) + \cdots + \left(\dfrac{1}{n-1} - \dfrac{1}{n}\right)\right]$$

$$= 4 - \dfrac{2}{n} \quad (n \geqslant 2).$$

又 $b_1 = 2$ 适合此式,于是所求的通项公式为

$$a_n = nb_n = 4n - 2 \quad (n \geqslant 1).$$

例 1.2.3 数列 $\{a_n\}$ 中,$a_1 = 1$,$na_{n+1} = 2(a_1 + a_2 + \cdots + a_n)$ $(n = 1, 2, \cdots)$.

(1) 求 $\{a_n\}$ 的通项公式;

(2) 令 $b_n = \dfrac{4a_{n+1}}{a_n^2 a_{n+2}^2}$,求 $\{b_n\}$ 的前 n 项和 S_n.

解 (1) 题中的递推式不是 $\dfrac{a_{n+1}}{a_n} = f(n)$ 型的,但我们可以通过变形将它转化为这种类型:

$$na_{n+1} = 2(a_1 + a_2 + \cdots + a_n)$$
$$= 2(a_1 + a_2 + \cdots + a_{n-1}) + 2a_n$$
$$= (n-1)a_n + 2a_n = (n+1)a_n,$$

即

$$a_{n+1} = \dfrac{n+1}{n} a_n.$$

因此

$$a_n = \dfrac{n}{n-1} \cdot \dfrac{n-1}{n-2} \cdot \dfrac{n-2}{n-3} \cdots \dfrac{2}{1} \cdot a_1 = n \quad (n \geqslant 2).$$

又 $a_1 = 1$ 适合上式,故所求的通项公式为 $a_n = n (n \geqslant 1)$.

但此题有更为简单的解法,具体如下.

由已知得

$$na_{n+1} = 2S_n \ (n \geqslant 1), \quad (n-1)a_n = 2S_{n-1} \ (n \geqslant 2),$$

两式相减,整理得 $na_{n+1} = (n+1)a_n$,即 $\dfrac{a_{n+1}}{a_n} = \dfrac{n+1}{n} (n \geqslant 2)$,从

而有
$$a_n = a_1 \cdot \frac{a_2}{a_1} \cdot \frac{a_3}{a_2} \cdots \frac{a_n}{a_{n-1}} = n \quad (n \geq 2).$$

又 $a_1 = 1$ 适合上式,故所求的通项公式为 $a_n = n(n \geq 1)$.

(2) 由(1)可得
$$b_n = \frac{4a_{n+1}}{a_n^2 a_{n+2}^2} = \frac{4(n+1)}{n^2(n+2)^2} = \frac{1}{n^2} - \frac{1}{(n+2)^2},$$

故数列 $\{b_n\}$ 的前 n 项和
$$S_n = \left(1 - \frac{1}{3^2}\right) + \left(\frac{1}{2^2} - \frac{1}{4^2}\right) + \cdots + \left[\frac{1}{(n-1)^2} - \frac{1}{(n+1)^2}\right]$$
$$+ \left[\frac{1}{n^2} - \frac{1}{(n+2)^2}\right]$$
$$= 1 + \frac{1}{2^2} - \frac{1}{(n+1)^2} - \frac{1}{(n+2)^2}$$
$$= \frac{5}{4} - \frac{1}{(n+1)^2} - \frac{1}{(n+2)^2}.$$

例 1.2.4 设数列 $\{a_n\}$ 的前 n 项和 $S_n = 4a_n - 3n + 2$. 试求数列 $\{a_n\}$ 的通项公式.

解 由已知得 $a_1 = S_1 = 4a_1 - 3 + 2$,解得 $a_1 = \frac{1}{3}$,因此 $a_{n+1} = S_{n+1} - S_n = 4a_n - 4a_n - 3$,即
$$a_{n+1} = \frac{4}{3} a_n + 1 \quad (n \geq 1).$$

上式可化为 $a_{n+1} + 3 = \frac{4}{3}(a_n + 3)$,故数列 $\{a_n + 3\}$ 是以 $\frac{4}{3}$ 为公比、$a_1 + 3 = \frac{10}{3}$ 为首项的等比数列. 因而 $a_n + 3 = \frac{10}{3} \cdot \left(\frac{4}{3}\right)^{n-1}$,
$$a_n = -3 + \frac{10}{3} \cdot \left(\frac{4}{3}\right)^{n-1} \quad (n \geq 1).$$

回顾 为了构造等比数列或等差数列,可以用待定系数法. 设 $a_{n+1} = \frac{4}{3} a_n + 1$ 可化为 $a_{n+1} - x = \frac{4}{3}(a_n - x)$,解得 $x = -3$,所以

$a_{n+1} + 3 = \frac{4}{3}(a_n + 3)$. 在下一节我们将讲述这一方法.

例 1.2.5 已知数列 $\{a_n\}$ 的前 n 项和 $S_n = a_{n+1} - n^2 + 2n + 3$, 且 $a_1 = 2$. 求数列 $\{a_n\}$ 的通项公式.

解 由 $S_n = a_{n+1} - n^2 + 2n + 3$ 解得 $a_2 = -2$, 且
$$a_n = S_n - S_{n-1} = a_{n+1} - a_n - 2n + 3 \quad (n \geq 2),$$
即
$$a_{n+1} = 2a_n + 2n - 3 \quad (n \geq 2). \tag{1}$$

下面用待定系数法解. 因为式(1)的右端有"$2n - 3$", 所以待定系数的表达式中含有 n. 设式(1)可化为
$$a_{n+1} - [k(n+1) + b] = 2[a_n - (kn + b)], \tag{2}$$
展开得 $a_{n+1} - kn - k - b = 2a_n - 2kn - 2b$, 即 $a_{n+1} = 2a_n - kn + k - b$. 因此 $\begin{cases} -k = 2, \\ k - b = -3, \end{cases}$ 解得 $k = -2, b = 1$. 式(2)化为
$$a_{n+1} - [-2(n+1) + 1] = 2[a_n - (-2n + 1)] \quad (n \geq 2),$$
即数列 $\{a_n + 2n - 1\}$ 是从第 2 项起的首项为 $a_2 + 2 \cdot 2 - 1 = 1$、公比为 2 的等比数列, 故 $a_n + 2n - 1 = 1 \cdot 2^{n-2} (n \geq 2)$, 从而 $a_n = 2^{n-2} - 2n + 1 (n \geq 2)$.

综上, 所求的通项公式为
$$a_n = \begin{cases} 1 & (n = 1), \\ 2^{n-2} - 2n + 1 & (n \geq 2). \end{cases}$$

此题的另一解法如下.

由式(1)得
$$a_n = 2a_{n-1} + 2(n-1) - 3 \quad (n \geq 3). \tag{2}$$
式(1)与式(2)相减, 并设 $b_n = a_{n+1} - a_n (n \geq 3)$, 整理得
$$b_n = 2b_{n-1} + 2 \quad (n \geq 3).$$
利用待定系数法得到
$$b_n + 2 = 2(b_{n-1} + 2) \quad (n \geq 3).$$
又从式(1)解得 $a_3 = -3, b_2 = a_3 - a_2 = -1$, 故

$$b_n = 2^{n-2}(b_2 + 2) - 2 = 2^{n-2} - 2 \quad (n \geqslant 3),$$
$$b_{n-1} = a_n - a_{n-1} = 2^{n-3} - 2 \quad (n \geqslant 4),$$
$$a_n = a_3 + (a_4 - a_3) + (a_5 - a_4) + \cdots + (a_n - a_{n-1})$$
$$= (2 + 2^2 + \cdots + 2^{n-3}) - 2(n-3) - 3,$$

从而有
$$a_n = 2^{n-2} - 2n + 1 \quad (n \geqslant 4).$$

经检验，$a_2 = -2, a_3 = -3$ 适合上式，故所求的通项公式为
$$a_n = \begin{cases} 1 & (n = 1), \\ 2^{n-2} - 2n + 1 & (n \geqslant 2). \end{cases}$$

例 1.2.6 已知 $x_1 = 1, x_2 = 6$，且 $x_{n+1} = 6x_n - 9x_{n-1} + 3^n$ $(n = 2, 3, \cdots)$. 求数列 $\{x_n\}$ 的通项公式.

解 由所给的递推式得 $x_{n+1} - 3x_n = 3(x_n - 3x_{n-1}) + 3^n$，两边同除以 3^n，得
$$\frac{x_{n+1} - 3x_n}{3^n} = \frac{x_n - 3x_{n-1}}{3^{n-1}} + 1,$$

所以数列 $\left\{\dfrac{x_{n+1} - 3x_n}{3^n}\right\}$ 是首项为 1、公差为 1 的等差数列，从而
$$\frac{x_{n+1} - 3x_n}{3^n} = \frac{x_{n+1}}{3^n} - \frac{x_n}{3^{n-1}} = 1 + (n-1) = n.$$

因此
$$\frac{x_n}{3^{n-1}} = \frac{x_1}{3^0} + \sum_{k=1}^{n-1} \left(\frac{x_{k+1}}{3^k} - \frac{x_k}{3^{k-1}}\right)$$
$$= 1 + \sum_{k=1}^{n-1} k = 1 + \frac{n(n-1)}{2},$$

整理得所求的通项公式为
$$x_n = \frac{3^{n-1}}{2}(n^2 - n + 2) \quad (n \geqslant 1).$$

例 1.2.7 已知数列 $\{a_n\}$ 中，$a_1 = 1, a_{n+1} = \dfrac{1}{16}(1 + 4a_n + \sqrt{1 + 24a_n})$. 求 a_n.

第 1 章　一阶递推数列

解　设 $b_n = \sqrt{1+24a_n} > 0$，则 $b_1 = 5$, $b_n^2 = 1+24a_n$，即 $a_n = \dfrac{b_n^2-1}{24}$. 因此 $\dfrac{b_{n+1}^2-1}{24} = \dfrac{1}{16}\left(1+4\cdot\dfrac{b_n^2-1}{24}+b_n\right)$, 化简得 $(2b_{n+1})^2 = (b_n+3)^2$, 整理得 $2b_{n+1} = b_n+3$, 即 $b_{n+1}-3 = \dfrac{1}{2}(b_n-3)$, 因此数列 $\{b_n-3\}$ 是以 2 为首项、$\dfrac{1}{2}$ 为公比的等比数列，$b_n-3 = 2\cdot\left(\dfrac{1}{2}\right)^{n-1} = 2^{2-n}$, 即 $b_n = 2^{2-n}+3$, 所以

$$a_n = \dfrac{b_n^2-1}{24} = \dfrac{2^{2n-1}+3\cdot 2^{n-1}+1}{3\cdot 2^{2n-1}}.$$

回顾　通过换元构造新数列 $\{b_n\}$, $b_n = \sqrt{1+24a_n}$, 可巧妙地有理化，并把原数列化为一阶递推数列. 这种利用辅助数列来进行转化的方法是处理数列问题的一种常用的方法.

例 1.2.8　在数列 $\{a_n\}$ 中，$a_1 = 1$, $a_{n+1}a_n - 2n^2(a_{n+1}-a_n)+1 = 0$. 求 a_n.

解　递推关系式可化为 $\dfrac{a_{n+1}-a_n}{1+a_{n+1}a_n} = \dfrac{1}{2n^2}$. 可见此式左边与 $\tan(\alpha-\beta) = \dfrac{\tan\alpha-\tan\beta}{1+\tan\alpha\tan\beta}$ 的形式类似. 这启发我们作变换：$a_n = \tan b_n$, 那么 $\dfrac{\tan b_{n+1}-\tan b_n}{1+\tan b_{n+1}\tan b_n} = \dfrac{1}{2n^2}$, 即 $b_{n+1}-b_n = \arctan\dfrac{1}{2n^2}$, 所以有 $\sum\limits_{k=1}^{n-1}(b_{k+1}-b_k) = \sum\limits_{k=1}^{n-1}\arctan\dfrac{1}{2k^2}$. 又

$$\arctan\dfrac{1}{2k^2} = \arctan\dfrac{(2k+1)-(2k-1)}{1+(2k+1)(2k-1)}$$

$$= \arctan\dfrac{\dfrac{1}{2k-1}-\dfrac{1}{2k+1}}{1+\dfrac{1}{(2k-1)(2k+1)}}$$

$$= \arctan\dfrac{1}{2k-1} - \arctan\dfrac{1}{2k+1},$$

所以

$$\sum_{k=1}^{n-1} \arctan \frac{1}{2k^2}$$

$$= \sum_{k=1}^{n-1} \left(\arctan \frac{1}{2k-1} - \arctan \frac{1}{2k+1} \right)$$

$$= \left(\arctan 1 - \arctan \frac{1}{3} \right) + \left(\arctan \frac{1}{3} - \arctan \frac{1}{5} \right)$$

$$+ \left(\arctan \frac{1}{5} - \arctan \frac{1}{7} \right) + \cdots$$

$$+ \left(\arctan \frac{1}{2n-3} - \arctan \frac{1}{2n-1} \right)$$

$$= \frac{\pi}{4} - \arctan \frac{1}{2n-1}.$$

由于 $\sum_{k=1}^{n-1}(b_{k+1}-b_k) = b_n - b_1$,$b_n - b_1 = \frac{\pi}{4} - \arctan \frac{1}{2n-1}$,而 $b_1 = \arctan a_1 = \arctan 1 = \frac{\pi}{4}$,故 $b_n = \frac{\pi}{2} - \arctan \frac{1}{2n-1}$. 因此

$$a_n = \tan b_n = \tan \left(\frac{\pi}{2} - \arctan \frac{1}{2n-1} \right) = 2n-1.$$

例 1.2.9 已知正项数列 $\{a_n\}$ 中,前 n 项和为 S_n,且 $S_n = \frac{1}{2}\left(a_n + \frac{1}{a_n}\right)$. 求 a_n.

解法 1 因为 $a_n = S_n - S_{n-1}(n \geqslant 2)$,所以

$$S_n = \frac{1}{2}\left(a_n + \frac{1}{a_n}\right) = \frac{1}{2}\left(S_n - S_{n-1} + \frac{1}{S_n - S_{n-1}}\right) \quad (n \geqslant 2).$$

整理得 $S_n^2 = S_{n-1}^2 + 1(n \geqslant 2)$,因此

$$S_n^2 = S_1^2 + (n-1) \quad (n \geqslant 2).$$

又从 $S_1 = \frac{1}{2}\left(S_1 + \frac{1}{S_1}\right)(S_1 > 0)$,解得 $S_1 = 1$,故有 $S_n^2 = n(n \geqslant 2)$.

因为 $S_1 = 1$ 适合 $S_n^2 = n$,所以 $S_n^2 = n(n \geqslant 1)$.

因为 $\{a_n\}$ 是正项数列,$S_n > 0 (n \in \mathbf{N}^*)$,所以 $S_n = \sqrt{n}$,从

而 $a_n = S_n - S_{n-1} = \sqrt{n} - \sqrt{n-1}\,(n \geq 2)$.

因为 $a_1 = S_1 = 1$ 适合上式，所以 $a_n = \sqrt{n} - \sqrt{n-1}\,(n \geq 1)$.

解法 2 由于 $a_1 > 0$，由 $S_1 = a_1 = \dfrac{1}{2}\left(a_1 + \dfrac{1}{a_1}\right)$，解得 $a_1 = 1$.

又由 $S_2 = a_1 + a_2 = \dfrac{1}{2}\left(a_2 + \dfrac{1}{a_2}\right)$，解得，$a_2 = \sqrt{2} - 1$. 同理，解得 $a_3 = \sqrt{3} - \sqrt{2}$. 因此，猜想命题 $a_n = \sqrt{n} - \sqrt{n-1}$ 成立.

下面利用数学归纳法证明：

(a) 当 $n = 1$ 时，显然猜想成立.

(b) 假设当 $n \leq k\,(k \geq 1)$ 时，$a_n = \sqrt{n} - \sqrt{n-1}$ 均成立，则当 $n = k + 1$ 时，由已知和归纳假设得

$$S_{k+1} = 1 + (\sqrt{2} - 1) + \cdots + (\sqrt{k} - \sqrt{k-1}) + a_{k+1}$$
$$= \dfrac{1}{2}\left(a_{k+1} + \dfrac{1}{a_{k+1}}\right),$$

即 $\sqrt{k} + a_{k+1} = \dfrac{1}{2}\left(a_{k+1} + \dfrac{1}{a_{k+1}}\right)$，整理得 $a_{k+1}^2 + 2\sqrt{k}\,a_{k+1} - 1 = 0$.

由此解得 $a_{k+1} = \sqrt{k+1} - \sqrt{k}$，即当 $n = k + 1$ 时猜想成立.

根据 (a) 和 (b)，可知对一切正整数 n，命题 $a_n = \sqrt{n} - \sqrt{n-1}$ 都成立.

例 1.2.10 设 $\{a_n\}$ 是正项数列，其前 n 项和为 S_n，并且对所有正整数 n，a_n 与 2 的等差中项等于 S_n 与 2 的等比中项.

(1) 求数列 $\{a_n\}$ 的通项公式；

(2) 令 $b_n = \dfrac{1}{2}\left(\dfrac{a_{n+1}}{a_n} + \dfrac{a_n}{a_{n+1}}\right)(n \in \mathbf{N}^*)$，求 $b_1 + b_2 + b_3 + \cdots + b_n - n$.

解 (1) 由已知得 $\dfrac{a_n + 2}{2} = \sqrt{2S_n}$ 且 $a_n > 0, S_n > 0\,(n \in \mathbf{N}^*)$.

分别令 $n = 1, 2, 3$，依次得到 $a_1 = 2, a_2 = 6, a_3 = 10$，这三项的公差为 4. 根据这三项的值，可猜想数列 $\{a_n\}$ 的通项公式为 $a_n = 4n - 2$.

下面用数学归纳法证明 $a_n = 4n - 2 (n \in \mathbf{N}^*)$.

（a）归纳法的奠基成立.

（b）假设 $n = k (k \geqslant 1)$ 时，$a_k = 4k - 2$ 成立，则当 $n = k + 1$ 时，由已知得 $\dfrac{a_k + 2}{2} = \sqrt{2S_k}$. 把 $a_k = 4k - 2$ 代入上式，得 $2k = \sqrt{2S_k}$，解得 $S_k = 2k^2$. 再由已知得 $\dfrac{a_{k+1} + 2}{2} = \sqrt{2S_{k+1}}$ 以及 $S_{k+1} = S_k + a_{k+1}$，从而 $\left(\dfrac{a_{k+1} + 2}{2}\right)^2 = 2(S_k + a_{k+1})$. 把 $S_k = 2k^2$ 代入，得

$$\left(\dfrac{a_{k+1} + 2}{2}\right)^2 = 2(a_{k+1} + 2k^2),$$

整理得 $a_{k+1}^2 - 4a_{k+1} + 4 - 16k^2 = 0$. 由于 $a_{k+1} > 0$，解得 $a_{k+1} = 2 + 4k$，即

$$a_{k+1} = 2 + 4k = 4(k + 1) - 2,$$

从而猜想当 $n = k + 1$ 时仍成立.

根据（a）和（b），可知 $a_n = 4n - 2$ 对所有正整数 n 成立.

(2) 令 $c_n = b_n - 1$，则

$$c_n = \dfrac{1}{2}\left(\dfrac{a_{n+1}}{a_n} + \dfrac{a_n}{a_{n+1}} - 2\right)$$

$$= \dfrac{1}{2}\left[\left(\dfrac{2n+1}{2n-1} - 1\right) + \left(\dfrac{2n-1}{2n+1} - 1\right)\right]$$

$$= \dfrac{1}{2n-1} - \dfrac{1}{2n+1},$$

$$\sum_{k=1}^{n} b_k - n = \sum_{k=1}^{n} c_k$$

$$= \left(1 - \dfrac{1}{3}\right) + \left(\dfrac{1}{3} - \dfrac{1}{5}\right) + \cdots + \left(\dfrac{1}{2n-1} - \dfrac{1}{2n+1}\right)$$

$$= 1 - \dfrac{1}{2n+1}.$$

1.3 通项公式的求法(Ⅱ)

本节给出不动点的概念,并利用这一工具导出求一些一阶递推数列通项公式的几个定理,并介绍它们的应用.本节的例题选自历年的高考题及其模拟题,以及数学竞赛试题及其模拟题,部分例题是新构造的.

定义 1.3.1 在定义 1.1.1 中的条件下,若存在 $x_0 \in D$,使得 $f(x_0) = x_0$,则称 x_0 为函数 $f(x)$ 的**不动点**.

不动点的代数意义是,方程 $f(x) = x$ 在定义域 D 中的解;其几何意义是,直线 $y = x$ 与 $y = f(x)$ 图像交点的横坐标(纵坐标)的值.

函数 $f(x)$ 可能有多个实不动点,也可能没有不动点,不动点值也可以是虚的.

设 x_0 是函数 $f(x)$ 的不动点,则 $x_0 = f(x_0) = f(f(x_0)) = \cdots = \underbrace{f(f(\cdots f(x)))}_{n \text{个} f} = f_n(x)$,即函数 $f(x)$ 的不动点是它的 n 阶迭代函数的 $f_n(x)$ 的不动点.于是,若 $a_1 = x_0$,则数列 $\{a_n\}$ 为常数列,$a_n = x_0 (n \in \mathbf{N}^*)$.

对于一些特殊的递推函数,不动点可以用来构造等比数列或等差数列,然后求出其通项公式,从而来研究数列的性质.

定理 1.3.1 设一阶线性递推数列 $\{a_n\}$ 满足

$$a_n = pa_{n-1} + q \quad (n \geqslant 2, p \neq 1 \text{ 且 } p \neq 0, q \neq 0),$$

$a_1 \neq x_0, x_0 = \dfrac{q}{1-p}$,则 $a_n - x_0 = p(a_{n-1} - x_0)(n \geqslant 2)$,且 $a_n = (a_1 - x_0)p^{n-1} + x_0 (n \geqslant 1)$.

证 数列 $\{a_n\}$ 的递推函数为 $f(x) = px + q$.令 $f(x) = x$,解得不动点 $x_0 = \dfrac{q}{1-p}$.从而有

$$\begin{aligned} a_n - x_0 &= f(a_{n-1}) - f(x_0) = pa_{n-1} + q - (px_0 + q) \\ &= p(a_{n-1} - x_0), \end{aligned}$$

即
$$a_n - x_0 = p(a_{n-1} - x_0) \quad (n \geqslant 2). \tag{1}$$
因此数列$\{a_n - x_0\}$是首项为$a_1 - x_0$、公比为p的等比数列,
$$a_n - x_0 = (a_1 - x_0)p^{n-1} \quad (n \geqslant 1),$$
从而有
$$a_n = (a_1 - x_0)p^{n-1} + x_0 \quad (n \geqslant 1). \tag{2}$$

这里需要说明的是:定理 1.3.1 中的 p,q 可以是复数,从而不动点也可以是虚的,此时定理仍成立.

下面,我们通过定理 1.3.1 的通项公式(2),不加证明地讨论数列$\{a_n\}$的有界性和单调性.

推论 (1) $0 < p < 1$.

(a) 若 $a_1 < x_0$,则 $a_n < a_{n+1} < x_0 (n \in \mathbf{N}^*)$ 恒成立,且 $\lim\limits_{n \to \infty} a_n = x_0$,如图 1.1 所示.

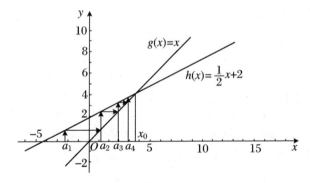

图 1.1

在图 1.1 中,数列$\{a_n\}$的递推和函数 $f(a_n)$ 的迭代是通过直线 $y = x$ 转换而成的.直线 $y = x$ 称为递推(迭代)线,这个图称为数列$\{a_n\}$的递推图,或递推函数 $f(x)$ 的迭代图.

(b) 若 $a_1 > x_0$,则 $a_n > a_{n+1} > x_0 (n \in \mathbf{N}^*)$ 恒成立,且 $\lim\limits_{n \to \infty} a_n = x_0$.

(2) $-1 < p < 0$.

(a) 若 $a_1 < x_0$,则 $a_{2n-1} < a_{2n+1} < x_0 < a_{2n+2} < a_{2n} (n \in \mathbf{N}^*)$

恒成立,且 $\lim\limits_{n\to\infty} a_n = x_0$. 它的递推图如图 1.2 所示,围绕着点 (x_0, x_0),是一种"混沌"现象.

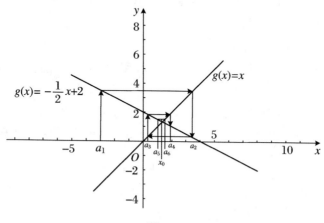

图 1.2

(b) 若 $a_1 > x_0$,则 $a_{2n} < a_{2n+2} < x_0 < a_{2n+1} < a_{2n-1}$ ($n \in \mathbf{N}^*$) 恒成立,且 $\lim\limits_{n\to\infty} a_n = x_0$.

(3) $p > 1$.

(a) 若 $a_1 < x_0$,则 $a_{n+1} < a_n < x_0$ ($n \in \mathbf{N}^*$) 恒成立,且 $\lim\limits_{n\to\infty} a_n = -\infty$;

(b) 若 $a_1 > x_0$,则 $a_{n+1} > a_n > x_0$ ($n \in \mathbf{N}^*$) 恒成立,且 $\lim\limits_{n\to\infty} a_n = +\infty$.

(4) $p < -1$.

(a) 若 $a_1 < x_0$,则 $a_{2n+1} < a_{2n-1} < x_0 < a_{2n} < a_{2n+2}$ ($n \in \mathbf{N}^*$) 恒成立,且 $\lim\limits_{n\to\infty} a_n = \infty$;

(b) 若 $a_1 > x_0$,则 $a_{2n+2} < a_{2n} < x_0 < a_{2n-1} < a_{2n+1}$ ($n \in \mathbf{N}^*$) 恒成立,且 $\lim\limits_{n\to\infty} a_n = \infty$.

请自行画出上面各个结论的递推图.

例 1.3.1 设数列 $\{a_n\}$ 满足:
$$\sqrt{a_n a_{n-2}} - \sqrt{a_{n-1} a_{n-2}} = 2a_{n-1} \quad (n \geq 2), \tag{1}$$
且 $a_0 = a_1 = 1$. 求数列 $\{a_n\}$ 的通项公式.

解 式(1)化为
$$\sqrt{a_n a_{n-2}} = 2a_{n-1} + \sqrt{a_{n-1} a_{n-2}}. \tag{2}$$
因为 $a_0 = a_1 = 1$,所以由式(2)可用数学归纳法证明 $a_n > 0 (n \in \mathbf{N}^*)$.

归纳法的奠基成立. 假设 $a_{k-1} > 0, a_{k-2} > 0 (k \geq 2)$,则当 $n = k$ 时,由归纳假设及式(2)推出 $a_k > 0, a_{k+1} > 0$,故对一切 $n \in \mathbf{N}^*$, $a_n > 0$. 于是,式(2)的两边除以 $\sqrt{a_{n-1} a_{n-2}}$, 得到 $\sqrt{\dfrac{a_n}{a_{n-1}}} = 2\sqrt{\dfrac{a_{n-1}}{a_{n-2}}} + 1$. 设 $b_n = \sqrt{\dfrac{a_n}{a_{n-1}}}$, 则由上式得
$$b_n = 2b_{n-1} + 1 \quad (n \geq 2). \tag{3}$$
式(3)的递推函数为 $f(x) = 2x + 1$. 令 $f(x) = x$, 解得不动点 $x_0 = -1$. 于是式(3)可化为
$$b_n + 1 = 2(b_{n-1} + 1) \quad (n \geq 2).$$
因为 $b_1 = \sqrt{\dfrac{a_1}{a_0}} = 1$, 所以由上式得
$$b_n = (b_1 + 1)2^{n-1} - 1 = 2^n - 1 \quad (n \geq 1),$$
即
$$\sqrt{\dfrac{a_n}{a_{n-1}}} = 2^n - 1 \quad (n \geq 1),$$
从而有
$$\dfrac{a_n}{a_{n-1}} = (2^n - 1)^2 \quad (n \geq 1),$$
于是
$$a_n = \dfrac{a_n}{a_{n-1}} \cdot \dfrac{a_{n-1}}{a_{n-2}} \cdots \dfrac{a_1}{a_0} \cdot a_0 = \prod_{k=1}^{n} (2^k - 1)^2 \quad (n \geq 1),$$

所以
$$a_n = \begin{cases} 1 & (n = 0), \\ \prod_{k=1}^{n}(2^k-1)^2 & (n \geqslant 1). \end{cases}$$

例 1.3.2 (1987 年全国高考试题)设数列 $\{a_n\}$ 的前 n 项和为 S_n，S_n 与 a_n 满足关系式
$$S_n = -ba_n + 1 - \frac{1}{(1+b)^n} \quad (n \in \mathbf{N}^*),$$
其中 b 是与 n 无关的常数，且 $b \neq -1$.

(1) 求 a_n 与 a_{n-1} 的关系式;

(2) 写出用 n 和 b 表示的 a_n 的表达式;

(3) 当 $0 < b < 1$ 时，求 $\lim_{n \to \infty} S_n$.

解 (1) 由已知得
$$S_n = -ba_n + 1 - \frac{1}{(1+b)^n} \quad (n \geqslant 1), \tag{1}$$
$$S_{n-1} = -ba_{n-1} + 1 - \frac{1}{(1+b)^{n-1}} \quad (n \geqslant 2). \tag{2}$$
两式相减，整理得
$$(1+b)a_n = ba_{n-1} + \frac{b}{(1+b)^n} \quad (n \geqslant 2).$$
由式(1)得 $a_1 = \frac{b}{(1+b)^2}$. 因为 $b \neq -1, 1+b \neq 0$，所以由上式得
$$a_n = \frac{b}{1+b}a_{n-1} + \frac{b}{(1+b)^{n+1}} \quad (n \geqslant 2). \tag{3}$$

(2) 式(3)的两边同乘以 $(1+b)^n$，并设 $x_n = (1+b)^n a_n$，得到
$$x_n = bx_{n-1} + \frac{b}{1+b} \quad (n \geqslant 2), \tag{4}$$
其中 $x_1 = (1+b)a_1 = \frac{b}{1+b}$.

(a) 若 $b = 1$，则由式(4)得

$$x_n = x_{n-1} + \frac{1}{2} \quad (n \geqslant 2).$$

上式是以 $x_1 = (1+b)a_1 = \frac{1}{2}$ 为首项、公差为 $\frac{1}{2}$ 的等差数列,故 $x_n = \frac{n}{2}(n \geqslant 1)$,从而有

$$a_n = \frac{x_n}{(1+b)^n} = \frac{n}{2^{n+1}} \quad (n \geqslant 1). \tag{5}$$

(b) 若 $b \neq 1$,则式(4)的递推函数为 $f(x) = bx + \frac{b}{1+b}$。令 $f(x) = x$,解得不动点 $x_0 = \frac{b}{1-b^2}$,从而式(4)可化为

$$x_n - \frac{b}{1-b^2} = b\left(x_{n-1} - \frac{b}{1-b^2}\right).$$

因为 $x_1 = \frac{b}{1+b}$,所以由上式得

$$x_n = \frac{b}{1-b^2} - \frac{b^2}{1-b^2}b^{n-1} = \frac{b(1-b^n)}{1-b^2} \quad (n \geqslant 1),$$

从而有

$$a_n = \frac{x_n}{(1+b)^n} = \frac{b - b^{n+1}}{(1-b)(1+b)^{n+1}} \quad (n \geqslant 1). \tag{6}$$

因此

$$a_n = \begin{cases} \dfrac{b - b^{n+1}}{(1-b)(1+b)^{n+1}} & (b \neq 1), \\ \dfrac{n}{2^{n+1}} & (b = 1) \end{cases} \quad (n \geqslant 1).$$

(3) 由式(1)和式(6)推得

$$S_n = -\frac{b(b - b^{n+1})}{1-b} \cdot \frac{1}{(1+b)^{n+1}} + 1 - \frac{1}{(1+b)^n}.$$

因为 $0 < b < 1, 0 < \frac{1}{1+b} < 1, \lim_{n \to \infty} b^n = 0, \lim_{n \to \infty} \frac{1}{(1+b)^n} = 0$,所以 $\lim_{n \to \infty} S_n = 1$.

例 1.3.1 和例 1.3.2 说明,先把一个较为复杂的递推式化归为定理 1.3.1 中的形式,这是解题的关键所在.

例 1.3.3 某粮站把一桶油的 $\dfrac{q}{p}$ 又加 $\dfrac{q}{p}$ 斤卖给第 1 个顾客,然后又把余下油的 $\dfrac{q}{p}$ 又加 $\dfrac{q}{p}$ 斤卖给第 2 个顾客,一直按这样的顺序卖下去,卖至第 n 个顾客正好全部卖完. 设 $\dfrac{q}{p}$ 是一个既约分数,且每个顾客所买到的油均为整数斤.

(1) p 和 q 满足什么关系式?

(2) 这桶油的总重量为多少?

解 (1) 设这桶油的总重量为 a_0,卖给第 i 个顾客 a_i 斤,余下 b_i 斤 $(0 \leqslant i \leqslant n)$,这里的 a_i,b_i 都是整数,且 $a_0 = b_0, b_n = 0$.

根据题意,我们有

$$a_k = \dfrac{q}{p} b_{k-1} + \dfrac{q}{p} \quad (1 \leqslant k \leqslant n), \tag{1}$$

$$b_{k-1} = a_k + b_k \quad (1 \leqslant k \leqslant n). \tag{2}$$

把式(1)代入式(2),整理得

$$b_k = \dfrac{p-q}{p} b_{k-1} - \dfrac{q}{p} \quad (1 \leqslant k \leqslant n).$$

它的递推函数 $f(x) = \dfrac{p-q}{p} x - \dfrac{q}{p}$. 令 $f(x) = x$,解得不动点 $x_0 = -1$,从而有

$$b_k + 1 = \dfrac{p-q}{p}(b_{k-1} + 1) \quad (1 \leqslant k \leqslant n),$$

于是

$$b_n = -1 + (b_0 + 1)\left(\dfrac{p-q}{p}\right)^n.$$

因为 $b_n = 0$,所以

$$a_0 = b_0 = \left(\frac{p}{p-q}\right)^n - 1. \tag{3}$$

由于 $a_0 \in \mathbf{N}^*$,所以

$$\frac{p}{p-q} = m \in \mathbf{N}^*.$$

从上式解得 $\frac{q}{p} = \frac{m-1}{m}$. 因为 $\frac{q}{p}$ 是既约分数,故 $(p,q)=1$,$(m,m-1)=1$,所以 $q=m-1$,$p=m$,从而得到 p 和 q 的关系式为 $p-q=1$.

(2) 把 $p-q=1$ 代入式(3),得这桶油的总重量为

$$a_0 = p^n - 1.$$

例 1.3.4 有三个竹桩 A,B,C(图 1.3),把 n 个中空的圆盘按照由小到大的尺寸穿在竹桩 A 上,最大的在底下. 现在打算搬动这些圆盘,把一个竹桩上的圆盘都移到另一个竹桩上(例如转移到 C 桩上),规定每次只能搬一个,并且任何时候都不能把较大的圆盘放在较小的圆盘之上. 问要完成这个转移必须搬动的次数是多少?

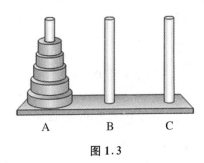

图 1.3

解 设 a_n 为按照要求转移这 n 个圆盘到 C 桩上所须搬动的次数. 显然 $a_1=1$,$a_2=3$(把小的一个放到 B 上,大的一个放到 C 上,然后再把小的一个放到 C 上,共三次). 下面,我们按照题意导出 a_n 的递推关系式.

为了把这 n 个圆盘从 A 桩上按照规定转移到 C 桩上,可先把 A 桩上面的 $n-1$ 个圆盘按照规定转移到 B 桩上,由所设知共搬动 a_{n-1} 次;然后把 A 桩上最大的一个圆盘转移到 C 桩上,搬动 1 次;同理,把 B 桩上的 $n-1$ 个圆盘转移到 C 桩上,也搬动 a_{n-1} 次,于是得到如下递推关系式:

$$a_n = 2a_{n-1} + 1 \quad (n \geq 2).$$

数列$\{a_n\}$的递推函数为$f(x) = 2x + 1$. 令$f(x) = x$, 解得不动点$x_0 = -1$, 从而有$a_n + 1 = 2(a_{n-1} + 1)(n \geq 2)$, 即数列$\{a_n + 1\}$是以$a_1 + 1 = 2$为首项、公比为2的等比数列, 故

$$a_n = (a_1 + 1) \cdot 2^{n-1} - 1 = 2^n - 1 \quad (n \geq 1).$$

定理 1.3.2 设一阶线性分式递推数列

$$a_n = \frac{Aa_{n-1} + B}{Ca_{n-1} + D} \tag{1}$$

$(A, B, C, D \in \mathbf{R}, ABC \neq 0, n \geq 1, n \in \mathbf{N}^*)$的递推函数$f(x) = \frac{Ax + B}{Cx + D}\left(x \neq -\frac{D}{C}\right)$的两个不动点为$x_1, x_2$, 且$a_1 \neq x_1, a_1 \neq x_2$.

(1) 若$x_1 \neq x_2$, 则式(1)可化为:

(a) $\dfrac{a_n - x_1}{a_n - x_2} = p \cdot \dfrac{a_{n-1} - x_1}{a_{n-1} - x_2}(n \geq 2)$, 其中$p = \dfrac{Cx_2 + D}{Cx_1 + D}$;

(b) $\dfrac{1}{a_n - x_1} = p_1 \cdot \dfrac{1}{a_{n-1} - x_1} + q_1 (n \geq 2)$, 其中

$$p_1 = \frac{Cx_1 + D}{Cx_2 + D}, \quad q_1 = \frac{C}{Cx_2 + D};$$

(c) $\dfrac{1}{a_n - x_2} = p_2 \cdot \dfrac{1}{a_{n-1} - x_2} + q_2 (n \geq 2)$, 其中

$$p_2 = \frac{Cx_2 + D}{Cx_1 + D}, \quad q_2 = \frac{C}{Cx_1 + D}.$$

(2) 若$x_1 = x_2 = x_0$(这两不动点一定是实的), 则式(1)可化为

$$\frac{1}{a_n - x_0} = \frac{1}{a_{n-1} - x_0} + d \quad (n \geq 2),$$

其中$d = \dfrac{C}{Cx_0 + D}$.

证 (1) 由所设, 不动点x_1, x_2是方程

$$f(x) = \frac{Ax + B}{Cx + D} = x, \quad 即 \quad Cx^2 - (A - D)x - B = 0 \tag{2}$$

的两个根, 从而有

$$\begin{cases} x_1 + x_2 = \dfrac{A - D}{C}, \\ x_1 x_2 = -\dfrac{B}{C} \end{cases} \Leftrightarrow \begin{cases} A = C(x_1 + x_2) + D, \\ B = -Cx_1 x_2. \end{cases} \quad (3)$$

(a) 由式(3)得

$$\begin{aligned}
\frac{a_n - x_1}{a_n - x_2} &= \frac{\dfrac{Aa_{n-1} + B}{Ca_{n-1} + D} - x_1}{\dfrac{Aa_{n-1} + B}{Ca_{n-1} + D} - x_2} = \frac{Aa_{n-1} + B - Ca_{n-1}x_1 - Dx_1}{Aa_{n-1} + B - Ca_{n-1}x_2 - Dx_2} \\
&= \frac{C(x_1 + x_2)a_{n-1} + Da_{n-1} - Cx_1x_2 - Ca_{n-1}x_1 - Dx_1}{C(x_1 + x_2)a_{n-1} + Da_{n-1} - Cx_1x_2 - Ca_{n-1}x_2 - Dx_2} \\
&= \frac{Cx_2(a_{n-1} - x_1) + D(a_{n-1} - x_1)}{Cx_1(a_{n-1} - x_2) + D(a_{n-1} - x_2)} = \frac{Cx_2 + D}{Cx_1 + D} \left(\frac{a_{n-1} - x_1}{a_{n-1} - x_2} \right) \\
&= p \cdot \frac{a_{n-1} - x_1}{a_{n-1} - x_2},
\end{aligned}$$

其中 $p = \dfrac{Cx_2 + D}{Cx_1 + D}$.

(b) 计算得

$$\begin{aligned}
\frac{1}{a_n - x_1} &= \frac{Ca_{n-1} + D}{Aa_{n-1} + B - Ca_{n-1} - Dx_1} \\
&= \frac{Ca_{n-1} + D}{C(x_1 + x_2) + Da_{n-1} - Cx_1x_2 - Ca_{n-1}x_1 - Dx_1} \\
&= \frac{C(a_{n-1} - x_1) + Cx_1 + D}{(Cx_2 + D)(a_{n-1} - x_1)} \\
&= \frac{Cx_1 + D}{Cx_2 + D} \cdot \frac{1}{a_{n-1} - x_1} + \frac{C}{Cx_2 + D} \\
&= p_1 \cdot \frac{1}{a_{n-1} - x_1} + q_1,
\end{aligned}$$

其中 $p_1 = \dfrac{Cx_1 + D}{Cx_2 + D}, q_1 = \dfrac{C}{Cx_2 + D}$.

同理可证(c)和(2).

(a)直接把式(1)转化成等比数列,(b)和(c)转化成定理1.3.1的形式,(2)转化成等差数列.如果给出首项,都能求出数列$\{a_n\}$的通项a_n.在定理1.3.2(1)的使用上,如果计算不是太复杂,我们往往先用(b)和(c),再用定理1.3.1.

当方程式(2)的判别式$\Delta<0$时,x_1,x_2是方程的两个共轭虚根,定理中(a)~(c)仍成立.此时,数列$\{a_n\}$往往同周期数列有点关系.例如递推函数$f(x)=-\dfrac{1}{x}$,令$f(x)=x$,解得不动点$x=\pm i$.若$a_1=2$,则$a_2=-\dfrac{1}{2},a_3=2,a_4=-\dfrac{1}{2},\cdots$,所以数列$\{a_n\}$是周期为2的纯周期数列.

例 1.3.5 设$f(x)=\dfrac{4x-2}{x+1}(x\neq -1)$,数列$\{a_n\}$满足:$a_1\neq -1,a_n=f(a_{n-1})(n\geqslant 2)$.

(1) 若数列$\{a_n\}$是无穷常数列,试求实数a_1的值;

(2) 若$a_{n+1}>a_n(n\geqslant 1)$,试求实数$a_1$的取值范围.

解 (1) 令$f(x)=x$,解得递推函数$f(x)$的不动点$x_1=1$,$x_2=2$.根据不动点的定义,当$a_1=1$或$a_1=2$时,数列$\{a_n\}$是无穷常数列.

(2) 解法1 易知

$$a_{n+1}-a_n=\dfrac{4a_n-2}{a_n+1}-a_n$$

$$=-\dfrac{(a_n-1)(a_n-2)}{a_n+1}\quad(n\in\mathbf{N}^*).\quad(1)$$

上式启发我们,如果命题"当$1<a_1<2$时,$1<a_n<2(n\in\mathbf{N}^*)$恒成立",问题(2)就可解决.

$$a_{n+1}-1=\dfrac{4a_n-2}{a_n+1}-1=\dfrac{3(a_n-1)}{a_n+1}\quad(n\in\mathbf{N}^*),\quad(2)$$

$$a_{n+1}-2=\dfrac{4a_n-2}{a_n+1}-2=\dfrac{2(a_n-2)}{a_n+1}\quad(n\in\mathbf{N}^*).\quad(3)$$

下面,我们用数学归纳法证明:当$1<a_1<2$时,$1<a_n<2$

$(n\in \mathbf{N}^*)$ 恒成立.

由于 $1<a_1<2$,归纳法的奠基成立.假设 $n=k(k\geqslant 1)$ 时,$1<a_k<2$,则当 $n=k+1$ 时,由归纳假设以及式(2)和式(3),得 $a_{k+1}-1>0, a_{k+1}-2<0 \Rightarrow 1<a_{k+1}<2$,即 $n=k+1$ 时命题成立.因此,对一切 $n\in \mathbf{N}^*$,命题成立.

因为 $1<a_n<2(n\in \mathbf{N}^*)$ 恒成立,所以由式(1)得 $a_{n+1}>a_n$ $(n\in \mathbf{N}^*)$ 恒成立.

一般来说,单调性命题背后隐藏着一个有界性命题,通常先用数学归纳法证明有界性命题,然后再用有界性命题的结论证明单调性命题.

解法 2 我们利用定理 1.3.2 先求出通项公式.

$$\frac{1}{a_n-1}=\frac{a_{n-1}+1}{3(a_{n-1}-1)}=\frac{(a_{n-1}-1)+2}{3(a_{n-1}-1)}$$
$$=\frac{2}{3}\frac{1}{a_{n-1}-1}+\frac{1}{3}. \tag{4}$$

设 $b_n=\dfrac{1}{a_n-1}$,则由式(4)得 $b_n=\dfrac{2}{3}b_{n-1}+\dfrac{1}{3}$.它的递推函数为 $f(x)=\dfrac{2}{3}x+\dfrac{1}{3}$,解得不动点 $x_0=1$,从而有

$$b_n-1=\frac{2}{3}(b_{n-1}-1) \quad (n\geqslant 2),$$

其中 $b_1=\dfrac{1}{a_1-1}$.由上式得

$$b_n=(b_1-1)\left(\frac{2}{3}\right)^{n-1}+1$$
$$=\left(\frac{1}{a_1-1}-1\right)\left(\frac{2}{3}\right)^{n-1}+1 \quad (n\geqslant 1).$$

再由所设得

$$a_n=\frac{1}{\dfrac{1}{a_1-1}\left(\dfrac{2}{3}\right)^{n-1}+1}+1 \quad (n\geqslant 1). \tag{5}$$

若 $1<a_1<2$，则 $0<a_1-1<1, \dfrac{1}{a_1-1}>1$，于是数列

$$\left(\dfrac{1}{a_1-1}-1\right)\left(\dfrac{2}{3}\right)^{n-1}+1 \quad (n\geqslant 1)$$

是递减的，从而由式(5)可知，数列 $\{a_n\}$ 对一切 $n\in \mathbf{N}^*$ 是递增的，且 $\lim\limits_{n\to\infty}a_n=2$.

回顾 (1) 对于上面的两种解法，解法 1 是本质的，这是因为有的递推数列很难求出通项公式.

(2) 命题(2)的递推图如图(1.4)(x_0 的左侧)所示.

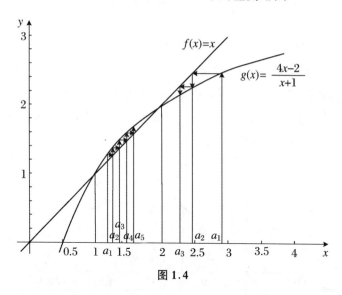

图 1.4

从图 1.4 看出，当 $a_1>2$(x_0 的右侧)时，$2<a_{n+1}<a_n$ 对一切 $n\in\mathbf{N}^*$ 恒成立，请读者自行证明.

(3) 一般来说，如果能正确作出函数 $y=f(x)$ 和 $y=x$ 的关系图，就能从图上构造数列命题，然后再加以严密地证明.

例 1.3.6 已知函数 $f(x)=\dfrac{2x}{x+2}(x\neq -2)$，数列 $\{a_n\}$ 满足：$a_1=1, a_{n+1}=f(a_n)(n\in\mathbf{N}^*)$. 试求：

(1) 数列 $\{a_n\}$ 的通项公式 a_n;

(2) $\lim\limits_{n\to\infty} a_n$.

解 (1) 令 $f(x) = x$,解得不动点 $x_1 = x_2 = x_0 = 0$,则由定理 1.3.2(2)得

$$\frac{1}{a_n - 0} = \frac{1}{a_n} = \frac{a_{n-1} + 2}{2a_{n-1}} = \frac{1}{a_{n-1}} + \frac{1}{2},$$

即数列 $\left\{\dfrac{1}{a_n}\right\}$ 是首项为 $\dfrac{1}{a_1} = 1$、公差为 $\dfrac{1}{2}$ 的等差数列,故

$$\frac{1}{a_n} = 1 + \frac{n-1}{2} = \frac{n+1}{2},$$

从而所求的通项公式 $a_n = \dfrac{2}{n+1}$ $(n \geqslant 1)$.

(2) 显然,$\lim\limits_{n\to\infty} a_n = 0 = x_0$.

回顾 例 1.3.6 的递推图如图 1.5 所示,递推函数 $y = f(x)$ 与 $y = x$ 切于原点 O.

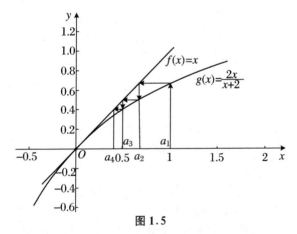

图 1.5

例 1.3.7 在平面上生活着两种生物:"锐角三角形"(A)和"钝角三角形"(O),它们都是等腰三角形. 锐角三角形的顶角为 $36°$,钝角三角形的顶角为 $108°$.

在每年的"大分日",它们都分裂成小块:每个 A 分裂成两个小 A 和一个小 O;每个 O 分裂成一个小 A 和一个小 O(图 1.6).在一年里,它们分别长大至成年.很久之前,平面上仅有一个生物 O,而且在此平面上的生物是不会死亡的.

问:很久之后,锐角三角形 A 和钝角三角形 O 的数目的比率是否有一个极限?如果有,试确定此极限.

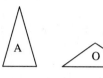

图 1.6

解 设第 n 年后锐角三角形(A)有 a_n 个,钝角三角形(O)有 b_n 个,它们的比率 $f_n = \dfrac{a_n}{b_n}$. 由已知得 $a_0 = 0, b_0 = 1, f_0 = 0$,且

$$\begin{cases} a_n = 2a_{n-1} + b_{n-1}, \\ b_n = a_{n-1} + b_{n-1} \end{cases} (n \geqslant 1),$$

从而有

$$f_n = \frac{a_n}{b_n} = \frac{2a_{n-1} + b_{n-1}}{a_{n-1} + b_{n-1}} = \frac{2f_{n-1} + 1}{f_{n-1} + 1}. \tag{1}$$

它的递推函数为 $f(x) = \dfrac{2x+1}{x+1}$. 令 $f(x) = x$,解得不动点 $x = \dfrac{1 \pm \sqrt{5}}{2}$. 由定理 1.3.2 和式(1)得

$$\frac{f_n - \dfrac{1+\sqrt{5}}{2}}{f_n - \dfrac{1-\sqrt{5}}{2}} = \frac{\dfrac{2f_{n-1}+1}{f_{n-1}+1} - \dfrac{1+\sqrt{5}}{2}}{\dfrac{2f_{n-1}+1}{f_{n-1}+1} - \dfrac{1-\sqrt{5}}{2}} = \left(\frac{\sqrt{5}-1}{\sqrt{5}+1}\right)^2 \frac{f_{n-1} - \dfrac{1+\sqrt{5}}{2}}{f_{n-1} - \dfrac{1-\sqrt{5}}{2}}.$$

因为 $f_0 = 0$,所以

$$\frac{f_n - \dfrac{1+\sqrt{5}}{2}}{f_n - \dfrac{1-\sqrt{5}}{2}} = \frac{1+\sqrt{5}}{1-\sqrt{5}} \cdot \left(\frac{\sqrt{5}-1}{\sqrt{5}+1}\right)^{2n}.$$

又 $0 < \dfrac{\sqrt{5}-1}{\sqrt{5}+1} < 1$，故 $\lim\limits_{n\to\infty} \dfrac{f_n - \dfrac{1+\sqrt{5}}{2}}{f_n - \dfrac{1-\sqrt{5}}{2}} = 0$，从而有 $\lim\limits_{n\to\infty} f_n = \dfrac{1+\sqrt{5}}{2}$，这就

是很久之后，锐角三角形 A 和钝角三角形 O 数目比率的极限.

例 1.3.8 设数列 $\{a_n\}$ 满足：$a_1 = 5, a_{n+1} = \dfrac{a_n^2 + 1}{2a_n} (n \geqslant 1)$.

(1) 证明：数列 $\{a_n\}$ 对一切 $n \in \mathbf{N}^*$ 都是递减的；

(2) 设 $b_n = \dfrac{a_n - 1}{a_n + 1}(n \in \mathbf{N}^*)$，试求数列 $\{b_n\}$ 的通项公式，并求出数列 $\{a_n\}$ 的通项公式.

解 (1) 数列 $\{a_n\}$ 的递推函数为 $f(x) = \dfrac{x^2+1}{2x}$. 令 $f(x) = x$，解得不动点 $x = \pm 1$. 因为 $x > 0$ 时，$f(x) > 0, a_1 = 5$，所以适合的不动点为 $x = 1$. 因为

$$a_{n+1} - a_n = \dfrac{a_n^2 + 1}{2a_n} - a_n = -\dfrac{(a_n+1)(a_n-1)}{2a_n}, \quad (1)$$

从式(1)可知，为证 $a_{n+1} < a_n$，必须先证 $a_n > 1$ 对一切 $n \in \mathbf{N}^*$ 恒成立.

由于 $a_1 = 5 > 1$，归纳法的奠基成立. 假设 $n = k(k \geqslant 1)$ 时，$a_k > 1$，则当 $n = k + 1$ 时，

$$a_{k+1} - 1 = \dfrac{(a_k - 1)^2}{2a_k} > 0,$$

即 $a_{k+1} > 1$，所以 $n = k + 1$ 时命题成立. 因此对一切 $n \in \mathbf{N}^*, a_n > 1$ 恒成立. 从而由式(1)可知，对一切 $n \in \mathbf{N}^*, a_{n+1} < a_n$ 恒成立，即数列 $\{a_n\}$ 是递减的.

(2) 由(1)可知

$$a_n - 1 = \dfrac{(a_{n-1} - 1)^2}{2a_{n-1}}. \quad (2)$$

同理，可得

$$a_n + 1 = \dfrac{(a_{n-1} + 1)^2}{2a_{n-1}}. \quad (3)$$

式(2)和式(3)相除,得

$$b_n = \frac{(a_{n-1}-1)^2}{(a_{n-1}+1)^2} = b_{n-1}^2 \quad (n \geqslant 2). \tag{4}$$

因为 $b_n > 0$ 对一切 $n \in \mathbf{N}^*$ 恒成立,所以由式(4)得

$$\ln b_n = 2\ln b_{n-1} \quad (n \geqslant 2). \tag{5}$$

由于 $b_1 = \dfrac{a_1 - 1}{a_1 + 1} = \dfrac{2}{3}$,由式(5)得

$$\ln b_n = 2^{n-1}\ln b_1 = 2^{n-1}\ln \frac{2}{3} = \ln\left(\frac{2}{3}\right)^{2^{n-1}},$$

$$b_n = \left(\frac{2}{3}\right)^{2^{n-1}} \quad (n \geqslant 1).$$

因为 $b_n = \dfrac{a_n - 1}{a_n + 1}$,所以

$$a_n = \frac{1+b_n}{1-b_n} = \frac{1+\left(\dfrac{2}{3}\right)^{2^{n-1}}}{1-\left(\dfrac{2}{3}\right)^{2^{n-1}}}, \quad \lim_{n\to\infty} a_n = 1.$$

回顾 递推图如前面的图 1.5 所示,从图上可以看出本题是如何构造出来的,而且还可以发现当 a_1 在什么位置时,又可怎样命题.

下面的例 1.3.9 作为练习题,可以仿照例 1.3.8 的解法求解. 最后画出递推图,分析这个例题是如何构造出来的.

例 1.3.9 设 $a_1 > 0$,且 $a_1 \neq 1$,$a_{n+1} = \dfrac{a_n(a_n^2 + 3)}{3a_n^2 + 1}(n \geqslant 1)$.

(1) 试证:数列 $\{a_n\}$ 或者对一切正整数 n 是递增的,或者对一切正整数 n 是递减的.

(2) 数列 $\{a_n\}$ 有没有极限? 若有,请求出;若无,请说明理由.

例 1.3.10 已知数列 $\{a_n\}$ 满足: $-1 < a_1 < 1$,且 $a_1 \neq 0$,$a_{n+1} = -\dfrac{1}{3}a_n^3 + a_n (n \in \mathbf{N}^*)$.试判断数列 $\{a_n\}$ 的单调性.

解 由已知得

$$a_{n+1} - a_n = -\frac{1}{3}a_n^3 \quad (n \in \mathbf{N}^*) \tag{1}$$

若能证明:当$-1<a_1<0$(或$0<a_1<1$)时,$-1<a_n<0$(或$0<a_n<1$)对一切正整数n恒成立.那么就能由式(1)判断数列$\{a_n\}$的单调性.

由于$-1<a_1<0$,归纳法的奠基成立.假设$n=k(k\geqslant1)$时,$-1<a_k<0,0<a_k^2<1,-\frac{1}{3}a_k^3>0$,则当$n=k+1$时,$-1<a_k<a_{k+1}=-\frac{1}{3}a_k^3+a_k=-\frac{a_k}{3}(a_k^2-3)<0$,即$n=k+1$时,$-1<a_{k+1}<0$成立.因此对一切$n\in\mathbf{N}^*$,$-1<a_n<0$成立.同理,可证$0<a_1<1$时,对一切$n\in\mathbf{N}^*$,$0<a_n<1$成立.于是,由式(1)得

$$a_{n+1}-a_n=-\frac{1}{3}a_n^3\begin{cases}>0 & (-1<a_1<0),\\<0 & (0<a_1<1).\end{cases}$$

因此,当$-1<a_1<0$时,数列$\{a_n\}$是递增的;当$0<a_1<1$时,数列$\{a_n\}$是递减的.

回顾 数列$\{a_n\}$的递推图如图 1.7 所示.

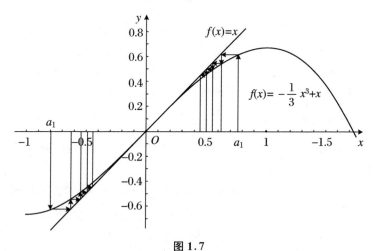

图 1.7

其中,原点O是不动点,又是直线$y=x$和递推函数$f(x)$的切

点,同时是函数 $f(x)$ 的拐点.在区间 $(0,1)$ 上符合定理 1.3.2(1) 中的(c);在区间 $(-1,0)$ 上符合定理 1.3.2(2) 中的(c).

1.4 和及和的不等式

求数列的前 n 项和 S_n,通常要用到以下解法:

1. 倒序相加法

如果一个数列 $\{a_n\}$,与首末两项等距的两项之和等于首末两项之和,可采用把正着写的和与倒着写的和相加,就得到一个常数列的和.这一求和的方法称为倒序相加法.

2. 错位相减法

如果一个数列的各项是由一个等差数列与一个等比数列对应项乘积组成的混合数列,此时求和可采用错位相减法.

3. 分组转化法

把数列的每一项分成两项,或把数列重新组合,或把整个数列分成两部分,使其转化成等差数列或等比数列.这一求和方法称为分组转化法.

4. 裂项相消法

把数列的通项拆成两项之差,即数列的每一项都可按此法拆成两项之差,在求和时一些正负项相互抵消,于是前 n 项和变成首尾及若干少数项之和.这一求和方法称为裂项相消方法.

5. 公式法

所给数列的通项是关于 n 的多项式,此时求和可采用公式法.常用公式有

$$\sum_{i=1}^{n} i = \frac{n(n+1)}{2},$$

$$\sum_{i=1}^{n} i^2 = \frac{n(n+1)(2n+1)}{6},$$

$$\sum_{i=1}^{n} i^3 = \frac{n^2(n+1)^2}{4}.$$

例 1.4.1 (1) 求和:$1 + 11 + 111 + \cdots + \overbrace{11\cdots 1}^{n\uparrow}$;

(2) 求和:$1 \cdot 2^2 + 3 \cdot 4^2 + 5 \cdot 6^2 + \cdots + (2n-1)(2n)^2$;

(3) 求数列 $\dfrac{2^2}{1 \cdot 3}, \dfrac{4^2}{3 \cdot 5}, \dfrac{6^2}{5 \cdot 7}, \cdots$ 的前 n 项和;

(4) 已知 $a_k = \dfrac{k+2}{k! + (k+1)! + (k+2)!}$,求其前 100 项和;

(5) (2011 年复旦大学自主招生试题)求和:$1^4 + 2^4 + \cdots + n^4$.

分析 对数列求和时,若没有告诉通项公式,必须先求出其通项公式;若数列通项是由一个等差数列通项与一个等比数列通项的积组成,则用错位相减法来求解;后三小题用裂项相消法来求解.

解 (1) 因为 $\overbrace{11\cdots 1}^{n\uparrow} = \dfrac{1}{9} \cdot \overbrace{99\cdots 99}^{n\uparrow} = \dfrac{1}{9}(10^n - 1)$,所以

$$1 + 11 + 111 + \cdots + \overbrace{11\cdots 1}^{n\uparrow}$$

$$= \frac{1}{9}\left[(10-1) + (10^2 - 1) + \cdots + (10^n - 1)\right]$$

$$= \frac{1}{9}\left[(10 + 10^2 + \cdots + 10^n) - n\right]$$

$$= \frac{1}{9}\left[\frac{10(10^n - 1)}{9} - n\right] = \frac{10^{n+1} - 9n - 10}{81}.$$

(2) 因为 $(2k-1)(2k)^2 = 8k^3 - 4k^2 (k \in \mathbf{N}^*)$,所以

$$S_n = \sum_{k=1}^{n}(8k^3 - 4k^2) = 8\sum_{k=1}^{n}k^3 - 4\sum_{k=1}^{n}k^2$$

$$= \frac{2}{3}n(n+1)(3n^2 + n + 1).$$

(3) 因为

$$a_n = \frac{(2n)^2}{(2n-1)(2n+1)} = \frac{(2n)^2 - 1 + 1}{(2n-1)(2n+1)}$$

$$= 1 + \frac{1}{2}\left(\frac{1}{2n-1} - \frac{1}{2n+1}\right),$$

所以

$$S_n = \sum_{i=1}^{n}\left[1 + \frac{1}{2}\left(\frac{1}{2i-1} - \frac{1}{2i+1}\right)\right]$$

$$= n + \frac{n}{2n+1} = \frac{2n^2 + 2n}{2n+1}.$$

(4) 因为

$$a_k = \frac{k+2}{k!+(k+1)!+(k+2)!} = \frac{1}{(k+2)\cdot k!}$$

$$= \frac{(k+2)-1}{(k+2)!} = \frac{1}{(k+1)!} - \frac{1}{(k+2)!},$$

所以 $S_{100} = \dfrac{1}{2} - \dfrac{1}{102!}.$

(5) 解法 1 易知

$$n(n+1)(n+2)(n+3)$$
$$= \frac{1}{5}[n(n+1)(n+2)(n+3)(n+4)$$
$$\quad - (n-1)n(n+1)(n+2)(n+3)],$$
$$(n-1)n(n+1)(n+2)$$
$$= \frac{1}{5}[(n-1)n(n+1)(n+2)(n+3)$$
$$\quad - (n-2)(n-1)n(n+1)(n+2)],$$
$$\cdots,$$
$$1\cdot 2\cdot 3\cdot 4 = \frac{1}{5}\cdot 1\cdot 2\cdot 3\cdot 4\cdot 5.$$

将以上式子叠加,得到

$$\sum_{i=1}^{n} i^4 + 6\sum_{i=1}^{n} i^3 + 11\sum_{i=1}^{n} i^2 + 6\sum_{i=1}^{n} i$$
$$= \frac{1}{5}n(n+1)(n+2)(n+3)(n+4),$$

所以 $\sum_{i=1}^{n} i^4 = \dfrac{n(n+1)(2n+1)(3n^2+3n-1)}{30}$.

解法 2 待定系数法.

设 $1^4 + 2^4 + \cdots + n^4 = An^5 + Bn^4 + Cn^3 + Dn^2 + En + F$,分别令 $n = 0,1,2,3,4,5$,得到方程组

$$\begin{cases} F = 0, \\ A + B + C + D + E + F = 1, \\ 2^5 A + 2^4 B + 2^3 C + 2^2 D + 2E + F = 1^4 + 2^4, \\ 3^5 A + 3^4 B + 3^3 C + 3^2 D + 3E + F = 1^4 + 2^4 + 3^4, \\ 4^5 A + 4^4 B + 4^3 C + 4^2 D + 4E + F = 1^4 + 2^4 + 3^4 + 4^4, \\ 5^5 A + 5^4 B + 5^3 C + 5^2 D + 5E + F = 1^4 + 2^4 + 3^4 + 4^4 + 5^4, \end{cases}$$

解得 $A = \dfrac{1}{5}, B = \dfrac{1}{2}, C = \dfrac{1}{5}, D = 0, E = -\dfrac{1}{30}, F = 0$,所以

$$1^4 + 2^4 + \cdots + n^4 = \dfrac{1}{5}n^5 + \dfrac{1}{2}n^4 + \dfrac{1}{3}n^3 - \dfrac{1}{30}n.$$

通过上面的例子,我们可以看到,裂项求和(或者放缩后求和)是一种基本方法.

例 1.4.2 (2005 年 12 月复旦大学自主招生试题)设定义在 **R** 上的函数 $f(x) = \dfrac{4^x}{4^x + 2}$,且

$$S_n = f\left(\dfrac{1}{n}\right) + f\left(\dfrac{2}{n}\right) + \cdots + f\left(\dfrac{n-1}{n}\right) \quad (n = 2,3,\cdots).$$

(1) 求 S_n;

(2) 是否存在常数 $M > 0$,对任意 $n \geqslant 2$,有

$$\dfrac{1}{S_2} + \dfrac{1}{S_3} + \cdots + \dfrac{1}{S_{n+1}} \leqslant M.$$

解 (1) $x + (1-x) = 1 (0 < x < 1)$ 是一个不变量,那么 $f(x) + f(1-x)$ 是否也是一个不变量?实际上,$f(x) + f(1-x) = \dfrac{4^x}{4^x + 2} + \dfrac{4^{1-x}}{4^{1-x} + 2} = 1$. 因此

$$S_n = f\left(\frac{1}{n}\right) + f\left(\frac{2}{n}\right) + \cdots + f\left(\frac{n-2}{n}\right) + f\left(\frac{n-1}{n}\right),$$

$$S_n = f\left(\frac{n-1}{n}\right) + f\left(\frac{n-2}{n}\right) + \cdots + f\left(\frac{2}{n}\right) + f\left(\frac{1}{n}\right),$$

两式相加得到 $S_n = \dfrac{n-1}{2}$.

(2) 取 $n = 2^m (m \in \mathbf{N}^*)$, 则

$$\begin{aligned} A &= \frac{1}{S_2} + \frac{1}{S_3} + \cdots + \frac{1}{S_{n+1}} = 2\left(\frac{1}{1} + \frac{1}{2} + \cdots + \frac{1}{n}\right) \\ &= 2\left[1 + \frac{1}{2} + \left(\frac{1}{3} + \frac{1}{4}\right) + \left(\frac{1}{5} + \frac{1}{6} + \frac{1}{7} + \frac{1}{8}\right) + \cdots \right. \\ &\quad \left. + \left(\frac{1}{2^{m-1}+1} + \frac{1}{2^{m-1}+2} + \cdots + \frac{1}{2^m}\right)\right] \\ &> 2\left(1 + \frac{1}{2} + \frac{1}{2^2} \cdot 2 + \frac{1}{2^3} \cdot 2^2 + \cdots + \frac{1}{2^m} \cdot 2^{m-1}\right) \\ &= m + 2. \end{aligned}$$

因为当 $m \to +\infty$ 时, $A \to +\infty$, 故对任意 $M > 0$, 总可找到 $m \in \mathbf{N}^*$, 使得 $n \geqslant 2$, 并且 $A > M$. 因此这样的 M 不存在.

可以进一步证明: $\sum\limits_{n=1}^{+\infty} \dfrac{1}{n^\alpha} \to +\infty$, 其中 $0 < \alpha < 1$. 事实上, $\dfrac{1}{n^\alpha} > \dfrac{1}{n}$.

例 1.4.3 (2002 年全国高中数学联赛试题) 如图 1.8 所示, 有一列曲线 $P_0, P_1, P_2, \cdots$. 已知 P_0 所围成的图形是面积为 1 的等边三角形, 定义 P_{k+1} 对 P_k 的操作如下: 将 P_k 的每条边三等分, 以每

图 1.8

边中间部分的线段为边,向外作等边三角形,再将中间部分的线段去掉($k = 0, 1, 2, \cdots$). 记 S_n 为曲线 P_n 所围成图形的面积.

(1) 求数列$\{S_n\}$的通项公式;

(2) 求 $\lim\limits_{n \to \infty} S_n$.

解 (1) 对 P_0 进行操作,容易看出 P_0 的每条边变成 P_1 的 4 条边,故 P_1 的边数为 $3 \cdot 4$;同样,对 P_1 进行操作,P_1 的每条边变成 P_2 的 4 条边,故 P_2 的边数为 $3 \cdot 4^2$. 从而不难得到 P_n 的边数为 $3 \cdot 4^n$.

已知 P_0 的面积 $S_0 = 1$,比较 P_0 和 P_1,容易看出 P_1 在 P_0 的每条边上增加了一个小等边三角形,其面积为 $\dfrac{1}{3^2}$,而 P_0 有 3 条边,故 $S_1 = S_0 + 3 \cdot \dfrac{1}{3^2} = 1 + \dfrac{1}{3}$.

再比较 P_2 与 P_1,可知 P_2 在 P_1 的每条边上增加了一个小等边三角形,其面积为 $\dfrac{1}{3^2} \cdot \dfrac{1}{3^2}$,而 P_1 有 $3 \cdot 4$ 条边,故 $S_2 = 1 + \dfrac{1}{3} + \dfrac{4}{3^2}$. 可用数学归纳法证明:

$$S_n = 1 + \dfrac{1}{3} + \dfrac{4}{3^3} + \dfrac{4^2}{3^5} + \cdots + \dfrac{4^{n-1}}{3^{2n-1}} = 1 + \sum_{t=1}^{n} \dfrac{4^{t-1}}{3^{2t-1}}$$

$$= 1 + \dfrac{3}{4} \sum_{t=1}^{n} \left(\dfrac{4}{9}\right)^t = 1 + \dfrac{3}{4} \cdot \dfrac{\dfrac{4}{9}\left[1 - \left(\dfrac{4}{9}\right)^n\right]}{1 - \dfrac{4}{9}}$$

$$= 1 + \dfrac{3}{5} \left[1 - \left(\dfrac{4}{9}\right)^n\right] = \dfrac{8}{5} - \dfrac{3}{5} \cdot \left(\dfrac{4}{9}\right)^n.$$

(2) 由(1)知

$$\lim_{n \to \infty} S_n = \lim_{n \to \infty} \left[\dfrac{8}{5} - \dfrac{3}{5} \cdot \left(\dfrac{4}{9}\right)^n\right] = \dfrac{8}{5}.$$

例 1.4.4 设$\{a_n\}$是由正数组成的等比数列,S_n 是其前 n 项和.

(1) 证明:$\dfrac{\lg S_n + \lg S_{n+2}}{2} < \lg S_{n+1}$.

(2) 是否存在常数 $c > 0$,使得 $\dfrac{\lg(S_n - c) + \lg(S_{n+2} - c)}{2} = \lg(S_{n+1} - c)$ 成立? 并证明你的结论.

分析 解此题时,设 $\{a_n\}$ 的公比为 q,要注意 $q = 1$ 的情形,不要遗漏,当 $q > 0, q \neq 1$ 时可用作差法比较大小.

证 (1) 设 $\{a_n\}$ 的公比为 q. 由已知得 $a_1 > 0, q > 0, S_n > 0$.

(a) 当 $q = 1$ 时,$S_n = na_1$,

$$S_n \cdot S_{n+2} - S_{n+1}^2 = na_1(n+2)a_1 - (n+1)^2 a_1^2 = -a_1^2 < 0,$$

即 $S_n S_{n+2} < S_{n+1}^2$,从而有 $\dfrac{\lg S_n + \lg S_{n+2}}{2} < \lg S_{n+1}$.

(b) 当 $q > 0, q \neq 1$ 时,$S_n = \dfrac{a_1(1-q^n)}{1-q}$,所以

$$S_n S_{n+2} - S_{n+1}^2 = \dfrac{a_1^2(1-q^n)(1-q^{n+2})}{(1-q)^2} - \dfrac{a_1^2(1-q^{n+1})^2}{(1-q)^2}$$
$$= -a_1^2 q^n < 0.$$

同理,有 $\dfrac{\lg S_n + \lg S_{n+2}}{2} < \lg S_{n+1}$.

(2) 要使 $\dfrac{\lg(S_n - c) + \lg(S_{n+2} - c)}{2} = \lg(S_{n+1} - c)$ 成立,则必须有

$$\begin{cases} (S_n - c)(S_{n+2} - c) = (S_{n+1} - c)^2, \\ S_n - c > 0 \quad (n \in \mathbf{N}^*). \end{cases}$$

分两种情况讨论.

(a) $q = 1$.

$(S_n - c)(S_{n+2} - c) - (S_{n+1} - c)^2$
$= (na_1 - c)[(n+2)a_1 - c] - [(n+1)a_1 - c]^2$
$= -a_1^2 < 0,$

即不存在常数 $c>0$ 使结论成立.

(b) $q\neq 1$. 如果条件 $(S_n - c)\cdot(S_{n+2} - c) = (S_{n+1} - c)^2$ 成立,则

$$(S_n - c)(S_{n+2} - c) - (S_{n+1} - c)^2$$
$$= \left[\frac{a_1(1-q^n)}{1-q} - c\right]\cdot\left[\frac{a_1(1-q^{n+2})}{1-q} - c\right]$$
$$\quad - \left[\frac{a_1(1-q^{n+1})}{1-q} - c\right]^2$$
$$= -a_1 q^n [a_1 - c(1-q)] = 0.$$

因为 $a_1 q^n > 0$,所以只能是 $a_1 - c(1-q) = 0$,从而 $c = \dfrac{a_1}{1-q}$.

由于 $c>0, a_1>0$,所以必须有 $0<q<1$. 但当 $0<q<1$ 时, $S_n - \dfrac{a_1}{1-q} = \dfrac{-a_1 q^n}{1-q} < 0$,不满足 $S_n - c > 0$,即不存在常数 $c>0$ 满足条件.

综合(a)和(b),可知不存在常数 $c>0$ 符合题意.

例 1.4.5 已知 $S_n = 1 + \dfrac{1}{2} + \dfrac{1}{3} + \cdots + \dfrac{1}{n}(n\in\mathbf{N}^*)$, $f(n) = S_{2n+1} - S_{n+1}$.

(1) 证明: $f(n+1) > f(n)$;

(2) 试确定实数 m 的取值范围,使得对于一切大于 1 的自然数 n,不等式 $f(n) > [\log_m(m-1)]^2 - \dfrac{11}{20}(\log_{m-1} m)^2$ 恒成立.

解 (1) 由于

$$f(n) = \frac{1}{n+2} + \frac{1}{n+3} + \cdots + \frac{1}{2n+1},$$
$$f(n+1) - f(n) = \frac{1}{2n+2} + \frac{1}{2n+3} - \frac{1}{n+2} > 0,$$

故 $f(n+1) > f(n)$.

(2) 由已知以及(1), $f(n)$ 的最小值为 $f(2) = \dfrac{9}{20}$.

令 $t = \log_m(m-1)$,则 $t^2 - \dfrac{11}{20t^2} < \dfrac{9}{20}$,去分母,得 $(t^2-1) \cdot (20t^2 + 11) < 0$,从而有 $-1 < t < 1$,即 $-1 < \log_m(m-1) < 1$. 因为 $m > 1$,所以 $m - 1 > \dfrac{1}{m}$, $m^2 - m - 1 > 0$,解得 $m > \dfrac{1+\sqrt{5}}{2}$.

例 1.4.6 求证: $14\,996 < \dfrac{1}{\sqrt[3]{4}} + \dfrac{1}{\sqrt[3]{5}} + \dfrac{1}{\sqrt[3]{6}} + \cdots + \dfrac{1}{\sqrt[3]{10^6}} < 14\,997$.

证 计算得

$$\dfrac{1}{\sqrt[3]{k}} = \dfrac{2}{2\sqrt[3]{k}} > \dfrac{2}{\sqrt[3]{k+1} + \sqrt[3]{k}}$$

$$= \dfrac{2[\sqrt[3]{(k+1)^2} - \sqrt[3]{k^2}]}{[\sqrt[3]{(k+1)^2} - \sqrt[3]{k^2}](\sqrt[3]{k+1} + \sqrt[3]{k})}$$

$$= \dfrac{2[\sqrt[3]{(k+1)^2} - \sqrt[3]{k^2}]}{1 + \sqrt[3]{k(k+1)}(\sqrt[3]{k+1} - \sqrt[3]{k})}$$

$$= \dfrac{2[\sqrt[3]{(k+1)^2} - \sqrt[3]{k^2}]}{1 + \dfrac{\sqrt[3]{k(k+1)}}{\sqrt[3]{(k+1)^2} + \sqrt[3]{k(k+1)} + \sqrt[3]{k^2}}}$$

$$= \dfrac{2[\sqrt[3]{(k+1)^2} - \sqrt[3]{k^2}]}{1 + \dfrac{1}{1 + \sqrt[3]{\dfrac{k+1}{k}} + \sqrt[3]{\dfrac{k}{k+1}}}}$$

$$\geq \dfrac{2[\sqrt[3]{(k+1)^2} - \sqrt[3]{k^2}]}{1 + \dfrac{1}{3}}$$

$$= \dfrac{3}{2}[\sqrt[3]{(k+1)^2} - \sqrt[3]{k^2}],$$

即

$$\dfrac{1}{\sqrt[3]{k}} > \dfrac{3}{2}[\sqrt[3]{(k+1)^2} - \sqrt[3]{k^2}]. \tag{1}$$

整理一下,可知式(1) $\Leftrightarrow 3k+2 > 3\sqrt[3]{(k+1)^2 k}$,可用基本不等式给

予证明. 这是因为 $\sqrt[3]{(k+1)^2 k} = \sqrt{(k+1)(k+1)k} < \dfrac{3k+2}{3}$.

式(1)也可用分析法证明：由于

$$\dfrac{1}{\sqrt[3]{k}} > \dfrac{3}{2}\left[\sqrt[3]{(k+1)^2} - \sqrt[3]{k^2}\right]$$

$$\Leftrightarrow \quad 2 > 3\left[\sqrt[3]{(k+1)^2 k} - k\right]$$

$$\Leftrightarrow \quad 3k+2 > 3\sqrt[3]{(k+1)^2 k}$$

$$\Leftrightarrow \quad 27k^3 + 54k^2 + 36k + 8 > 27k^3 + 54k^2 + 27k,$$

所以式(1)成立.

类似地,可以用分析法证明

$$\dfrac{1}{\sqrt[3]{k}} < \dfrac{3}{2}\left[\sqrt[3]{k^2} - \sqrt[3]{(k-1)^2}\right],$$

于是得到

$$\dfrac{3}{2}\left[\sqrt[3]{(k+1)^2} - \sqrt[3]{k^2}\right] < \dfrac{1}{\sqrt[3]{k}} < \dfrac{3}{2}\left[\sqrt[3]{k^2} - \sqrt[3]{(k-1)^2}\right]. \quad (3)$$

接下来,利用式(3),取 $k = 4, 5, \cdots, 10^6$,相加即得结论.

例 1.4.7 在数列 $\{a_n\}$ 与 $\{b_n\}$ 中, $a_1 = 1, b_1 = 4$, 数列 $\{a_n\}$ 的前 n 项和 S_n 满足 $nS_{n+1} - (n+3)S_n = 0$, $2a_{n+1}$ 为 b_n 与 b_{n+1} 的等比中项, $n \in \mathbf{N}^*$.

(1) 求 a_2, b_2 的值；

(2) 求数列 $\{a_n\}$ 与 $\{b_n\}$ 的通项公式；

(3) 设

$$T_n = (-1)^{a_1} b_1 + (-1)^{a_2} b_2 + \cdots + (-1)^{a_n} b_n \quad (n \in \mathbf{N}^*),$$

证：$|T_n| < 2n^2 (n \geq 3)$.

解 (1) 由题设有 $a_1 + a_2 - 4a_1 = 0$, 又 $a_1 = 1$, 解得 $a_2 = 3$. 由题设又有 $4a_2 = b_2 b_1$, 又 $b_1 = 4$, 解得 $b_2 = 9$.

(2) 解法 1 由题设知 $nS_{n+1} - (n+3)S_n = 0$, 又 $a_1 = 1, b_1 = 4$, 以及 $a_2 = 3, b_2 = 9$, 进一步可得 $a_3 = 6, b_3 = 16, a_4 = 10, b_4 = 25$. 猜想：$a_n = \dfrac{n(n+1)}{2}, b_n = (n+1)^2 (n \in \mathbf{N}^*)$.

先证 $a_n = \dfrac{n(n+1)}{2}(n \in \mathbf{N}^*)$. 当 $n=1$ 时,$a_1 = \dfrac{1 \cdot (1+1)}{2}$,等式成立. 当 $n \geqslant 2$ 时用数学归纳法证明如下:

(a) 当 $n=2$ 时,$a_2 = \dfrac{2 \cdot (2+1)}{2} = 3$,等式成立.

(b) 假设当 $n=k$ 时等式成立,即 $a_k = \dfrac{k(k+1)}{2}(k \geqslant 2)$.

由题设知
$$kS_{k+1} = (k+3)S_k, \tag{1}$$
$$(k-1)S_k = (k+2)S_{k-1}. \tag{2}$$

式(1)和式(2)相减,整理得 $ka_{k+1} = (k+2)a_k$,从而有
$$a_{k+1} = \dfrac{k+2}{k}a_k = \dfrac{k+2}{k} \cdot \dfrac{k(k+1)}{2}$$
$$= \dfrac{(k+1)[(k+1)+1]}{2}.$$

这就是说,当 $n=k+1$ 时等式也成立. 根据(a)和(b)可知,等式 $a_n = \dfrac{n(n+1)}{2}$ 对任意 $n \geqslant 2$ 成立.

综上所述,等式 $a_n = \dfrac{n(n+1)}{2}$ 对任意 $n \in \mathbf{N}^*$ 都成立.

再用数学归纳法证明 $b_n = (n+1)^2 (n \in \mathbf{N}^*)$.

(a) 当 $n=1$ 时,$b_1 = (1+1)^2$,等式成立.

(b) 假设当 $n=k$ 时等式成立,即 $b_k = (k+1)^2$,那么
$$b_{k+1} = \dfrac{4a_{k+1}^2}{b_k} = \dfrac{(k+1)^2(k+2)^2}{(k+1)^2} = [(k+1)+1]^2.$$

这就是说,当 $n=k+1$ 时等式也成立. 根据(a)和(b)可知,等式 $b_n = (n+1)^2$ 对任意 $n \in \mathbf{N}^*$ 都成立.

解法 2 由题设知
$$nS_{n+1} = (n+3)S_n, \tag{3}$$
$$(n-1)S_n = (n+2)S_{n-1}. \tag{4}$$

式(1)和式(2)相减,整理得 $na_{n+1} = (n+2)a_n (n \geqslant 2)$. 因此

$$2a_3 = 4a_2,$$
$$3a_4 = 5a_3,$$
$$\cdots,$$
$$(n-1)a_n = (n+1)a_{n-1} \quad (n \geqslant 3).$$
将以上各式两端分别相乘,得
$$(n-1)!a_n = \frac{(n+1)!}{6}a_2,$$
化简得
$$a_n = \frac{n(n+1)}{6}a_2 = \frac{n(n+1)}{2} \quad (n \geqslant 3).$$
上式对 $n=1,2$ 也成立.因此所求的通项为 $a_n = \frac{n(n+1)}{2}(n \geqslant 1)$.

由题设有 $b_{n+1}b_n = 4a_{n+1}^2$,所以 $b_{n+1}b_n = (n+2)^2(n+1)^2$,即 $\frac{b_n}{(n+1)^2} \cdot \frac{b_{n+1}}{(n+2)^2} = 1(n \in \mathbf{N}^*)$.令 $x_n = \frac{b_n}{(n+1)^2}$,则 $x_n x_{n+1} = 1$,即 $x_{n+1} = \frac{1}{x_n}$.由 $x_1 = 1$ 可得 $x_n = 1(n \geqslant 1)$.所以 $\frac{b_n}{(n+1)^2} = 1$,即 $b_n = (n+1)^2 (n \geqslant 1)$.

解法 3 由题设有 $nS_{n+1} = (n+3)S_n (n \in \mathbf{N}^*)$,所以
$$S_2 = 4S_1,$$
$$2S_3 = 5S_2,$$
$$\cdots,$$
$$(n-1)S_n = (n+2)S_{n-1} \quad (n \geqslant 2).$$
将以上各式两端分别相乘,得
$$1 \cdot 2 \cdots (n-1)S_n = 4 \cdot 5 \cdots (n+2)S_1,$$
化简得
$$S_n = \frac{n(n+1)(n+2)}{2 \cdot 3}a_1 = \frac{n(n+1)(n+2)}{6} \quad (n \geqslant 3).$$
由(1),上式对 $n=1,2$ 也成立.因此
$$a_n = S_n - S_{n-1} = \frac{n(n+1)}{2} \quad (n \geqslant 2).$$

上式当 $n=1$ 时也成立.

以下同解法 2,可得 $b_n = (n+1)^2 (n \geqslant 1)$.

(3) 由(2)知
$$T_n = (-1)^{a_1} b_1 + (-1)^{a_2} b_2 + \cdots + (-1)^{a_n} b_n$$
$$= -2^2 - 3^2 + \cdots + (-1)^{\frac{n(n+1)}{2}} (n+1)^2.$$

当 $n = 4k (k \in \mathbf{N}^*)$ 时,
$$T_n = -2^2 - 3^2 + 4^2 + 5^2 - \cdots - (4k-2)^2 - (4k-1)^2$$
$$+ (4k)^2 + (4k+1)^2.$$

注意到 $-(4k-2)^2 - (4k-1)^2 + (4k)^2 + (4k+1)^2 = 32k - 4$,则
$$T_n = 32 \cdot (1 + 2 + \cdots + k) - 4k = 32 \cdot \frac{k(k+1)}{2} - 4k$$
$$= 4k(4k+4) - 4k = (4k)^2 + 3 \cdot 4k$$
$$= n^2 + 3n.$$

当 $n = 4k - 1 (k \in \mathbf{N}^*)$ 时,
$$T_n = (4k)^2 + 3 \cdot 4k - (4k+1)^2$$
$$= (n+1)^2 + 3(n+1) - (n+2)^2 = n.$$

当 $n = 4k - 2 (k \in \mathbf{N}^*)$ 时,
$$T_n = (4k)^2 + 3 \cdot 4k - (4k+1)^2 - (4k)^2$$
$$= 3(n+2) - (n+3)^2 = -n^2 - 3n - 3.$$

当 $n = 4k - 3 (k \in \mathbf{N}^*)$ 时,
$$T_n = 3 \cdot 4k - (4k+1)^2 + (4k-1)^2$$
$$= 3(n+3) - (n+4)^2 + (n+2)^2 = -n - 3.$$

因此
$$T_n = \begin{cases} -n - 3 & (n = 4k - 3), \\ -n^2 - 3n - 3 & (n = 4k - 2), \\ n & (n = 4k - 1), \\ n^2 + 3n & (n = 4k) \end{cases} (k \in \mathbf{N}^*).$$

从而当 $n \geqslant 3$ 时,有

$$\frac{|T_n|}{n^2} = \begin{cases} \dfrac{1}{n} + \dfrac{3}{n^2} < 2 & (n = 5, 9, 13, \cdots), \\ 1 + \dfrac{3}{n} + \dfrac{3}{n^2} < 2 & (n = 6, 10, 14, \cdots), \\ \dfrac{1}{n} < 2 & (n = 3, 7, 11, \cdots), \\ 1 + \dfrac{3}{n} < 2 & (n = 4, 8, 12, \cdots). \end{cases}$$

总之,当 $n \geq 3$ 时,有 $\dfrac{|T_n|}{n^2} < 2$,即 $|T_n| < 2n^2$.

例 1.4.8 (2007年浙江高考试题)已知数列 $\{a_n\}$ 中的相邻两项 a_{2k-1}, a_{2k} 是关于 x 的方程 $x^2 - (3k + 2^k)x + 3k \cdot 2^k = 0$ 的两个根,且 $a_{2k-1} \leq a_{2k} (k = 1, 2, 3, \cdots)$.

(1) 求 a_1, a_3, a_5, a_7;

(2) 求数列 $\{a_n\}$ 的前 $2n$ 项和 S_{2n};

(3) 记 $f(n) = \dfrac{1}{2}\left(\dfrac{|\sin n|}{\sin n} + 3\right)$,

$$T_n = \frac{(-1)^{f(2)}}{a_1 a_2} + \frac{(-1)^{f(3)}}{a_3 a_4} + \frac{(-1)^{f(4)}}{a_5 a_6} + \cdots + \frac{(-1)^{f(n+1)}}{a_{2n-1} a_{2n}},$$

求证: $\dfrac{1}{6} \leq T_n \leq \dfrac{5}{24} (n \in \mathbf{N}^*)$.

解 (1) 方程 $x^2 - (3k + 2^k)x + 3k \cdot 2^k = 0$ 的两个根为 $x_1 = 3k, x_2 = 2^k$.

当 $k = 1$ 时,$x_1 = 3, x_2 = 2$,所以 $a_1 = 2$;

当 $k = 2$ 时,$x_1 = 6, x_2 = 4$,所以 $a_3 = 4$;

当 $k = 3$ 时,$x_1 = 9, x_2 = 8$,所以 $a_5 = 8$;

当 $k = 4$ 时,$x_1 = 12, x_2 = 16$,所以 $a_7 = 12$.

(2) 计算得

$$\begin{aligned} S_{2n} &= a_1 + a_2 + \cdots + a_{2n} \\ &= (3 + 6 + \cdots + 3n) + (2 + 2^2 + \cdots + 2^n) \\ &= \frac{3n^2 + 3n}{2} + 2^{n+1} - 2. \end{aligned}$$

(3) 由于

$$T_n = \frac{1}{a_1 a_2} + \frac{1}{a_3 a_4} - \frac{1}{a_5 a_6} + \cdots + \frac{(-1)^{f(n+1)}}{a_{2n-1} a_{2n}},$$

所以 $T_1 = \dfrac{1}{a_1 a_2} = \dfrac{1}{6}, T_2 = \dfrac{1}{a_1 a_2} + \dfrac{1}{a_3 a_4} = \dfrac{5}{24}$.

当 $n \geqslant 3$ 时,

$$T_n = \frac{1}{6} + \frac{1}{a_3 a_4} - \frac{1}{a_5 a_6} + \cdots + \frac{(-1)^{f(n+1)}}{a_{2n-1} a_{2n}}$$

$$\geqslant \frac{1}{6} + \frac{1}{a_3 a_4} - \left(\frac{1}{a_5 a_6} + \cdots + \frac{1}{a_{2n-1} a_{2n}}\right)$$

$$\geqslant \frac{1}{6} + \frac{1}{6 \cdot 2^2} - \frac{1}{6}\left(\frac{1}{2^3} + \cdots + \frac{1}{2^n}\right)$$

$$= \frac{1}{6} + \frac{1}{6 \cdot 2^n} > \frac{1}{6},$$

同时

$$T_n = \frac{5}{24} - \frac{1}{a_5 a_6} - \frac{1}{a_7 a_8} + \cdots + \frac{(-1)^{f(n+1)}}{a_{2n-1} a_{2n}}$$

$$\leqslant \frac{5}{24} - \frac{1}{a_5 a_6} + \left(\frac{1}{a_1 a_2} + \cdots + \frac{1}{a_{2n-1} a_{2n}}\right)$$

$$\leqslant \frac{5}{24} - \frac{1}{9 \cdot 2^3} + \frac{1}{9}\left(\frac{1}{2} + \cdots + \frac{1}{2^n}\right)$$

$$\leqslant \frac{5}{24} - \frac{1}{9 \cdot 2^n} < \frac{4}{25}.$$

综上,当 $n \in \mathbf{N}^*$ 时, $\dfrac{1}{6} \leqslant T_n \leqslant \dfrac{5}{24}$.

例 1.4.9 (浙江省 2008 年数学竞赛试题)设非负等差数列 $\{a_n\}$ 的公差 $d \neq 0$,记 S_n 为数列 $\{a_n\}$ 的前 n 项和.证明:

(1) 若 $m, n, p \in \mathbf{N}^*$,且 $m + n = 2p$,则 $\dfrac{1}{S_m} + \dfrac{1}{S_n} \geqslant \dfrac{2}{S_p}$;

(2) 若 $a_{503} \leqslant \dfrac{1}{1\,005}$,则 $\displaystyle\sum_{n=1}^{2\,007} \dfrac{1}{S_n} > 2\,008$.

证 设非负等差数列 $\{a_n\}$ 的首项 $a_1 \geqslant 0$,公差 $d \geqslant 0$.

(1) 因为 $m+n=2p$,所以 $m^2+n^2 \geqslant 2p^2$, $p^2 \geqslant mn$, $a_m+a_n=2a_p$,从而有 $a_p^2 \geqslant a_m \cdot a_n$。由于
$$S_n = \frac{n(a_1+a_n)}{2} = na_1 + \frac{n(n-1)}{2}d,$$
故
$$S_n + S_m = (m+n)a_1 + \frac{n(n-1)+m(m-1)}{2}d$$
$$= 2pa_1 + \frac{n^2+m^2-2p}{2}d$$
$$\geqslant 2pa_1 + \frac{2p^2-2p}{2}d = 2S_p,$$
$$S_n \cdot S_m = \frac{n(a_1+a_n)}{2} \cdot \frac{m(a_1+a_m)}{2}$$
$$= \frac{mn}{4}[a_1^2 + a_1(a_m+a_n) + a_m a_n]$$
$$\leqslant \frac{p^2}{4}(a_1^2 + 2a_1 a_p + a_p a_p)$$
$$= \left[\frac{p(a_1+a_p)}{2}\right]^2 = S_p^2.$$
于是
$$\frac{1}{S_m} + \frac{1}{S_n} = \frac{S_m+S_n}{S_m S_n} \geqslant \frac{2S_p}{S_p S_p} = \frac{2}{S_p}.$$
(2) 易知
$$\sum_{n=1}^{2007} \frac{1}{S_n} = \left(\frac{1}{S_1} + \frac{1}{S_{2007}}\right) + \left(\frac{1}{S_2} + \frac{1}{S_{2006}}\right) + \cdots$$
$$+ \left(\frac{1}{S_{1003}} + \frac{1}{S_{1005}}\right) + \frac{1}{S_{1004}}$$
$$\geqslant \frac{2 \cdot 1003 + 1}{S_{1004}} = \frac{2007}{S_{1004}}.$$
又因为
$$S_{1004} = 1004a_1 + \frac{1004 \cdot 1003}{2}d \leqslant 1004(a_1+502d)$$

$$= 1\,004 a_{503} \leqslant \frac{1\,004}{1\,005},$$

所以

$$\sum_{n=1}^{2\,007} \frac{1}{S_n} \geqslant \frac{2\,007}{S_{1\,004}} \geqslant \frac{2\,007}{1\,004} \cdot 1\,005 > 2\,008.$$

例 1.4.10 已知 $n \in \mathbf{N}^*$. 求证:

$$\frac{1}{n+1} + \frac{1}{n+2} + \frac{1}{n+3} + \cdots + \frac{1}{3n+1} < \frac{9}{8}.$$

证 用数学归纳法来证明不等式

$$\frac{1}{n+1} + \frac{1}{n+2} + \frac{1}{n+3} + \cdots + \frac{1}{3n+1} < \frac{9}{8} - \frac{1}{27n^2}.$$

(a) 当 $n=1$ 时,左边 $= \frac{1}{2} + \frac{1}{3} + \frac{1}{4} = \frac{234}{216} < \frac{235}{216} = \frac{9}{8} - \frac{1}{27} =$ 右边, 不等式成立.

(b) 假设当 $n=k$ 时,不等式 $\frac{1}{k+1} + \frac{1}{k+2} + \frac{1}{k+3} + \cdots + \frac{1}{3k+1} < \frac{9}{8} - \frac{1}{27k^2}$ 成立,则当 $n=k+1$ 时,不等式的左边等于

$$\frac{1}{k+2} + \frac{1}{k+3} + \cdots + \frac{1}{3k+1} + \frac{1}{3k+2} + \frac{1}{3k+3} + \frac{1}{3k+4}$$

$$= \left(\frac{1}{k+1} + \frac{1}{k+2} + \frac{1}{k+3} + \cdots + \frac{1}{3k+1}\right)$$

$$+ \left(\frac{1}{3k+2} + \frac{1}{3k+3} + \frac{1}{3k+4} - \frac{1}{k+1}\right)$$

$$< \frac{9}{8} - \frac{1}{27k^2} + \frac{2}{(3k+2)(3k+3)(3k+4)}$$

$$= \frac{9}{8} - \frac{1}{27(k+1)^2} + \left[\frac{2}{(3k+2)(3k+3)(3k+4)}\right.$$

$$\left. - \frac{1}{27k^2} + \frac{1}{27(k+1)^2}\right]$$

$$= \frac{9}{8} - \frac{1}{27(k+1)^2} + \frac{-27k^2 - 45k - 37k - 8}{27k^2(k+1)(3k+2)(3k+3)(3k+4)}$$

$$< \frac{9}{8} - \frac{1}{27(k+1)^2},$$

即当 $n = k+1$ 时,不等式也成立.

根据(a)和(b),可知不等式对任意 $n \in \mathbf{N}^*$ 都成立.

回顾 本题中不等式的左边随 n 的增加而递增,所以无法直接用数学归纳法来证明,可以采用加强命题的方法. 这里构造 $g(n) = \frac{1}{27n^2}$ 是关键,$g(n)$ 可以是 $\frac{1}{an^2}$ 的形式,也可以是 $\frac{1}{an^2+bn+c}$ 等形式,只要满足 $\frac{2}{(3k+2)(3k+3)(3k+4)} > g(k) - g(k+1)$ 即可. 证明比原命题更强的命题,看起来似乎增强了证题的难度,其实不然. 事实上,命题越强,相应的归纳假设也就越强,因而能减少归纳过渡的难度,从而达到化难为易的目的.

练 习 1

1. 设 $S_n = 1 + 2 + 3 + \cdots + n (n \in \mathbf{N}^*)$. 求 $f(n) = \frac{S_n}{(n+32)S_{n+1}}$ 的最大值.

2. 设函数 $f(x) = \log_2 x - \log_x 2(0 < x < 1)$,数列 a_n 满足 $f(2^{a_n}) = 2n (n = 1, 2, 3, \cdots)$. 判定数列 $\{a_n\}$ 的单调性.

3. 数列 $\{a_n\}$ 的前 n 项和记为 S_n,已知 $a_1 = 1, a_{n+1} = \frac{n+2}{n} S_n (n = 1, 2, 3, \cdots)$. 证明:

(1) 数列 $\left\{\frac{S_n}{n}\right\}$ 是等比数列;

(2) $S_{n+1} = 4a_n$.

4. 已知数列 $\{a_n\}, \{b_n\}, b_n = a_n \cdot a_{n+1} (n \in \mathbf{N}^*)$,且 $\{b_n\}$ 是公比为 $-\frac{1}{2}$ 的等比数列,$a_1 = 768, b_6 = 1344$. 求当数列 $\{a_n\}$ 的前 n 项积最大时的 n 值.

5. 设 $\{a_n\}$ 是公差不为零的等差数列,S_n 为其前 n 项和,满足 $a_2^2 + a_3^2 = a_4^2 + a_5^2, S_7 = 7$.

(1) 求数列$\{a_n\}$的通项公式及前n项和S_n;

(2) 试求所有的正整数m,使得$\dfrac{a_m a_{m+1}}{a_{m+2}}$为数列$\{a_n\}$中的项.

6. 证明:方程$2x^3+5x-2=0$恰有一个实数根r,且存在唯一的严格递增正整数数列$\{a_n\}$,使得$\dfrac{2}{5}=r^{a_1}+r^{a_2}+r^{a_3}+\cdots$.

7. 已知数列$\{a_n\}$满足:$a_1=1,a_{n+1}=a_n+2n(n=1,2,3,\cdots)$.求数列$\{a_n\}$的通项公式.

8. 已知$x_1=1$,且$x_{n+1}=3x_n^2+12x_n+10$.求数列$\{x_n\}$的通项公式.

9. 已知$a_1=1,a_n=\dfrac{2}{3}+n^2-15(n\geqslant 2)$.求$a_n$.

10. 已知数列$\{a_n\}$中,$a_1=1$,且$a_{2k}=a_{2k-1}+(-1)^k,a_{2k+1}=a_{2k}+3^k$ $(k=1,2,3,\cdots)$.

(1) 求a_3,a_5;

(2) 求$\{a_n\}$的通项公式.

11. 已知数列$\{a_n\}$满足:$a_1=2t-3(t\in\mathbf{R}$且$t\neq\pm 1)$,

$$a_{n+1}=\dfrac{(2t^{n+1}-3)a_n+2(t-1)t^n-1}{a_n+2t^n-1}\quad(n\in\mathbf{N}^*).$$

(1) 求数列$\{a_n\}$的通项公式;

(2) 若$t>0$,试比较a_{n+1}与a_n的大小.

12. 定义数列$a_0,a_1,\cdots$与$b_0,b_1,\cdots$如下:

$$a_0=\dfrac{\sqrt{2}}{2},\quad a_{n+1}=\dfrac{\sqrt{2}}{2}\sqrt{1-\sqrt{1-a_n^2}}\quad(n=0,1,2,\cdots);$$

$$b_0=1,\quad b_{n+1}=\dfrac{\sqrt{1+b_n^2}-1}{b_n}\quad(n=0,1,2,\cdots).$$

求证:对每一个$n=0,1,2,\cdots$,有不等式$2^{n+2}\cdot a_n<\pi<2^{n+2}\cdot b_n$.

13. 在数列$\{a_n\}$中,$a_1=a(a\neq 0),a_{n+1}=\dfrac{ba_n}{ca_n+b}(n\geqslant 1,bc\neq 0)$.求数列$\{a_n\}$的通项公式.

14. 设数列$\{a_n\}$中,下列关系式成立:$a_1=0,a_n=\dfrac{a_{n-1}+4}{a_{n-1}-2}(n\geqslant 2)$.求数列$\{a_n\}$的通项公式.

15. 设数列 $\{a_n\}$ 满足：$a_{n+1} = \dfrac{3a_n - 1}{-a_n + 3}$ $(n \in \mathbf{N}^*)$，且 $a_1 = 5$. 求 a_n.

16. 已知 $a_1 = 2$，$a_{n+1} = \dfrac{a_n^2 + 2}{2a_n}$. 求数列 $\{a_n\}$ 的通项公式.

17. 设数列 $\{a_n\}$ 满足：$a_1 = 1$，且 $a_{n+1} = 1 + \dfrac{2}{a_n}$ $(n \geqslant 1)$. 求 a_n.

18. 已知 $x_1 = 1$，$x_{n+1} = \sqrt{2x_n^4 + 6x_n^2 + 3}$ $(n \geqslant 1, n \in \mathbf{N}^*)$. 求 x_n.

19. 求和：

(1) $\dfrac{1}{1 \cdot 2 \cdot 3} + \dfrac{1}{2 \cdot 3 \cdot 4} + \dfrac{1}{3 \cdot 4 \cdot 5} + \cdots + \dfrac{1}{n(n+1)(n+2)}$；

(2) $1 \cdot 2 \cdot 3 + 2 \cdot 3 \cdot 4 + \cdots + n(n+1)(n+2)$；

(3) $1 \cdot 1! + 2 \cdot 2! + 3 \cdot 3! + \cdots + n \cdot n!$；

(4) $1 \cdot n + 2(n-1) + 3(n-2) + \cdots + n \cdot 1$；

(5) 已知数列 $\{a_n\}$ 的通项公式为 $a_n = \dfrac{1}{n\sqrt{n+1} + (n+1)\sqrt{n}}$，求其前 99 项和.

20. 已知数列 $\{a_n\}$ 中，$a_n = \dfrac{n}{2^n}$，前 n 项和为 S_n. 试比较 S_n 与 2 的大小.

21. 求证：$1 + \dfrac{1}{\sqrt{2^3}} + \dfrac{1}{\sqrt{3^3}} + \cdots + \dfrac{1}{\sqrt{n^3}} < 3$.

22. 已知数列 $\{a_n\}$ 的前 n 项和 $S_n = 10n - n^2$ $(n \in \mathbf{N}^*)$，对数列 $\{b_n\}$ 的每一项，都有 $b_n = |a_n|$. 求数列 $\{b_n\}$ 的前 n 项和 T_n 的公式.

23. 已知数列 $\{a_n\}$ 是首项为 a 且公比 $q \neq 1$ 的等比数列，S_n 是其前 n 项和，$a_1, 2a_7, 3a_4$ 成等差数列.

(1) 证明：$12S_3, S_6, S_{12} - S_6$ 成等比数列；

(2) 求和：$T_n = a_1 + 2a_4 + 3a_7 + \cdots + na_{3n-2}$.

24. 设 $\{a_n\}$ 是由正数组成的数列，其前 n 项和为 S_n，并且对所有正整数 n，a_n 与 2 的等差中项等于 S_n 与 2 的等比中项.

(1) 求数列 $\{a_n\}$ 的通项公式；

(2) 令 $b_n = \dfrac{1}{2}\left(\dfrac{a_{n+1}}{a_n} + \dfrac{a_n}{a_{n+1}}\right)$ $(n \in \mathbf{N}^*)$，求 $b_1 + b_2 + b_3 + \cdots + b_n - n$.

25. 已知数列 $\{a_n\}$ 为等比数列，$a_2 = 6$，$a_5 = 162$.

(1) 求数列 $\{a_n\}$ 的通项公式；

(2) 设 S_n 是数列 $\{a_n\}$ 的前 n 项和,证明: $\dfrac{S_n \cdot S_{n+2}}{S_{n+1}^2} \leqslant 1$.

26. 已知数列 $\{a_n\}$ 满足: $a_{n+1} = -a_n^2 + 2a_n (n \in \mathbf{N}^*)$,且 $0 < a_1 < 1$.

(1) 求证: $0 < a_n < 1$;

(2) 令 $b_n = \lg(1 - a_n)$,且 $a_1 = \dfrac{9}{10}$,试求无穷数列 $\left\{\dfrac{1}{b_n}\right\}$ 所有项的和;

(3) 对于 $n \in \mathbf{N}^*, n \geqslant 2$,求证:

$2(a_1^3 + a_2^3 + a_3^3 + \cdots + a_n^3) - (a_1^2 a_2^2 + a_2 a_3 + \cdots + a_{n-1}^2 a_n + a_n^2 a_1) < n$.

27. 设数列 $\{a_n\}$ 满足: $a_1 \geqslant 5$,且 $a_{n+1} = a_n^2 - na_n + 3 (n = 1, 2, \cdots, n)$. 求证: $\displaystyle\sum_{i=1}^{n} \dfrac{9}{1 + a_i} < 2$.

28. 已知数列 $\{a_n\}$ 满足: $a_n > 0$,且对一切 $n \in \mathbf{N}^*$,有 $\displaystyle\sum_{i=1}^{n} a_i^3 = S_n$,其中 $S_n^2 = \displaystyle\sum_{i=1}^{n} a_i$.

(1) 求证:对一切 $n \in \mathbf{N}^*$,有 $a_{n+1}^2 - a_{n+1} = 2S_n$;

(2) 求数列 $\{a_n\}$ 的通项公式;

(3) 求证: $\displaystyle\sum_{k=1}^{n} \dfrac{1}{a_k \sqrt{k}} < 3$.

第 2 章 二阶递推数列

2.1 二阶线性递推数列通项的求法

定义 2.1.1 一个数列的第 n 项与前面的 k 项 $a_{n-1}, a_{n-2}, \cdots, a_{n-k} (k \in \mathbf{N}^*, k < n)$ 的关系 $a_n = f(a_{n-1}, a_{n-2}, \cdots, a_{n-k})$ 称为 **k 阶递推关系**. 由 k 阶递推关系及给定的前 k 项 $a_1, a_2, \cdots, a_k$(称为初始值)所确定的数列叫作 **k 阶递推数列**.

一般我们把三阶及三阶以上的递推数列称为高阶递推数列.

定义 2.1.2 方程 $x^k = c_1 x^{k-1} + c_2 x^{k-2} + \cdots + c_k$ 称为递推式 $a_{n+k} = c_1 a_{n+k-1} + c_2 a_{n+k-2} + \cdots + c_k a_k$ 的**特征方程**,该方程的根称为数列 $\{a_n\}$ 的**特征根**,记为 $x_1, x_2, \cdots, x_k$.

定理 2.1.1 若 $x_1, x_2, \cdots, x_k$ 两两不同,则数列 $\{a_n\}$ 的通项公式为 $a_n = \lambda_1 x_1^n + \lambda_2 x_2^n + \cdots + \lambda_k x_k^n$,其中 $\lambda_1, \lambda_2, \cdots, \lambda_k$ 为待定系数,它们由初始值 $a_1, a_2, \cdots, a_k$ 确定.

若 $x_1, x_2, \cdots, x_k$ 中有重根,设特征根中不同的根为 $x_1, x_2, \cdots, x_s (s < k)$,且 x_i 的重数为 $t_i (1 \leqslant i \leqslant s)$,则数列 $\{a_n\}$ 的通项公式为 $a_n = \lambda_1(n) x_1^n + \lambda_2(n) x_2^n + \cdots + \lambda_s(n) x_s^n$,其中 $\lambda_i(n) = B_1^{(i)} + B_2^{(i)} n + \cdots + B_{t_i}^{(i)} n^{t_i - 1} (1 \leqslant i \leqslant s)$,这里 $B_j^{(i)}$ 都是常数,由初始值可以确定.

特别地,对于满足

$$a_{n+2} = p a_{n+1} + q a_n \quad (p \neq 0, q \neq 0), \tag{1}$$

且 $a_1 = a, a_2 = b (a, b$ 为常数)的二阶线性递推数列 $\{a_n\}$,其通项的求法如下:

(1) 当 $p + q = 1$ 时,有 $a_{n+1} - a_n = -q(a_n - a_{n-1})$,可知 $\{a_{n+1} - a_n\}$ 是等比数列,先求得 $a_{n+1} - a_n$,再求出 a_n.

(2) 当 $p+q\neq 1$ 时,设它的特征方程 $x^2=px+q$ 的两特征根为 x_1,x_2. 如果 $x_1\neq x_2$,则 $a_n=\lambda_1 x_1^n+\lambda_2 x_2^n$;如果 $x_1=x_2$,则 $a_n=(\lambda_1+\lambda_2 n)x_1^n$. 其中 λ_1 与 λ_2 是常数,它们可由初始值 a_1,a_2 求出.

下面,我们对(2)进行证明.

如果 $x_1\neq x_2$,则由所设,$x_1+x_2=p$,$x_1 x_2=-q$,于是式(1)可化为 $a_n-x_2 a_{n-1}=x_1(a_{n-1}-x_2 a_{n-2})(n\geqslant 3)$. 设 $b_n=a_n-x_2 a_{n-1}$,则 $b_n=x_1 b_{n-1}(n\geqslant 3)$,即数列 $\{b_n\}$ 是以 $b_2=a_2-x_2 a_1$ 为首项、公比为 x_1 的等比数列,因此 $b_n=b_2 x_1^{n-2}(n\geqslant 3)$,也就是

$$a_n-x_2 a_{n-1}=(a_2-x_2 a_1)x_1^{n-2} \quad (n\geqslant 3). \qquad (2)$$

因为 $x_1 x_2=-q\neq 0$,$x_1\neq 0$ 且 $x_2\neq 0$,所以式(2)可化为 $\dfrac{a_n}{x_1^n}=\dfrac{x_2}{x_1}\dfrac{a_{n-1}}{x_1^{n-1}}+\dfrac{a_2-x_2 a_1}{x_1^2}$,它的递推函数为 $f(x)=\dfrac{x_2}{x_1}x+\dfrac{a_2-x_2 a_1}{x_1^2}$. 令 $f(x)=x$,解得不动点 $x_0=\dfrac{a_2-x_2 a_1}{x_1(x_1-x_2)}$,从而有 $\dfrac{a_n}{x_1^n}-x_0$

$$=\frac{x_2}{x_1}\left(\frac{a_{n-1}}{x_1^{n-1}}-x_0\right)(n\geqslant 3),$$

$$\frac{a_n}{x_1^n}=\frac{x_2(x_1 a_1-a_2)}{x_1^2(x_1-x_2)}\left(\frac{x_2}{x_1}\right)^{n-2}+\frac{a_2-x_2 a_1}{x_1(x_1-x_2)}$$

$$=\frac{a_2-x_1 a_1}{x_2(x_2-x_1)}\left(\frac{x_2}{x_1}\right)^n+\frac{a_2-x_2 a_1}{x_1(x_1-x_2)},$$

于是

$$a_n=\frac{a_2-x_2 a_1}{x_1(x_1-x_2)}x_1^n+\frac{a_2-x_1 a_1}{x_2(x_2-x_1)}x_2^n \quad (n\geqslant 3). \qquad (3)$$

经验算,当 $n=1$ 和 $n=2$ 时,式(3)均成立,因而数列 $\{a_n\}$ 的通项公式为 $a_n=\lambda_1 x_1^n+\lambda_2 x_2^n(n\geqslant 1)$,其中

$$\lambda_1=\frac{a_2-x_2 a_1}{x_1(x_1-x_2)}, \quad \lambda_2=\frac{a_2-x_1 a_1}{x_2(x_2-x_1)}.$$

而 λ_1,λ_2 恰好是方程组 $\begin{cases}\lambda_1 x_1+\lambda_2 x_2=a_1,\\ \lambda_1 x_1^2+\lambda_2 x_2^2=a_2\end{cases}$ 的解.

如果 $x_1 = x_2 = \dfrac{p}{2}$,则 $p = 2x_1$, $q = -x_1^2$, $a_n = pa_{n-1} + qa_{n-2}$ ($n \geqslant 3$) 可化为 $a_n - x_1 a_{n-1} = x_1(a_{n-1} - x_1 a_{n-2})$ ($n \geqslant 3$),从而有 $a_n - x_1 a_{n-1} = (a_2 - x_1 a_1)x_1^{n-2}$ ($n \geqslant 3$).

因为 $q = -x_1^2 \neq 0$,所以

$$\dfrac{a_n}{x_1^n} = \dfrac{a_{n-1}}{x_1^{n-1}} + \dfrac{a_2 - x_1 a_1}{x_1^2} = \cdots = \dfrac{a_2}{x_1^2} + \dfrac{a_2 - x_1 a_1}{x_1^2}(n-2)$$

$$= \dfrac{2x_1 a_1 - a_2}{x_1^2} + \dfrac{a_2 - x_1 a_1}{x_1^2} n \quad (n \geqslant 3).$$

因为当 $n = 1$ 和 $n = 2$ 时,上式成立,所以

$$a_n = (\lambda_1 + \lambda_2 n)x_1^n \quad (n \geqslant 1),$$

其中 $\lambda_1 = \dfrac{2x_1 a_1 - a_2}{x_1^2}$, $\lambda_2 = \dfrac{a_2 - x_1 a_1}{x_1^2}$, 而 λ_1, λ_2 恰好是方程组

$$\begin{cases} (\lambda_1 + \lambda_2)x_1 = a_1, \\ (\lambda_1 + 2\lambda_2)x_1^2 = a_2 \end{cases}$$

的解.

例 2.1.1 已知 $a_1 = 1, a_2 = 2$, 且 $a_{n+2} - 3a_{n+1} + 2a_n = 0$. 求数列 $\{a_n\}$ 的通项公式.

解 由已知变形得 $a_{n+2} - a_{n+1} = 2(a_{n+1} - a_n)$, 因此 $a_n = 2^{n-1}$.

例 2.1.2 如果数列 $\{a_n\}$ 满足: $a_1 = \dfrac{2}{3}$, $a_{n+1} - a_n = \sqrt{\dfrac{2}{3}(a_{n+1} + a_n)}$, 求 a_n.

解 对 $a_{n+1} - a_n = \sqrt{\dfrac{2}{3}(a_{n+1} + a_n)}$ 两边平方, 得 $3(a_{n+1} - a_n)^2 = 2(a_{n+1} + a_n)$. 又 $3(a_n - a_{n-1})^2 = 2(a_n + a_{n-1})$, 两式相减, 得 $3(a_{n+1} - a_{n-1})(a_{n+1} - 2a_n + a_{n-1}) = 2(a_{n+1} - a_{n-1})$. 由 $a_1 = \dfrac{2}{3}$, $a_{n+1} - a_n = \sqrt{\dfrac{2}{3}(a_{n+1} + a_n)}$, 求得 $a_2 = 2$, 即 $a_{n+1} - 2a_n + a_{n-1} = $

$\frac{2}{3}$,也即 $(a_{n+1} - a_n) - (a_n - a_{n-1}) = \frac{2}{3}$,所以数列 $\{a_{n+1} - a_n\}$ 是以 $a_2 - a_1 = \frac{4}{3}$ 为首项、$\frac{2}{3}$ 为公差的等差数列,从而有 $a_{n+1} - a_n = \frac{4}{3} + \frac{2}{3}(n-1) = \frac{2}{3}(n+1)$,于是

$$a_n = a_1 + \frac{2}{3}(2 + 3 + \cdots + n) = \frac{1}{3}n(n+1).$$

例 2.1.3 若数列 $\{a_n\}$ 满足:$a_1 = 1, a_2 = 2, a_{n+2} = 4a_{n+1} - 3a_n + 2$,求 a_n.

解 本题是 $p + q = 1$ 的情形.整理题中的递推公式得 $a_{n+2} - a_{n+1} = 3(a_{n+1} - a_n) + 2$.令 $c_n = a_{n+1} - a_n$,则 $c_1 = 1, c_{n+1} = 3c_n + 2$.易得 $c_n = 2 \cdot 3^{n-1} - 1$,所以 $a_{n+1} = a_n + 2 \cdot 3^{n-1} - 1$,自然有

$$a_n = a_1 + \sum_{k=1}^{n-1}(2 \cdot 3^{k-1} - 1)$$
$$= 1 + 2 \cdot \frac{3^{n-1} - 1}{2} - (n-1)$$
$$= 3^{n-1} - n + 1.$$

例 2.1.4 (Fibonacci 数列)1202 年,意大利比萨的数学家斐波那契(约 1170~约 1250)在他所著的《算盘书》里提出了这样一个有趣的问题:假定 1 对一雌一雄的大兔,每月能生一雌一雄的 1 对小兔,每对小兔过两个月就能长成大兔.那么,若年初有 1 对小兔,按上面的规律繁殖,并且不发生死亡等意外情况,一年后将有多少对兔子?

解 第 1 个月时,有小兔 1 对;第 2 个月时,小兔还没有长大,因此兔子仍有 1 对;第 3 个月时,小兔已长成大兔,并且生下 1 对小兔,这时兔子有 2 对;第 4 个月时,原来的兔子又生了 1 对小兔,但上个月刚生的小兔尚未成熟,这时兔子有 3 对;第 5 个月时,原来的兔子又生了 1 对小兔,第 3 个月出生的小兔这时也已长大并且也生了 1 对小兔,因此共有兔子 5 对.一直这样推算下去,从第 3 个月

起,每个月的兔子对数都是前两个月的兔子对数之和.如果我们记第 n 个月初兔子数为 a_n,则 $a_n = a_{n-1} + a_{n-2}$. 如果规定 $a_0 = 1$,由已知又知道 $a_1 = 1$. 我们把满足递推关系 $a_n = a_{n-1} + a_{n-2}$ 的数列叫作**斐波那契数列**. 斐波那契数列所对应的特征方程是 $x^2 - x - 1 = 0$, 它的两个根是 $x_1 = \frac{1+\sqrt{5}}{2}, x_2 = \frac{1-\sqrt{5}}{2}$, 所以设 $a_n = \alpha_1 \left(\frac{1+\sqrt{5}}{2}\right)^n + \alpha_2 \left(\frac{1-\sqrt{5}}{2}\right)^n$. 因为 $a_0 = 1, a_1 = 1$, 所以

$$a_n = \frac{1}{\sqrt{5}} \left[\left(\frac{1-\sqrt{5}}{2}\right)^{n+1} + \left(\frac{1+\sqrt{5}}{2}\right)^{n+1} \right].$$

例 2.1.5 若数列 $\{a_n\}$ 满足:$a_1 = 1, a_2 = 2, a_{n+2} = 5a_{n+1} - 6a_n + 2$, 求 a_n.

解 本题是 $p + q \neq 1$ 的情形. 我们通过换元把非齐次化为齐次.

设 $a_n = b_n + 1$, 则 $b_1 = 0, b_2 = 1, b_{n+2} = 5b_{n+1} - 6b_n$. 容易求得 $b_n = 3^{n-1} - 2^{n-1}$, 故 $a_n = 3^{n-1} - 2^{n-1} + 1$.

例 2.1.6 求出一个序列 $a_0, a_1, \cdots$, 使它的项均为正数, $a_0 = 1$, 且 $a_n - a_{n+1} = a_{n+2}$, 并证明这样的序列仅有一个.

解 因为 $a_n - a_{n+1} = a_{n+2}$, 故特征方程为 $x^2 + x - 1 = 0$, 特征根为 $\frac{1}{2}(-1 \pm \sqrt{5})$, 从而有 $a_n = \alpha \left(\frac{-1+\sqrt{5}}{2}\right)^n + \beta \left(\frac{-1-\sqrt{5}}{2}\right)^n$. 由于 $0 < \frac{-1+\sqrt{5}}{2} < 1, \frac{-1-\sqrt{5}}{2} < -1$, 所以 $\beta = 0$; 否则, 当 n 为充分大的奇数($\beta > 0$)时, 或 n 为充分大的偶数($\beta < 0$)时, $a_n < 0$, 于是 $a_n = \alpha \left(\frac{-1+\sqrt{5}}{2}\right)^n$. 由 $a_0 = 1$ 得 $\alpha = 1$, 所以 $a_n = \left(\frac{-1+\sqrt{5}}{2}\right)^n$.

例 2.1.7 设 $\{x_n\}, \{y_n\}$ 为如下定义的两个数列:
$x_0 = 1, x_1 = 1, x_{n+1} = x_n + 2x_{n-1} \quad (n = 1, 2, 3, \cdots);$
$y_0 = 1, y_1 = 7, y_{n+1} = 2y_n + 3y_{n-1} \quad (n = 1, 2, 3, \cdots).$

于是这两个数列的前几项是
$$x_n:1,1,3,5,11,21,\cdots;$$
$$y_n:1,7,17,55,161,487,\cdots.$$
证明:除"1"之外,这两个数列不再有其他相同的数.

证法1 数列$\{x_n\}$的通项公式形如$x_n = C_1\alpha^n + C_2\beta^n$,其中$\alpha,\beta$是数列的特征根方程$x^2 = x+2$的两个根,易得$\alpha = 2,\beta = -1$,故$x_n = 2^n C_1 + (-1)^n C_2$.由$x_0 = 1,x_1 = 1$,得$C_1 = \frac{2}{3}, C_2 = \frac{1}{3}$,所以$x_n = \frac{2}{3} \cdot 2^n + \frac{1}{3} \cdot (-1)^n = \frac{1}{3}[2^{n+1}+(-1)^n]$.同理,可得数列$\{y_n\}$的通项公式为$y_n = 2 \cdot 3^n - (-1)^n$.

用反证法证明这两个数列无其他公共项.假设$x_m = y_n (m > 5, n > 3)$,即$\frac{1}{3}[2^{m+1}+(-1)^m] = 2 \cdot 3^n - (-1)^n$,则
$$2(3^{n+1} - 2^m) \equiv (-1)^m + 3(-1)^n \pmod 4. \quad (4)$$
若m,n的奇偶性相同,则式(4)右边为$0 \pmod 4$.左边$= 2 \cdot$(奇数$-$偶数)$= 2 \cdot$奇数,故左边$\equiv 2 \pmod 4$,因此左边不等于右边;若m,n的奇偶性不同,当m为奇数,n为偶数时,式(4)为$2(3^{n+1} - 2^m) \equiv 2 \pmod 4$,由此得$3^{n+1} - 2^m \equiv 1 \pmod 4$;当$m$为偶数、$n$为奇数时,式(4)为$2(3^{n+1}-2^m) \equiv 2 \pmod 4$,由此得$3^{n+1} - 2^m \equiv -1 \pmod 4$.此时上述两式关于$\bmod 4$左右不相等,故这两个数列无其他公共项.

分析 要证明这两个数列除"1"之外没有相同项,可以找出它们被某数除的余数,如果这两个数列的数对于某个模不同余,则不可能有相同的数.继续计算几项进行观察,可以发现第1个数列的各项模8后各项与3、与5同余;而第2个数列模8后各项与7、与1同余.于是只要用数学归纳法证明即可.

证法2 $x_3 \equiv 3 \pmod 8, x_4 \equiv 5 \pmod 8$.设$x_{2k-1} \equiv 3 \pmod 8$,$x_{2k} \equiv 5 \pmod 8$,则$x_{2(k+1)-1} \equiv 5 + 2 \cdot 3 \equiv 3 \pmod 8$,$x_{2(k+1)} \equiv 3 + 2 \cdot 5 \equiv 5 \pmod 8$.

$y_2 \equiv 7 \pmod 8$, $y_3 \equiv 1 \pmod 8$. 设 $y_{2k} \equiv 7 \pmod 8$, $y_{2k+1} \equiv 1 \pmod 8$, 则 $y_{2(k+1)} \equiv 2 \cdot 1 + 3 \cdot 7 \equiv 7 \pmod 8$, $y_{2(k+1)+1} \equiv 2 \cdot 7 + 3 \cdot 1 \equiv 1 \pmod 8$. 根据归纳原理知 $x_n \equiv 3, 5 \pmod 8$, 而 $y_n \equiv 1, 7 \pmod 8$, 从而得证.

此题用第 5 章"模周期数列"来解, 显得尤为方便. $\{x_n \pmod 8\}$: $1, 1, 3, 5, 3, 5, \cdots$ 是从第 3 项起的周期为 2 的模周期数列; $\{y_n \pmod 8\}$: $1, 7, 1, 7, 1, 7, \cdots$ 是周期为 2 的纯周期数列. 从中可以看出, 从第 3 项起, 模数列 $\{x_n \pmod 8\}$ 的项为 $8k+3$ 或 $8k+5$ 形式, 而模数列 $\{y_n \pmod 8\}$ 的项为 $8k+1$ 或 $8k+7$ 形式, 故除 1 以外, 没有其他相同的数.

例 2.1.8 设 r 是实数, 数列 $\{x_n\}$ 满足: $x_0 = 0$, $x_1 = 1$, 且 $x_{n+2} = r x_{n+1} - x_n \ (n \geqslant 0)$. 问 r 取何值时, 使得 $x_1 + x_3 + x_5 + \cdots + x_{2m-1} = x_m^2 \ (m \geqslant 1)$?

解 所给递推关系的特征方程是 $\lambda^2 - r\lambda + 1 = 0$, 其根为 $\frac{1}{2}(r \pm \sqrt{r^2 - 4})$.

若 $r = 2$, 则特征根为重根 1. 此时, $x_n = n \ (n = 0, 1, 2, \cdots)$.

若 $r = -2$, 则特征根为重根 -1. 此时, $x_n = (-1)^{n+1} n \ (n = 0, 1, 2, \cdots)$.

在这两种情况下, 都有
$$x_1 + x_3 + x_5 + \cdots + x_{2m-1} = 1 + 3 + 5 + \cdots + (2m-1) = m^2 = x_m^2.$$

若 $r^2 \neq 4$, 则有两个不同的特征根 λ_1, λ_2. 由于 $\lambda_1 \lambda_2 = 1$, 记 $z = \lambda_1$, $\frac{1}{z} = \lambda_2$, $z \neq 1$, 则 $x_n = C_1 z^n + C_2 z^{-n} \ (n = 0, 1, 2, \cdots)$, 其中 C_1, C_2 是由 $x_0 = 0$, $x_1 = 1$ 所确定的常数. 由此可得

$$\sum_{k=1}^{m} x_{2k-1} = C_1 \sum_{k=1}^{m} z^{2k-1} + C_2 \sum_{k=1}^{m} z^{1-2k}$$
$$= C_1 \frac{z(z^{2m} - 1)}{z^2 - 1} + C_2 \frac{z^{-1}(z^{-2m} - 1)}{z^{-2} - 1}.$$

由 $x_0 = C_1 + C_2 = 0$,可知 $C_1 = -C_2 = C$,从而有

$$\sum_{k=1}^{m} x_{2k-1} = C_1 \frac{z(z^{2m}-1)}{z^2-1} + C_2 \frac{z^{-1}(z^{-2m}-1)}{z^{-2}-1}$$

$$= \frac{Cz}{z^2-1}(z^{2m} - 2 + z^{-2m})$$

$$= \frac{Cz}{z^2-1}(z^m - z^{-m})^2.$$

再由 $x_1 = C(z - z^{-1}) = \frac{C(z^2-1)}{z} = 1$,立即得到

$$\sum_{k=1}^{m} x_{2k-1} = C^2(z^m - z^{-m})^2 = x_m^2.$$

总之,不论 r 取任何实数,均有 $x_1 + x_3 + x_5 + \cdots + x_{2m-1} = x_m^2$.

2.2 可以转化为二阶线性递推数列的线性递推数列问题

有些二阶递推数列问题,从表面上来看并不是二阶线性递推数列,或者有些问题本身看上去并不是线性递推数列问题,但通过适当的变形、转化,这类问题可以转化为二阶线性递推数列问题加以解决.

例 2.2.1 已知数列 $\{a_n\}$ 和 $\{b_n\}$ 中,$a_1 = 1, b_1 = 2$,且 $a_{n+1} = 3a_n - 2b_n, b_{n+1} = 5a_n - 4b_n$.求 a_n, b_n.

解 由 $a_{n+1} = 3a_n - 2b_n$,得 $b_n = \frac{1}{2}(3a_n - a_{n+1})$,代入 $b_{n+1} = 5a_n - 4b_n$,得 $\frac{1}{2}(3a_{n+1} - a_{n+2}) = 5a_n - 2(3a_n - a_{n+1})$,即 $a_{n+2} + a_{n+1} - 2a_n = 0$.此递推关系式有两个特征根 1 和 -2.设 $a_n = A + B(-2)^{n-1}$.由 $a_1 = 1, a_2 = 3a_1 - 2b_1 = -2$,得

$$\begin{cases} A + B = 1, \\ A - 2B = -2, \end{cases}$$

解得 $\begin{cases} A = 0, \\ B = 1. \end{cases}$ 因此 $a_n = (-2)^{n-1}$，从而也可得

$$b_n = \frac{1}{2}[3(-2)^{n-1} - (-2)^n] = \frac{5}{2}(-2)^{n-1}.$$

例 2.2.2 已知数列 $\{a_n\}$ 满足：$a_1 = a_2 = 1, a_n = \dfrac{a_{n-1}^2 + 2}{a_{n-2}}(n \geqslant 3)$. 求数列 $\{a_n\}$ 的通项公式.

解 由 $a_1 = a_2 = 1, a_n = \dfrac{a_{n-1}^2 + 2}{a_{n-2}}(n \geqslant 3)$，得 $a_3 = 3, a_1 = a_2 = 1$，

$$a_n a_{n-2} = a_{n-1}^2 + 2, \quad a_{n+1} a_{n-1} = a_n^2 + 2.$$

将上面两式相减，消去常数 2，得 $a_{n+1}a_{n-1} - a_n a_{n-2} = a_n^2 - a_{n-1}^2$，即 $\dfrac{a_{n+1} + a_{n-1}}{a_n + a_{n-2}} = \dfrac{a_n}{a_{n-1}}$，所以

$$\frac{a_n + a_{n-2}}{a_{n-1} + a_{n-3}} = \frac{a_{n-1}}{a_{n-2}}, \quad \cdots, \quad \frac{a_4 + a_2}{a_3 + a_1} = \frac{a_3}{a_2}.$$

把上面这些式子相乘，得 $\dfrac{a_{n+1} + a_{n-1}}{a_3 + a_1} = \dfrac{a_n}{a_2}$，即 $a_{n+1} + a_{n-1} = 4a_n$，其特征方程为 $x^2 - 4x + 1 = 0$，特征根为 $x_1 = 2 + \sqrt{3}, x_2 = 2 - \sqrt{3}$. 所以可设 $a_n = \lambda_1(2 + \sqrt{3})^n + \lambda_2(2 - \sqrt{3})^n$. 由 $a_1 = a_2 = 1$ 得

$$\begin{cases} (2 + \sqrt{3})\lambda_1 + (2 - \sqrt{3})\lambda_2 = 1, \\ (7 + 4\sqrt{3})\lambda_1 + (7 - 4\sqrt{3})\lambda_2 = 1, \end{cases}$$

解得 $A_1 = \dfrac{3\sqrt{3} - 5}{2\sqrt{3}}, A_2 = \dfrac{3\sqrt{3} + 5}{2\sqrt{3}}$. 因此数列 $\{a_n\}$ 的通项公式为

$$a_n = \frac{1}{2\sqrt{3}}[(3\sqrt{3} - 5)(2 + \sqrt{3})^n + (3\sqrt{3} + 5)(2 - \sqrt{3})^n].$$

例 2.2.3 已知数列 $\{a_n\}$ 的定义如下：

$$a_1 = 2, \quad a_2 = 3, \quad \begin{cases} a_{2m+1} = a_{2m} + a_{2m-1} & (m \geqslant 1), \\ a_{2m} = a_{2m-1} + a_{2m-2} & (m \geqslant 2). \end{cases}$$

求数列 $\{a_n\}$ 的通项.

解 由已知消去 a_{2m}, a_{2m-2}，得到 $a_{2m+1} = 4a_{2m-1} - 2a_{2m-3}$. 令 $n = 2m - 1$，则 $a_{n+1} = 4a_n - 2a_{n-1}$，其中 $a_1 = 1, a_2 = 3$（即原来的 a_3），解得

$$a_n = \frac{4+\sqrt{2}}{4}(2+\sqrt{2})^{n-1} + \frac{\sqrt{2}}{4}(2-\sqrt{2})^{n-1} \quad (n = 2m-1).$$

同理，可得

$$a_n = \frac{2\sqrt{2}+1}{4}(2+\sqrt{2})^n - \frac{2\sqrt{2}-1}{4}(2-\sqrt{2})^n \quad (n = 2m).$$

例 2.2.4 设数列 $\{a_n\}$ 和 $\{b_n\}$ 满足：$a_0 = 1, b_0 = 0$，且

$$\begin{cases} a_{n+1} = 7a_n + 6b_n - 3, & (1) \\ b_{n+1} = 8a_n + 7b_n - 4 \quad (n = 0, 1, 2, \cdots). & (2) \end{cases}$$

求证：a_n 是完全平方数.

证 先用代入法消去 b_n 和 b_{n+1}，得 $a_{n+2} - 14a_{n+1} + a_n + 6 = 0$. 如果等式中没有常数项 6，就可以利用特征根方法求通项，因此，可令 $c_n = a_n + a$，易求得 $a = -\frac{1}{2}$.

由式(1)得 b_n, b_{n+1}，代入式(2)，得 $a_{n+2} - 14a_{n+1} + a_n + 6 = 0$，化为 $\left(a_{n+2} - \frac{1}{2}\right) - 14\left(a_{n+1} - \frac{1}{2}\right) + \left(a_n - \frac{1}{2}\right) = 0$. 对于数列 $\{c_n\}, c_n = a_n - \frac{1}{2}$，且 $c_0 = \frac{1}{2}, c_1 = a_1 - \frac{1}{2} = (7a_0 + 6b_0 - 3) - \frac{1}{2} = \frac{7}{2} c_{n+2} - 14c_{n+1} + c_n = 0$. 特征方程 $\lambda^2 - 14\lambda + 1 = 0$ 的两根为 $\lambda_1 = 7 + 4\sqrt{3}, \lambda_2 = 7 - 4\sqrt{3}$. 因此 $c_n = m_1 \lambda_1^n + m_2 \lambda_2^n$. 当 $n = 0, 1$ 时，有

$$\begin{cases} m_1 + m_2 = \frac{1}{2}, \\ m_1(7 + 4\sqrt{3}) + m_2(7 - 4\sqrt{3}) = \frac{1}{2}, \end{cases}$$

解得 $m_1 = m_2 = \frac{1}{4}$，则

$$c_n = \frac{1}{4}(7+4\sqrt{3})^n + \frac{1}{4}(7-4\sqrt{3})^n$$
$$= \frac{1}{4}(2+\sqrt{3})^{2n} + \frac{1}{4}(2-\sqrt{3})^{2n},$$
$$a_n = c_n + \frac{1}{2} = \frac{1}{4}\left[(2+\sqrt{3})^n + (2-\sqrt{3})^n\right]^2.$$

因为 $(2+\sqrt{3})^n + (2-\sqrt{3})^n$ 为正偶数,所以 a_n 是完全平方数.

例 2.2.5 设数列 $\{a_n\}$ 满足:$a_0 = 1$,
$$a_{n+1} = \frac{7a_n + \sqrt{45a_n^2 - 36}}{2} \quad (n \in \mathbf{N}).$$

证明:

(1) 对任意 $n \in \mathbf{N}, a_m$ 为正整数;

(2) 对任意 $n \in \mathbf{N}, a_n a_{n+1} - 1$ 为完全平方数.

证 (1) 由题设得 $a_1 = 5$,且 $\{a_n\}$ 严格单调递增.将条件式变形,得 $2a_{n+1} - 7a_n = \sqrt{45a_n^2 - 36}$,两边平方,整理得
$$a_{n+1}^2 - 7a_n a_{n+1} + a_n^2 + 9 = 0, \tag{1}$$

因此
$$a_n^2 - 7a_{n-1}a_n + a_{n-1}^2 + 9 = 0. \tag{2}$$

式(1)减式(2),得 $(a_{n+1} - a_n)(a_{n+1} + a_{n-1} - 7a_n) = 0$. 由 $a_{n+1} > a_n$ 知
$$a_{n+1} + a_{n-1} - 7a_n = 0 \Rightarrow a_{n+1} = 7a_n - a_{n-1}. \tag{3}$$

由式(3)及 $a_0 = 1, a_1 = 5$ 可知,对任意 $n \in \mathbf{N}, a_m$ 为正整数.

(2) 将式(1)的两边配方,得 $(a_{n+1} + a_n)^2 = 9(a_n a_{n+1} - 1)$,因而
$$a_n a_{n+1} - 1 = \left(\frac{a_{n+1} + a_n}{3}\right)^2. \tag{4}$$

记 $f(n) = a_n a_{n+1} - \left(\dfrac{a_{n+1} + a_n}{3}\right)^2$. 由

$f(n) - f(n-1)$
$$= (a_n a_{n+3} - a_{n-1}a_n) - \left[\left(\frac{a_{n+1}+a_n}{3}\right)^2 - \left(\frac{a_{n+1}+a_n}{3}\right)^2\right]$$

$$= \frac{a_{n-1} - a_{n+1}}{9}(a_{n+1} + a_{n-1} - 7a_n) = 0,$$

可得 $f(n) = f(n-1) = \cdots = f(0) = a_0 a_1 - \left(\frac{a_0 + a_1}{3}\right)^2 = 1$,所以式 (4)成立.

综上,可知 $a_m a_{m+1} - 1$ 是完全平方数.

例 2.2.6 设数列 $\{a_n\}$ 满足:$a_1 = 1, a_{n+1} = \frac{1}{2}a_n + \frac{1}{a_n}(n \in \mathbf{N})$. 求证:$\frac{2}{\sqrt{a_n^2 - 2}} \in \mathbf{N}(n \in \mathbf{N}, n > 1)$.

证 构建新数列 $\{b_n\}$,令 $b_n = \frac{2}{\sqrt{a_n^2 - 2}} > 0$,则 $a_n^2 = \frac{4}{b_n^2} + 2$, $a_{n+1}^2 = \frac{4}{b_{n+1}^2} + 2$,代入 $a_{n+1}^2 = \left(\frac{1}{2}a_n + \frac{1}{a_n}\right)^2$,整理得 $b_{n+1}^2 = b_n^2(4 + 2b_n^2)$,从而有 $b_n^2 = b_{n-1}^2(4 + 2b_{n-1}^2)(n \geqslant 3)$. 于是 $b_{n+1}^2 = b_n^2[4 + 2b_{n-1}^2(4 + 2b_{n-1}^2)] = [2b_n(b_{n-1}^2 + 1)]^2(n \geqslant 3)$. 因此
$$b_{n+1} = 2b_n(b_{n-1}^2 + 1) \quad (n \geqslant 3).$$
由已知条件得 $b_2 = 4, b_3 = 24$. 由上式可知 $b_4 \in \mathbf{N}, b_5 \in \mathbf{N}$. 依次类推,可知 $b_n \in \mathbf{N}(n > 1)$,即 $\frac{2}{\sqrt{a_n^2 - 2}} \in \mathbf{N}$.

例 2.2.7 设 $a_1 = 0, 2a_{n+1} = 3a_n + \sqrt{5a_n + 4}$. 求证:对于 a_n,不可能有某一正整数 m,使 a_{2m} 能被 2 004 整除.

解 由已知的递推式,得 $2(a_{n+1} - a_n) = a_n + \sqrt{5a_n + 4} > a_n + \sqrt{5}|a_n| \geqslant 0$,故 $a_{n+1} > a_n$. 又由已知的递推式,得 $a_n^2 - 3a_{n+1}a_n + (a_{n+1}^2 - 1) = 0$,从而 $a_{n+2}^2 - 3a_{n+1}a_{n+2} + (a_{n+1}^2 - 1) = 0$,所以 a_n, a_{n+2} 是一元二次方程 $x^2 - 3a_{n+1}x + (a_{n+1}^2 - 1) = 0$ 的两个根. 由韦达定理有 $a_{n+2} + a_n = 3a_{n+1}$. 假设有某一自然数 m,满足 $2\,004 | a_{2m}$,而 $3 \nmid 2\,004$,可知 $3 \nmid a_{2m}$,而 $a_{2m} = 3a_{2m-1} - a_{2m-2}$,故得 $3 \nmid a_{2m-2}$. 类推得 $3 \nmid a_2$,这与 $a_2 = 1$ 矛盾,从而得证.

例 2.2.8 已知数列 $\{a_n\}(n \geqslant 0)$ 满足:$a_0 = 0, a_1 = 1$,对于所

有正整数 n,有 $a_{n+1}=2a_n+2007a_{n-1}$,求使得 $2008|a_n$ 成立的最小正整数 n.

解 设 $m=2008$,递推式 $a_{n+1}=2a_n+2007a_{n-1}$ 的特征根方程为 $x^2-2x-2007=0$,特征根为 $1\pm\sqrt{m}$. 结合 $a_0=0, a_1=1$,得 $a_n=\dfrac{1}{2\sqrt{m}}[(1+\sqrt{m})^n-(1-\sqrt{m})^n]$. 由二项式定理得

$$a_n=\dfrac{1}{2\sqrt{m}}\Big[\sum_{k=0}^n C_n^k m^{\frac{k}{2}}-\sum_{k=0}^n(-1)^k C_n^k m^{\frac{k}{2}}\Big].$$

当 n 为奇数时,$a_n=C_n^1+C_n^3 m+\cdots+C_n^{n-2}m^{\frac{n-3}{2}}+C_n^n m^{\frac{n-1}{2}}$;

当 n 为偶数时,$a_n=C_n^1+C_n^3 m+\cdots+C_n^{n-3}m^{\frac{n-4}{2}}+C_n^{n-1}m^{\frac{n-2}{2}}$.

于是 $m|a_n \Leftrightarrow m|C_n^1$,即 $2008|n$,所以满足条件的最小正整数为 2008.

例 2.2.9 已知 $a_1,a_2,\cdots,a_n$ 是正整数 $1,2,\cdots,n$ 的任一排列. 设 $f(n)$ 是下述排列的个数,它们满足条件:① $a_1=1$;② $|a_i-a_{i+1}|\leqslant 2(i=1,2,\cdots,n-1)$. 试问 $f(2004)$ 能否被 3 整除?

解 对于满足条件①和②的排列 $a_1,a_2,\cdots,a_n$,由于 $a_1=1$,故 $a_2=2$ 或 3.

(a) 若 $a_2=2$,则 $a_2,a_3,\cdots,a_n$ 的各项减去 1 后的排列的个数为 $f(n-1)$.

(b) 若 $a_2=3,a_3=2$,则必有 $a_1=4$,故 $a_1,a_5,a_6,\cdots,a_n$ 的各项减去 3 后的排列的个数为 $f(n-3)$.

(c) 若 $a_2=3,a_1\geqslant 4$,设 a_{k+1} 是该排列中第 1 个出现的偶数,则前 k 个数应是 $1,3,5,\cdots,2k-1$,a_{k+1} 是 $2k$ 或 $2k-2$. 因此,a_k 与 a_{k+1} 是相邻的整数.

由条件②,排列在 a_{k+1} 后面的各数,要么都小于 a_{k+1},要么都大于 a_{k+1}. 因为 2 在 a_{k+1} 之后,故 $a_{k+2},\cdots,a_n$ 均比 a_{k+1} 小. 这只有一种可能,即先依递增次序排出 $\leqslant n$ 的正奇数,接着依递减次序排出 $\leqslant n$ 的正偶数.

综上所述,有递推关系:$f(n)=f(n-1)+f(n-3)+1(n\geq 4)$.容易算出:$f(1)=1,f(2)=1,f(3)=2,f(4)=4,\cdots$模 3 的余数依次是 $1,1,2,1,0,0,2,0,1,1,2,1,\cdots$,是以 8 为周期的.因为 $2004\equiv 4\pmod 8$,所以 $f(2004)\equiv f(4)\equiv 1\pmod 8$,故 $f(2004)$ 不能被 3 整除.

例 2.2.10 (美国第 6 届普特南数学竞赛试题)证明:大于 $(\sqrt{3}+1)^{2n}$ 的最小整数能够被 2^{n+1} 整除.

证 设 $x_n=(\sqrt{3}+1)^{2n}+(\sqrt{3}-1)^{2n}$,那么 $x_n=(4+2\sqrt{3})^n+(4-2\sqrt{3})^n$.因此,数列 $\{x_n\}$ 的特征根为 $4\pm 2\sqrt{3}$,从而其特征方程为 $x^2-8x+4=0$,于是 $\{x_n\}$ 的递推关系为 $x_{n+2}=8x_{n+1}-4x_n$.容易求得 $x_1=8,x_2=56,x_1,x_2$ 均为整数.由数学归纳法可证,对任意自然数 n,x_n 为自然数.又因为 $0<(\sqrt{3}-1)^{2n}<1$,所以 x_n 就是大于 $(\sqrt{3}+1)^{2n}$ 的最小整数.

令 $y_n=\dfrac{x_n}{2^{n+1}}=\dfrac{1}{2}(2+\sqrt{3})^n+\dfrac{1}{2}(2-\sqrt{3})^n$.下面只需证,对任意自然数 n,y_n 为整数.$\{y_n\}$ 的特征根为 $2\pm\sqrt{3}$,特征方程为 $x^2-4x+1=0$,于是 $\{y_n\}$ 的递推关系为 $y_{n+2}=4y_{n+1}-y_n$.容易求得 $y_1=2,y_2=7,y_1,y_2$ 均为整数.用数学归纳法可以证得:对任意自然数 n,$y_n=\dfrac{x_n}{2^{n+1}}$ 为整数.

综上,有 $2^{n+1}\mid x_n$,结论成立.

例 2.2.11 数列 $\{x_n\}$ 满足:① x_1 为一正实数;② $x_{n+1}=\sqrt{5}x_n+2\sqrt{x_n^2+1}(n=1,2,\cdots)$.证明:在 $x_1,x_2,\cdots,x_{2011}$ 中,至少可以找到 670 个无理数.

证 对条件②变形,得 $(x_{n+1}-\sqrt{5}x_n)^2=4(x_n^2+1)$,所以 $x_n^2-2\sqrt{5}x_{n+1}x_n+(x_{n+1}^2-4)=0$,即 $x_n=\sqrt{5}x_{n+1}\pm\sqrt{x_{n+1}^2+1}$.由已知的递推关系,得 $x_{n+1}>x_n$,所以 $x_n=\sqrt{5}x_{n+1}-2\sqrt{x_{n+1}^2+1}$.又 $x_{n+2}=\sqrt{5}x_{n+1}+2\sqrt{x_{n+1}^2+1}$,故 $x_{n+2}=2\sqrt{5}x_{n+1}-x_n$.由题设关

系知 $x_i > 0 (i=1,2,\cdots)$. 若 x_n, x_{n+1} 均为有理数,则 x_{n+2} 为无理数,所以 x_n, x_{n+1}, x_{n+2} 中至少有一个无理数,从而结论得证.

2.3 非线性二阶递推数列及高阶递推数列的问题

最后,我们想通过一些非线性二阶递推数列及高阶递推数列问题的转化例子,来说明数列问题中常用的转化方法,以提高中学生解决数列问题的实际能力.

例 2.3.1 设正数数列 $a_0, a_1, a_2, \cdots, a_n, \cdots$ 满足:$\sqrt{a_n a_{n-2}} - \sqrt{a_{n-1} a_{n-2}} = 2a_{n-1} (n \geqslant 2)$,且 $a_0 = a_1 = 1$. 求 $\{a_n\}$ 的通项公式.

解 $\sqrt{a_n a_{n-2}} - \sqrt{a_{n-1} a_{n-2}} = 2a_{n-1}$ 两边同除以 $\sqrt{a_{n-1} a_{n-2}}$,得 $\sqrt{\dfrac{a_n}{a_{n-1}}} - 1 = 2\sqrt{\dfrac{a_{n-1}}{a_{n-2}}}$. 令 $b_n = \sqrt{\dfrac{a_n}{a_{n-1}}}$,则 $b_n - 1 = 2b_{n-1}$,即 $b_n + 1 = 2(b_{n-1} + 1)$. 解得 $b_n = 2^n - 1$,从而 $a_n = \prod\limits_{k=1}^{n}(2^k - 1)^2 (n \geqslant 1, n \in \mathbf{N})$.

综上,$a_n = \begin{cases} 1 & (n=0), \\ \prod\limits_{k=1}^{n}(2^k - 1)^2 & (n \in \mathbf{N}^*). \end{cases}$

例 2.3.2 设数列 $\{a_n\}$ 满足:$a_1 = 1, a_2 = 3$,对一切 $n \in \mathbf{N}^*$,有 $a_{n+2} = (n+3)a_{n+1} - (n+2)a_n$. 求所有被 11 整除的 a_n 的一切 n 值.

分析 把已知的递推关系式进行变形,得到 $a_{n+2} - a_{n+1} = (n+2)(a_{n+1} - a_n)$. 由所得式子的特点,我们自然会想到利用数列的迭代和叠加的方法,求出其通项,从而就容易解决问题了.

解 由已知得 $a_{n+2} - a_{n+1} = (n+2)(a_{n+1} - a_n)$,构建新数列 $\{b_n\} (n \geqslant 2), b_{n+1} = a_{n+1} - a_n (n \geqslant 1)$,则 $b_2 = 2$,

$$b_{n+1} = (n+1)(a_n - a_{n-1}) = (n+1)b_n \quad (n \geqslant 2).$$

因此

$$b_n = nb_{n-1} = n(n-1)b_{n-2} = \cdots$$
$$= n(n-1)\cdots 3b_2 = n! \quad (n \geqslant 2),$$

从而得

$$a_n = a_1 + \sum_{k=2}^{n}(a_n - a_{n-1}) = 1 + \sum_{k=2}^{n} b_k = \sum_{k=1}^{n} k!.$$

由此得 $a_4 = 11 \cdot 3, a_8 = 11 \cdot 4\,203, a_{10} = 11 \cdot 367\,083$. 当 $n \geqslant 11$ 时,由于 $\sum_{k=1}^{10} k!$ 能被 11 整除,所以 $a_n = \sum_{k=1}^{10} k! + \sum_{k=11}^{n} k!$ 也能被 11 整除.

综上,所求的 n 值为 $4, 8,$ 以及 $n \geqslant 10$ 的一切自然数.

例 2.3.3 设数列 $\{a_n\}$ 满足:$a_1 = a_2 = 1, a_3 = 2, 3a_{n+3} = 4a_{n+2} + a_{n+1} - 2a_n (n = 1, 2, \cdots)$. 求数列 $\{a_n\}$ 的通项公式.

解 $\{a_n\}$ 的特征方程为 $3x^3 - 4x^2 - x + 2 = 0$,特征根为 $x_1 = 1, x_2 = 1, x_3 = -\dfrac{2}{3}$,所以可设 $a_n = (A_1 + A_2 n)x_1^n + A_3 x_3^n$. 由 $a_1 = a_2 = 1, a_3 = 2$,得

$$\begin{cases} A_1 + A_2 - \dfrac{2}{3} A_3 = 1, \\ A_1 + 2A_2 + \dfrac{4}{9} A_3 = 1, \\ A_1 + 3A_2 - \dfrac{8}{27} A_3 = 2, \end{cases}$$

解得 $A_1 = \dfrac{1}{25}, A_2 = \dfrac{3}{5}, A_3 = -\dfrac{27}{50}$,所以

$$a_n = \dfrac{1}{25}\left[1 + 15n - \dfrac{27}{2}\left(-\dfrac{2}{3}\right)^n\right].$$

例 2.3.4 已知 $\{a_0, a_1, a_2, \cdots\}$ 是整数列,且满足:① $a_{n+1} = 3a_n - 3a_{n-1} + a_{n-2} (n = 2, 3, \cdots)$;② $2a_1 = a_0 + a_2 - 2$;③ 对任意 $m \in \mathbf{N}$,存在 k,使得 $a_k, a_{k+1}, \cdots, a_{k+m-1}$ 都是完全平方数. 求证:数列 $\{a_0, a_1, a_2, \cdots\}$ 的所有项都是完全平方数.

证法 1 由条件①知,当 $n \geqslant 2$ 时,$a_{n+1} - a_n = 2(a_n - a_{n-1})$

$-(a_{n-1} - a_n)$. 令 $d_n = a_n - a_{n-1}(n = 1, 2, \cdots)$, 则上式化为 $d_{n+1} - d_n = d_n - d_{n-1}$. 由此可得 $d_{n+1} - d_n = d_n - d_{n-1} = \cdots = d_2 - d_1$. 又由条件②知 $d_2 - d_1 = a_2 - 2a_1 + a_0 = 2$, 所以 $d_n = d_1 + 2(n-1)(n = 1, 2, \cdots)$. 于是可得 $a_n = a_0 + \sum_{k=1}^{n} d_k = a_0 + nd_1 + n(n-1)$, 即

$$a_n = n^2 + bn + c \quad (n = 0, 1, 2, \cdots), \tag{1}$$

其中 $b = d_1 - 1 = a_1 - a_0 - 1, c = a_0$. 由条件③知, 存在非负整数 t, 使得 a_t 和 a_{t+2} 都是完全平方数, 从而 $a_{t+2} - a_t \equiv 2 \pmod{4}$. 再由式(1)得 $a_{t+2} - a_t = 4t + 4 + 2b$, 于是 b 为偶数. 令 $b = 2\lambda$, 则式(1)化为

$$a_n = (n + \lambda)^2 + c - \lambda^2 \quad (n = 0, 1, 2, \cdots). \tag{2}$$

显然只需证明 $c - \lambda^2 = 0$. 若不然, 有 $c - \lambda^2 \neq 0$, 则 $c - \lambda^2$ 的不同约数只有有限多个, 记其个数为 m. 由式(1)知, 存在 n_0, 使得 $n \geq n_0$ 时, 数列 $\{a_n\}$ 严格单调递增. 由条件③知, 当 $k \geq n_0$ 时, 有 $a_{k+i} = p_i^2 (i = 0, 1, 2, \cdots, m)$, 其中 p_i 是正整数, 且 $p_0 < p_1 < \cdots < p_m$. 再由式(2)得 $c - \lambda^2 = p_i^2 - (k + i + \lambda)^2 = (p_i - k - i - \lambda)(p_i + k + i + \lambda)(i = 0, 1, 2, \cdots, m)$. 由此可知, $c - \lambda^2$ 至少有 $m + 1$ 个不同的约数, 矛盾.

证法2 与上相同, 可得

$$a_n = n^2 + bn + c = \left(n + \frac{b}{2}\right)^2 + c - \frac{b^2}{4} \quad (n = 0, 1, 2, \cdots),$$

其中 $b = d_1 - 1 = a_1 - a_0 - 1, c = a_0$. 由此容易证明, 存在 n_0, 使得 $n \geq n_0$ 时, 数列 $\{a_n\}$ 严格单调递增且满足 $\left(n + \frac{b-1}{2}\right)^2 < a_n < \left(n + \frac{b+1}{2}\right)^2$. 由条件③知, 存在 $t > n_0$, 使得 a_t 是完全平方数, 于是有 $t + \frac{b-1}{2} < \sqrt{a_t} < t + \frac{b+1}{2}$, 故 b 为偶数, 且 $a_t = \left(t + \frac{b}{2}\right)^2$. 由 $a_t = \left(t + \frac{b}{2}\right)^2 + c - \frac{b^2}{4}$, 得 $c - \frac{b^2}{4} = 0$, 于是 $a_n = \left(n + \frac{b}{2}\right)^2 + c$

$-\dfrac{b^2}{4}=\left(n+\dfrac{b}{2}\right)^2(n=0,1,2,\cdots)$，即所有 a_n 都是完全平方数.

例 2.3.5 设数列 $\{a_n\}$ 满足：$a_1=1, a_2=2, \dfrac{a_{n+2}}{a_n}=\dfrac{a_{n+1}^2+1}{a_n^2+1}$ $(n\geqslant 1)$.

(1) 求 a_{n+1} 与 a_n 之间的递推关系式 $a_{n+1}=f(a_n)$；

(2) 证明：$63<a_{2008}<78$.

解 (1) 由 $a_1=1, a_2=2, \dfrac{a_{n+2}}{a_n}=\dfrac{a_{n+1}^2+1}{a_n^2+1}$ $(n\geqslant 1)$，易知对一切 $n\geqslant 1, a_n\neq 0$. 当 $n\geqslant 1$ 时，由 $\dfrac{a_{n+2}}{a_n}=\dfrac{a_{n+1}^2+1}{a_n^2+1}$，可得 $\dfrac{a_{n+2}a_{n+1}}{a_{n+1}a_n}=\dfrac{a_{n+1}^2+1}{a_n^2+1}$，从而 $\dfrac{a_{n+2}}{a_{n+1}+\dfrac{1}{a_{n+1}}}=\dfrac{a_{n+1}}{a_n+\dfrac{1}{a_n}}$.

依次利用上述关系式，可得

$$\dfrac{a_{n+1}}{a_n+\dfrac{1}{a_n}}=\dfrac{a_n}{a_{n-1}+\dfrac{1}{a_{n-1}}}=\dfrac{a_{n-1}}{a_{n-2}+\dfrac{1}{a_{n-2}}}=\cdots$$

$$=\dfrac{a_2}{a_1+\dfrac{1}{a_1}}=\dfrac{2}{1+\dfrac{1}{1}}=1,$$

从而 $a_{n+1}=a_n+\dfrac{1}{a_n}$.

(2) 显然，由 $a_1=1$ 及 $a_{n+1}=a_n+\dfrac{1}{a_n}$ $(n\geqslant 1)$，可知对一切 $n\geqslant 1, a_n\geqslant 1$ 成立，从而 $0<\dfrac{1}{a_n^2}\leqslant 1$.

当 $n\geqslant 2$ 时，$a_n^2=\left(a_{n-1}+\dfrac{1}{a_{n-1}}\right)^2=a_{n-1}^2+\dfrac{1}{a_{n-1}^2}+2$，故 $2<a_n^2-a_{n-1}^2=\dfrac{1}{a_{n-1}^2}+2\leqslant 3$. 于是 $2<a_n^2-a_{n-1}^2\leqslant 3, 2<a_{n-1}^2-a_{n-2}^2\leqslant 3$，$2<a_{n-2}^2-a_{n-3}^2\leqslant 3,\cdots,2<a_3^2-a_2^2\leqslant 3,2<a_2^2-a_1^2\leqslant 3$. 将以上各式

相加,得 $2(n-1) < a_n^2 - a_1^2 \leqslant 3(n-1)$,而 $a_1 = 1$,所以 $2n-1 < a_n^2 \leqslant 3n-2$,从而 $4\,015 < a_{2\,008}^2 \leqslant 6\,022$. 又 $63^2 = 3\,969 < 4\,015, 78^2 = 6\,084 > 6\,022$,所以 $63^2 < a_{2\,008}^2 \leqslant 78^2$,因此 $63 < a_{2\,008} \leqslant 78$.

例 2.3.6 各项均为正数的数列 $\{a_n\}$ 满足:$a_1 = a, a_2 = b$,且对满足 $m+n = p+q$ 的正整数 m,n,p,q,都有 $\dfrac{a_m + a_n}{(1+a_m)(1+a_n)} = \dfrac{a_p + a_q}{(1+a_p)(1+a_q)}$.

(1) 当 $a = \dfrac{1}{2}, b = \dfrac{4}{5}$ 时,求通项 a_n;

(2) 证明:对任意 a,存在与 a 有关的常数 λ,使得对于每个正整数 n,都有 $\dfrac{1}{\lambda} \leqslant a_n \leqslant \lambda$.

解 (1) 由于 $\dfrac{a_m + a_n}{(1+a_m)(1+a_n)} = \dfrac{a_p + a_q}{(1+a_p)(1+a_q)}$,所以 $\dfrac{a_1 + a_n}{(1+a_1)(1+a_n)} = \dfrac{a_2 + a_{n-1}}{(1+a_2)(1+a_{n-1})}$. 将 $a_1 = \dfrac{1}{2}, a_2 = \dfrac{4}{5}$ 代入化简,得 $a_n = \dfrac{2a_{n-1}+1}{a_{n-1}+2}$. 因此 $\dfrac{1-a_n}{1+a_n} = \dfrac{1}{3} \cdot \dfrac{1-a_{n-1}}{1+a_{n-1}}$,故数列 $\left\{\dfrac{1-a_n}{1+a_n}\right\}$ 为等比数列,从而有 $\dfrac{1-a_n}{1+a_n} = \dfrac{1}{3^n}$,即 $a_n = \dfrac{3^n - 1}{3^n + 1}$. 可验证,$a_n = \dfrac{3^n - 1}{3^n + 1}$ 满足题设条件.

(2) 由题设知 $\dfrac{a_m + a_n}{(1+a_m)(1+a_n)}$ 的值仅与 $m+n$ 有关,记为 b_{m+n},则

$$b_{n+1} = \dfrac{a_1 + a_n}{(1+a_1)(1+a_n)} = \dfrac{a + a_n}{(1+a)(1+a_n)}.$$

考察函数 $f(x) = \dfrac{a+x}{(1+a)(1+x)}$ $(x > 0)$,则在定义域上,有

$$f(x) \geqslant g(a) = \begin{cases} \dfrac{1}{1+a} & (a > 1), \\ \dfrac{1}{2} & (a = 1), \\ \dfrac{a}{1+a} & (0 < a < 1), \end{cases}$$

故对 $n \in \mathbf{N}^*$, $b_{n+1} \geqslant g(a)$ 恒成立. 又 $b_{2n} = \dfrac{2a_n}{(1+a_n)^2} \geqslant g(a)$, 注意到 $0 < g(a) \leqslant \dfrac{1}{2}$, 解上式得

$$\dfrac{g(a)}{1-g(a)+\sqrt{1-2g(a)}} = \dfrac{1-g(a)-\sqrt{1-2g(a)}}{g(a)}$$

$$\leqslant a_n \leqslant \dfrac{1-g(a)+\sqrt{1-2g(a)}}{g(a)}.$$

取 $\lambda = \dfrac{1-g(a)+\sqrt{1-2g(a)}}{g(a)}$, 即有 $\dfrac{1}{\lambda} \leqslant a_n \leqslant \lambda$.

例 2.3.7 设数列 $\{a_n\}$ $(n \geqslant 0)$ 满足: $a_1 = 2$, $a_{m+n} + a_{m-n} - m + n = \dfrac{1}{2}(a_{2m} + a_{2n})$, 其中 $m, n \in \mathbf{N}, m \geqslant n$. 证明:

(1) 对一切 $n \in \mathbf{N}$, 有 $a_{n+2} = 2a_{n+1} - a_n + 2$;

(2) $\dfrac{1}{a_1} + \dfrac{1}{a_2} + \cdots + \dfrac{1}{a_{2009}} < 1$.

证 (1) 在关系式 $a_{m+n} + a_{m-n} - m + n = \dfrac{1}{2}(a_{2m} + a_{2n})$ 中, 令 $m = n$, 可得 $a_0 = 0$; 令 $n = 0$, 可得

$$a_{2m} = 4a_m - 2m; \tag{1}$$

令 $m = n + 2$, 可得

$$a_{2n+2} + a_2 - 2 = \dfrac{1}{2}(a_{2n+4} + a_{2n}). \tag{2}$$

由式(1)得 $a_{2n+2} = 4a_{n+1} - 2(n+1)$, $a_2 = 4a_1 - 2 = 6$, $a_{2n+4} = 4a_{n+2} - 2(n+2)$, $a_{2n} = 4a_n - 2n$, 代入式(2), 化简得 $a_{n+2} =$

$2a_{n+1} - a_n + 2$.

(2) 由 $a_{n+2} = 2a_{n+1} - a_n + 2$,得 $a_{n+2} - a_{n+1} = (a_{n+1} - a_n) + 2$,故数列 $\{a_{n+1} - a_n\}$ 是首项为 $a_1 - a_0 = 2$、公差为 2 的等差数列,因此 $a_{n+1} - a_n = 2n + 2$. 于是 $a_n = \sum_{k=1}^{n}(a_k - a_{k-1}) + a_0 = \sum_{k=1}^{n}(2k) + 0 = n(n+1)$. 因为 $\frac{1}{a_n} = \frac{1}{n(n+1)} = \frac{1}{n} - \frac{1}{n+1}(n \geqslant 1)$,所以

$$\frac{1}{a_1} + \frac{1}{a_2} + \cdots + \frac{1}{a_{2009}}$$
$$= \left(1 - \frac{1}{2}\right) + \left(\frac{1}{2} - \frac{1}{3}\right) + \cdots + \left(\frac{1}{2009} - \frac{1}{2010}\right)$$
$$= 1 - \frac{1}{2010} < 1.$$

例 2.3.8 已知无穷数列 $\{a_n\}$ 满足:$a_0 = x, a_1 = y, a_{n+1} = \frac{a_n a_{n-1} + 1}{a_n + a_{n-1}} (n = 1, 2, \cdots)$.

(1) 对于怎样的实数 x 与 y,总存在正整数 n_0,使当 $n \geqslant n_0$ 时 a_n 恒为常数?

(2) 求通项 a_n.

解 (1) 我们有

$$a_n - a_{n+1} = a_n - \frac{a_n a_{n-1} + 1}{a_n a_{n-1}}$$
$$= \frac{a_n^2 - 1}{a_n + a_{n-1}} \quad (n = 1, 2, \cdots). \tag{1}$$

因此,如果对某个正整数 n,有 $a_{n+1} = a_n$,则必有 $a_n^2 = 1$,且 $a_{n-1} \neq 0$.

如果该 $n = 1$,我们得

$$|y| = 1 \quad 且 \quad x \neq -y. \tag{2}$$

如果该 $n > 1$,我们有

$$a_n - 1 = \frac{a_{n-1}a_{n-2}+1}{a_{n-1}+a_{n-2}} - 1$$
$$= \frac{(a_{n-1}-1)(a_{n-2}-1)}{a_{n-1}+a_{n-2}} \quad (n \geq 2), \tag{3}$$

$$a_n + 1 = \frac{a_{n-1}a_{n-2}+1}{a_{n-1}+a_{n-2}} + 1$$
$$= \frac{(a_{n-1}+1)(a_{n-2}+1)}{a_{n-1}+a_{n-2}} \quad (n \geq 2). \tag{4}$$

将式(3)和式(4)的两端相乘,得

$$a_n^2 - 1 = \frac{a_{n-1}^2-1}{a_{n-1}+a_{n-2}} \cdot \frac{a_{n-2}^2-1}{a_{n-1}+a_{n-2}}. \tag{5}$$

由式(5)递推,必有式(2)或

$$|x| = 1 \quad 且 \quad y \neq -x. \tag{6}$$

反之,如果条件式(2)或式(6)满足,则当 $n \geq 2$ 时,必有 $a_n = $ 常数,且常数是 1 或 -1.

(2) 由式(3)和式(4),我们得到

$$\frac{a_n-1}{a_n+1} = \frac{a_{n-1}-1}{a_{n-1}+1} \cdot \frac{a_{n-2}-1}{a_{n-2}+1} \quad (n \geq 2). \tag{7}$$

记 $b_n = \frac{a_n-1}{a_n+1}$,则当 $n \geq 2$ 时,

$$b_n = b_{n-1}b_{n-2} = (b_{n-2}b_{n-3})b_{n-2} = b_{n-2}^2 b_{n-3}$$
$$= (b_{n-3}b_{n-4}) = b_{n-3}^3 b_{n-4}^2 = \cdots.$$

由此递推,我们得到

$$\frac{a_n-1}{a_n+1} = \left(\frac{y-1}{y+1}\right)^{F_{n-1}} \left(\frac{x-1}{x+1}\right)^{F_{n-2}} \quad (n \geq 2). \tag{8}$$

这里

$$F_n = F_{n-1} + F_{n-2} \quad (n \geq 2), \quad F_0 = F_1 = 1. \tag{9}$$

由式(9)解得

$$F_n = \frac{1}{\sqrt{5}}\left[\left(\frac{1+\sqrt{5}}{2}\right)^{n+1} - \left(\frac{1-\sqrt{5}}{2}\right)^{n+1}\right]. \tag{10}$$

上式中的 n 还可以向负向延伸.例如 $F_{-1} = 0, F_{-2} = 1$.这样一来,

式(8)对所有的 $n \geqslant 0$ 都成立. 由式(8)解得

$$a_n = \frac{(x+1)^{F_{n-2}}(y+1)^{F_{n-1}} + (x-1)^{F_{n-2}}(y-1)^{F_{n-1}}}{(x+1)^{F_{n-2}}(y+1)^{F_{n-1}} - (x-1)^{F_{n-2}}(y-1)^{F_{n-1}}} \quad (n \geqslant 0).$$
(11)

式(11)中的 F_{n-1}, F_{n-2} 由式(10)确定.

2.4 二阶线性递推命题构造初探

这一节通过对两个非线性递推数列问题的求解,试图探讨非线性递推数列与二阶线性递推数列之间的关系,探究一些二阶递推数列的命题是如何构造而成的,并由此讨论如何通过构造二阶线性递推数列来解决递推数列问题,希望能够给读者带来一些启发. 本节中的几个命题都选自数学竞赛和高校自主招生考试试题,均比较典型.

2.4.1 分式递推数列与二阶线性递推数列间的相互转换

例 2.4.1 设数列 $\{a_n\}$ 满足: $a_1 = a_2 = 1$,且

$$a_n = \frac{a_{n-1}^2 + 2}{a_{n-2}} \quad (n \geqslant 3). \tag{1}$$

试问数列 $\{a_n\}$ 是否是整数列? 若是,请给出证明;若不是,试说明理由.

解析 (1) 我们先来看一般参考书上的解法.

$$a_n = \frac{a_{n-1}^2 + 2}{a_{n-2}} \Leftrightarrow a_n a_{n-2} = a_{n-1}^2 + 2 \quad (n \geqslant 3). \tag{2}$$

又

$$a_{n+1} a_{n-1} = a_n^2 + 2 \quad (n \geqslant 2), \tag{3}$$

式(3)减式(2)(目的是消去 2),整理得 $a_{n-1}(a_{n+1} + a_{n-1}) = a_n(a_n + a_{n-2}) (n \geqslant 3)$. 由式(1)可知 $a_n \neq 0 (n \in \mathbf{N}^*)$,故上式可化为 $\dfrac{a_{n+1} + a_{n-1}}{a_n} = \dfrac{a_n + a_{n-2}}{a_{n-1}}$,即数列 $\left\{\dfrac{a_n + a_{n-2}}{a_{n-1}}\right\}$ 是常数列. 因为

$\dfrac{a_3+a_1}{a_2}=\dfrac{3+1}{1}=4$,所以 $\dfrac{a_n+a_{n-2}}{a_{n-1}}=4$,从而有 $a_n=4a_{n-1}-a_{n-2}$ ($n\geqslant 3$),于是,用数学归纳法容易证明数列 $\{a_n\}$ 是整数列.

这一解法显得较为简洁,但我们关心的是命题还有没有其他解法. 为此,我们作如下的探索.

(2) 进一步寻找并实施例 2.4.1 的解题方案:式(1)是二阶非线性递推数列,由上面的解法我们猜想它等价于一个二阶线性递推数列(非线性的可以转化为线性的). 由 $a_1=a_2=1$ 以及式(1),解得 $a_3=3, a_4=11, a_5=41, a_6=153,\cdots$.

假设
$$a_n = pa_{n-1}+qa_{n-2} \quad (n\geqslant 3), \tag{3}$$

把 $a_3=3, a_4=11$ 代入上式,得到 $\begin{cases} p+q=3, \\ 3p+q=11, \end{cases}$ 解得 $p=4, q=-1$. 经验证知,$a_5=41, a_6=153$ 适合上式. 于是,我们猜想:当 $n\geqslant 3$ 时,

$$a_n = 4a_{n-1}-a_{n-2} \tag{4}$$

恒成立. 下面用数学归纳法证明.

归纳法的奠基成立. 假设 $n\leqslant k$ ($k\geqslant 3$) 时,式(4)成立,即 $a_k=4a_{k-1}-a_{k-2}$ 成立,则当 $n=k+1$ 时,由归纳假设以及式(1)知

$$a_{k+1}=\dfrac{a_k^2+2}{a_{k-1}}=\dfrac{(4a_{k-1}-a_{k-2})^2+2}{a_{k-1}}$$

$$=4(4a_{k-1}-a_{k-2})-4a_{k-2}+\dfrac{a_{k-2}^2+2}{a_{k-1}}$$

$$=4a_k-4a_{k-2}+\dfrac{a_{k-3}}{a_{k-1}}\cdot\dfrac{a_{k-2}^2+2}{a_{k-3}}$$

$$=4a_k-4a_{k-2}+\dfrac{a_{k-3}}{a_{k-1}}\cdot a_{k-1}$$

$$=4a_k-(4a_{k-2}-a_{k-3})$$

$$=4a_k-a_{k-1},$$

即当 $n=k+1$ 时式(4)仍成立,故对一切 $n\geqslant 3$ 的自然数 n,式(4)

恒成立.因为 $a_1 = a_2 = 1$,所以由式(4)可用数学归纳法再证明数列 $\{a_n\}$ 是整数列,并且可以进一步证明数列 $\{a_n\}$ 是正奇数列,这是因为 $a_1 = a_2 = 1$ 为奇数,$a_n \equiv -a_{n-2} \pmod 2$.

(3) 通过(2)我们同样完成了例 2.4.1 的证明.接下来,我们关心的是例 2.4.1 是怎样构造出来的.我们能否从 $a_1 = a_2 = 1, a_n = 4a_{n-1} - a_{n-2}(n \geqslant 3)$ 构造出例 2.4.1?

数列(4)的特征方程是 $x^2 - 4x + 1 = 0$,它的两共轭特征根为 $x_1 = 2 + \sqrt{3}, x_2 = 2 - \sqrt{3}$,且 $x_1 + x_2 = 4, x_1 x_2 = 1, x_2 - x_1 = -2\sqrt{3}$.
根据定理,可设
$$a_n = \lambda_1 x_1^n + \lambda_2 x_2^n \quad (n \geqslant 1), \tag{5}$$
则
$$\begin{cases} x_1 \lambda_1 + x_2 \lambda_2 = 1, \\ x_1^2 \lambda_1 + x_2^2 \lambda_2 = 1. \end{cases}$$
计算得
$$D = \begin{vmatrix} x_1 & x_2 \\ x_1^2 & x_2^2 \end{vmatrix} = x_1 x_2 (x_2 - x_1) = -2\sqrt{3},$$
$$D_{\lambda_1} = \begin{vmatrix} 1 & x_2 \\ 1 & x_2^2 \end{vmatrix} = x_2(x_2 - 1) = 5 - 3\sqrt{3},$$
$$D_{\lambda_2} = \begin{vmatrix} x_1 & 1 \\ x_1^2 & 1 \end{vmatrix} = x_1(1 - x_1) = -(5 + 3\sqrt{3}),$$
于是有
$$\lambda_1 = \frac{D_{\lambda_1}}{D} = \frac{9 - 5\sqrt{3}}{6}, \quad \lambda_2 = \frac{D_{\lambda_2}}{D} = \frac{9 + 5\sqrt{3}}{6}.$$
把 λ_1, λ_2 的值代入式(4)就得到数列 $\{a_n\}$ 的通项公式.

由式(5),我们知道 $a_n a_{n-2}$ 和 a_{n-1}^2 的展开式都是关于 x_1, x_2 的齐 $2(n-1)$ 次表达式,它们之间有某种关系吗? 事实上,
$$a_n a_{n-2} = (\lambda_1 x_1^n + \lambda_2 x_2^n) \cdot (\lambda_1 x_1^{n-2} + \lambda_2 x_2^{n-2})$$
$$= \lambda_1^2 x_1^{2(n-1)} + \lambda_1 \lambda_2 (x_1 x_2)^{n-2}(x_1^2 + x_2^2) + \lambda_2^2 x_2^{2(n-1)}.$$

因为 $x_1+x_2=4, x_1x_2=1, x_1^2+x_2^2=14, \lambda_1\lambda_2=\dfrac{1}{6}$,所以

$$\lambda_1\lambda_2(x_1x_2)^{n-1}(x_1^2+x_2^2)=\dfrac{7}{3}, \quad 2\lambda_1\lambda_2 x_1^{n-1}x_2^{n-1}=\dfrac{1}{3},$$

从而有

$$\begin{aligned} a_na_{n-2}&=(\lambda_1 x_1^{n-1})^2+2\lambda_1\lambda_2 x_1^{n-1}x_2^{n-1}+(\lambda_2 x_2^{n-1})^2+2\\ &=(\lambda_1 x_1^{n-1}+\lambda_2 x_2^{n-1})^2+2=a_{n-1}^2+2, \end{aligned}$$

两边除以 a_{n-2},得到 $a_n=\dfrac{a_{n-1}^2+2}{a_{n-2}}(n\geqslant 3)$.这样就构造了例 2.4.1.这一构造过程揭示了二阶线性递推数列与它的特征方程、特征根之间的有机联系.

综上所述,我们得到两个等价命题:

(1) $a_1=a_2=1, a_n=4a_{n-1}-a_{n-2}(n\geqslant 3)$;

(2) $a_1=a_2=1, a_n=\dfrac{a_{n-1}^2+2}{a_{n-2}}(n\geqslant 3)$.

例 2.4.1 是数列(4)的逆命题,它把背景抽掉了,很隐蔽,也给解题带来了一定的难度.

2.4.2 数列不等式与二阶线性递推数列之间的相互转换

例 2.4.2 数列 $\{a_n\}$ 满足:$a_1=2, a_2=7$,且

$$-\dfrac{1}{2}<a_{n+1}-\dfrac{a_n^2}{a_{n-1}}\leqslant\dfrac{1}{2} \quad (n\geqslant 2). \tag{1}$$

求证:当 $n\geqslant 2$ 时,a_n 是奇数.

解析 (1) 寻找并实施例 2.4.2 的解题方案:由例 2.4.1 的经验,再结合 $a_{n+1}-\dfrac{a_n^2}{a_{n-1}}$ 是二阶的,而且是齐一次的,所以,我们猜想数列 $\{a_n\}$ 隐含一个二阶线性递推数列.事实上,把式(1)化为

$$\dfrac{a_n^2}{a_{n-1}}-\dfrac{1}{2}<a_{n+1}\leqslant\dfrac{a_n^2}{a_{n-1}}+\dfrac{1}{2}, \tag{2}$$

然后把 $a_1=2, a_2=7$ 代入式(2),依次得到 $a_3=25, a_4=89, a_5=317,\cdots$.

假设
$$a_n = pa_{n-1} + qa_{n-2} \quad (n \geqslant 3), \tag{3}$$
把 $a_3 = 25, a_4 = 89$ 代入式(3),得到 $\begin{cases} 7p + 2q = 25, \\ 25p + 7q = 89, \end{cases}$ 解得 $p = 3$,$q = 2$. 又 $a_5 = 317$ 适合式(3),于是我们猜想:数列 $\{a_n\}$ 满足
$$a_{n+1} = 3a_n + 2a_{n-1}, \tag{4}$$
对一切 $n \geqslant 2$ 的自然数 n 成立. 下面用数学归纳法证明.

归纳法的奠基成立,且 $a_2 > 2a_1$. 假设 $n \leqslant k \, (k \geqslant 2)$ 时,$a_{k+1} = 3a_k + 2a_{k-1}$ 以及 $a_k > 2a_{k-1} > 0$ 成立,则当 $n = k + 1$ 时,由已知
$$-\frac{1}{2} < a_{k+2} - \frac{a_{k+1}^2}{a_k} \leqslant \frac{1}{2}, \tag{5}$$
如果我们能证明
$$-\frac{1}{2} < 3a_{k+1} + 2a_k - \frac{a_{k+1}^2}{a_k} \leqslant \frac{1}{2}, \tag{6}$$
即 $-\frac{1}{2} \leqslant \frac{a_{k+1}^2}{a_k} - (3a_{k+1} + 2a_k) < \frac{1}{2}$ 成立,则上式与式(5)相加得
$$-\frac{1}{2} < a_{k+2} - (3a_{k+1} + 2a_k) < \frac{1}{2}.$$
因为 $\{a_n\}$ 是整数列,所以 $a_{k+2} - (3a_{k+1} + 2a_k) = 0$,即当 $n = k + 1$ 时,$a_{k+2} = 3a_{k+1} + 2a_k$ 成立,故对一切 $n \geqslant 2$ 的自然数 n,$a_{n+1} = 3a_n + 2a_{n-1}$ 成立.

接下来要证明命题式(6)成立. 由归纳假设知
$$3a_{k+1} + 2a_k - \frac{a_{k+1}^2}{a_k} = 3(3a_k + 2a_{k-1}) + 2a_k - \frac{(3a_k + 2a_{k-1})^2}{a_k}$$
$$= \frac{2(a_k^2 - 3a_k a_{k-1} - 2a_{k-1}^2)}{a_k}$$
$$= \frac{2a_{k-1}}{a_k} \cdot \left[\frac{a_k^2}{a_{k-1}} - (3a_k + 2a_{k-1})\right]$$
$$= \frac{2a_{k-1}}{a_k} \cdot \left(\frac{a_k^2}{a_{k-1}} - a_{k+1}\right).$$

第 2 章 二阶递推数列

由归纳假设 $a_k > 2a_{k-1} > 0$ 得 $0 < \dfrac{2a_{k-1}}{a_k} < 1$. 又由已知 $-\dfrac{1}{2} < \dfrac{a_k^2}{a_{k-1}}$
$- a_{k+1} \leqslant \dfrac{1}{2}$，可知 $-\dfrac{1}{2} < \dfrac{2a_{k-1}}{a_k} \cdot \left(\dfrac{a_k^2}{a_{k-1}} - a_{k+1} \right) \leqslant \dfrac{1}{2}$ 成立，于是
$-\dfrac{1}{2} < 3a_{k+1} + 2a_k - \dfrac{a_{k+1}^2}{a_k} \leqslant \dfrac{1}{2}$ 成立，即 $n = k + 1$ 时，$a_{k+2} = 3a_{k+1}$
$+ 2a_k$ 以及 $a_{k+1} > 2a_k > 0$ 成立，故对一切 $\geqslant 2$ 的自然数 n，

$$a_{n+1} = 3a_n + 2a_{n-1}$$

成立. 因为 $a_{n+1} \equiv a_n \equiv 1 \pmod{2}$ $(n \geqslant 2)$，所以从第 2 项起，a_n 都是奇数.

上面是我们找到并实施的解题方案.

(2) 反过来，我们考虑：如果整数列 $\{a_n\}$ 满足 $a_1 = 2, a_2 = 7$，且 $a_{n+1} = 3a_n + 2a_{n-1}$ 对一切 $n \geqslant 2$ 的自然数 n 成立，能否推导出 $-\dfrac{1}{2} < a_{n+1} - \dfrac{a_n^2}{a_{n-1}} \leqslant \dfrac{1}{2}$ 对一切 $n \geqslant 2$ 的自然数成立. 如果成立，那么就解决了例 2.4.2 的构造问题.

数列 $\{a_n\}$ 的特征方程是 $x^2 - 3x - 2 = 0$，它的两个特征根为 $x_1 = \dfrac{3 + \sqrt{17}}{2}, x_2 = \dfrac{3 - \sqrt{17}}{2}$，且 $x_1 + x_2 = 3, x_1 x_2 = -2, x_2 - x_1 = -\sqrt{17}$.

设

$$a_n = \lambda_1 x_1^n + \lambda_2 x_2^n \quad (n \geqslant 1), \tag{7}$$

则因 $a_1 = 2, a_2 = 7$，故从式(7)得 $\begin{cases} x_1 \lambda_1 + x_2 \lambda_2 = 2, \\ x_1^2 \lambda_1 + x_2^2 \lambda_2 = 7. \end{cases}$ 计算得

$$D = \begin{vmatrix} x_1 & x_2 \\ x_1^2 & x_2^2 \end{vmatrix} = x_1 x_2 (x_2 - x_1) = 2\sqrt{17},$$

$$D_{\lambda_1} = \begin{vmatrix} 2 & x_2 \\ 7 & x_2^2 \end{vmatrix} = x_2(2x_2 - 7) = \dfrac{5 + \sqrt{17}}{2},$$

$$D_{\lambda_2} = \begin{vmatrix} x_1 & 2 \\ x_1^2 & 7 \end{vmatrix} = x_1(7 - 2x_1) = \dfrac{-5 + \sqrt{17}}{2},$$

解得
$$\lambda_1 = \frac{D_{\lambda_1}}{D} = \frac{\sqrt{17}+5}{4\sqrt{17}}, \quad \lambda_2 = \frac{D_{\lambda_2}}{D} = \frac{\sqrt{17}-5}{4\sqrt{17}}.$$

把 λ_1, λ_2 的值代入式(7),就得到数列$\{a_n\}$的通项公式. 因为 $x_1 x_2 = -2, x_1^2 + x_2^2 = 13, \lambda_1\lambda_2 = -\frac{1}{34}$,所以由式(7)得到

$$\begin{aligned}
a_{n+1}a_{n-1} &= (\lambda_1 x_1^{n+1} + \lambda_2 x_2^{n+1})(\lambda_1 x_2^{n-1} + \lambda_2 x_2^{n-1}) \\
&= (\lambda_1 x_1^n)^2 + (\lambda_2 x_2^n) + \lambda_1\lambda_2(x_1 x_2)^{n-1}(x_1^2 + x_2^2) \\
&= (\lambda_1 x_1^n + \lambda_2 x_2^n)^2 - 2\lambda_1\lambda_2(x_1 x_2)^n + 13\lambda_1\lambda_2(x_1 x_2)^n \\
&= a_n^2 + 17\lambda_1\lambda_2(x_1 x_2)^{n-1},
\end{aligned}$$

从而有

$$a_{n+1}a_{n-1} = a_n^2 + \frac{1}{4}(-2)^n. \tag{8}$$

因为由式(2)可用数归纳法证明 $a_n > 2^n \ (n \geq 2)$,所以式(8)可化为

$$a_{n+1} - \frac{a_n^2}{a_{n-1}} = \frac{(-2)^n}{4a_{n-1}} \quad (n \geq 2). \tag{9}$$

当 $n=2$ 时,$a_3 - \frac{a_2^2}{a_1} = 25 - \frac{49}{2} = \frac{1}{2}$;当 $n \geq 3$ 时,$n-1 \geq 2, a_{n-1} > 2^{n-1}$,所以由式(9)得到 $\left|a_{n+1} - \frac{a_n^2}{a_{n-1}}\right| = \frac{2^n}{4a_{n-1}} < \frac{2^n}{4 \cdot 2^{n-1}} = \frac{1}{2}$ $(n \geq 3)$,从而有 $-\frac{1}{2} < a_{n+1} - \frac{a_n^2}{a_{n-1}} < \frac{1}{2}$ $(n \geq 3)$,结合 $n=2$ 时, $a_3 - \frac{a_2^2}{a_1} = \frac{1}{2}$ 的情况,我们得到 $-\frac{1}{2} < a_{n+1} - \frac{a_n^2}{a_{n-1}} \leq \frac{1}{2}$ $(n \geq 2)$.

这样,我们就证明了:$a_1 = 2, a_2 = 7, a_{n+1} = 3a_n + 2a_{n-1}$ $(n \geq 2$ 时,a_n 为奇数$) \Rightarrow a_1 = 2, a_2 = 7, -\frac{1}{2} < a_{n+1} - \frac{a_n^2}{a_{n-1}} \leq \frac{1}{2}$ $(n \geq 2$ 时,a_n 为奇数$)$.

这就是命题式(6)的构造过程.

2.4.3 构造二阶线性递推数列解题

前面例2.4.1和例2.4.2的构造,给我们解决下面的两个问题

提供了策略上的帮助和指导.

例 2.4.3 设数列 $\{a_n\}$ 满足: $a_1 = 1, a_2 = -1$,
$$a_n = -a_{n-1} - 2a_{n-2} \quad (n \geqslant 3). \tag{1}$$
求证: 当 $n \geqslant 2$ 时, $2^{n+1} - 7a_{n-1}^2$ 是完全平方数.

解析 (1) 首先我们考虑例 2.4.3 的构造过程: 数列(1)的特征方程为 $x^2 + x + 2 = 0$, 两个特征根为 $x_1 = \dfrac{-1+\sqrt{7}\mathrm{i}}{2}, x_2 = \dfrac{-1-\sqrt{7}\mathrm{i}}{2}$, 其中 i 为虚数单位, 且 $x_1 + x_2 = -1, x_1 x_2 = 2, x_2 - x_1 = -\sqrt{7}\mathrm{i}$. 设
$$a_n = \lambda_1 x_1^n + \lambda_2 x_2^n \quad (n \geqslant 1), \tag{2}$$
则 $\begin{cases} x_1 \lambda_1 + x_2 \lambda_2 = 1, \\ x_1^2 \lambda_1 + x_2^2 \lambda_2 = -1. \end{cases}$ 计算得

$$D = \begin{vmatrix} x_1 & x_2 \\ x_1^2 & x_2^2 \end{vmatrix} = x_1 x_2 (x_2 - x_1) = -2\sqrt{7}\mathrm{i},$$

$$D_{\lambda_1} = \begin{vmatrix} 1 & x_2 \\ -1 & x_2^2 \end{vmatrix} = x_2(1 + x_2) = -x_1 x_2 = -2,$$

$$D_{\lambda_2} = \begin{vmatrix} x_1 & 1 \\ x_1^2 & -1 \end{vmatrix} = -x_1(1 + x_1) = x_1 x_2 = 2,$$

所以
$$\lambda_1 = \frac{D_{\lambda_1}}{D} = -\frac{\sqrt{7}}{7}\mathrm{i}, \quad \lambda_2 = \frac{D_{\lambda_2}}{D} = \frac{\sqrt{7}}{7}\mathrm{i}.$$

把 λ_1, λ_2 代入式(2), 得到数列 $\{a_n\}$ 的通项公式 a_n.

因为 $x_1 x_2 = 2, \lambda_1 \lambda_2 = \dfrac{1}{7}, \lambda_1^2 = \lambda_2^2 = -\dfrac{1}{7}$, 所以
$$a_{n-1}^2 = (\lambda_1 x_1^{n-1} + \lambda_2 x_2^{n-1})^2$$
$$= -\frac{1}{7}\left[x_1^{2(n-1)} + x_2^{2(n-1)}\right] + 2\lambda_1 \lambda_2 (x_1 x_2)^{n-1}$$
$$= -\frac{1}{7}\left[x_1^{2(n-1)} + x_2^{2(n-1)}\right] + \frac{2^n}{7}.$$

即 $-7a_{n-1}^2 = x_1^{2(n-1)} + x_2^{2(n-1)} - 2^n$,因此

$$2^{n+1} - 7a_{n-1}^2 = (x_1^{n-1})^2 + (x_2^{n-1})^2 + 2^n$$
$$= (x_1^{n-1})^2 + 2x_1^{n-1}x_2^{n-1} + (x_2^{n-1})^2$$
$$= (x_1^{n-1} + x_2^{n-1})^2 \quad (n \geqslant 2).$$

然后,我们只需证明 $b_n = x_1^n + x_2^n$ 对一切 $n \in \mathbf{N}^*$ 是整数,也就证明了 $2^{n+1} - 7a_{n-1}^2$ 是完全平方数.事实上,

$$b_1 = x_1 + x_2 = -1, \quad b_2 = x_1^2 + x_2^2 = -3,$$
$$b_n = x_1^n + x_2^n$$
$$= (x_1 + x_2)(x_1^{n-1} + x_2^{n-1}) - x_1 x_2 (x_1^{n-2} + x_2^{n-2})$$
$$= -b_{n-1} - 2b_{n-2} \quad (n \geqslant 3).$$

接下来,易用数学归纳法证明数列 $\{b_n\}$ 是整数列.

这就是例 2.4.3 的构造过程,构造过程也是例 2.4.3 的一种证明方法.为了进行比较,下面给出另一种解法.

(2) 易用数学归纳法证明 $a_n \in \mathbf{Z}(n \in \mathbf{N}^*)$(证明略).

设数列 $\{c_n\}: c_n = 2^{n+1} - a_{n-1}^2 (n \geqslant 2)$.因为 $a_1 = 1, a_2 = -1$, $a_3 = -1, a_4 = 3, a_5 = -1, a_6 = -5, \cdots$,所以数列 $\{c_n\}$ 的前若干项为

$$c_2 = 8 - 7a_1^2 = 1 = (-1)^2 = (2a_2 + a_1)^2,$$
$$c_3 = 16 - 7a_2^2 = 9 = (-3)^2 = (2a_3 + a_2)^2,$$
$$c_4 = 32 - 7a_3^2 = 25 = 5^2 = (2a_4 + a_3)^2,$$
$$\cdots.$$

我们猜想 $c_n = (2a_n + a_{n-1})^2$ 对一切 $\geqslant 2$ 的自然数 n 成立.下面用数学归纳法证明.

归纳法的奠基成立.假设 $n = k (k \geqslant 2)$ 时,$c_k = 2^{k+1} - 7a_{k-1}^2 = (2a_k + a_{k-1})^2$ 成立,则当 $n = k + 1$ 时,由归纳假设以及式(1),我们有

$$c_{k+1} = 2^{k+2} - 7a_k^2 = 2^{k+2} - 7(-a_{k-1} - 2a_{k-2})^2$$
$$= 2^{k+2} - 7a_{k-1}^2 - 28a_{k-1}a_{k-2} - 28a_{k-2}^2$$

$$= 2(2^{k+1} - 7a_{k-1}^2) + 7a_{k-1}^2 - 28a_{k-1}a_{k-2} - 28a_{k-2}^2$$
$$= 2(2a_k + a_{k-1})^2 + 7a_{k-1}^2 - 28a_{k-1}a_{k-2} - 28a_{k-2}^2$$
$$= 4(a_k^2 + 4a_k a_{k-1} + 4a_{k-1}^2) + 4a_k^2 - 8a_k a_{k-1}$$
$$\quad - 7(a_{k-1}^2 + 4a_{k-1}a_{k-2} + 4a_{k-2}^2)$$
$$= 4(-a_k - 2a_{k-1})^2 + 4a_k^2 - 8a_k a_{k-1}$$
$$\quad - 7(-a_{k-1} - 2a_{k-2})^2$$
$$= 4a_{k+1}^2 + 4a_k^2 - 8a_k a_{k-1} - 7a_k^2$$
$$= 4a_{k+1}^2 + 4a_k(-a_k - 2a_{k-1}) + a_k^2$$
$$= 4a_{k+1}^2 + 4a_{k+1}a_k + a_k^2$$
$$= (2a_{k+1} + a_k)^2,$$

即当 $n = k+1$ 时,命题仍成立,因此对一切 $\geqslant 2$ 的自然数 n,$2^{n+1} - 7a_{n-1}^2 = (2a_n + a_{n-1})^2$ 成立.

因为 $2a_n + a_{n-1}$ 是整数,所以 $2^{n+1} - 7a_{n-1}^2$ 是完全平方数.

从上面的分析我们可以看出,构造过程的解法中,从已知到未知,意图明确,不需要太强的运算技巧;而上面的解法中,已知⇒未知⇒已知⇒未知,其中 $n = k+1$ 时命题成立的证明,运算技巧要求颇高.

这两种解法留给我们一个命题:"$(2a_n + a_{n-1})^2 = (x_1^{n-1} + x_2^{n-1})^2$ 对一切 $\geqslant 2$ 的自然数 n 成立".请读者自行证明.

例 2.4.4 (2012 年自主招生北约联考)求证:对任意的正整数,$(1+\sqrt{2})^n$ 必可表示成 $\sqrt{S} + \sqrt{S-1}$ 的形式,其中 $S \in \mathbf{N}^*$.

解 从 $(1+\sqrt{2})^n$ 的形式看,我们马上联想到二阶线性递推数列的通项公式.

我们构造两个"对称的"数列 $\{a_n\}$ 和 $\{b_n\}$.

设 $x_1 = 1+\sqrt{2}$,它的共轭无理根为 $x_2 = 1-\sqrt{2}$,并构造数列 $a_n = x_1^n + x_2^n (n \geqslant 1)$,从而有 $a_1 = x_1 + x_2 = 2, a_2 = x_1^2 + x_2^2 = 6$,且当 $n \geqslant 3$ 时,我们有
$$a_n = x_1^n + x_2^n$$

$$= (x_1 + x_2)(x_1^{n-1} + x_2^{n-1}) - x_1 x_2 (x_1^{n-2} + x_2^{n-2}).$$

因为 $x_1 x_2 = -1$,所以

$$a_n = 2a_{n-1} + a_{n-2} \quad (n \geqslant 3). \tag{1}$$

显然由式(1)可知$\{a_n\}$是正整数列,且 $2 \mid a_n (n \geqslant 1)$.

又构造 $b_n = x_1^n - x_2^n$,则有 $b_1 = x_1 - x_2 = 2\sqrt{2}$, $b_2 = x_1^2 - x_2^2 = 4\sqrt{2}$,且当 $n \geqslant 3$ 时,我们有

$$b_n = x_1^n - x_2^n$$
$$= (x_1 + x_2)(x_1^{n-1} - x_2^{n-1}) - x_1 x_2 (x_1^{n-2} - x_2^{n-2}),$$

即

$$b_n = 2b_{n-1} + b_{n-2} \quad (n \geqslant 3). \tag{2}$$

显然由式(2)可知 $\left(\dfrac{1}{2} b_n\right)^2 \in \mathbf{N}^*$.

根据构造所得的数列$\{a_n\}$和$\{b_n\}$,我们得到 $(1+\sqrt{2})^n = x_1^n = \dfrac{1}{2} a_n + \dfrac{1}{2} b_n (n \geqslant 1)$.

为证 $(1+\sqrt{2})^n = \sqrt{S} + \sqrt{S-1}$,只需证明 $\left(\dfrac{1}{2} a_n\right)^2 - \left(\dfrac{1}{2} b_n\right)^2 = \pm 1$.

因为 $\left(\dfrac{1}{2} a_n\right)^2 - \left(\dfrac{1}{2} b_n\right)^2 = (x_1 x_2)^n = (-1)^n$,故当 n 为正奇数时,$S = \left(\dfrac{1}{2} b_n\right)^2$;当 n 为正偶数时,$S = \left(\dfrac{1}{2} a_n\right)^2$.从而有

$$(1+\sqrt{2})^n = \sqrt{S} + \sqrt{S-1},$$

其中 S 为正整数.

例 2.4.5 (第 1 届墨西哥数学奥林匹克,1990 年)证明:对任意自然数 n,$(n^3 - n)(5^{8n+4} + 3^{4n+2})$ 能被 3 804 整除.

证 (原解答见《世界数学奥林匹克解题大词典·数论卷1》第 2 题).

首先 $3\,804 = 6 \times 634$,又 $n^3 - n = (n-1)n(n+1)$ 是三个连续

整数的积,故 $6\,|\,n^3-n$.

设 $x_1=625, x_2=9, a_n=x_1^n+x_2^n\,(n\geqslant 0)$,则 $a_n\in \mathbf{N}^*$. 又

$$5^{8n+4}+3^{4n+2}=(5^4)^{2n+1}+(3^2)^{2n+1}$$
$$=x_1^{2n+1}+x_2^{2n+1}$$
$$=a_{2n+1}\quad (n\geqslant 0).$$

当 $n=0$ 时,$a_{2n+1}=a_1=625+9=634$;假设 $n=k\,(k\geqslant 0)$ 时,$634\,|\,a_{2k+1}$,则当 $n=k+1$ 时,

$$a_{2(k+1)+1}=a_{2k+3}=x_1^{2k+3}+x_2^{2k+3}$$
$$=(x_1+x_2)\bigl[x_1^{2(k+1)}+x_2^{2(k+1)}\bigr]-x_1x_2(x_1^{2k+1}+x_2^{2k+1})$$
$$=634 a_{2(k+1)}+625\cdot 9 a_{2k+1}.$$

因为 $a_{2(k+1)}\in \mathbf{N}^*$,又由归纳假设知 $634\,|\,a_{2k+1}$,所以 $634\,|\,a_{2(k+1)+1}$,即当 $n=k+1$ 时,命题成立,因此对一切非负整数 n,

$$634\,|\,(5^{8n+4}+3^{4n+2}),$$

从而

$$3\,804\,|\,(n^3-n)(5^{8n+4}+3^{4n+2})$$

对一切自然数成立.

练 习 2

1. 已知整数数列 $\{a_n\}$ 满足:① $a_{n+2}=3a_{n+1}-3a_n+a_{n-1}(n=2,3,\cdots)$;② $2a_2=a_1+a_3-2$;③ $a_5-a_4=9, a_1=1$. 求数列 $\{a_n\}$ 的前 n 项和 S_n.

2. 设数列 $\{a_n\},\{b_n\},\{c_n\}$ 满足:$b_n=a_n-a_{n+2},c_n=a_n+2a_{n+1}+3a_{n+2}(n=1,2,\cdots)$. 证明:$\{a_n\}$ 为等差数列的充分必要条件是,$\{c_n\}$ 为等差数列且 $b_n\leqslant b_{n+1}(n=1,2,3,\cdots)$.

3. 设两个数列 $a_0,a_1,a_2,\cdots$ 和 $b_1,b_2,b_3,\cdots$ 之间满足:$a_0=a_1=0$,$a_{n+1}-2a_n+a_{n-1}=2b_n$.

(1) 试将 a_{n+1} 用 $b_1,b_2,\cdots,b_n$ 表出;

(2) 若 $b_n=n$,试求 a_{n+1}.

4. 已知数列 $\{a_n\}$ 满足:$a_1=p, a_2=p+1, a_{n+2}-2a_{n+1}+a_n=n-20$,其中 p 是给定的实数,n 是正整数.试求 n 的值,使得 a_n 的值最小.

5. 已知数列$\{a_n\}$中,$a_0=0$,且$a_{n+1}=5a_n+\sqrt{24a_n^2+1}$.求$a_n$.

6. 数列$\{a_n\}$的定义如下:$a_1=0,2a_{n+1}=3a_n+\sqrt{5a_n^2+4}(n\geqslant 1)$.求证:不可能有自然数$m$,使$a_{2m}$被1 992整除.

7. 设数列$\{a_n\}$满足:$a_1=1,a_2=2$,且$a_{n+2}=a_{n+1}+a_n(n=1,2,\cdots)$.求证:对于任意正整数$n$,都有$\sqrt[n]{a_{n+1}}\geqslant 1+\dfrac{1}{\sqrt[n]{a_n}}$.

8. (1988年全国数学联赛试题)已知数列$\{a_n\}$满足:$a_1=1,a_2=2$,
$a_{n+2}=\begin{cases}5a_{n+1}-3a_n & (a_n\cdot a_{n+1}\text{为偶数}),\\ a_{n+1}-a_n & (a_n\cdot a_{n+1}\text{为奇数}).\end{cases}$试证明:对一切$n\in\mathbf{N}^*,a_n\neq 0$.

9. 用1,2,3三个数字写n位数,要求数中不出现紧挨着的两个1.问能够构成多少个n位数?

10. 设$P_1(1,\sqrt{3}),P_2(4,2\sqrt{3}),\cdots,P_n(x_n,y_n)(0<y_1<y_2<\cdots<y_n)$是曲线$C:y^2=3x(y\geqslant 0)$上的$n$个点,点$A_i(i=1,2,\cdots,n)$在$x$轴的正半轴上,使得$\triangle A_{i-1}A_iP_i$是正三角形($A_0$是坐标原点).

(1) 求点$A_n(a_n,0)$的横坐标a_n关于n的表达式;

(2) 试求$\left[\dfrac{4}{5}+\dfrac{1}{\sqrt[4]{a_1}}+\dfrac{1}{\sqrt[4]{a_2}}+\cdots+\dfrac{1}{\sqrt[4]{a_{2005}}}\right]$的值.

第 3 章 递推数列的有界性和单调性问题

3.1 一阶递推数列的有界性和单调性问题

对于一般的递推数列,很难求出其通项公式,因此不能仅靠求出通项来研究它的有界性和单调性问题. 于是,我们以定理 1.3.1 的推论 $0<p<1$ 的情况为模型,利用不动点来研究一阶递推数列的有界性和单调性. 我们发现有关这方面的一些定理,并利用数形结合的方法,给出这些定理的直观解释. 这些定理揭示了一阶递推数列的有界性和单调性命题的构造背景.

定理 3.1.1 设递推数列 $\{a_n\}$ 满足: $a_{n+1}=f(a_n)(n\in \mathbf{N}^*)$,其中 a,b 为实数. 并设存在 $x_0 \in (a,b)$,使得 $f(x_0)=x_0$,且 $f''(x)<0(a<x<b)$.

(1) 若 $0<f'(x)<1(a<x<b)$,则当 $a_1 \in (a,x_0)$ 时,$a_n<a_{n+1}<x_0(n\in \mathbf{N}^*)$;当 $a_1 \in (x_0,b)$ 时,$x_0<a_{n+1}<a_n(n\in \mathbf{N}^*)$.

(2) 若 $0<f'(x)<1(x_0<x<b)$,且 $f'(x_0)=1$,则当 $a_1 \in (x_0,b)$ 时,$x_0<a_{n+1}<a_n(n\in \mathbf{N}^*)$.

推论 在定理 3.1.1 的条件下,$\lim\limits_{n\to \infty}a_n=x_0$.

证 我们先证: x_0 是递推函数 $f(x)$ 在区间 (a,b) 内的唯一不动点. 假设存在异于 x_0 的 $x_0' \in (a,b)$,使得 $f(x_0')=x_0'$. 不妨设 $a<x_0'<x_0$,则存在 $\xi \in (x_0',x_0) \subset (a,b)$,使得

$$f'(\xi)=\frac{f(x_0)-f(x_0')}{x_0-x_0'}=\frac{x_0-x_0'}{x_0-x_0'}=1.$$

这与已知 $0<f'(x)<1(a<x<b)$ 矛盾. 故 x_0 是递推函数 $f(x)$ 在区间 (a,b) 内的唯一不动点.

因为 $f''(x)<0(a<x<b)$，所以 $f(x)$ 在 (a,b) 上的图像是上凸的，且 $f'(x)$ 在 (a,b) 上递减。又 $f(x_0)=x_0$，所以当 $x\in(a,x_0)$ 时，设 $g(x)=f(x)-x$，则 $g'(x)=f'(x)-1<0$，从而有 $g(x)>g(x_0)=f(x_0)-x_0=0$，即当 $x\in(a,x_0)$ 时，$f(x)>x$；同理，当 $x\in(x_0,b)$ 时，$f(x)<x$。

(1) 我们先用数学归纳法证明：当 $a_1\in(a,x_0)$ 时，对一切 $n\in\mathbf{N}^*$，$a_n<x_0$ 恒成立。

归纳法的奠基成立。假设 $n=k(k\geqslant 1)$ 时，$a_k<x_0$，则当 $n=k+1$ 时，
$$a_{k+1}-x_0=f(a_k)-f(x_0)=f'(\xi_k)(a_k-x_0),$$
其中 $\xi_k\in(a_k,x_0)$。由归纳假设 $a_k-x_0<0$，又由已知 $0<f'(\xi_k)<1$，知 $a_{k+1}<x_0$，即 $n=k+1$ 时命题成立，从而对一切 $n\in\mathbf{N}^*$，$a_n<x_0$ 恒成立。

接下来，我们在已证明的有界性基础上证明单调性。

因为当 $x\in(a,x_0)$ 时，$f(x)>x$，所以当 $a_1\in(a,x_0)$ 时，$a_2=f(a_1)>a_1$。对于一般情况，
$$\begin{aligned}a_{n+1}-a_n&=(a_{n+1}-x_0)-(a_n-x_0)\\&=(a_n-x_0)\left[\frac{f(a_n)-f(x_0)}{a_n-x_0}-1\right]\\&=(a_n-x_0)[f'(\xi_k)-1]\end{aligned}$$
$(\xi_k\in(a_k,x_0)\subset(a,x_0))$。因为 $a_n-x_0<0$，$0<f'(\xi_k)<1$，$f'(\xi_k)-1<0$，所以 $a_n<a_{n+1}$ 对一切 $n\in\mathbf{N}^*$ 恒成立。

因此，当 $a_1\in(a,x_0)$ 时，$a_n<a_{n+1}<x_0$ 对一切 $n\in\mathbf{N}^*$ 恒成立(数列单调递增、有上界时，必有极限)。

同理可证，当 $a_1\in(x_0,b)$ 时，$x_0<a_{n+1}<a_n$ 对一切 $n\in\mathbf{N}^*$ 恒成立。

(2)的证明，我们留给读者。

图 3.1 是定理 3.1.1 中 $a_1\in(a,x_0)$ 时的递推示意图。

推论的证明　当 $a_1\in(a,x_0)$ 时，

第3章 递推数列的有界性和单调性问题

$$0 < |a_n - x_0| = |f(a_{n-1}) - f(x_0)|$$
$$= f'(\xi_{n-1})|a_{n-1} - x_0|$$
$$= f'(\xi_{n-1})f'(\xi_{n-2})|a_{n-2} - x_0|$$
$$= f'(\xi_{n-1})f'(\xi_{n-2})\cdots f'(\xi_1)|a_1 - x_0|,$$

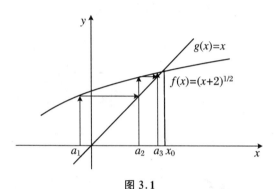

图 3.1

其中 $\xi_{n-i} \in (a_{n-i}, x_0)(i=1,2,\cdots,n-1)$. 因为 $f''(x) < 0$, 所以 $f'(x)$ 在 (a,b) 上递减, 故 $0 < f'(x_0) < f'(\xi_{n-1}), f'(\xi_{n-2}), \cdots, f'(\xi_1) < f'(a_1)$, 从而有

$$0 < |a_n - x_0| < [f'(a_1)]^{n-1} |a_1 - x_0|.$$

因为 $0 < f'(a_1) < 1$, 所以 $\lim_{n \to \infty} [f'(a_1)]^{n-1} = 0$, $\lim_{n \to \infty} |a_n - x_0| = 0$, 即 $\lim_{n \to \infty} a_n = x_0$. 同理, 可证 $a_1 \in (x_0, b)$ 时, $\lim_{n \to \infty} a_n = x_0$ (此时, $0 < f'(a_1) < f'(\xi_{n-1}), f'(\xi_{n-2}), \cdots, f'(\xi_1) < f'(x_0)$).

定理 3.1.2 设递推数列 $\{a_n\}$ 满足: $a_{n+1} = f(a_n)$, $a_n \in (a,b)(n \in \mathbf{N}^*)$, 其中 a,b 为实数. 并设存在 $x_0 \in (a,b)$, 使得 $f(x_0) = x_0$, 且 $f''(x) > 0 (a < x < b)$.

(1) 若 $0 < f'(x) < 1(a < x < b)$, 则当 $a_1 \in (a, x_0)$ 时, $a_n < a_{n+1} < x_0 (n \in \mathbf{N}^*)$; 当 $a_1 \in (x_0, b)$ 时, $x_n < a_{n+1} < a_n (n \in \mathbf{N}^*)$.

(2) 若 $0 < f'(x) < 1(a < x < x_0)$, 且 $f'(x_0) = 1$, 则当 $a_1 \in (a, x_0)$ 时, $a_n < a_{n+1} < x_0 (n \in \mathbf{N}^*)$.

推论 在定理 3.1.2 的条件下，$\lim\limits_{n\to\infty} a_n = x_0$.

定理 3.1.2 的证明，我们也留给读者.

图 3.2 是定理 3.1.1(2) 和定理 3.1.2(2) 的递推示意图，递推函数 $f(x)$ 的图像与直线 $y=x$ 切于原点 $O(0,0)$，O 是不动点. 图的右侧是定理 3.1.1(2) 的情况，左侧是定理 3.1.2(2) 的情况.

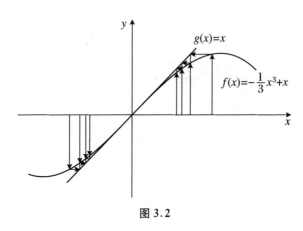

图 3.2

虽然在上面定理的证明中，我们用了数学分析中的中值定理和夹逼定理，但是这些定理只是构造递推数列有界性和单调性命题的背景. 具体证明递推数列 $a_{n+1} = f(a_n)$ $(n \geqslant 1)$ 的有界性和单调性命题可以不用高等数学工具，解题的步骤一般如下：

(1) 确定递推数列 $a_{n+1} = f(a_n)$ $(n \geqslant 1)$ 的递推函数 $f(x)$，并求出它的不动点值；

(2) 用数学归纳法证明数列 $\{a_n\}$ 的有界性，这个"界"与不动点的值有关；

(3) 利用已证明的有界性来证明单调性.

还有一点需要加以说明：若 $a_n = f(n)$，则 $\{a_n\}$ 的单调性与 $f(x)$ 的单调性一致；若 $a_n = f(a_{n-1})$，则从上面的定理看出，$\{a_n\}$ 的单调性与初始项 a_1，$f(x)$，$f'(x)$ 和 $f''(x)$ 都有关系.

第3章 递推数列的有界性和单调性问题

例 3.1.1 （2008 年浙江省高考理科试题）已知数列 $\{a_n\}$ 满足：$a_n \geqslant 0, a_1 = 0, a_{n+1}^2 + a_{n+1} - 1 = a_n^2 (n \in \mathbf{N}^*)$，记
$$S_n = a_1 + a_2 + \cdots + a_n,$$
$$T_n = \frac{1}{1+a_1} + \frac{1}{(1+a_1)(1+a_2)} + \cdots + \frac{1}{(1+a_1)(1+a_2)\cdots(1+a_n)}.$$
当 $n \in \mathbf{N}^*$ 时,求证：
(1) $a_n < a_{n+1}$;
(2) $S_n > n - 2$;
(3) $T_n < 3$.

证 (1) 把
$$a_{n+1}^2 + a_{n+1} - 1 = a_n^2 \tag{1}$$
化为 $\left(a_{n+1} + \frac{1}{2}\right)^2 = a_n^2 + \frac{5}{4}$. 因为 $a_n \geqslant 0 (n \in \mathbf{N}^*)$,所以
$$a_{n+1} = \sqrt{a_n^2 + \frac{5}{4}} - \frac{1}{2} \quad (n \in \mathbf{N}^*). \tag{2}$$

由式(2)可知,数列 $\{a_n\}$ 的递推函数为 $f(x) = \sqrt{x^2 + \frac{5}{4}} - \frac{1}{2}$ $(x \geqslant 0)$. 令 $f(x) = x$,解得不动点 $x_0 = 1$.

我们先用数学归纳法证明：$0 \leqslant a_n < 1$ 对一切 $n \in \mathbf{N}^*$ 成立,且从第 2 项起 $a_n > 0$. 由于 $a_1 = 0 < 1$,归纳法的奠基成立. 假设 $n = k$ $(k \geqslant 1)$时,$0 \leqslant a_k < 1$ 成立,则当 $n = k+1$ 时,$0 \leqslant a_{k+1} = \sqrt{a_k^2 + \frac{5}{4}} - \frac{1}{2} < \sqrt{1 + \frac{5}{4}} - \frac{1}{2} = 1$,即当 $n = k+1$ 时命题成立. 故对一切自然数 $n \in \mathbf{N}^*, 0 \leqslant a_n < 1$ 恒成立.

接下来证明单调性命题.

因为 $0 \leqslant a_n < 1 (n \in \mathbf{N}^*)$,所以
$$a_{n+1} - a_n = \sqrt{a_n^2 + \frac{5}{4}} - a_n - \frac{1}{2}$$

$$= \frac{5}{4} \cdot \frac{1}{\sqrt{a_n^2 + \frac{5}{4}} + a_n} - \frac{1}{2}$$

$$> \frac{5}{4} \cdot \frac{1}{\sqrt{1 + \frac{5}{4}} + 1} - \frac{1}{2} = \frac{1}{2} - \frac{1}{2} = 0 \quad (n \geqslant 1).$$

因此，$a_n < a_{n+1} < 1$ 对一切 $n \in \mathbf{N}^*$ 成立(单调递增、有上界，这实际上可以证明 $\lim\limits_{n \to \infty} a_n = 1$).

(2) 由(1)的证明，显然有 $S_n \leqslant n-1$. 下面证明 $S_n > n-2$.

将式(2)化为

$$a_n^2 - a_{n-1}^2 = 1 - a_n \quad (n \geqslant 2).$$

因为 $a_1 = 0$ 以及 $0 < a_n^2 < 1 (n \geqslant 2)$，所以

$$a_n^2 = (a_n^2 - a_{n-1}^2) + (a_{n-1}^2 - a_{n-2}^2) + \cdots + (a_2^2 - a_1^2) + a_1^2$$
$$= n - 1 - (a_2 + a_3 + \cdots + a_n)$$
$$= n - 1 - S_n \quad (n \geqslant 2),$$

从而有 $S_n = n - 1 - a_n^2 > n - 2 (n \geqslant 2)$.

因为 $n = 1$ 时，上式成立，所以 $S_n > n - 2 (n \in \mathbf{N}^*)$ 成立. 从而有

$$n - 2 < S_n \leqslant n - 1 \ (n \geqslant 1), \quad \lim_{n \to \infty} S_n = +\infty.$$

(3) 受(3)要证明结论的启发(波利亚说，要多看看未知)，我们要先导出 $1 + a_n$ 的表达式，再导出 $\dfrac{1}{1+a_n}$ 的表达式，最后对 T_n 进行放缩.

因为 $n \geqslant 2$ 时，$0 < a_n < 1$，所以由式(1)得

$$a_n(1 + a_n) = 1 + a_{n-1}^2 > 2a_{n-1} \quad (n \geqslant 3). \tag{3}$$

从而有

$$\frac{1}{1+a_n} < \frac{1}{2} \cdot \frac{a_n}{a_{n-1}} \quad (n \geqslant 3),$$

于是

$$\frac{1}{(1+a_3)(1+a_4)\cdots(1+a_n)} < \left(\frac{1}{2}\right)^{n-2} \cdot \frac{a_3}{a_2} \cdot \frac{a_4}{a_3} \cdot \frac{a_5}{a_4} \cdots \frac{a_n}{a_{n-1}}$$
$$= \left(\frac{1}{2}\right)^{n-2} \cdot \frac{a_n}{a_2} \quad (n \geqslant 3). \quad (4)$$

由式(3)以及 $a_1 = 0$,得 $a_2(1+a_2) = 1 + a_1^2 = 1, 1+a_1 = 1$. 从而由式(4)得

$$\frac{1}{(1+a_1)(1+a_2)(1+a_3)\cdots(1+a_n)}$$
$$< \left(\frac{1}{2}\right)^{n-2} \frac{a_n}{a_2(1+a_2)} = \left(\frac{1}{2}\right)^{n-2} \cdot a_n$$
$$< \left(\frac{1}{2}\right)^{n-2} \quad (n \geqslant 3).$$

因为 $\dfrac{1}{1+a_1} + \dfrac{1}{(1+a_1)(1+a_2)} < 2$,所以

$$T_n < \frac{1}{1+a_1} + \frac{1}{(1+a_1)(1+a_2)} + \frac{1}{2} + \frac{1}{2^2} + \cdots + \frac{1}{2^{n-2}}$$
$$< 2 + \frac{1}{2} \cdot \frac{1-\left(\frac{1}{2}\right)^{n-2}}{1-\frac{1}{2}} = 2 + \left[1 - \left(\frac{1}{2}\right)^{n-2}\right] < 3.$$

回顾 (1) $\{a_n\}$ 的递推函数 $f(x) = \sqrt{x^2 + \dfrac{5}{4}} - \dfrac{1}{2}$. 令 $f(x) = x$,解得不动点 $x_0 = 1$. 计算得

$$0 < f'(x) = \frac{x}{\sqrt{x^2 + \dfrac{5}{4}}} = \frac{1}{\sqrt{1 + \dfrac{5}{4x^2}}} < 1 \quad (x > 0),$$

$$f''(x) = \frac{5}{4} \cdot \frac{1}{\left(x^2 + \dfrac{5}{4}\right)^{\frac{3}{2}}} > 0,$$

满足定理 3.1.2(1)的条件.这就是此题命题构造的背景.

(2) 图 3.3 是此题(1)的递推示意图.

例 3.1.2 设数列 $\{a_n\}$ 满足:$a_{n+1} = a_n(2 - a \cdot a_n)$ $(a >$

$0, n \in \mathbf{N}^*)$.

(1) 试确定 a_1 满足的区间, 使得数列 $\{a_n\}$ 单调有界;

(2) 求证: $\left|a_{n+1} - \dfrac{1}{a}\right| = a\left|a_n - \dfrac{1}{a}\right|^2 (n \in \mathbf{N}^*)$, 并说明此式的几何意义;

(3) 求 $\lim\limits_{n\to\infty} a_n$.

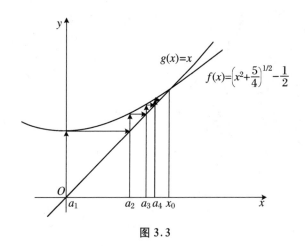

图 3.3

分析 (1) 数列 $\{a_n\}$ 的递推函数为 $f(x) = 2x - ax^2 = -a\left(x - \dfrac{1}{a}\right)^2 + \dfrac{1}{a}$, 它与 x 轴交于 $(0, 0)$ 与 $\left(\dfrac{2}{a}, 0\right)$, 最大值点为 $\left(\dfrac{1}{a}, \dfrac{1}{a}\right)$. 令 $f(x) = x$, 解得不动点 $x = 0$ 和 $x = \dfrac{1}{a}$.

(2) 图 3.4 是数列 $\{a_n\}$ 的递推示意图, 从图中可以看出: 当 $a_1 \in \left(0, \dfrac{1}{a}\right)$ 时, 对一切 $n \in \mathbf{N}^*$, 恒有 $0 < a_n < a_{n+1} < \dfrac{1}{a}$; 当 $a_1 \in \left(\dfrac{1}{a}, \dfrac{2}{a}\right)$ 时, $0 < a_n < a_{n+1} < \dfrac{1}{a}$ 对一切 $\geqslant 2$ 的自然数 n 恒成立; 当 $a_1 \in (-\infty, 0)$ 时, $-\infty < a_{n+1} < a_n < 0$ (递推示意图请自画); 当 a_1

$\in\left(\dfrac{2}{a}, +\infty\right)$ 时,请自行判断. 总结以上情况,得到 $a_1 \in \left(0, \dfrac{1}{a}\right)$.

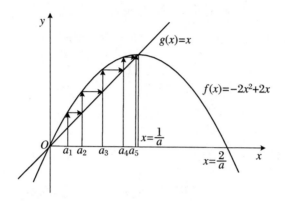

图 3.4

(3) 显然 $f'(0) = 2$. 当 $x \in \left(0, \dfrac{1}{a}\right)$ 时, $0 < f'(x) < 2$, 看起来不满足定理 3.1.1 的条件. 但因数列 $\{a_n\}$ 是递增的, 所以存在自然数 N, 当 $n > N$ 时, $0 < f'(x) < 1$, $x \in \left(a_N, \dfrac{1}{a}\right)$, 最终是满足定理条件的. 因此定理 3.1.1 和定理 3.1.2 都是充分而不必要的.

解 (1) 我们先用数学归纳法证明:当 $a_1 \in \left(0, \dfrac{1}{a}\right)$ 时, $0 < a_n < \dfrac{1}{a}$ 对一切 $n \in \mathbf{N}^*$ 恒成立.

归纳法的奠基成立. 假设当 $n = k\,(k \geqslant 1)$ 时, $0 < a_k < \dfrac{1}{a}$, 则当 $n = k+1$ 时, 由已知和归纳假设, 得 $0 < a_{k+1} = a_k(2 - aa_k) = -a\left(a_k - \dfrac{1}{a}\right)^2 + \dfrac{1}{a} < \dfrac{1}{a}$, 即当 $n = k+1$ 时, 命题成立. 因此对一切 $n \in \mathbf{N}^*$, $0 < a_n < \dfrac{1}{a}$ 恒成立.

又因为 $a_{n+1} - a_n = a_n(2 - aa_n) - a_n = a_n - aa_n^2 = a_n(1 - aa_n)$,

以及 $0 < a_n < \frac{1}{a}$ 对一切 $n \in \mathbf{N}^*$，所以 $0 < aa_n < 1$，从而有 $a_{k+1} - a_k > 0$，即 $a_n < a_{n+1}$ 对一切 $n \in \mathbf{N}^*$ 恒成立.

因此，$0 < a_n < a_{n+1} < \frac{1}{a}$ 对一切 $n \in \mathbf{N}^*$ 恒成立.

(2) 因为
$$a_{n+1} - \frac{1}{a} = -a\left(a_n - \frac{1}{a}\right)^2 \quad (n \geqslant 1), \tag{1}$$
所以
$$\left|a_{n+1} - \frac{1}{a}\right| = a\left|a_n - \frac{1}{a}\right|^2 \quad (n \geqslant 1). \tag{2}$$

由于 $0 < a_n < a_{n+1} < \frac{1}{a}$，所以 $a_{n+1} \to \frac{1}{a}$ 的收敛速度是 $a_n \to \frac{1}{a}$ 收敛速度平方的 a 倍(我们称之为二次收敛速度)，即 $a_n \to \frac{1}{a}$ 的收敛速度很快.

(3) 解法 1 由式(2)知
$$\left|a_n - \frac{1}{a}\right| = (1 - aa_{n-1})\left|a_{n-1} - \frac{1}{a}\right| \quad (n \geqslant 2). \tag{3}$$

因为 $0 < a_n < a_{n+1} < \frac{1}{a}$，所以 $0 < 1 - aa_{n-1} < 1 - aa_1 < 1$，从而由式(3)得
$$\left|a_n - \frac{1}{a}\right| < (1 - aa_1)\left|a_{n-1} - \frac{1}{a}\right|$$
$$< (1 - aa_1)^{n-1}\left|a_1 - \frac{1}{a}\right|.$$

因为 $\lim_{n \to \infty}(1 - aa_1)^{n-1} = 0$，所以 $\lim_{n \to \infty}\left|a_n - \frac{1}{a}\right| = 0$，$\lim_{n \to \infty} a_n = \frac{1}{a}$.

解法 2 设 $b_n = \ln\left|a_n - \frac{1}{a}\right|$，则由式(2)得
$$b_n = 2b_{n-1} + \ln a \quad (n \geqslant 2). \tag{4}$$

数列 $\{b_n\}$ 的递推函数为 $f(x) = 2x + \ln a$. 令 $f(x) = x$，解得不动

点 $x = -\ln a$,从而由式(4)得
$$b_n + \ln a = 2(b_{b-1} + \ln a) = (b_1 + \ln a) \cdot 2^{n-1},$$
于是有
$$\ln \left| a_n - \frac{1}{a} \right| = \ln (1 - aa_1)^{2^{n-1}} - \ln a,$$
$$\left| a_n - \frac{1}{a} \right| = \frac{1}{a}(1 - aa_1)^{2^{n-1}} \to 0,$$
$$\lim_{n \to \infty} a_n = \frac{1}{a}.$$

解法 2 更能体现此题"二次收敛"这一特性(反映在"$(1-aa_1)^{2^{n-1}}$"上).

回顾 本题的原题是:"证明:由 $x_{n+1} = x_n(2 - ax_n)(a > 0)$ 定义的数列对适当的 x_0,依二次收敛速度收敛到 $\frac{1}{a}$"(《解决问题的策略》,恩格尔著,第 296 页,第 14 题).改编的理由一是原解答很难读懂;二是为了降低难度,有层次地安排了三个小题,更具可读性.

例 3.1.3 设数列 $\{a_n\}$ 满足:$a_1 = 5, a_{n+1} = \dfrac{a_n^2 + 1}{2a_n}(n \geq 1)$. 证明:数列 $\{a_n\}$ 对一切 $n \in \mathbf{N}^*$ 都是递减的.

证法 1 数列 $\{a_n\}$ 的递推函数为 $f(x) = \dfrac{x^2 + 1}{2x}$. 令 $f(x) = x$,解得不动点 $x = \pm 1$. 因为 $a_1 = 5, a_n > 0 (n \in \mathbf{N}^*)$,即当 $x > 0$ 时,$f(x) > 0$,所以适合题意的不动点为 $x = 1$. 由
$$a_{n+1} - a_n = \frac{a_n^2 + 1}{2a_n} - a_n = -\frac{(a_n + 1)(a_n - 1)}{2a_n} \tag{1}$$
可知,为证 $a_{n+1} < a_n$ 对一切 $n \in \mathbf{N}^*$ 成立,必须先证 $a_n > 1$ 对一切 $n \in \mathbf{N}^*$ 恒成立.

由于 $a_1 = 5 > 1$,归纳法的奠基成立. 假设 $n = k (k \geq 1)$ 时,$a_k > 1$,则当 $n = k+1$ 时,
$$a_{k+1} - 1 = \frac{(a_k - 1)^2}{2a_k} > 0,$$

即 $a_{k+1} > 1$,所以当 $n = k+1$ 时命题成立.因此对一切 $n \in \mathbf{N}^*$,$a_n > 1$ 恒成立.从而由式(1)可知,对一切 $n \in \mathbf{N}^*$,$a_{n+1} < a_n$ 恒成立,即数列 $\{a_n\}$ 是递减的.这实际上可以证明 $\lim\limits_{n\to\infty} a_n = 1$.

证法 2 易知
$$a_n - 1 = \frac{(a_{n-1} - 1)^2}{2a_{n-1}}; \tag{2}$$

同理
$$a_n + 1 = \frac{(a_{n-1} + 1)^2}{2a_{n-1}}. \tag{3}$$

设 $b_n = \dfrac{a_n - 1}{a_n + 1}$,则由式(2)和式(3)得

$$b_n = \frac{(a_{n-1} - 1)^2}{(a_{n-1} + 1)^2} = b_{n-1}^2 \quad (n \geqslant 2). \tag{4}$$

因为 $b_n > 0$ 对一切 $n \in \mathbf{N}^*$ 恒成立,所以由式(4)得
$$\ln b_n = 2\ln b_{n-1} \quad (n \geqslant 2). \tag{5}$$

因为 $b_1 = \dfrac{a_1 - 1}{a_1 + 1} = \dfrac{2}{3}$,所以由式(5)得

$$\ln b_n = 2^{n-1} \ln b_1 = 2^{n-1} \ln \frac{2}{3} = \ln \left(\frac{2}{3}\right)^{2^{n-1}},$$

$$b_n = \left(\frac{2}{3}\right)^{2^{n-1}} \quad (n \geqslant 1).$$

因为 $b_n = \dfrac{a_n - 1}{a_n + 1}$,所以 $a_n = \dfrac{1 + b_n}{1 - b_n} = \dfrac{1 + \left(\dfrac{2}{3}\right)^{2^{n-1}}}{1 - \left(\dfrac{2}{3}\right)^{2^{n-1}}}$.由此可知,对一切 $n \in \mathbf{N}^*$,$a_n > 1$,$a_{n+1} < a_n$,以及 $\lim\limits_{n\to\infty} a_n = 1$.

回顾 (1) 数列 $\{a_n\}$ 的递推函数为 $f(x) = \dfrac{x^2 + 1}{2x}$ ($x \neq 0$).令 $f(x) = x$,解得符合题意的不动点 $x_0 = 1$.因为 $\lim\limits_{x\to+\infty}\left[f(x) - \dfrac{x}{2}\right] = \lim\limits_{x\to+\infty} \dfrac{1}{2x} = 0$,所以直线 $y = \dfrac{x}{2}$ 是 $y = f(x)$ 的渐近线.又因为 $f'(x) = $

$\frac{1}{2}\left(1-\frac{1}{x^2}\right)$,故当 $x>1$ 时,$0<f'(x)<1$,$f''(x)=\frac{1}{4x^3}>0$,符合定理 3.1.2(1)的条件.这就是本题命题的背景.

(2) 因为当 $x<-1$ 时,$0<f'(x)<1$,$f''(x)=\frac{1}{4x^3}<0$,符合定理 3.1.1(1)的条件,所以我们可以这样命题:当 $a_1=-5$ 时,证明:$a_n<a_{n+1}<-1$ 对一切 $n\in \mathbf{N}^*$ 恒成立.

(3) 图 3.5 是本题的递推示意图.

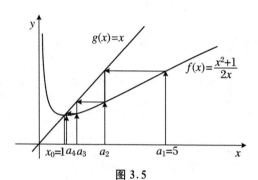

图 3.5

例 3.1.4 设数列 $\{a_n\}$ 满足:$\frac{1}{e}<a_1<1$,$a_{n+1}=a_n^{a_n}$ ($n\in \mathbf{N}^*$).对一切 $n\in \mathbf{N}^*$,证明:

(1) $\frac{1}{e}<a_n<1$;

(2) $a_{n+1}>a_n$.

分析 递推数列的递推函数 $y=f(x)=x^x$ ($x>0$),$\ln y=x\ln x$,$\frac{y'}{y}=1+\ln x$,$f'(x)=x^x(1+\ln x)$.令 $f(x)=x$,解得不动点 $x_0=1$,且 $f'(1)=1$,即 $f(x)$ 的图像与直线 $y=x$ 切于点 $(1,1)$.又 $f''(x)=x^x(1+\ln x)^2+x^x\cdot\frac{1}{x}>0$ 满足定理 3.1.2(2)的条件.令 $f'(x)=0$,得到最小值点 $x=\frac{1}{e}$.

证 (1) 我们先用数学归纳法证明: $\dfrac{1}{e} < a_n < 1$ 对一切 $n \in \mathbf{N}^*$ 恒成立.

归纳法的奠基成立. 假设 $n = k$ 时, $\dfrac{1}{e} < a_k < 1 (k \geqslant 1)$, $-1 < \ln a_k < 0$, 则当 $n = k+1$ 时, $-1 < -a_k < \ln a_{k+1} = a_k \ln a_k < 0$, 所以 $\dfrac{1}{e} = e^{-1} < a_{k+1} < e^0 = 1$, 即当 $n = k+1$ 时命题成立. 因此对一切 $n \in \mathbf{N}^*$, $\dfrac{1}{e} < a_n < 1$ 恒成立.

(2) 因为 $\dfrac{1}{e} < a_n < 1$ 对一切 $n \in \mathbf{N}^*$ 恒成立, 故 $a_n - 1 < 0$, $\ln a_n < 0 (n \in \mathbf{N}^*)$. 从而有 $\ln \dfrac{a_{n+1}}{a_n} = \ln a_{n+1} - \ln a_n = (a_n - 1) \ln a_n > 0$, 即 $\dfrac{a_{n+1}}{a_n} > 1$, $a_{n+1} > a_n$ 对一切 $n \in \mathbf{N}^*$ 恒成立.

回顾 (1) 本题的命题背景已在分析中给出;
(2) 图 3.6 是本题的递推示意图.

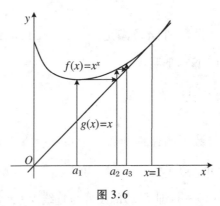

图 3.6

例 3.1.5 已知数列 $\{a_n\}$ 满足: $a_1 = 15$, $a_{n+1} = \dfrac{\sqrt{a_n^2 + 1} - 1}{a_n}$ ($n \geqslant 1$). 求证: 当 $n \geqslant 2$ 时, $a_n < \dfrac{3}{2^{n-1}}$.

证 显然,易用归纳法证明:$a_n > 0$ 对一切 $n \in \mathbf{N}^*$ 恒成立. 又

$$a_{n+1} - a_n = \frac{\sqrt{a_n^2 + 1} - 1}{a_n} - a_n$$

$$= \frac{a_n}{\sqrt{a_n^2 + 1} + 1} - a_n < \frac{a_n}{2} - a_n < 0,$$

即 $0 < a_{n+1} < a_n$ 对一切 $n \in \mathbf{N}^*$ 恒成立,故数列 $\{a_n\}$ 是递减的(单调递减、有下界时,必有极限),且 $\lim\limits_{n \to \infty} a_n = 0$. 但是,本题是一个收敛速度问题,我们要证明的是

$$a_n < \frac{3}{2^{n-1}} \quad (n \geqslant 2).$$

下面用数学归纳法证明.

由于 $a_2 = \frac{\sqrt{15^2 + 1} - 1}{15} < \frac{14}{15} < \frac{3}{2^{2-1}}$,归纳法的奠基成立. 假设 $n = k (k \geqslant 2)$ 时,$a_k < \frac{3}{2^{k-1}}$,则当 $n = k+1$ 时,由归纳假设知

$$a_{k+1} = \frac{\sqrt{a_k^2 + 1} - 1}{a_k} = \frac{a_k}{\sqrt{a_k^2 + 1} + 1} < \frac{a_k}{2} = \frac{3}{2^{(k+1)-1}},$$

即当 $n = k+1$ 时命题成立. 因此对一切 $\geqslant 2$ 的自然数 n,$a_n < \frac{3}{2^{n-1}}$ 恒成立.

回顾 (1)我们可以进一步确定 a_n 的位置:当 $n \geqslant 1$ 时,$a_n > \frac{3}{2^n}$ 恒成立.

观察到 $\sqrt{a_n^2 + 1}$ 形如 $\sqrt{\tan^2 \alpha + 1}$,我们就可利用三角代换进行有理化.

设 $a_1 = \tan \alpha = 15 \left(0 < \alpha < \frac{\pi}{2} \right)$,则

$$a_2 = \frac{\sqrt{\tan^2 \alpha + 1} - 1}{\tan \alpha} = \frac{1 - \cos \alpha}{\sin \alpha} = \tan \frac{\alpha}{2},$$

于是,我们易用归纳法证明:$a_n = \tan \frac{\alpha}{2^{n-1}}$ 对一切 $n \in \mathbf{N}^*$ 成立.

因为当 $0<x<\dfrac{\pi}{2}$ 时，$\tan x>x$，所以 $a_n=\tan\dfrac{\alpha}{2^{n-1}}>\dfrac{\alpha}{2^{n-1}}$，故我们现在只需证明 $\dfrac{\alpha}{2^{n-1}}>\dfrac{3}{2^n}$，即只需证明 $\alpha>\dfrac{3}{2}$.

因为 $15=\tan\alpha$，又 $\tan\alpha$ 在第 1 象限递增，故只需证 $15>\tan\dfrac{3}{2}$.

因为 $15\tan\dfrac{\pi-3}{2}>15\cdot\dfrac{\pi-3}{2}>15\cdot 0.07>1$，所以
$$15>\dfrac{1}{\tan\left(\dfrac{\pi}{2}-\dfrac{3}{2}\right)}=\dfrac{1}{\cot\dfrac{3}{2}}=\tan\dfrac{3}{2}.$$

从而知 $\tan\alpha>\tan\dfrac{3}{2}$，$\alpha>\dfrac{3}{2}$ 是成立的，于是 $a_n=\tan\dfrac{\alpha}{2^{n-1}}>\dfrac{\alpha}{2^{n-1}}$ $>\dfrac{3}{2^n}$ 对一切 $n\in\mathbf{N}^*$ 成立．

因此，$\dfrac{3}{2^n}<a_n<\dfrac{3}{2^{n-1}}$ 对一切 $\geqslant 2$ 的自然数 n 恒成立．这样我们就得到了 a_n 的精确位置．

因为 $\lim\limits_{n\to\infty}\dfrac{3}{2^{n-1}}=\lim\limits_{n\to\infty}\dfrac{3}{2^n}=0$，所以 $\lim\limits_{n\to\infty}a_n=0$.

(2) 图 3.7 是它的递推图．

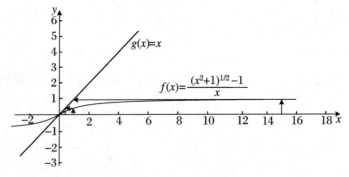

图 3.7

第3章 递推数列的有界性和单调性问题

(3) $\{a_n\}$ 的递推函数为 $f(x) = \dfrac{\sqrt{x^2+1}-1}{x} = \sqrt{1+\dfrac{1}{x^2}} - \dfrac{1}{x} \to 1(x>0)$,所以 $y=1$ 是它的渐近线.令 $f(x)=x$,解得不动点 $x_1 = x_2 = 0$.因为 $f(x)$ 在 $x=0$ 处是不定型,根据洛必达法则,我们有

$$f(0) = \lim_{x \to 0} f(x) = \lim_{x \to \infty} \frac{\sqrt{x^2+1}-1}{x} = \lim_{x \to 0} \frac{x}{\sqrt{x^2+1}} = 0,$$

即函数 $f(x)$ 可以在 $x=0$ 处有定义.又

$$f'(x) = \frac{\sqrt{x^2+1}-1}{x^2 \sqrt{x^2+1}} > 0,$$

在 $x=0$ 处也是不定型,由洛必达法则得

$$f'(0) = \lim_{x \to 0} \frac{\sqrt{x^2+1}-1}{x^2 \sqrt{x^2+1}}$$

$$= \lim_{x \to 0} \frac{\dfrac{x}{\sqrt{x^2+1}}}{2x\sqrt{x^2+1} + x^2 \dfrac{x}{\sqrt{x^2+1}}}$$

$$= \lim_{x \to 0} \frac{1}{3x^2+2} = \frac{1}{2}.$$

又 $f''(x) = \dfrac{3x^2+2 - 2\sqrt{x^2+1}(x^2+1)}{x^3(x^2+1)\sqrt{x^2+1}}$,当 $x>0$ 时,

$3x^2 + 2 - 2(x^2+1)\sqrt{x^2+1} < 0$

$\Leftrightarrow 3x^2 + 2 < 2(x^2+1)\sqrt{x^2+1}$

$\Leftrightarrow 9x^4 + 12x^2 + 4 < 4x^6 + 12x^4 + 12x^2 + 4$

$\Leftrightarrow 4x^6 + 3x^4 > 0.$

最后的不等式是成立的,即当 $x>0$ 时,$f''(x)<0$,$f'(x)$ 递减,$f'(x)$ 从 $\dfrac{1}{2}$ 递减趋于 0,$0<f'(x)<\dfrac{1}{2}$,即满足定理 3.1.1(1) 的条件.这个"$\dfrac{1}{2}$"表示收敛速度,$a_n - 0 = f(a_{n-1}) - f(0) =$

$f'(\xi)(a_{n-1}-0), \xi \in (0, a_{n-1})$. 因为 $0 < f'(\xi) < \frac{1}{2}$, 所以 $a_n < \frac{1}{2} a_{n-1}$. 这就是构造这个命题的依据.

我们以定理 3.1.1 的推论 $-1 < p < 0$ 的情况为模型, 经过研究, 发现如下定理:

定理 3.1.3 设递推数列 $\{a_n\}$ 满足: $a_{n+1} = f(a_n)$, $a_n \in (x_0-a, x_0+a)$, $n \in \mathbf{N}^*$, 其中 $a > 0$, $f(x_0) = x_0$, $x_0 \in \mathbf{R}$, $f''(x) < 0$ (或 $f''(x) > 0$) 且 $-1 < f'(x) < 0$, $x \in (x_0-a, x_0+a)$, 则当 $a_1 \in (x_0-a, x_0)$ 时, $a_{2n-1} < a_{2n+1} < x_0 < a_{2(n+1)} < a_{2n}$; 当 $a_1 \in (x_0, x_0+a)$ 时, $a_{2n} < a_{2(n+1)} < x_0 < a_{2n+1} < a_{2n-1}$ ($n \in \mathbf{N}^*$).

证 不妨设 $f''(x) < 0$ ($x_0-a < x < x_0+a$). 可以仿照定理 3.1.1 的证明, 证明 x_0 是区间 (x_0-a, x_0+a) 内的唯一不动点; 且当 $x \in (x_0-a, x_0)$ 时, $f(x) > x$, 当 $x \in (x_0, x_0+a)$ 时, $f(x) < x$.

当 $a_1 \in (x_0-a, x_0)$ 时, $a_2 - x_0 = f(a_1) - f(x_0) = f'(\xi_1)(a_1 - x_0)$, $\xi_1 \in (a_1, x_0)$. 因为 $-1 < f'(\xi_1) < 0$, $a_1 - x_0 < 0$, 所以 $a_2 - x_0 > 0$, 即 $a_2 > x_0$. 假设 $n = k (k \geq 1)$ 时, $a_{2k-1} < x_0 < a_{2k}$, 则当 $n = k+1$ 时, $a_{2k+1} - x_0 = f(a_{2k}) - f(x_0) = f'(\xi_{2k})(a_{2k} - x_0)$.

因为 $f'(\xi_{2k}) < 0$, $a_{2k} - x_0 > 0$, 所以 $a_{2k+1} < x_0$. $a_{2(k+1)} - x_0 = f(a_{2k+1}) - f(x_0) = f'(\xi_{2k+1})(a_{2k+1} - x_0)$. 因为 $f'(\xi_{2k+1}) < 0$, $a_{2k+1} - x_0 < 0$, 所以 $a_{2(k+1)} > x_0$. 也就是说, 当 $n = k+1$ 时, $a_{2k+1} < x_0 < a_{2(k+1)}$ 成立, 故对一切 $n \in \mathbf{N}^*$, $a_{2n-1} < x_0 < a_{2n}$ 成立.

又
$$|a_{2n+1} - x_0| = |f(a_{2n}) - f(x_0)| = |f'(\xi_{2n})| \cdot |a_{2n} - x_0|$$
$$= |f'(\xi_{2n})| \cdot |f(a_{2n-1}) - f(x_0)|$$
$$= |f'(\xi_{2n})| \cdot |f'(\xi_{2n-1})| \cdot |a_{2n-1} - x_0|,$$
其中 $\xi_{2n} \in (x_0, a_{2n})$, $\xi_{2n-1} \in (a_{2n-1}, x_0)$. 因为 $|f'(\xi_{2n})| < 1$, $|f'(\xi_{2n-1})| < 1$, 所以 $|a_{2n+1} - x_0| < |a_{2n-1} - x_0|$, 即 $a_{2n-1} <$

$a_{2n+1} < x_0$ 对一切 $n \in \mathbf{N}^*$ 成立.

同理可证:$x_0 < a_{2(n+1)} < a_{2n}$ 对一切 $n \in \mathbf{N}^*$ 成立.

同理可证:当 $a_1 \in (x_0, x_0+a)$ 时,$a_{2n} < a_{2(n+1)} < x_0 < a_{2n+1} < a_{2n-1}$ 对一切 $n \in \mathbf{N}^*$ 成立.

同理可证 $f''(x) < 0$ 的情况. 又可仿照定理 3.1.1 的证明,证明 $\lim\limits_{n \to \infty} a_n = x_0$(此时,当 $a_1 \in (x_0-a, x_0)$ 时,$0 < |f'(a_2)| < |f'(\xi_{n-1})|, |f'(\xi_{n-2})|, \cdots, |f'(\xi_1)| < |f'(a_1)| < |f'(a_1)| < 1$;当 $a_1 \in (x_0, x_0+a)$ 时,$0 < |f'(a_1)| < |f'(\xi_{n-1})|, |f'(\xi_{n-2})|, \cdots, |f'(\xi_1)| < |f'(a_2)| < 1$).

图 3.8 是定理 3.1.3 中 $f''(x) < 0$ 的情况.

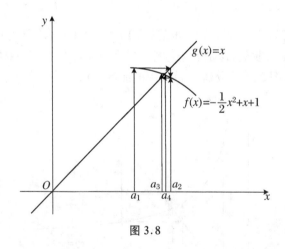

图 3.8

定理 3.1.3 的收敛情况是在不动点的邻域内左右摆动地收敛于不动点,这种收敛也称为"混沌"收敛(有的高等数学教材把两类收敛统称为"压缩变换").

定理 3.1.3 的条件是很强的,是充分而不必要的. 对于具体的命题,条件可以放宽许多,例如下一例.

例 3.1.6 已知数列 $\{a_n\}$ 满足:$a_1 = 1$,

$$a_{n+1} = \frac{3}{a_n} + 2 \quad (n \geq 1). \tag{1}$$

(1) 求证:对一切 $n \geq 3$, $\frac{13}{5} \leq a_n \leq \frac{41}{13}$ 恒成立;

(2) 证明: $|a_n - 3| \leq \frac{5}{13}|a_{n-1} - 3|$ $(n \geq 4)$,以及 $\lim_{n \to \infty} a_n = 3$.

分析 (1) 由式(1),易用数学归纳法证明:对一切 $n \in \mathbf{N}^*$, $a_n > 0$. 数列 $\{a_n\}$ 的递推函数为 $f(x) = \frac{3}{x} + 2 (x > 0)$. 令 $f(x) = x$,解得定义域内的不动点 $x_0 = 3$. $f'(x) = -\frac{3}{x^2}$. 当 $0 < x < +\infty$ 时, $-\infty < f'(x) < 0$,且 $f'(3) = -\frac{1}{3}$, $f'(1) = -3$. $f''(x) = \frac{6}{x^3} > 0$. 其他条件都符合定理 3.1.3,虽然 $f'(1) = -3$ 不符合,但我们仍能证明数列 $\{a_n\}$ 收敛,这是因为定理中的条件是充分而不必要的.

(2) 图 3.9 是数列 $\{a_n\}$ 收敛的递推示意图.

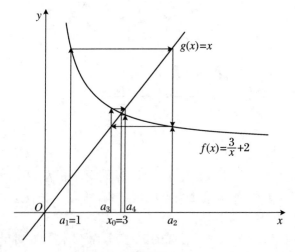

图 3.9

证 (1) 因为 $a_1=1, a_2=5, a_3=\dfrac{13}{5}, a_4=\dfrac{41}{13}$，所以我们可用数学归纳法证明：对一切 $n\geqslant 3$，$\dfrac{13}{5}\leqslant a_n\leqslant\dfrac{41}{13}$ 恒成立（因为利用"$1\leqslant a_n\leqslant 5$ 对一切 $n\in\mathbf{N}^*$ 恒成立"这个命题，不能证明(2)）.

归纳法的奠基成立. 假设 $n=k\,(k\geqslant 3)$ 时，$\dfrac{13}{5}\leqslant a_k\leqslant\dfrac{41}{13}$，则当 $n=k+1$ 时，由式(1)和归纳假设，得 $a_{k+1}=\dfrac{3}{a_k}+2\leqslant 3\cdot\dfrac{5}{13}+2=\dfrac{41}{13}$，$a_{k+1}\geqslant 3\cdot\dfrac{13}{41}+2=2\dfrac{39}{41}>\dfrac{13}{5}$，即 $n=k+1$ 时，$\dfrac{13}{5}\leqslant a_{k+1}\leqslant\dfrac{41}{13}$ 成立. 从而对一切 $n\geqslant 3$，$\dfrac{13}{5}\leqslant a_n\leqslant\dfrac{41}{13}$ 恒成立.

(2) 实际上，数列 $\{a_n\}$ 是"混沌"收敛的. 因为 $|a_n-3|$ 表示点 $(a_n,0)$ 与点 $(3,0)$ 的距离，所以直接考虑数列 $\{|a_n-3|\}$ 的收敛性.

当 $n\geqslant 4$ 时，
$$0<|a_n-3|=\left|\dfrac{3}{a_{n-1}}+2-3\right|$$
$$=\dfrac{|a_{n-1}-3|}{a_{n-1}}\leqslant\dfrac{5}{13}|a_{n-1}-3|,$$

从而有
$$|a_n-3|\leqslant|a_3-3|\cdot\left(\dfrac{5}{13}\right)^{n-3}=\dfrac{2}{5}\cdot\left(\dfrac{5}{13}\right)^{n-3}\quad(n\geqslant 4).$$

因为 $\lim\limits_{n\to\infty}\dfrac{2}{5}\left(\dfrac{5}{13}\right)^{n-3}=0$，所以 $\lim\limits_{n\to\infty}|a_n-3|=0$，$\lim\limits_{n\to\infty}a_n=3$.

回顾 (1) 定理 3.1.3 中的条件是很强的，是充分而不必要的. 当 $0<x\leqslant 3$ 时，$-1<f'(x)<-\infty$，但数列仍能收敛，这与"曲率"——曲线的弯曲程度有关，我们不想再为此构造定理，这超出中学数学太多.

(2) 对于不同的初始值 a_1，$\{a_n\}$ 总是收敛的，或 $a_n\to 3$，或 $a_n\to -1$（-1 是 $f(x)$ 的另一个不动点），读者可以思考一下.

例 3.1.7 已知数列 $\{a_n\}$ 满足：$1 < a_1 < 2$，$a_{n+1} = -\dfrac{1}{2}a_n^2 + a_n + 1 (n \in \mathbf{N}^*)$. 求证：$\left|a_n - \sqrt{2}\right| < \left(\dfrac{1}{2}\right)^{n-1} (n \in \mathbf{N}^*)$.

分析 数列 $\{a_n\}$ 的递推函数为 $f(x) = -\dfrac{1}{2}x^2 + x + 1$. 令 $f(x) = x$，解得 $x = \pm\sqrt{2}$，符合本题的不动点为 $x_0 = \sqrt{2}$. $f'(x) = -x + 1$. 当 $1 < x < 2$ 时，$-1 < f'(x) < 0$，又 $f''(x) = -1 < 0$，故符合定理 3.1.3 的条件.

证 因为 $1 < a_1 < 2$，所以 $1 < a_2 = -\dfrac{1}{2}(a_1 - 1)^2 + \dfrac{3}{2} < \dfrac{3}{2}$，于是易用数学归纳法证明：当 $n \geq 2$ 时，$1 < a_n < \dfrac{3}{2}$ 成立(略).

因为 $1 < a_1 < 2$，所以 $\left|a_1 - \sqrt{2}\right| < \left(\dfrac{1}{2}\right)^{1-1} = 1$. 同理，可得 $\left|a_2 - \sqrt{2}\right| < \left(\dfrac{1}{2}\right)^{2-1} = \dfrac{1}{2}$. 当 $n \geq 3$ 时，由

$$a_{n+1} = -\dfrac{1}{2}a_n^2 + a_n + 1 \quad (n \in \mathbf{N}^*), \tag{1}$$

得

$$a_n - \sqrt{2} = -\dfrac{1}{2}a_{n-1}^2 + a_{n-1} + 1 - \sqrt{2}$$
$$= -\dfrac{1}{2}(a_{n-1} - \sqrt{2})(a_{n-1} + \sqrt{2} - 2),$$

于是有

$$\left|a_n - \sqrt{2}\right| = \dfrac{1}{2}\left|a_{n-1} - \sqrt{2}\right| \cdot \left|a_{n-1} + \sqrt{2} - 2\right|. \tag{2}$$

因为 $n \geq 3$，$n - 1 \geq 2$，$1 < a_{n-1} < \dfrac{3}{2}$，所以 $\left|a_{n-1} + \sqrt{2} - 2\right| < 1$，于是由式(2)得

$$\left|a_n - \sqrt{2}\right| < \dfrac{1}{2}\left|a_{n-1} - \sqrt{2}\right| < \left|a_2 - \sqrt{2}\right| \cdot \left(\dfrac{1}{2}\right)^{n-2}.$$

因为 $1 < a_2 < \dfrac{3}{2}$，所以 $|a_2 - \sqrt{2}| < \dfrac{1}{2}$，从而有
$$|a_n - \sqrt{2}| < \left(\dfrac{1}{2}\right)^{n-1}.$$

又 $n=1$ 时，上式成立，故对一切 $n \in \mathbf{N}^*$，$|a_n - \sqrt{2}| < \left(\dfrac{1}{2}\right)^{n-1}$ 恒成立. 这实际上也证明了 $\lim\limits_{n\to\infty} a_n = \sqrt{2}$.

回顾 (1) 此题命题的背景在分析中已说明；

(2) 前面的图 3.8 的数列 $\{a_n\}$ 的递推示意图是本题中 $1 < a_1 < \sqrt{2}$ 的情况.

例 3.1.8 已知数列 $\{a_n\}$ 满足：$a_1 = 2, a_{n+1} = \dfrac{a_n^4 + 9}{10 a_n}$ $(n \geqslant 1)$.

(1) 证明：对任意 $n > 1$ $(n \in \mathbf{N}^*)$，恒有 $\dfrac{9}{10} < a_{2n+1} < a_{2n+3} < 1 < a_{2n+2} < a_{2n} \leqslant \dfrac{5}{4}$ $(n \geqslant 1)$；

(2) 求 $\lim\limits_{n\to\infty} a_n$.

分析 (1) 因为 $a_1 = 2$，所以由
$$a_{n+1} = \dfrac{a_n^4 + 9}{10 a_n} \quad (n \geqslant 1), \tag{1}$$

得 $a_2 = \dfrac{2^4 + 9}{10 \cdot 2} = \dfrac{5}{4} > 1$，$a_3 = \dfrac{\left(\dfrac{5}{4}\right)^4 + 9}{10 \cdot \dfrac{5}{4}} \approx 0.92 > \dfrac{9}{10}$，$a_4 \approx 1.06 > 1$，$a_5 \approx 0.97 < 1$，且 $|a_2 - 1| > |a_3 - 1| > |a_4 - 1| > |a_5 - 1|$. 又显然对一切 $n \in \mathbf{N}^*, a_n > 0$.

(2) 数列 $\{a_n\}$ 的递推函数为 $f(x) = \dfrac{x^4 + 9}{10x}$ $(x > 0)$. 令 $f(x) = x$，则有 $(x^2 - 1)(x^2 - 9) = 0$，解得与命题有关的不动点为 $x = 1$ 或 $x = 3$；$f'(x) = \dfrac{3x^2}{10} - \dfrac{9}{10x^2}$. 因为 $f''(x) = \dfrac{3x}{5} + \dfrac{9}{5x^3} > 0$，所以 $f'(x)$

递增,从而当 $x \in \left(\dfrac{9}{10}, \dfrac{5}{4}\right]$ 时,

$$-1 < f'\left(\dfrac{9}{10}\right) \approx -0.868 < f'(x) \leqslant f'\left(\dfrac{5}{4}\right) \approx -0.10725 < 0.$$

又不动点 $x = 1 \in \left(\dfrac{9}{10}, \dfrac{5}{4}\right]$,即与命题有关的不动点为 $x = 1$. 因此命题满足定理 3.1.3 的条件. 这样一来,我们就可以参照定理 3.1.3 的证明求解.

解 (1) 我们用数学归纳法证明: $\dfrac{9}{10} < a_{2n+1} < a_{2n+3} < 1 < a_{2n+2} < a_{2n} \leqslant \dfrac{5}{4} (n \geqslant 1)$ 恒成立.

由前面的分析,归纳法的奠基成立,且 $|a_{2k} - 1| > |a_{2k+1} - 1| > |a_{2k+2} - 1| > |a_{2k+3} - 1| (n = 1, 2)$. 假设当 $n = k$ ($k \geqslant 1$) 时, $\dfrac{9}{10} < a_{2k+1} < a_{2k+3} < 1 < a_{2k+2} < a_{2k} \leqslant \dfrac{5}{4} (k \geqslant 1)$, 且 $|a_{2k} - 1| > |a_{2k+1} - 1| > |a_{2k+2} - 1| > |a_{2k+3} - 1| (k \geqslant 1)$, 则当 $n = k + 1$ 时,

$$\begin{aligned} a_{2k+4} - 1 &= \dfrac{a_{2k+3}^4 + 9}{10 a_{2k+3}} - 1 \\ &= \dfrac{a_{2k+3}^4 - 10 a_{2k+3}^2 + 9 + 10 a_{2k+3}(a_{2k+3} - 1)}{10 a_{2k+3}} \\ &= \dfrac{(a_{2k+3}^2 - 1)(a_{2k+3}^2 - 9) + 10 a_{2k+3}(a_{2k+3} - 1)}{10 a_{2k+3}} \\ &= (a_{2k+3} - 1) \cdot \dfrac{a_{2k+3}^3 + a_{2k+3}^2 + a_{2k+3} - 9}{10 a_{2k+3}}. \end{aligned} \quad (2)$$

设 $g(x) = x^3 + x^2 + x - 9 \left(\dfrac{9}{10} < x \leqslant \dfrac{5}{4}\right)$. 因为 $g'(x) = 3x^2 + 2x + 1 > 0, x \in \left(\dfrac{9}{10}, \dfrac{5}{4}\right]$, 所以函数 $g(x)$ 在区间 $\left(\dfrac{9}{10}, \dfrac{5}{4}\right]$ 上是递增的, 于是 $g_{\min} = g\left(\dfrac{9}{10}\right) = -6.561, g_{\max} = f\left(\dfrac{5}{4}\right) \approx -4.7656 < 0$. 从

而当 $x \in \left(\dfrac{9}{10}, \dfrac{5}{4}\right)$ 时,$g(x)<0$. 又因为 $10a_{2k+3}>0, a_{2k+3}-1<0$,故由式(2)得 $a_{2k+4}>1$.

由式(2)得
$$|a_{2k+4}-1| = |a_{2k+3}-1| \cdot \dfrac{|a_{2k+3}^3 + a_{2k+3}^2 + a_{2k+3} - 9|}{10a_{2k+3}}$$
$$\leqslant |a_{2k+3}-1| \cdot \dfrac{6.561}{10 \cdot \dfrac{9}{10}} < \dfrac{4}{5}|a_{2k+3}-1|, \quad (3)$$

从而有 $|a_{2k+4}-1|<|a_{2k+3}-1|$. 同理,可证 $a_{2k+5}<1$,且 $|a_{2k+4}-1|>|a_{2k+5}-1|$. 这样我们就证明了 $n=k+1$ 时,命题成立. 因此,对一切 $n \in \mathbf{N}^*$,命题成立.

以上证明了数列 $\{a_n\}$ 是有界的,且数列 $\{a_{2n}\}$ 是递减的,数列 $\{a_{2n+1}\}$ 是递增的,a_n 趋于不动点 $x=1$.

更为简单的证明方法是
$$a_{2k+4}-1 = f(a_{2k+3})-f(1) = f'(\xi_{2k+3})(a_{2k+3}-1)$$
$$= f'(\xi_{2k+3})f'(\xi_{2k+2})(a_{2k+2}-1),$$
其中 $-1<f'(\xi_{2k+3}), f'(\xi_{2k+2})<0, \xi_{2k+3} \in (a_{2k+3},1), \xi_{2k+2} \in (a_{2k+2},1)$. 因为 $a_{2k+2}>1$,所以 $a_{2k+4}>1$. 又因为 $|a_{2k+4}-1|<|a_{2k+2}-1|$,故 $1<a_{2k+4}<a_{2k+2}$. 同理,可证 $a_{2k+3}<a_{2k+5}<1$,即 $n=k+1$ 时,命题成立,从而对一切 $n \in \mathbf{N}^*$,命题成立.

(2) 由式(3),对一般情况,我们也有
$$0<|a_{n+1}-1|<\dfrac{4}{5}|a_n-1| \quad (n \geqslant 2),$$
从而有
$$0<|a_n-1|<\left(\dfrac{4}{5}\right)^{n-2}|a_2-1| = \dfrac{1}{4} \cdot \left(\dfrac{4}{5}\right)^{n-2}.$$

因为 $\lim\limits_{n \to \infty}\left(\dfrac{4}{5}\right)^{n-2}=0$,所以由夹逼定理,得 $\lim\limits_{n \to \infty}|a_n-1|=0, \lim\limits_{n \to \infty}a_n=1$.

回顾 (1) 此题的原题是(《解决问题的策略》,恩格尔著,第

297 页,第 28 题):"数列 $\{x_n\}$ 的定义如下: $x_1 = 2, x_{n+1} = \dfrac{x_n^4 + 9}{10 x_n}$. 证明:对任意 $x > 1$, 均有 $\dfrac{4}{5} < x_n < \dfrac{5}{4}$". 为什么改题? 原因是 $f'\left(\dfrac{4}{5}\right) = -1.21425 < -1$, 与定理 3.1.3 不符; 另一个原因是没有讨论单调性.

(2) 图 3.10 是本题的递推示意图.

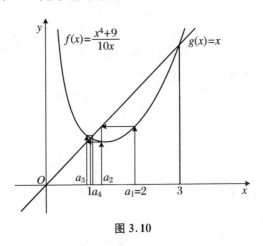

图 3.10

3.2 一阶递推数列的发散问题

我们可以仿照定理 3.1.1 的推论中 $p > 1$ 和 $p < -1$ 两种情况来构造数列 $\{a_n\}$ 发散的定理. 由于篇幅有限, 我们也不想太过繁琐, 故仅举一些实例加以说明.

3.2.1 存在实不动点的情况

例 3.2.1 已知数列 $\{a_n\}$ 满足: $a_1 = \dfrac{1}{2}$,

$$a_{n+1} = a_n^2 + a_n \quad (n \geq 1). \tag{1}$$

(1) 求证:$a_n < a_{n+1}(n \geq 1), \lim\limits_{n \to \infty} a_n = +\infty$;

(2) 求和式 $\dfrac{1}{a_1+1} + \dfrac{1}{a_2+1} + \cdots + \dfrac{1}{a_{100}+1}$ 的整数部分.

分析 (1) 由式(1),用数学归纳法易证:对一切 $n \in \mathbf{N}^*, a_n \geq \dfrac{1}{2}$ 恒成立.数列 $\{a_n\}$ 的递推函数为 $f(x) = x^2 + x$.令 $f(x) = x$,解得不动点 $x = 0$.因为 $f'(x) = 2x + 1$,所以当 $x = 0$ 时,$f'(0) = 1$,即 $y = f(x)$ 的图像与直线 $y = x$ 切于原点 $O(0,0)$;当 $x > 0$ 时,$f'(x) > 1$.又 $f''(x) = 2 > 0$,故函数 $f(x)$ 是下凸的.

(2) 图 3.11 是数列 $\{a_n\}$ 当 $a_1 = \dfrac{1}{2}$ 时的递推示意图.显然 $a_n < a_{n+1}$,且 $\lim\limits_{n \to \infty} a_n = +\infty$.

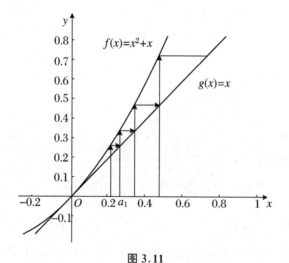

图 3.11

解 (1) 显然,易用数学归纳法证明:对一切 $n \in \mathbf{N}^*, a_n \geq \dfrac{1}{2}$ 恒成立(略).

由式(1),得 $a_{n+1} - a_n = a_n^2 \geqslant \frac{1}{4} > 0$ 对一切 $n \in \mathbf{N}^*$ 恒成立,故数列 $\{a_n\}$ 是递增的,而且有

$$a_n = (a_n - a_{n-1}) + (a_{n-1} - a_{n-2}) + \cdots + (a_2 - a_1) + a_1$$
$$\geqslant \frac{n-1}{4} + \frac{1}{2} = \frac{n+1}{4}.$$

因为 $\lim\limits_{n \to \infty} \frac{n+1}{4} = +\infty$,所以 $\lim\limits_{n \to \infty} a_n = +\infty$.

(2) 我们往往用相邻之差叠加相消来求和,对此题要设法将 $\frac{1}{a_n + 1}$ 化为相邻两项之差.由式(1)得

$$\frac{1}{a_{n+1}} = \frac{1}{a_n(a_n + 1)} = \frac{1}{a_n} - \frac{1}{a_n + 1},$$

从而有 $\frac{1}{a_n + 1} = \frac{1}{a_n} - \frac{1}{a_{n+1}}$,于是

$$\frac{1}{a_1 + 1} + \frac{1}{a_2 + 1} + \cdots + \frac{1}{a_{100} + 1}$$
$$= \left(\frac{1}{a_1} - \frac{1}{a_2}\right) + \left(\frac{1}{a_2} - \frac{1}{a_3}\right) + \cdots + \left(\frac{1}{a_{100}} - \frac{1}{a_{101}}\right)$$
$$= \frac{1}{a_1} - \frac{1}{a_{101}} = 2 - \frac{1}{a_{101}}.$$

因为 $a_1 = \frac{1}{2}, a_2 = \left(\frac{1}{2}\right)^2 + \frac{1}{2} = \frac{3}{4}, a_3 = \left(\frac{3}{4}\right)^2 + \frac{3}{4} = \frac{9}{16} + \frac{3}{4} = \frac{21}{16} > 1$,又数列 $\{a_n\}$ 是递增的,故 $a_{101} > 1, 0 < \frac{1}{a_{101}} < 1$.

因此,$\frac{1}{a_1 + 1} + \frac{1}{a_2 + 1} + \cdots + \frac{1}{a_{100} + 1}$ 的整数部分为 1.

回顾 本题起发散作用的条件是:当 $x > 0$ 时,$f'(x) = 2x + 1 > 1$.

3.2.2 不存在不动点的情况

例 3.2.2 已知数列 $\{a_n\}$ 满足:$a_1 = 1$,

$$a_{n+1} = a_n + \frac{1}{a_n^2} \quad (n \geqslant 1). \tag{1}$$

(1) 数列$\{a_n\}$是否为无界数列?

(2) 证明:$a_{9000} > 30$.

分析 (1) 数列$\{a_n\}$的递推函数为$f(x) = x + \frac{1}{x^2}$. 令 $f(x) = x$,无解,故不存在不动点. 因为$-1 \leqslant f'(x) = 1 - \frac{2}{x^3} < 1 \ (x \geqslant 1)$,$f''(x) = \frac{3}{x^4} > 0$,所以$f(x)$是下凸的.

(2) 图 3.12 是本题的递推示意图.

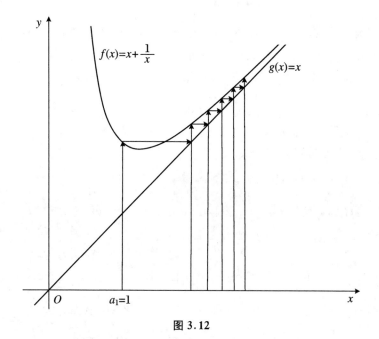

图 3.12

以上分析是此题命题构造的背景.

解 (1) 解法 1(反证法)　由式(1)知 $a_{n+1} - a_n = \dfrac{1}{a_n^2} > 0$,故数列 $\{a_n\}$ 是递增的,且从第 2 项起,$a_n \geqslant 2$.

设数列 $\{a_n\}$ 有上界 M,即数列 $\{a_n\}$ 单调递增有上界,故存在极限. 设 $\lim\limits_{n \to \infty} a_n = A$,则对式(1)的两边取极限,得 $A = A + \dfrac{1}{A^2}$,无解,矛盾,故数列 $\{a_n\}$ 无界.

但反证法不能解决 $a_{9\,000} > 30$ 这个问题.

解法 2　显然由归纳法可证:当 $n > 2$ 时,$a_n > 2$,且数列 $\{a_n\}$ 是递增的. 式(1)的两边三次方,得

$$a_{n+1}^3 = a_n^3 + 3 + \dfrac{3}{a_n^3} + \dfrac{1}{a_n^6} > a_n^3 + 3. \tag{2}$$

因为 $a_2 = 2, a_2^3 = 8 > 2 \cdot 3$,所以 $a_n^3 > a_2^3 + 3(n-2) > 2 \cdot 3 + 3(n-2) = 3n \, (n \geqslant 2)$,即 $n \geqslant 3$ 时,有 $a_n^3 > 3n$,$a_n > \sqrt[3]{3n}$.

因为 $\lim\limits_{n \to \infty} \sqrt[3]{3n} = +\infty$,所以 $\lim\limits_{n \to \infty} a_n = +\infty$.

(2) 由(1)知 $a_{9\,000} > \sqrt[3]{3 \cdot 9\,000} = 30$.

回顾　我们能求出 $a_{9\,000}$ 的一个上界吗?目的是确定 $a_{9\,000}$ 的位置,下面是我们的尝试.

由式(2)得 $a_n^3 - a_{n-1}^3 = 3 + \dfrac{3}{a_{n-1}} + \dfrac{1}{a_{n-1}^3}$,则

$$a_n^3 = (a_n^3 - a_{n-1}^3) + (a_{n-1}^3 - a_{n-2}^3) + \cdots + (a_2^3 - a_1^3) + a_1^3$$

$$= 3n - 2 + 3\left(\dfrac{1}{a_1} + \dfrac{1}{a_2} + \cdots + \dfrac{1}{a_{n-1}}\right)$$

$$+ \left(\dfrac{1}{a_1^3} + \dfrac{1}{a_2^3} + \cdots + \dfrac{1}{a_{n-1}^3}\right). \tag{3}$$

因为 $n \geqslant 3$ 时,$a_n > \sqrt[3]{3n}$,所以 $a_{72} > \sqrt[3]{3 \cdot 72} = 6$,从而有

$$\dfrac{1}{a_1} + \dfrac{1}{a_2} + \cdots + \dfrac{1}{a_{n-1}} = \left(\dfrac{1}{a_1} + \dfrac{1}{a_2} + \cdots + \dfrac{1}{a_{71}}\right)$$

$$+ \left(\dfrac{1}{a_{72}} + \dfrac{1}{a_{73}} + \cdots + \dfrac{1}{a_{8\,999}}\right)$$

第 3 章 递推数列的有界性和单调性问题

$$< 71 + \frac{8\,928}{6} = 1\,559,$$

$$\frac{1}{a_1^3} + \frac{1}{a_2^3} + \cdots + \frac{1}{a_{8\,999}^3} < 71 + \frac{8\,928}{216} \approx 112.$$

由此得

$$a_{9\,000}^3 < 3 \cdot 9\,000 - 2 + 3 \cdot 71 + 112 = 27\,323 < 30.2^3,$$

因此 $30 < a_{9\,000} < 30.2$.

这样,我们就较为精确地测量了 $a_{9\,000}$ 所处的位置. 数列 $\{a_n\}$ 的发散速度是很慢的.

例 3.2.3 定义数列 $\{a_n\}$ 如下:$a_1 = 1$,

$$a_{n+1} = \sqrt{a_n^2 + \frac{1}{a_n}} \quad (n \geqslant 1). \tag{1}$$

求证:

$$\frac{1}{2} \leqslant \frac{a_n}{n^\alpha} \leqslant 2. \tag{2}$$

分析 (1) 易用数学归纳法证明:对一切 $n \in \mathbf{N}^*$,$a_n \geqslant 1$;在此基础上,易证 $a_{n+1} > a_n$. 数列 $\{a_n\}$ 的递推函数 $f(x) = \sqrt{x^2 + \frac{1}{x}}$ ($x > 0$) 没有不动点. 因为 $\lim\limits_{x \to +\infty} [f(x) - x] = 0$,所以直线 $y = x$ 是它的渐近线. 当 $x \geqslant 1$ 时,

$$0 \leqslant f'(x) = \frac{2x - \dfrac{1}{x^2}}{2\sqrt{x^2 + \dfrac{1}{x}}} = \frac{2 - \dfrac{1}{x^3}}{2\sqrt{1 + \dfrac{1}{x^3}}} < 1.$$

又 $f''(x) = \dfrac{12x + 3}{4x^4 \left(x^2 + \dfrac{1}{x}\right)^{\frac{3}{2}}} > 0$,故 $f(x)$ 是下凸的.

(2) 数列 $\{a_n\}$ 的递推图如图 3.13 所示. 本题说明,数列 $\{a_n\}$ 虽然是发散的,但是发散的数量级是 n^α.

证 由式(1)及 $a_1 = 1$,我们可以用数学归纳法证明:对一切 $n \in \mathbf{N}^*$,$a_n > 0$,且 $a_{n+1} > a_n$ 恒成立,且数列 $\{a_n\}$ 无上界. 若不然,

数列 $\{a_n\}$ 有上界,则 $\lim\limits_{n\to\infty} a_n = A$ 存在.对式(1)的两边取极限,得 $A = \sqrt{A^2 + \dfrac{1}{A}}$,无解,矛盾,故数列 $\{a_n\}$ 无上界.接下来,我们尚无其他方法,只能先对未知的式(2)分析.

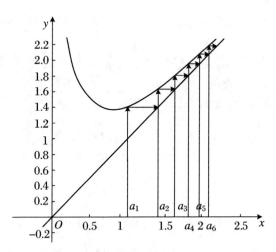

图 3.13

假设式(2)成立,则式(2)等价于
$$\frac{1}{4} n^{2\alpha} \leqslant a_n^2 \leqslant 4 n^{2\alpha}, \tag{3}$$

且式(2)也等价于
$$\frac{1}{2 n^\alpha} \leqslant \frac{1}{a_n} \leqslant \frac{2}{n^\alpha}. \tag{4}$$

式(1)平方,得
$$a_{n+1}^2 = a_n^2 + \frac{1}{a_n}. \tag{5}$$

从而把式(3)和式(4)代入式(5),得
$$\frac{n^{2\alpha}}{4} + \frac{1}{2 n^\alpha} \leqslant a_{n+1}^2 \leqslant 4 n^{2\alpha} + \frac{2}{n^\alpha}, \tag{6}$$

且由式(3)得

$$\frac{(n+1)^{2\alpha}}{4} \leqslant a_{n+1}^2 \leqslant 4(n+1)^{2\alpha}. \tag{7}$$

式(6)和式(7)对一切 $n \in \mathbf{N}^*$ 成立. 因为 $\lim\limits_{n \to \infty} a_n = +\infty$，故所求的 $\alpha > 0$，从而有 $(n+1)^{2\alpha} > n^{2\alpha}$，于是根据式(6)和式(7)，可令

$$4n^{2\alpha} + \frac{2}{n^\alpha} \leqslant 4(n+1)^{2\alpha}, \tag{8}$$

则有

$$\frac{(n+1)^{2\alpha}}{4} \leqslant \frac{n^{2\alpha}}{4} + \frac{1}{2n^\alpha}, \tag{9}$$

从而式(8)等价于

$$2n^{3\alpha} + 1 \leqslant 2(n+1)^{2\alpha} \cdot n^\alpha. \tag{10}$$

观察式(10)，可令 $\alpha = \frac{1}{3}$，此时，式(9)等价于

$$2n + 1 \leqslant 2(n+1)^{\frac{2}{3}} n^{\frac{1}{3}} \quad \Leftrightarrow \quad (2n+1)^3 \leqslant 8(n+1)^2 n$$
$$\Leftrightarrow \quad 4n^2 - 2n - 1 \geqslant 0.$$

当 $n \geqslant 1$ 时，上式是恒成立的，即当 $\alpha = \frac{1}{3}$ 时，对一切 $n \in \mathbf{N}^*$，式(10)恒成立；又当 $\alpha = \frac{1}{3}$ 时，式(9)等价于

$$n + 2 \geqslant (n+1)^{\frac{2}{3}} n^{\frac{1}{3}} \quad \Leftrightarrow \quad 4n^2 + 11n + 8 \geqslant 0.$$

上面的最后一式，当 $n \in \mathbf{N}^*$ 时恒成立. 故当 $\alpha = \frac{1}{3}$ 时，对一切 $n \in \mathbf{N}^*$，式(7)和式(8)恒成立，即式(2)恒成立，因而所求的 $\alpha = \frac{1}{3}$，即数列 $\{a_n\}$ 发散的无穷大数量级是 $n^{\frac{1}{3}}$.

3.3 数列方程组的收敛和发散问题

例 3.3.1 设两个数列 $\{a_n\}$，$\{b_n\}$ 满足：$a_1 = a$，$b_1 = b$

$(0 < a < b)$，对一切 $n \in \mathbf{N}^*$，

$$a_{n+1} = \sqrt{a_n b_n}, \tag{1}$$

$$b_{n+1} = \frac{a_n + b_n}{2} \tag{2}$$

恒成立．证明：

(1) 对一切 $n \in \mathbf{N}^*$，$a \leqslant a_n < a_{n+1} < b_{n+1} < b_n \leqslant b$ 恒成立；

(2) $b_{n+1} - a_{n+1} = \dfrac{(b_n - a_n)^2}{8 b_{n+2}}$；

(3) $\lim\limits_{n \to \infty} a_n = \lim\limits_{n \to \infty} b_n$．

证 (1) a_{n+1} 是 a_n 和 b_n 的几何平均，b_{n+1} 是 a_n 和 b_n 的算术平均．显然 $a_{n+1} < b_{n+1}$，故 $0 < a \leqslant a_n < b_n \leqslant b$ 对一切 $n \in \mathbf{N}^*$ 恒成立，从而有

$$a_{n+1} - a_n = \sqrt{a_n b_n} - a_n = \sqrt{a_n}(\sqrt{b_n} - \sqrt{a_n}) > 0,$$

$$b_{n+1} - b_n = \frac{a_n + b_n}{2} - b_n = \frac{a_n - b_n}{2} < 0,$$

即 $a \leqslant a_n < a_{n+1} < b_{n+1} < b_n \leqslant b$ 对一切 $n \in \mathbf{N}^*$ 恒成立．

(2) 因为数列 $\{a_n\}$ 递增有上界，$\{b_n\}$ 递减有下界，所以 $\lim\limits_{n \to \infty} a_n$ 和 $\lim\limits_{n \to \infty} b_n$ 存在．不妨设 $\lim\limits_{n \to \infty} a_n = p$，$\lim\limits_{n \to \infty} b_n = q$．因为 $a_n < b_n$，所以 $p \leqslant q$．

因为 $b_{n+1} - a_{n+1} = \dfrac{(\sqrt{b_n} - \sqrt{a_n})^2}{2}$，且 $\sqrt{b_n} - \sqrt{a_n} = \dfrac{b_n - a_n}{\sqrt{b_n} + \sqrt{a_n}}$，所以

$$b_{n+1} - a_{n+1} = \frac{(b_n - a_n)^2}{2(\sqrt{b_n} + \sqrt{a_n})^2} = \frac{(b_n - a_n)^2}{2(a_n + b_n + 2\sqrt{a_n b_n})}$$

$$= \frac{(b_n - a_n)^2}{2(2b_{n+1} + 2a_{n+1})} = \frac{(b_n - a_n)^2}{8 b_{n+2}}. \tag{3}$$

(3) 对式(3)的两边取极限，得

$$q - p = \frac{(q - p)^2}{8q}, \tag{4}$$

整理得
$$(q-p)(7q-p)=0.$$
因为 $q \geqslant p > a$,所以 $7q - p > 0$,从而由式(4),得 $q - p = 0, q = p$,故 $\lim_{n\to\infty} a_n = \lim_{n\to\infty} b_n = q$.

更为简单的证明是:对式(1)和式(2)的两边分别求极限,都能得到 $q = p$.

回顾 我们能求出 q 关于 a,b 的表达式吗?据我所知没有.我们只能证明极限存在且唯一,但不能确定它关于 a,b 的表达式.

我们举一实例来说明,上述数列的收敛速度很快.设 $a_1 = 1, b_1 = 9$,则 $a_2 = 3 < b_2 = 5, a_3 = \sqrt{15} < b_3 = 4, 3.936 < a_4 = 2\sqrt[4]{15} < b_4 = \dfrac{4+\sqrt{15}}{2} < 3.937$,收敛速度是很快的.

例 3.3.2 设数列 $\{a_n\}, \{b_n\}, \{c_n\}$ 的首项 a_1, b_1, c_1 均为正数,并且
$$a_{n+1} = b_n + \frac{1}{c_n}, \qquad (1)$$
$$b_{n+1} = c_n + \frac{1}{a_n}, \qquad (2)$$
$$c_n = a_n + \frac{1}{b_n} \qquad (3)$$
对一切 $n \in \mathbf{N}^*$ 恒成立.证明:

(1) 这三个数列都是无界数列;

(2) $a_{200}, b_{200}, c_{200}$ 这三项中至少有一个大于 20.

证 (1) 首先易用数学归纳法证明 $a_n > 0, b_n > 0, c_n > 0$ 对一切 $n \in \mathbf{N}^*$ 恒成立.若数列 $\{a_n\}$ 无界,则由式(3),数列 $\{c_n\}$ 无界,从而由式(2),数列 $\{b_n\}$ 无界,因此,我们只需证明这三个数列中有一个无界就可以了.我们从整体考虑.

设 $x_n^2 = (a_n + b_n + c_n)^2 \ (x_n > 0)$.若数列 $\{x_n^2\}$ 无界,则数列 $\{a_n\}, \{b_n\}, \{c_n\}$ 至少有一个是无界的,从而这三个数列都是无

界的.

由式(1)~式(3)得

$$x_{n+1}^2 = (a_{n+1} + b_{n+1} + c_{n+1})^2$$

$$= \left(a_n + b_n + c_n + \frac{1}{a_n} + \frac{1}{b_n} + \frac{1}{c_n}\right)^2$$

$$= (a_n + b_n + c_n)^2 + 2(a_n + b_n + c_n)\left(\frac{1}{a_n} + \frac{1}{b_n} + \frac{1}{c_n}\right)$$

$$+ \left(\frac{1}{a_n} + \frac{1}{b_n} + \frac{1}{c_n}\right)^2$$

$$> x_n^2 + 18.$$

因为 $x_n^2 > x_2^2 + 18(n-2) \to +\infty$,所以这三个数列都是无界的.

(2) 因为

$$x_2^2 = (a_2 + b_2 + c_2)^2$$

$$= \left[\left(a_1 + \frac{1}{a_1}\right) + \left(b_1 + \frac{1}{b_1}\right) + \left(c_1 + \frac{1}{c_1}\right)\right]^2$$

$$> 6^2 = 36,$$

所以 $x_n^2 > x_2^2 + 18(n-2) = 18n$, $x_{200}^2 > 3600$, $x_{200} > 60$,从而 a_{200}, b_{200}, c_{200} 中至少有一个大于 20.

3.4 高阶递推数列的有界性和单调性问题

要想找到高阶递推数列的有界性和单调性问题一般规律的定理很难,我们只能举例说明.

例 3.4.1 设数列 $\{a_n\}$ 满足:$a_1 = a, a_2 = b (a < b)$,

$$a_{n+2} = \frac{1}{2}(a_{n+1} + a_n) \quad (n \geq 1). \tag{1}$$

求 $\lim\limits_{n \to \infty} a_n$.

解法 1 (化二阶为一阶) 设 $\alpha + \beta = \frac{1}{2}, \alpha\beta = -\frac{1}{2} (\alpha < \beta)$,即 α, β 是数列 $\{a_n\}$ 的特征方程 $x^2 - \frac{1}{2}x - \frac{1}{2} = 0$ 的两个根,$\alpha =$

$-\dfrac{1}{2}$, $\beta = 1$, 于是式(1)可化为
$$a_{n+2} = (\alpha + \beta)a_{n+1} - \alpha\beta a_n.$$
从而有
$$a_n - \alpha a_{n-1} = a_{n-1} - \alpha a_{n-2} = a_2 - \alpha a_1 = \dfrac{a+2b}{2},$$
即
$$a_n = -\dfrac{1}{2}a_{n-1} + \dfrac{a+2b}{2} \quad (n \geqslant 2). \tag{2}$$

式(2)的递推函数为 $f(x) = -\dfrac{x}{2} + \dfrac{a+2b}{2}$. 令 $f(x) = x$, 解得不动点 $x_0 = \dfrac{a+2b}{3}$, 从而有
$$a_n - x_0 = -\dfrac{1}{2}(a_{n-1} - x_0) = (a_1 - x_0)\left(-\dfrac{1}{2}\right)^{n-1} \to 0,$$
故 $\lim\limits_{n\to\infty}(a_n - x_0) = 0$, $\lim\limits_{n\to\infty} a_n = x_0 = \dfrac{a+2b}{3}$.

解法 2 (待定系数法)设 $a_n = \lambda_1 \alpha^{n-1} + \lambda_2 \beta^{n-1}$ ($n \geqslant 2$), 把 $a_1 = a$, $a_2 = b$ 代入, 求出待定系数 λ_1, λ_2, 代入通项公式, 再求极限.

解法 3 (图解法)不妨设 $a < b$. 由式(1)可知, $(a_n, 0)$ 是 $(a_{n-1}, 0)$ 和 $(a_{n-2}, 0)$ 的中点, 图 3.14 反映了递推过程.

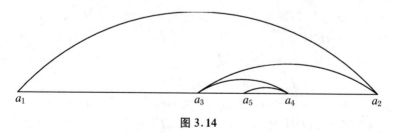

图 3.14

由图 3.14 可知
$$a_3 = a_1 + \dfrac{b-a}{2} = a + \dfrac{b-a}{2},$$

$$a_4 = a + \frac{b-a}{2} + \frac{b-a}{4},$$

$$a_5 = a + \frac{b-a}{2} + \frac{b-a}{4} - \frac{b-a}{8} = a + \frac{b-a}{2} + \frac{b-a}{8},$$

$$a_{2n-1} = a + \frac{b-a}{2} + \frac{b-a}{8} + \cdots = a + \frac{b-a}{2} \cdot \frac{1-\left(\frac{1}{4}\right)^{n-1}}{1-\frac{1}{4}},$$

因此

$$\lim_{n\to\infty} a_{2n-1} = a + \frac{2(b-a)}{3} = \frac{a+2b}{3}, \quad \lim_{n\to\infty} a_n = \frac{a+2b}{3}.$$

我们可以看出图解法不够严密.

例 3.4.2 设数列 $\{a_n\}$ 满足: $a_1 > 0, a_2 > 0$,

$$a_n = \sqrt{a_{n-1}} + \sqrt{a_{n-2}} \quad (n \geqslant 3). \tag{1}$$

(1) 设 $b_n = |a_n - 4|$,试证:存在 $N \in \mathbf{N}^*$,当 $n > N$ 时,

$$b_n < \frac{1}{3}(b_{n-1} + b_{n-2});$$

(2) 求 $\lim\limits_{n\to\infty} a_n$.

解 (1) 受(2)的启发,设 $\lim\limits_{n\to\infty} a_n = A$,则对式(1)的两边取极限,得到 $A = 4$. 另外,若 $a_1 > 4, a_2 > 4$,累次开平方后,总能找到 N,当 $n > N$ 时,必有 $0 < a_n, a_{n-1} < 4$. 因此,我们不妨设 $0 < a_1, a_2 < 4$,从而由式(1)可用数学归纳法证明:对一切 $n \in \mathbf{N}^*$, $0 < a_n < 4$ 恒成立(证明略).

(a) 若 $0 < a_1 \leqslant a_2 \leqslant 1$,则

$$a_3 = \sqrt{a_2} + \sqrt{a_1} > \sqrt{a_2} > a_2,$$

从而有 $0 < a_1 \leqslant a_2 < a_3$. 假设 $n = k (k \geqslant 3)$ 时, $0 < a_{k-2} \leqslant a_{k-1} < a_k$,则当 $n = k+1$ 时,由式(1)和归纳假设有

$$a_{k+1} - a_k = \sqrt{a_k} + \sqrt{a_{k-1}} - \sqrt{a_{k-1}} - \sqrt{a_{k-2}}$$
$$= (\sqrt{a_k} - \sqrt{a_{k-1}}) + (\sqrt{a_{k-1}} - \sqrt{a_{k-2}})$$
$$> 0,$$

第3章 递推数列的有界性和单调性问题

即当 $n=k+1$ 时, $a_{k+1}>a_k$. 这证明了: 从第 2 项起数列 $\{a_n\}$ 是严格递增的.

(b) 若 $0<a_2<a_1<1$, 则 $a_3>\sqrt{a_1}>a_1, a_3>\sqrt{a_2}>a_2$. 假设 $n=k$ 时, $a_k>a_{k-1}, a_k>a_{k-2}(k\geqslant 3)$, 则当 $n=k+1$ 时, 由式(1)和归纳假设得

$$a_{k+1}-a_k = \sqrt{a_k}+\sqrt{a_{k-1}}-\sqrt{a_{k-1}}-\sqrt{a_{k-2}}$$
$$= \sqrt{a_k}-\sqrt{a_{k-2}}>0,$$

即当 $n=k+1$ 时, $a_{k+1}>a_k$. 这样, 我们就证明了数列 $\{a_n\}$ 从第 3 项起是严格递增数列. 因此数列 $\{a_n\}$ 至少从第 3 项起是严格递增的, 且 $0<a_n<4$ 对一切 $n\in \mathbf{N}^*$ 恒成立(数列单调递增、有上界时, 必有极限). 于是, 我们可以找到自然数 N, 当 $n>N$ 时, $a_{N+1}>1$ (若不然, 对一切 $n\in \mathbf{N}^*$, $a_n<1$, 此数列 $\{a_n\}$ 有极限 A, 则 $A\leqslant 1$, 这与由式(1)求得的 $A=4$ 矛盾).

经过以上讨论, 我们不妨假设 $1<a_1<a_2$, 则易用数学归纳法证明: 对一切 $n\in \mathbf{N}^*, 1<a_n<a_{n+1}<4$ 恒成立(证明略).

设 $b_n=|a_n-4|$, 则 $b_n>0(n\geqslant 1)$. 由式(1)得

$$b_n = |(\sqrt{a_{n-1}}-2)+(\sqrt{a_{n-2}}-2)|$$
$$= \left|\frac{a_{n-1}-4}{\sqrt{a_{n-1}}+2}+\frac{a_{n-2}-4}{\sqrt{a_{n-2}}+2}\right|$$
$$\leqslant \frac{|a_{n-1}-4|}{\sqrt{a_{n-1}}+2}+\frac{|a_{n-2}-4|}{\sqrt{a_{n-2}}+2}$$
$$< \frac{1}{3}(b_{n-1}+b_{n-2}) \quad (n\geqslant 3).$$

因此

$$b_n<\frac{1}{3}(b_{n-1}+b_{n-2}) \quad (n\geqslant 3). \tag{2}$$

(2) 设 $\alpha+\beta=\frac{1}{3}, \alpha\beta=-\frac{1}{3}(\alpha<\beta)$, 则 α,β 是方程 $x^2-\frac{1}{3}x-\frac{1}{3}=0$ 的两个根, 其中

$$\alpha = \frac{1-\sqrt{13}}{6} < 0, \quad 0 < \beta = \frac{1+\sqrt{13}}{6} < 1.$$

由式(2)得 $b_n < (\alpha+\beta)b_{n-1} - \alpha\beta b_{n-2}$，即
$$b_n - \alpha b_{n-1} < \beta(b_{n-1} - \alpha b_{n-2}).$$

因为 $b_n > 0 (n \geq 1)$，$\alpha < 0$，所以
$$0 < b_n < b_n - \alpha b_{n-1} < \beta^{n-2}(b_2 - \alpha b_1).$$

因为 $0 < \beta < 1$，所以 $\lim\limits_{n\to\infty} \beta^{n-2} = 0$，从而有
$$\lim_{n\to\infty} b_n = 0, \quad \lim_{n\to\infty} a_n = 4.$$

练 习 3

1. 设数列 $\{a_n\}$ 满足：
$$a_1 = \sqrt{2}, \quad a_2 = \sqrt{2+\sqrt{2}}, \quad a_n = \underbrace{\sqrt{2+\sqrt{2+\cdots+\sqrt{2}}}}_{n\text{层根号}}.$$

求证：$\dfrac{1}{4} < \dfrac{2-a_n}{2-a_{n-1}} < \dfrac{2}{7} (n \geq 2)$，且 $\lim\limits_{n\to\infty} a_n = 2$.

2. 设数列 $\{a_n\}$ 满足：$a_1 = \sqrt{a} > 0, a_{n+1} = \sqrt{a+a_n} (n \geq 1)$.

(1) 求证：$\sqrt{a} \leq a_n < a_{n+1} < \dfrac{1+\sqrt{1+4a}}{2}$ 对一切 $n \in \mathbf{N}^*$ 恒成立；

(2) 求 $\lim\limits_{n\to\infty} a_n$.

3. 设 $a_1 > 0$，且 $a_1 \neq 1, a_{n+1} = \dfrac{a_n(a_n^2+3)}{3a_n^2+1} (n \geq 1)$.

(1) 试证：数列 $\{a_n\}$ 或对一切自然数 n 是递增的，或对一切自然数 n 是递减的.

(2) 数列 $\{a_n\}$ 有没有极限？若有，请求出；若否，请说明理由.

4. 已知数列 $\{a_n\}$ 满足：$a_1 = 1, a_{n+1} = \dfrac{a_n+4}{a_n+1} (n \in \mathbf{N}^*)$. 试比较 a_{2n} 与 2 的大小.

5. 设数列 $\{a_n\}$ 满足：$-1 < a_1 < \sqrt{2}-1, a_{n+1} = \dfrac{1}{a_n+2} (n \in \mathbf{N}^*)$.

(1) 求证：$a_{2n-1} < a_{2n+1} < \sqrt{2}-1 < a_{2n+2} < a_{2n}$ 对一切 $n \in \mathbf{N}^*$ 成立；

(2) 设 $b_n = \dfrac{1}{a_n - (\sqrt{2}-1)}$ ($n \geq 1$),求出数列 $\{b_n\}$ 的通项公式;

(3) 证明:$\lim\limits_{n \to \infty} a_n = \sqrt{2} - 1$.

6. 已知数列 $\{a_n\}$ 满足:$-1 < a_1 < 1$,且 $a_1 \neq 0$
$$a_{n+1} = -\frac{1}{3}a_n^3 + a_n \quad (n \in \mathbf{N}^*).$$
试判断数列 $\{a_n\}$ 的单调性.

7. 设 $r > 0$ 是 $\sqrt{5}$ 的一个有理数近似值.证明:$\dfrac{2r+5}{r+2}$ 是 $\sqrt{5}$ 的一个更好的有理数近似值,并将本题的结论推广到一般的 $\sqrt{a}$.

8. 设数列 $\{a_n\}$ 满足:$a_1 = \sqrt{2}, a_{n+1} = (\sqrt{2})^{a_n}$ ($n \geq 1$).

(1) 证明:$a_n < a_{n+1}$ 对一切 $n \in \mathbf{N}^*$ 恒成立;

(2) 求 $\lim\limits_{n \to \infty} a_n$.

9. 设数列 $\{a_n\}$ 满足:$a_0 = 5, a_1 = \dfrac{26}{5}$,
$$a_{n+1} = a_n + \frac{a_{n-1}}{a_{n-1}^2 + 1} \quad (n \geq 1). \tag{1}$$
求证:$45 < a_{1000} < 45.1$.

10. 数列 $\{a_n\}$,$\{b_n\}$,$\{c_n\}$ 满足:$a_1 = 2, b_1 = 4, c_1 = \dfrac{6}{7}$,且对一切 $n \in \mathbf{N}^*$,
$$a_{n+1} = \frac{2a_n}{a_n^2 - 1}, \quad b_{n+1} = \frac{2b_n}{b_n^2 - 1}, \quad c_{n+1} = \frac{2c_n}{c_n^2 - 1}$$
恒成立.

(1) 证明:这三个数列都是无穷项数列.

(2) 是否存在正整数 N,使得 $a_N + b_N + c_N = 0$?

11. 设数列 $\{a_n\}$,$\{b_n\}$ 满足:a_1, b_1 是给定的实数,且 $a_1 < b_1$,
$$a_n = \frac{a_{n-1} + b_{n-1}}{2}, \quad b_n = \frac{a_{n-1} + 2b_{n-1}}{3} \quad (n \geq 2).$$
证明:这两个数列有公共的极限 L,且 $a_1 < L < b_1$,并求出 L.

12. 已知数列 $\{a_n\}$,$\{b_n\}$ 满足:$a_1 = 3, b_1 = 2$,
$$a_{n+1} = \frac{a_n + b_n}{2}, \quad b_{n+1} = \frac{2a_n b_n}{a_n + b_n}.$$

(1) 求证:$2 \leqslant b_n < b_{n+1} < a_{n+1} < a_n \leqslant 3$ 对一切 $n \in \mathbf{N}^*$ 恒成立;

(2) 求 a_n 和 b_n;

(3) 求 $\lim\limits_{n \to \infty} a_n$ 和 $\lim\limits_{n \to \infty} b_n$.

13. 设数列 $\{a_n\}$ 满足:$a_1 = a_2 = 1$,

$$a_n = \frac{1}{a_{n-1}} + \frac{1}{a_{n-2}} \quad (n \geqslant 3).$$

求 $\lim\limits_{n \to \infty} a_n$ 及其收敛速度.

14. 设有任意正整数数列 $\{a_n\}$,且 $a_1 > 1$. 证明:存在严格递增的正整数数列 $a_1, a_2, a_3, \cdots$,使得对任意 $n \geqslant 1$,$a_1^2 + a_2^2 + \cdots + a_{n-1}^2 + a_n^2$ 能被 $a_1 + a_2 + \cdots + a_{n-1} + a_n$ 整除.

第4章 周期数列

4.1 基本概念

提到周期数列,人们自然会联想到周期函数的概念.周期函数的定义为:如果存在常数 $T\neq 0$,使得函数 $f(x)$ 对定义域中的每一 x,恒有 $f(x+T)=f(x)$ 成立,则称函数 $f(x)$ 为周期函数,T 称为周期函数 $f(x)$ 的周期,T 的最小正值称为最小正周期(简称为周期).

如果周期为 T 的函数 $f(x)$ 是定义在整数集合(或其子集)上的离散函数,记 $a_n = f(n)$ $(n\in \mathbf{Z})$,则有 $a_{n+T} = f(n+T) = f(n) = a_n$,这样就为我们定义周期数列提供了依据.

定义 4.1.1 对于数列 $\{a_n\}$,若存在正整数 T,使得从数列 $\{a_n\}$ 的第 N 项起,恒有

$$a_{n+T} = a_n \quad (n \geqslant N)$$

成立,则称数列 $\{a_n\}$ 为从第 N 项起的周期为 T 的**周期数列**.T 的最小值称为**最小周期**.当 $N=1$ 时,称数列 $\{a_n\}$ 为**纯周期数列**;当 $N\geqslant 2$ 时,称为**混周期数列**(这个概念是从纯循环小数和混循环小数的概念类比过来的).

例如,数列 $\{i^n\}$ $(n\in \mathbf{N}^*)$ 是周期为 4 的纯周期数列,其中 i 为虚数单位;数列 $\{a_n\}$:$1,1,2,-1,3,2,-1,3,2,-1,3,\cdots$ 是从第 3 项起的周期为 3 的混周期数列.

周期函数与周期数列的共同点是都有周期.不同点有两个:一是周期函数的定义域可以是全体实数,或至少是 $[a,+\infty)$(T 是正值时),但周期数列的定义域一般指 $\mathbf{N}^*$(除非需要扩充到整数集合 $\mathbf{Z}$);二是周期函数不一定有最小正周期,如函数

$$D(x) = \begin{cases} 0 & (x \text{ 为有理数}), \\ 1 & (x \text{ 为无理数}), \end{cases}$$

任意有理数 $T\neq 0$，都使 $D(x+T)=D(x)$，故无最小正周期，但根据定义，周期数列必有最小正周期．

若不加特别说明，我们所研究的都是无穷数列．

定理 4.1.1 周期数列的值域必是有限数集．

证 设数列 $\{a_n\}$ 是从第 N 项起的周期为 T 的周期数列，则由定义知
$$a_n \in \{a_1, a_2, \cdots, a_{N-1}, a_N, a_{N+1}, \cdots, a_{N+T-1}\} \quad (n \in \mathbf{N}^*),$$
即周期数列 $\{a_n\}$ 的值域是有限数集．

推论 1 若周期数列 $\{a_n\}$ 的周期 $T \geqslant 2$，则 $\lim\limits_{n\to\infty} a_n$ 不存在．

下面是它的逆否命题．

推论 2 若数列 $\{a_n\}$ 不是从某一项起的常数列，且 $\lim\limits_{n\to\infty} a_n$ 存在，则数列 $\{a_n\}$ 必定不是周期数列．

推论 3 若数列 $\{a_n\}$ 是严格递增数列，则数列 $\{a_n\}$ 不是周期数列．

推论 4 周期数列 $\{a_n\}$ 中至少有两项是相等的．

定理 4.1.1 的逆命题不一定成立．例如，数列 $\{a_n\}$：1,2,1,2, 2,1,2,2,2,1,2,2,2,$\cdots$，第 n 个 1 后跟着 n 个 2，它的值域是 $\{1,2\}$，但数列 $\{a_n\}$ 不是周期数列．

我们自然会问：值域是有限数集的数列 $\{a_n\}$，加上什么条件才能成为周期数列？下面的定理回答了这一问题．

定理 4.1.2 值域是有限数集的递推数列是周期数列．

证 设数列 $\{a_n\}$ 的值域是一有限数集 D，且满足
$$a_{n+r} = f(a_{n+r-1}, a_{n+r-2}, \cdots, a_n) \quad (n \geqslant 1),$$
其中递推函数 f 是 $D \to D$ 的 r 元函数，$D = \{b_1, b_2, \cdots, b_M\}$．

考察有序数组：
$$(a_1, a_2, \cdots, a_r), (a_2, a_3, \cdots, a_{r+1}), \cdots, (a_n, a_{n+1}, \cdots, a_{n+r-1}), \cdots, \tag{1}$$
并且规定，当且仅当 $a_m = a_n, a_{m+1} = a_{n+1}, \cdots, a_{m+r-1} = a_{n+r-1}$ 时，两有序数组相等，即 $(a_m, a_{m+1}, \cdots, a_{m+r-1}) = (a_n, a_{n+1}, \cdots,$

$a_{n+r-1})(n \geqslant 1, m > n)$.

显而易见,在有序数组(1)中不相同的至多有 M^r 个. 由抽屉原理可知,在有序数组(1)中的前 M^r+1 项中,至少有两个是相等的,不妨设

$$(a_N, a_{N+1}, \cdots, a_{N+r-1}) = (a_{N+T}, a_{N+1+T}, \cdots, a_{N+r-1+T}),$$

从而有 $a_N = a_{N+T}$, $a_{N+1} = a_{N+1+T}$, $\cdots$, $a_{N+r-1} = a_{N+r-1+T}$,其中 $N+r-1+T \leqslant M^r+1$.

我们用数学归纳法证明:当 $n \geqslant N$ 时,恒有 $a_{n+T} = a_n$ 成立.

归纳法的奠基成立. 假设当 $n \leqslant k$ ($k \geqslant N+r-1$) 时,$a_{n+T} = a_n$ 都成立,则当 $n = k+1$ 时,由于

$$a_{k+1+T} = f(a_{k+T}, a_{k-1+T}, \cdots, a_{k-r+1+T})$$
$$= f(a_k, a_{k-1}, \cdots, a_{k-r+1}) = a_{k+1},$$

即当 $n = k+1$ 时,命题成立,所以对一切 $\geqslant N$ 的自然数 n, $a_{n+T} = a_n$ 恒成立. 按定义,数列 $\{a_n\}$ 是从第 N 项起的周期为 T 的周期数列.

推论 若 T 是周期数列 $\{a_n\}$ 的最小周期,则 kT ($k \in \mathbf{N}^*$) 也是它的周期.

定理 4.1.2 在判定数列是否为周期数列时很有效,但是要确定其周期为多大,需要给出初始项的值,然后递推,直至出现相同的初始项,然后再确定其周期.

例 4.1.1 设数列 $\{a_n\}$ 满足: $a_1 = a_2 = 1$, $a_3 = -1$, $a_n = a_{n-1}a_{n-3}$ ($n \geqslant 4$). 求 a_{2013} 的值.

解 遇到求 a_{2013} 这样的问题,一是判断数列 $\{a_n\}$ 是否是周期数列,二是考虑求出数列 $\{a_n\}$ 的通项公式 a_n. 经计算,$\{a_n\}$: $a_1 = 1$, $a_2 = 1$, $a_3 = -1$, $a_4 = -1$, $a_5 = -1$, $a_6 = 1$, $a_7 = -1$, $a_8 = 1$, $a_9 = 1$, $a_{10} = -1$, $\cdots$. 因 $a_1 = a_8 = 1$, $a_2 = a_9 = 1$, $a_3 = a_{10} = -1$,所以经过递推可以不断循环(可以用归纳法证明),故数列 $\{a_n\}$ 是周期为 7 的纯周期数列. 因为 $2013 = 7 \cdot 287 + 4$,所以 $a_{2013} = a_4 = -1$.

例 4.1.2 设 f 是从集合 $M = \{1, 2, \cdots, 1988\}$ 到 M 的映射,

定义 $a_1 = f(1)$,
$$a_{n+1} = f(a_n) \quad (n \geqslant 1).$$
问是否存在一个整数 m,使得 $a_{2m} = a_m$?

解 因为数列 $\{a_n\}$ 的值域是有限数集,可以仿照定理 4.1.2 的证明,证明数列 $\{a_n\}$ 是从第 N 项起的周期为 T 的周期数列,即对一切 $\geqslant N$ 的自然数 n,恒有
$$a_{n+T} = a_n$$
成立.

若 $N \leqslant T$,在 $a_{n+T} = a_n$ 中,取 $m = n = T$,则有 $a_{2m} = a_m$;若 $N > T$,则 $N \leqslant NT$. 因为 $a_{n+NT} = a_n$,所以可取 $m = n = NT$,使得 $a_{2m} = a_m$.

因此存在整数 m,使得 $a_{2m} = a_m$.

例 4.1.3 设实数列 $\{a_n\}$ 满足:$a_1 = a \neq 0, a_2 = 1$,
$$a_n = \frac{a_{n-1}^2 - 5}{a_{n-2}} \quad (n \geqslant 3).$$
若数列 $\{a_n\}$ 是周期为 4 的纯周期数列,试求 a 的值.

解 根据定义,$\{a_n\}$ 是周期为 4 的纯周期数列,必须有 $a_3 \neq a_1$ 且 $a_4 \neq a_2$,而且 $a_1 = a_5, a_2 = a_6$. 由已知条件得
$$a_3 = -\frac{4}{a}, \quad a_4 = \frac{16}{a^2} - 5, \quad a_5 = \frac{a_4^2 - 5}{a_3}.$$
令 $a_5 = a_1$,得到
$$\left(\frac{16}{a^2} - 5\right)^2 - 5 = -4,$$
即
$$\left(\frac{16}{a^2} - 4\right)\left(\frac{16}{a^2} - 6\right) = 0,$$
解得 $a = \pm 2$ 或 $a = \pm \frac{2\sqrt{6}}{3}$.

当 $a = \pm 2$ 时,经验算,$a_1 \neq a_3$ 且 $a_2 \neq a_4$,又 $a_6 = a_2 = 1$,符合题意;

当 $a = \pm\dfrac{2\sqrt{6}}{3}$ 时,$a_6 = -\dfrac{7}{3} \neq a_2 = 1$,不符合题意.

因此,$a = \pm 2$.

定理 4.1.3 若 T 是周期数列 $\{a_n\}$ 的最小周期,T' 是周期数列 $\{a_n\}$ 的另一周期,则 $T | T'$,即 $T' = kT(k > 1, k \in \mathbf{N}^*)$.

证 设 $\{a_n\}$ 是从第 N 项起的最小周期为 T 的周期数列,即对一切 $\geqslant N$ 的自然数 n,恒有
$$a_{n+T} = a_n \quad (n \geqslant N).$$
假设 $T \nmid T'$,则有 $T' = qT + r(q \in \mathbf{N}^*, r = 1, 2, \cdots, T-1)$,则由已知,从第 N 项起
$$a_{n+T'} = a_n,$$
即 $a_{n+qT+r} = a_{n+r}$,从而 $a_{n+r} = a_n$ 对一切 $\geqslant N$ 的自然数 n 恒成立,即 r 也是周期数列 $\{a_n\}$ 的一个周期,这与所设 T 是数列 $\{a_n\}$ 最小周期矛盾,故 $T | T'$,$T' = kT(k > 1, k \in \mathbf{N}^*)$.

定理 4.1.4 如果数列 $\{a_n\}$,$\{b_n\}$ 都是周期数列,则数列 $\{a_n \pm b_n\}$,$\{a_n b_n\}$,$\left\{\dfrac{a_n}{b_n}\right\}(b_n \neq 0)$ 也都是周期数列.

证 我们选择其中的一个结论证明,其余的留给读者.

设 $\{a_n\}$ 和 $\{b_n\}$ 分别是从第 N_1 项和第 N_2 项起的周期分别是 T_1 和 T_2 的周期数列,则当 $n \geqslant \max\{N_1, N_2\}$ 时,恒有
$$a_{n+[T_1, T_2]} \pm b_{n+[T_1, T_2]} = a_n \pm b_n$$
成立,其中 $[T_1, T_2]$ 是 T_1,T_2 的最小公倍数,故数列 $\{a_n \pm b_n\}$ 是周期数列,其最小周期 $T | [T_1, T_2]$.

定理 4.1.5 设数列 $\{a_n\}$,$\{b_n\}$ 满足:$b_n = f(a_n)$,其中 $f(x)$ 的反函数存在,则数列 $\{b_n\}$ 是周期数列的充要条件是,数列 $\{a_n\}$ 为周期数列,且两数列的周期相等.

证 必要性.设 $\{b_n\}$ 是从第 N 项起的最小周期为 T 的周期数列.由已知条件得
$$a_n = f^{-1}(b_n),$$

因此,从第 N 项起有
$$a_{n+T} = f^{-1}(b_{n+T}) = f^{-1}(b_n) = a_n \quad (n \geqslant N),$$
即数列 $\{a_n\}$ 是从第 N 项起的周期为 T 的周期数列,它的最小周期 $T_1 \mid T$.

反之,由于
$$b_{n+T_1} = f(a_{n+T_1}) = f(a_n) = b_n,$$
即 T_1 也是数列 $\{b_n\}$ 的一个周期,故 $T \mid T_1$.

因为 $T_1 \mid T$,且 $T \mid T_1$,所以 $T = T_1$.必要性得证.

充分性的证明是类似的,留给读者.

例 4.1.4 设数列 $\{a_n\}$ 满足:$a_1 = a (0 \leqslant a \leqslant 1)$,
$$a_{n+1} = 2a_n(1 - a_n) \quad (n \geqslant 1). \tag{1}$$
试判断数列 $\{a_n\}$ 是否为周期为 2 的周期数列.

解法 1 (反证法)数列 $\{a_n\}$ 的递推函数为 $f(x) = 2x(1-x)$.令 $f(x) = x$,解得不动点 $x = 0$ 和 $x = \frac{1}{2}$.当 $a_1 = 0$ 时,$a_n = 0$ $(n \in \mathbf{N}^*)$;当 $a_1 = \frac{1}{2}$ 时,$a_n = \frac{1}{2} (n \in \mathbf{N}^*)$.它们都是周期为 1 的纯周期数列.当 $a_1 = 1$ 时,由式(1),$a_2 = 0$,从而 $a_n = 0 (n \geqslant 2)$,此时,数列 $\{a_n\}$ 是从第 2 项起的周期为 1 的混周期数列.这说明要使命题有可能成立,必须要求 $0 < a < 1$,且 $a \neq \frac{1}{2}$.

假设数列 $\{a_n\}$ 是从第 N 项起的周期为 2 的周期数列,则有 $a_{N+2} = a_N$,从而由式(1)得
$$a_{N+2} = 2a_{N+1} - 2a_{N+1}^2$$
$$= 2(2a_N - 2a_N^2) - 2(2a_N - 2a_N^2)^2 = a_N,$$
整理得
$$a_N(2a_N - 1)(4a_N^2 - 6a_N + 3) = 0. \tag{2}$$
因为 $4a_N^2 - 6a_N + 3 > 0$ 恒成立,又 $a_n \neq 0, a_n \neq \frac{1}{2}$,所以式(2)不成立,矛盾,从而数列 $\{a_n\}$ 不可能是周期为 2 的周期数列.

第4章 周期数列

解法 2 在解法 1 中,我们已证明了 $0<a<1$,且 $a\neq\dfrac{1}{2}$. 当 $0<a_1<\dfrac{1}{2}$ 时,$0<a_n<a_{n+1}<\dfrac{1}{2}$ 对一切 $n\in\mathbf{N}^*$ 恒成立,且 $\lim\limits_{n\to\infty}a_n=\dfrac{1}{2}$;当 $\dfrac{1}{2}<a_1=a<1$ 时,$0<a_n<a_{n+1}<\dfrac{1}{2}(n\geqslant 2)$,且 $\lim\limits_{n\to\infty}a_n=\dfrac{1}{2}$. 故数列 $\{a_n\}$ 不是周期为 2 的周期数列.

上面的结论请读者参照例 3.1.7 自行证明. 根据定理 4.1.1 的推论 2,由于 $\lim\limits_{n\to\infty}a_n$ 存在,数列 $\{a_n\}$ 不是周期数列,更不要说是周期为 2 的周期数列.

例 4.1.5 随意写一个十进制的正整数(如 2 583),然后求这个数的各个数码的平方和($2^2+5^2+8^2+3^2=102$),对得到的数(102)再用这种方法处理($1^2+0^2+2^2=5$),并如此进行下去($5^2=25,2^2+5^2=29,2^2+9^2=85,\cdots$).

证明:如果这个过程不把原来的数变成 1(1 的平方还是 1,所以以后永远是 1),就必然会变成 145,然后便出现 145,42,20,4,16,37,58,89 这样一个周期循环.

证 我们用
$$L_0 = a_n \cdot 10^{n-1} + a_{n-1} \cdot 10^{n-2} + \cdots + a_2 \cdot 10 + a_1$$
表示一个任意 n 位的十进制正整数,其中 $a_i\in\{0,1,2,\cdots,9\}(i=1,2,\cdots,n)$,$a_n\neq 0$,并用
$$L_1,L_2,L_3,\cdots,L_n,\cdots \tag{1}$$
表示由 L_0 产生的逐次各位数码平方和的数列.

设 $f(a)$ 是正整数 a 的各位数码的平方和,则
$$L_n = f(L_{n-1}) \quad (n\geqslant 1),$$
即数列 $\{L_n\}$ 是递推数列.

因为 $L_n\in\{1,2,\cdots,\underbrace{99\cdots 9}_{n\text{个}}\}(n\geqslant 0)$,所以由定理 4.1.2 可知数列 $\{L_n\}$ 是周期数列.

因为 $L_1 = a_n^2 + a_{n-1}^2 + \cdots + a_2^2 + a_1^2$,所以有

$$L_0 - L_1 = (10^{n-1} - a_n)a_n + (10^{n-2} - a_{n-1})a_{n-1} + \cdots$$
$$+ (10^3 - a_4)a_4 + (10^2 - a_3)a_3 + (10 - a_2)a_2$$
$$- (a_1 - 1)a_1.$$

不难看出
$$(a_1 - 1)a_1 \leqslant 72,$$
而且当 $n \geqslant 3(a_n \neq 0)$ 时,
$$(10^{n-1} - a_n)a_n \geqslant 99,$$
且有
$$(10^{i-1} - a_i)a_i \geqslant 0 \quad (i = 2, 3, \cdots, n-1),$$
所以 $L_0 - L_1 \geqslant 99 - 72 > 0, L_0 > L_1$.

从上面证明的结论可知,当数列(1)的各项还不小于某 3 位数之前,后面的项恒小于前面的项,即数列(1)的这部分是递减的.因为数列 $\{L_n\}$ 的值域是有限数集,所以任意一个大于 3 位数的正整数 L_0,经过 $L_n = f(L_{n-1})$ 有限次递推后,必定有一项会变成不大于某 3 位数的正整数.

因此,要判断本题的结论是否正确,只需要研究 L_0 是 3 位数这种情况就可以了.

设 $L_0 = a_3 \cdot 10^2 + a_2 \cdot 10 + a_1 (a_3 \neq 0)$,则
$$L_1 = a_3^2 + a_2^2 + a_1^2,$$
从而有
$$L_0 - L_1 = (100 - a_3)a_3 + (10 - a_2)a_2 - (a_1 - 1)a_1$$
$$\geqslant 99 - 72 = 27,$$
即有 $L_1 \leqslant L_0 - 27$.

同理,若 L_1 还是一个 3 位数,则 $L_2 \leqslant L_1 - 27$;若 L_2 还是一个 3 位数,则 $L_3 \leqslant L_2 - 27$. 如此递推下去,数列(1)中的某个项必是一个 2 位数.不妨设这个项为
$$L_q = 10j + k \quad (j, k \in \{0, 1, 2, \cdots, 9\}, j \neq 0),$$
$L_{q+1} = j^2 + k^2$.因为把 L_q 改写成 $L_q = 10k + j$,则 $L_{q+1} = j^2 + k^2$,即 L_q 经递推的后续各项 $L_{q+1}, L_{q+2}, L_{q+3}, \cdots$ 不变,所以在 L_q

第4章 周期数列

中，可令 $j \geq k \geq 0, j \geq 1$.

当 $L_q = 10j + k$ ($j \geq k \geq 0, j \geq 1$) 时，$L_{q+1}$ 是表 4.1 中的某个数. 因为 $j \geq k \geq 0, j \geq 1$，所以表 4.1 的右上方是空的.

表 4.1

L_{q+1} \ k / j	0	1	2	3	4	5	6	7	8	9
1	1	2								
2	4	5	8							
3	9	10	13	18						
4	16	17	20	25	32					
5	25	26	29	34	41	50				
6	36	37	40	45	52	81	72			
7	49	50	53	58	65	74	85	98		
8	64	65	68	73	80	89	100	113	128	
9	81	82	85	90	97	106	117	130	145	162

我们把表 4.1 中的 1, 10, 100 先拿掉，因为它们的后续各项都是 1，构成了从某一项起的周期为 1 的周期数列；然后再拿掉

$$145, 42, 20, 4, 16, 37, 58, 89$$

这八个数，这是因为只要出现上述八个数中的一个，那么，它的后续各项就会依次出现上述八个数的周期循环.

此外，还可拿掉

$$2, 40, 50, 52, 61, 73, 80, 81, 85, 90, 98, 130$$

这些数. 因为这些数与前面拿掉的数以及与表中余下的数区别，只是数码排列的不同或只多了一个数码 0 而已. 例如，对于前面八个数，2 与 20，40 与 4，61 与 16，73 与 37，85 与 58，98 与 89 有这种区别；对于表中余下的数，50 与 5，52 与 25，80 与 8，81 与 18，90 与 9，

130 与 13 等有这种区别.这样一来,用于检验本题结论是否正确的数只剩下 28 个了,它们是 5,8,9,13,17,18,25,26,29,32,34,36,41,45,,49,53,64,65,68,72,74,82,97,106,113,,117,128,162.

我们对这 28 个数列表检验.

表 4.2 的第 1 栏是被检验的数,第 2 栏是被检验数的后续各项,直至出现最前面被拿掉的 $3+8=11$ 个数中的一个为止,这就说明本题的结论成立.

表 4.2

L_{q+1}	$L_{q+2},\cdots$
5	25,29,85,89
8	64,52,37
9	81,65,61,37
18	65,,61,37
32	13,10
36	45,41,17,50,25,29,85,89
49	97,130,10
⋮	⋮

我们不再一一检验,但是应指出用来被检验的各数,最终都能变成前面所指定的 11 个数;而一旦出现这 11 个数中的一个,这个数的后续各项将会出现周期循环,周期是 1 或 8.因此本题的结论成立.

下面这个例子,虽然不属于周期数列的范畴,但它是用周期性思想去解决的.

例 4.1.6 从 2 与 7 开始,数列 2,7,1,4,7,4,2,8,⋯ 的构造方法是:把这个数列相邻的前两项相乘,如果得到一个 1 位数,则此 1 位数作为第 3 项;如果得到一个 2 位数,则此 2 位数的两个位上的数码依次作为第 3 项、第 4 项,依次类推.证明:数字 6 在此构造的数列中出现无穷多次.

证 观察此数列的前若干项:2,7,1,4,7,4,2,8,2,8,8,1,6, 1,6,1,6,⋯.按照此数列的构造方法,当数列中第 1 次出现连续四项 2,8,2,8 时,进行递推,后面会出现数字 6 的情况是

$$2,8,2,8 \Rightarrow \cdots$$
$$\Rightarrow 1,6,1,6,1,6 \Rightarrow \cdots$$
$$\Rightarrow 6,6,6,6,6 \Rightarrow \cdots$$
$$\Rightarrow 3,6,3,6,3,6,3,6 \Rightarrow \cdots$$
$$\Rightarrow 1,8,1,8,\cdots,1,8 \Rightarrow \cdots$$
$$\Rightarrow 8,8,8,\cdots,8,8 \Rightarrow \cdots$$
$$\Rightarrow \underline{6,4,6,4,\cdots,6,4,6,4} \Rightarrow \cdots$$
$$\Rightarrow 2,4,2,4,\cdots,2,4,2,4 \Rightarrow \cdots$$
$$\Rightarrow 8,8,8,8,\cdots,8,8 \Rightarrow \cdots$$
$$\Rightarrow \underline{6,4,6,4,\cdots,6,4,6,4} \Rightarrow \cdots$$

从上述定义过程,我们可以看出,"6,4,6,4,6,4⇒⋯⇒6,4,6,4,⋯,6,4"的"周期"——我们想象的——为 3,而且每经过一个"周期",含"6,4"的项在增多,因此数字 6 在所构造的数列中出现无穷多次.

4.2 判定周期性的方法

(1) 若数列 $\{a_n\}$ 从某一项开始不是常数列,且 $\lim\limits_{n\to\infty}a_n$ 存在或数列 $\{a_n\}$ 是严格递增数列,则数列 $\{a_n\}$ 不是周期数列(定理 4.1.1 的推论).例如例 4.1.3 的解法 2.

(2) 值域是有限数集的递推数列是周期数列(定理 4.1.2).

如例 4.1.5,判定其是周期数列容易,但确定其周期长较为困难,一般情况下需要给出初始项,逐项递推后才能确定.

(3) 从数列的递推式导出周期性.例如例 4.1.1.

例 4.2.1 有一个数列 $x_1,x_2,\cdots,x_n,\cdots$,已知其中任意连续三项的和都为 20,并且 $x_4=9,x_{12}=7$.求 x_{2000} 的值.

解法1 由已知条件可得
$$x_{n+1} + x_{n+2} + x_{n+3} = 20,$$
$$x_n + x_{n+1} + x_{n+2} = 20,$$
两式相减,得
$$x_{n+3} = x_n \quad (n \geqslant 1),$$
即数列 $\{x_n\}$ 是周期为 3 的纯周期数列,从而有 $x_4 = x_1 = 9$, $x_{12} = x_3 = 7$, $x_2 = 20 - x_1 - x_3 = 4$. 因为 $2\,000 = 3 \cdot 666 + 2$,所以 $x_{2\,000} = x_2 = 4$.

解法2 将递推式 $x_n + x_{n+1} + x_{n+2} = 20 \, (n \geqslant 1)$ 作如下变换:
$$\left(x_n - \frac{20}{3}\right) + \left(x_{n+1} - \frac{20}{3}\right) + \left(x_{n+2} - \frac{20}{3}\right) = 0,$$
并设 $b_n = x_n - \frac{20}{3}$,则有 $b_n + b_{n+1} + b_{n+2} = 0$,它的特征方程为 $x^2 + x + 1 = 0$,此方程的两个根 α, β 是 1 的立方共轭虚根, $\alpha^3 = \beta^3 = 1$. 由 $b_n = \lambda_1 \alpha^n + \lambda_2 \beta^n$,有 $b_{n+3} = b_n$,故数列 $\{b_n\}$ 是周期为 3 的纯周期数列. 再由定理 4.1.5 可知,数列 $\{x_n\}$ 也是周期为 3 的纯周期数列.

例 4.2.2 设整数数列 $\{a_n\}$ 满足:
$$a_n = a_{n-1} - a_{n-2} \quad (n \geqslant 3). \tag{1}$$
如果前 1 492 项的和是 1 985,而前 1 985 项的和是 1 492,那么前 2 012 项的和是多少?

解 设 S_n 为数列 $\{a_n\}$ 的前 n 项和,则由式(1)得
$$S_n = a_n + a_{n-1} + \cdots + a_3 + a_2 + a_1$$
$$= (a_{n-1} - a_{n-2}) + (a_{n-2} - a_{n-3}) + \cdots + (a_2 - a_1) + a_2 + a_1$$
$$= a_{n-1} + a_2,$$
即
$$S_n = a_{n-1} + a_2. \tag{2}$$
由式(1)得
$$a_{n+3} = a_{n+2} - a_{n+1} = (a_{n+1} - a_n) - a_{n+1} = -a_n,$$

所以
$$a_{n+6} = -a_{n+3} = -(-a_n) = a_n \quad (n \geq 1), \quad (3)$$
从而数列 $\{a_n\}$ 是周期为 6 的纯周期数列.

由式(2)和式(3)以及已知条件,得
$$S_{1492} = a_{1491} + a_2 = a_3 + a_2 = 1985,$$
$$S_{1985} = a_{1984} + a_2 = a_4 + a_2$$
$$= (a_3 - a_2) + a_2 = a_3 = 1492,$$
于是有 $a_2 = 1985 - 1492 = 493$,从而 $a_1 = a_2 - a_3 = 493 - 1492 = -999$,故
$$S_{2012} = a_{2011} + a_2 = a_1 + a_2 = -999 + 493 = -506.$$

例 4.2.3 设数列 $\{a_n\}$ 中,a_1, a_2 是方程 $z^2 + iz - 1 = 0$ 的两个根,当 $n \geq 2$ 时,有
$$(a_{n+1}a_{n-1} - a_n^2) + i(a_{n+1} + a_{n-1} - 2a_n) = 0, \quad (1)$$
其中 i 是虚数单位. 证明:对一切 $n \in \mathbf{N}^*$,都有
$$a_n^2 + a_{n+1}^2 + a_{n+2}^2 = a_n a_{n+1} + a_{n+1} a_{n+2} + a_n a_{n+2}.$$

证 从方程 $z^2 + iz - 1 = 0$ 解得
$$z = \frac{-i \pm \sqrt{3}}{2} = i \cdot \frac{-1 \mp \sqrt{3}i}{2}.$$

不妨设 $a_1 = i\bar{\omega}, a_2 = i\omega$,其中 $\omega = -\frac{1}{2} + \frac{\sqrt{3}}{2}i$,$\omega$ 是 1 的立方虚根,$\omega^2 + \omega + 1 = 0, \omega^3 = 1, \bar{\omega}^3 = 1, \omega^2 = \bar{\omega}, \omega\bar{\omega} = |\omega|^2 = 1.$

对式(1)整理,得
$$a_n^2 + 2ia_n + i^2 = a_{n+1}a_{n-1} + ia_{n+1} + ia_{n-1} + i^2,$$
即
$$(a_n + i)^2 = (a_{n+1} + i)(a_{n-1} + i). \quad (2)$$

若存在某一个自然数 n,使得 $a_{n+1} + i = 0$,则由式(2)得 $a_n + i = 0$,这样可以通过式(2)经过有限次倒推,使得 $a_2 + i = 0$,这与已知矛盾. 从而对一切 $n \in \mathbf{N}^*, a_n + i \neq 0$. 这样,我们就可以从式(2)得

$$\frac{a_{n+1}+i}{a_n+i}=\frac{a_n+i}{a_{n-1}+i} \quad (n\geqslant 2),$$

于是有

$$\frac{a_{n+1}+i}{a_n+i}=\frac{a_n+i}{a_{n-1}+i}=\frac{a_{n-1}+i}{a_{n-2}+i}=\cdots=\frac{a_2+i}{a_1+i}$$

$$=\frac{i(\omega+1)}{i(\overline{\omega}+1)}=\frac{-\omega^2}{-\overline{\omega}^2}=\frac{\omega^2\overline{\omega}}{\overline{\omega}^3}=\omega,$$

从而

$$a_{n+1}+i=\omega(a_n+i) \quad (n\geqslant 1). \quad (3)$$

式(3)说明,数列$\{a_n+i\}$是首项为a_1+i、公比为ω的等比数列,从而

$$a_n=(a_1+i)\omega^{n-1}-i=i(\overline{\omega}+1)\omega^{n-1}-i$$
$$=-i\overline{\omega}^2\omega^{n-1}-i=-i\overline{\omega}^3\omega^n-i=-i-i\omega^n,$$

即

$$a_n=-i\omega^n-i \quad (n\geqslant 1). \quad (4)$$

因为$\omega^3=1$,所以由式(4)得

$$a_{n+3}=a_n \quad (n\geqslant 1),$$

即数列$\{a_n\}$是周期为3的纯周期数列.

由式(4)得 $a_3=-2i$. 因为 $a_1=i\overline{\omega},a_2=i\omega$,且$n,n+1,n+1$恰好是一个周期长,所以

$$a_n^2+a_{n+1}^2+a_{n+2}^2=a_1^2+a_2^2+a_3^2=-\overline{\omega}^2-\omega^2-4$$
$$=-(\overline{\omega}^3\omega+\omega^2)-4=-(\omega+\omega^2)-4$$
$$=-(-1)-4=-3.$$

又

$$a_n a_{n+1}+a_{n+1}a_{n+2}+a_{n+2}a_n=a_1 a_2+a_2 a_3+a_3 a_1$$
$$=i\overline{\omega}\cdot i\omega+i\omega(-2i)+(-2i)(i\overline{\omega})$$
$$=-1+2(\omega+\overline{\omega})=-3,$$

所以

$$a_n^2+a_{n+1}^2+a_{n+2}^2=a_n a_{n+1}+a_{n+1}a_{n+2}+a_{n+2}a_n \quad (n\geqslant 1).$$

(4) 由通项公式导出周期性.

例 4.2.2 中数列 $\{a_n\}$ 的特征方程为 $x^2 - x + 1 = 0$,它的两个特征根 α, β 分别是 -1 的两共轭立方虚根.由定理 2.1.1,数列 $\{a_n\}$ 的通项公式为

$$a_n = \lambda_1 \alpha^n + \lambda_2 \beta^n \quad (n \geqslant 1),$$

其中 λ_1, λ_2 是由初始项 a_1, a_2 待定的常数.因为 $\alpha^6 = \beta^6 = 1$,所以

$$a_{n+6} = \lambda_1 \alpha^{n+6} + \lambda_2 \beta^{n+6} = \lambda_1 \alpha^n + \lambda_2 \beta^n = a_n,$$

即数列 $\{a_n\}$ 是周期为 6 的纯周期数列.

例 4.2.4 设数列 $\{a_n\}$ 满足:$a_1 \in \mathbf{R}$,且 $a_1 \neq 0, a_1 \neq \pm 1$,

$$a_{n+1} = \frac{1 + a_n}{1 - a_n} \quad (n \geqslant 1). \tag{1}$$

试判断数列 $\{a_n\}$ 的周期性.

解法 1 因为 $a_1 \in \mathbf{R}$,所以由式(1)知 $a_n \in \mathbf{R}(n \geqslant 1)$,数列 $\{a_n\}$ 的递推函数为 $f(x) = \frac{1+x}{1-x}$.令 $f(x) = x$,解得不动点 $x = \pm i$,其中 i 为虚数单位.

根据定理 4.1.2,我们有

$$\frac{a_n - i}{a_n + i} = \frac{a_1 - i}{a_1 + i} \cdot q^{n-1} \quad (n \geqslant 1), \tag{2}$$

其中 $q = \frac{Cx_2 + D}{Cx_1 + D} = \frac{1-i}{1+i} = -i (C = 1, D = -1, x_1 = i, x_2 = -i)$.

因为 $i^4 = 1$,所以数列 $\left\{\dfrac{a_n - i}{a_n + i}\right\}$ 是周期为 4 的纯周期数列.再由定理 4.1.5,推得数列 $\{a_n\}$ 也是周期为 4 的纯周期数列.

解法 2 由式(1)知

$$a_{n+2} = \frac{1 + a_{n+1}}{1 - a_{n+1}} = \frac{1 + \dfrac{1 + a_n}{1 - a_n}}{1 - \dfrac{1 + a_n}{1 - a_n}} = \frac{2}{-2a_n} = -\frac{1}{a_n},$$

从而有

$$a_{n+4} = -\frac{1}{a_{n+2}} = -\frac{1}{-\dfrac{1}{a_n}} = a_n \quad (n \geqslant 1),$$

故数列$\{a_n\}$是周期为 4 的纯周期数列.

定理 4.2.1 设线性分式递推数列$\{a_n\}$满足：$a_1 \in \mathbf{R}$，常数 A，B，C，$D \in \mathbf{R}$，$ABC \neq 0$，

$$a_{n+1} = \frac{Aa_n + B}{Ca_n + D} \quad (n \geqslant 1), \tag{1}$$

它的递推函数 $f(x)$ 的两不动点为 x_1, x_2.

(1) 当 $a_1 = x_1$ 或 $a_1 = x_2$ 时，数列$\{a_n\}$是常数列，即周期为 1 的纯周期数列；

(2) 当 $x_1, x_2 \in \mathbf{R}$，且 $x_1 \neq x_2$ 时，若 $a_1 \neq x_1$ 且 $a_1 \neq x_2$，则数列$\{a_n\}$是周期为 2 的纯周期数列的充要条件为 $A + D = 0$；

(3) 当 x_1, x_2 为两共轭虚数时，数列$\{a_n\}$是周期为 $T > 1$ 的纯周期数列的充要条件为 $\arg\left(\dfrac{Cx_2 + D}{Cx_1 + D}\right) = \dfrac{2k\pi}{T}$，其中 $\arg z$ 是复数 z 的辐角；

(4) 当 $x_1 = x_2$，且 $a_1 \neq x_1$，$a_1 \neq x_2$ 时，数列$\{a_n\}$不是周期数列.

证 (1) 由不动点的定义可知，当 $a_1 = x_1$ 时，$a_n = x_1$ ($n \geqslant 1$)；当 $a_1 = x_2$ 时，$a_n = x_2$ ($n \geqslant 1$). 不论在哪一种情况下，数列$\{a_n\}$都是常数列，显然是周期为 1 的纯周期数列.

(2) 由定理 1.3.2 可知

$$\frac{a_n - x_1}{a_n - x_2} = \frac{a_1 - x_1}{a_1 - x_2}\left(\frac{Cx_2 + D}{Cx_1 + D}\right)^{n-1}.$$

又由定理 4.1.5，可知数列$\{a_n\}$与数列$\left\{\dfrac{a_n - x_1}{a_n - x_2}\right\}$的周期相同，且起始项相同，于是有

$$a_{n+T} = a_n (n \in \mathbf{N}^*) \iff \left(\frac{Cx_2 + D}{Cx_1 + D}\right)^T = 1. \tag{1}$$

因为 x_1, x_2 是方程 $f(x) = x$，即方程

第 4 章 周 期 数 列

$$Cx^2 + (D - A)x - B = 0$$

的两个根,故有

$$x_1 + x_2 = -\frac{D - A}{C},$$

由此知

$$A + D = 0 \iff x_1 + x_2 = -\frac{2D}{C}. \tag{2}$$

必要性. 设数列 $\{a_n\}$ 是周期为 2 的纯周期数列,则由式(1)知 $\left(\frac{Cx_2 + D}{Cx_1 + D}\right)^2 = 1$,即 $(Cx_2 + D)^2 = (Cx_1 + D)^2$,所以 $C^2(x_1^2 - x_2^2) + 2CD(x_1 - x_2) = 0$. 因为 $x_1 \neq x_2$,所以

$$x_1 + x_2 = -\frac{2D}{C},$$

由式(2)得 $A + D = 0$. 必要性得证.

充分性. 设 $A + D = 0$,则由式(2)得 $x_1 = -\frac{2D}{C} - x_2 = -\frac{2D + Cx_2}{C}$,从而有

$$\frac{Cx_2 + D}{Cx_1 + D} = \frac{Cx_2 + D}{-2D - Cx_2 + D} = -1,$$

故有 $\left(\frac{Cx_2 + D}{Cx_1 + D}\right)^2 = 1$. 再由式(1)得 $a_{n+2} = a_n (n \geqslant 1)$,即数列 $\{a_n\}$ 是周期为 2 的纯周期数列. 充分性得证.

例如,数列 $\{a_n\}: a_{n+1} = \frac{a_n + 1}{a_n - 1}$ 满足 $A + D = 0$,当 $a_1 = 3$ 时,$\{a_n\}: 3, 2, 3, 2, \cdots$ 是周期为 2 的纯周期数列.

(3) 因为 $a_1 \in \mathbf{R}, x_1, x_2$ 为两共轭虚数,所以 $a_1 \neq x_1$ 且 $a_1 \neq x_2$. 因为 $C, D \in \mathbf{R}$,所以 $Cx_2 + D$ 与 $Cx_1 + D$ 也是共轭虚数,从而

$$\left|\frac{Cx_2 + D}{Cx_1 + D}\right| = 1.$$

必要性. 设数列 $\{a_n\}$ 是周期为 T 的纯周期数列,则由式(1)得

$$\left(\frac{Cx_2 + D}{Cx_1 + D}\right)^T = 1,$$

即 $\frac{Cx_2 + D}{Cx_1 + D}$ 是 1 的 T 次方虚根，于是

$$\frac{Cx_2 + D}{Cx_1 + D} = \cos\frac{2k\pi}{T} + i\sin\frac{2k\pi}{T} \quad (k = 1, 2, \cdots, T - 1). \quad (3)$$

式中，$k \neq 0$ 的理由是 $\frac{Cx_2 + D}{Cx_1 + D}$ 为虚数．

由式(3)得

$$\arg\left(\frac{Cx_2 + D}{Cx_1 + D}\right) = \frac{2k\pi}{T} \quad (k = 1, 2, \cdots, T - 1).$$

必要性得证．

充分性．设 $\arg\left(\frac{Cx_2 + D}{Cx_1 + D}\right) = \frac{2k\pi}{T}$ ($T > 1, k = 1, 2, \cdots, T - 1$)，则由 $\left|\frac{Cx_2 + D}{Cx_1 + D}\right| = 1$ 有

$$\frac{Cx_2 + D}{Cx_1 + D} = \cos\frac{2k\pi}{T} + i\sin\frac{2k\pi}{T} \quad (k = 1, 2, \cdots, T - 1),$$

于是

$$\left(\frac{Cx_2 + D}{Cx_1 + D}\right)^T = \left(\cos\frac{2k\pi}{T} + i\sin\frac{2k\pi}{T}\right)^T$$
$$= \cos 2k\pi + i\sin 2k\pi$$
$$= 1.$$

再由式(1)得

$$a_{n+T} = a_n \quad (n \geq 1),$$

即数列 $\{a_n\}$ 是周期为 T 的纯周期数列．充分性得证．

(4) 当 $x_1 = x_2$（此时两根必为实数）时，我们可得

$$\frac{1}{a_n - x_1} = \frac{1}{a_1 - x_1} + \frac{C(n-1)}{Cx_1 + D} \quad (n \geq 1).$$

显然数列 $\left\{\frac{1}{a_n - x_1}\right\}$ 不是周期数列，从而由定理 4.1.5 知，$\{a_n\}$ 也不是周期数列．

例如,$a_{n+1} = \dfrac{a_n}{2a_n+1}$,它的递推函数为 $f(x) = \dfrac{x}{2x+1}$. 令 $f(x) = x$,解得不动点 $x_1 = x_2 = 0$,从而有
$$\frac{1}{a_{n+1}} = \frac{1}{a_n} + 2,$$
于是
$$\frac{1}{a_n} = \frac{1}{a_1} + 2(n-1) \quad (n \geqslant 1).$$
显然数列 $\left\{\dfrac{1}{a_n}\right\}$ 不是周期数列,故由定理 4.1.5 知,数列 $\{a_n\}$ 也不是周期数列.

例 4.2.5 设数列 $\{a_n\}$ 满足:$a_1 = 2$,
$$a_{n+1} = \frac{2+a_n}{1-2a_n} \quad (n \geqslant 1). \tag{1}$$
证明:

(1) 对任意 $n \in \mathbf{N}^*$,均有 $a_n \neq 0$;

(2) 数列 $\{a_n\}$ 不是周期数列.

证法 1 (1) 若存在 $N \in \mathbf{N}^*$,使得 $a_N = 0$,则由式(1)得 $a_{N-1} = -2, a_{N-2} = 0, a_{N-3} = -2, \cdots$. 这样经过有限次倒推,得到 $a_1 = 0$ 或 $a_1 = -2$,这与 $a_1 = 2$ 矛盾. 因而对一切 $n \in \mathbf{N}^*$,$a_n \neq 0$ 恒成立.

(2) 若数列 $\{a_n\}$ 是周期数列,则至少存在 $m, n \in \mathbf{N}^*, m > n$,使得 $a_{m+1} = a_{n+1}$,从而由式(1)得
$$\frac{2+a_m}{1-2a_m} = \frac{2+a_n}{1-2a_n},$$
整理得到 $a_m = a_n$;再进行一次,得到 $a_{m-1} = a_{n-1}$. 如此进行下去,最后得到 $a_{m-n+1} = a_1$. 设 $m - n = p$,则 $a_{p+1} = \dfrac{2+a_p}{1-2a_p} = a_1 = 2$,整理得 $a_p = 0$,这与式(1)矛盾. 因此数列 $\{a_n\}$ 不是周期数列.

证法 2 (1) 从结构上看,式(1)类似于 $\tan(\alpha + \beta)$ 的形式.

设 $a_1 = 2 = \tan\alpha$ ($\alpha = \arctan 2$),$a_2 = \dfrac{2+a_1}{1-2a_1} = \dfrac{2\tan\alpha}{1-\tan^2\alpha} = $

$\tan 2\alpha$. 假设 $a_k = \tan k\alpha\ (k \geqslant 1)$,则当 $n = k+1$ 时,$a_{k+1} = \dfrac{2 + a_k}{1 - 2a_k}$
$= \dfrac{\tan \alpha + \tan k\alpha}{1 - \tan \alpha \tan k\alpha} = \tan(k+1)\alpha$. 这样,我们用数学归纳法证明了 $a_n = \tan n\alpha$ 对一切 $n \in \mathbf{N}^*$ 恒成立. 于是有

$$a_{2n} = \tan 2n\alpha = \dfrac{2\tan n\alpha}{1 - \tan^2 n\alpha} = \dfrac{2a_n}{1 - a_n^2}. \tag{3}$$

若存在 $a_n = 0$,并不妨设 $n = 2^s(2t+1)$ (s, t 都是非负整数),则式(3)经过 s 步倒推后,得到 $a_{2t+1} = 0$,即 $\dfrac{2 + a_{2t}}{1 - 2a_{2t}} = 0$,所以 $a_{2t} = -2 \Rightarrow \dfrac{2a_t}{1 - a_t^2} = -2$,解得两个根都是无理数,这与"$a_1 = 2$,经式(1)递推而得的 $a_n (n \in \mathbf{N}^*)$ 都是有理数"矛盾. 因而对一切正整数 n,$a_n \neq 0$.

(2) 假设数列 $\{a_n\}$ 是周期数列,则至少存在 $m, n \in \mathbf{N}^*$,使得 $a_{m+n} = a_n$,即 $\tan(m+n)\alpha = \tan n\alpha$,所以

$$\dfrac{\sin(m+n)\alpha\cos n\alpha - \cos(m+n)\alpha\sin n\alpha}{\cos(m+n)\alpha\cos n\alpha} = 0$$

$$\Rightarrow \dfrac{\sin m\alpha}{\cos(m+n)\alpha\cos n\alpha} = 0$$

$$\Rightarrow \sin m\alpha = 0$$

$$\Rightarrow a_m = \tan m\alpha = 0.$$

这与(1)矛盾,故数列 $\{a_n\}$ 不是周期数列.

如果你有兴趣画一下数列 $\{a_n\}$ 的递推示意图,会发现它不像定理 4.1.3 那样一左一右地摆动. 但摆动的幅度越来越大,"混沌"地趋于 ∞.

例 4.2.6 数列 $\{a_n\}$ 中,若存在正整数 m,当 n 为任意正整数时,有

$$a_n + a_{n+2m} = \left(2\cos\dfrac{2\pi}{7}\right)a_{n+m}, \tag{1}$$

求证:$a_{n+7m} = a_n$ 对一切 $n \in \mathbf{N}^*$ 成立.

证 数列(1)的特征方程为

$$t^{2m} - \left(2\cos\frac{2\pi}{7}\right)t^m + 1 = 0.$$

上式可化为

$$\left(t^m - \cos\frac{2\pi}{7}\right)^2 = -\sin^2\frac{2\pi}{7},$$

即得

$$t^m = \cos\frac{2\pi}{7} \pm \mathrm{i}\sin\frac{2\pi}{7}.$$

它的 $2m$ 个特征根为

$$t_k = \cos\frac{\frac{2\pi}{7} + 2k\pi}{m} + \mathrm{i}\sin\frac{\frac{2\pi}{7} + 2k\pi}{m},$$

$$t'_k = \cos\frac{\frac{2\pi}{7} + 2k\pi}{m} - \mathrm{i}\sin\frac{\frac{2\pi}{7} + 2k\pi}{m} \quad (k = 0, 1, 2, \cdots, m-1).$$

它们都具有性质:

$$t_k^{7m} = \cos(2\pi + 14k\pi) + \mathrm{i}\sin(2\pi + 14k\pi) = 1,$$
$$(t'_k)^{7m} = 1 \quad (k = 0, 1, 2, \cdots, m-1).$$

由定理 2.1.1 可得

$$a_n = \lambda_0 t_0^n + \lambda_1 t_1^n + \cdots + \lambda_{m-1} t_{m-1}^n + \lambda'_0 (t'_0)^n$$
$$+ \lambda'_1 (t'_1)^n + \cdots + \lambda'_{m-1} (t'_{m-1})^n,$$

其中 $\lambda_0, \lambda_1, \cdots, \lambda_{m-1}, \lambda'_0, \lambda'_1, \cdots, \lambda'_{m-1}$ 由 $a_1, a_2, \cdots, a_{2m}$ 确定. 从而

$$a_{n+7m} = a_n \quad (n \in \mathbf{N}^*)$$

恒成立,即数列 $\{a_n\}$ 是周期为 $7m$ 的纯周期数列.

下面的定理是这个例题的推广.

定理 4.2.2 设 r 阶线性递推数列

$$a_{n+r} = c_1 a_{n+r-1} + c_2 a_{n+r-2} + \cdots + c_r a_n$$

的 r 个特征根是 $x_1, x_2, \cdots, x_r$.

(1) 若 $x_1, x_2, \cdots, x_r$ 两两不相等,且存在正整数 T_i,使得 $x_i^{T_i} = 1 (i = 1, 2, \cdots, r)$,则数列 $\{a_n\}$ 是纯周期数列;

(2) 若 $x_1, x_2, \cdots, x_r$ 中至少有两个是相等的,则数列$\{a_n\}$不是周期数列.

证 (1) 由定理 2.1.1 可得
$$a_n = \lambda_1 x_1^n + \lambda_2 x_2^n + \cdots + \lambda_r x_r^n \quad (n \geqslant 1),$$
其中 $\lambda_1, \lambda_2, \cdots, \lambda_r$ 由 $a_1, a_2, \cdots, a_r$ 确定. 取 $T = [T_1, T_2, \cdots, T_r]$, 即 T 是 $T_1, T_2, \cdots, T_r$ 的最小公倍数,则有
$$a_{n+T} = \lambda_1 x_1^{n+T} + \lambda_2 x_2^{n+T} + \cdots + \lambda_r x_r^{n+T}$$
$$= \lambda_1 x_1^n + \lambda_2 x_2^n + \cdots + \lambda_r x_r^n$$
$$= a_n \quad (n \geqslant 1),$$
即数列$\{a_n\}$是周期为 T 的纯周期数列.

(2) 因为定理 2.1.1 中,多项式 $\lambda_i(n)(i=1,2,\cdots,s)$ 中至少有一个多项式含n 的系数不为 0,否则数列$\{a_n\}$的特征方程不含重根,这与已知矛盾. 因为 n 的多项式 $\lambda_i(n)$ 不是周期数列,故数列$\{a_n\}$不是周期数列.

例 4.2.7 设齐 8 次线性递推数列$\{a_n\}$的特征方程可分解为
$$\left(x^4 - 2\cos\frac{2\pi}{5} \cdot x^2 + 1\right)\left(x^4 - 2\cos\frac{2\pi}{7} \cdot x^2 + 1\right) = 0. \quad (1)$$
证明:数列$\{a_n\}$是周期为 70 的纯周期数列.

证 特征方程(1)可化为
$$\left[\left(x^2 - \cos\frac{2\pi}{5}\right)^2 + \sin^2\frac{2\pi}{5}\right]\left[\left(x^2 - \cos\frac{2\pi}{7}\right)^2 + \sin^2\frac{2\pi}{7}\right] = 0.$$
它的特征根分别为
$$x_1 = \cos\frac{\pi}{5} + i\sin\frac{\pi}{5}, \quad x_2 = \cos\frac{6\pi}{5} + i\sin\frac{6\pi}{5},$$
$$x_3 = \cos\frac{\pi}{5} - i\sin\frac{\pi}{5}, \quad x_4 = \cos\frac{6\pi}{5} - i\sin\frac{6\pi}{5},$$
$$x_5 = \cos\frac{\pi}{7} + i\sin\frac{\pi}{7}, \quad x_6 = \cos\frac{8\pi}{7} + i\sin\frac{8\pi}{7},$$
$$x_7 = \cos\frac{\pi}{7} - i\sin\frac{\pi}{7}, \quad x_8 = \cos\frac{8\pi}{7} - i\sin\frac{8\pi}{7}.$$

因为 $x_1^{10} = x_2^{10} = x_3^{10} = x_4^{10} = 1, x_5^{14} = x_6^{14} = x_7^{14} = x_8^{14} = 1, [10,14] = 70$,所以数列$\{a_n\}$是周期为 70 的纯周期数列.

例 4.2.8 设数列$\{a_n\}$满足:$a_1 = 1, a_2 = 2, a_3 = -1, a_4 = 3$,且
$$a_{n+4} = a_{n+3} + a_{n+1} - a_n \quad (n \geqslant 1). \tag{1}$$
试判断数列$\{a_n\}$的周期性.

解 数列$\{a_n\}$的特征方程为
$$x^4 - x^3 - x + 1 = 0,$$
即
$$(x-1)(x^3-1) = (x-1)^2(x^2+x+1) = 0,$$
所以特征方程的根为 $x_1 = x_2 = 1$(1 是二重根),$x_3 = \omega, x_4 = \bar{\omega}$,其中 ω 是 1 的立方虚根,$\omega^3 = \bar{\omega}^3 = 1$.因此数列$\{a_n\}$的通项为
$$a_n = (\lambda_1 + \lambda_2 n) \cdot 1^n + \lambda_3 \omega^n + \lambda_4 \bar{\omega}^n \quad (n \geqslant 1), \tag{2}$$
其中 $\lambda_1, \lambda_2, \lambda_3, \lambda_4$ 由 a_1, a_2, a_3, a_4 确定.若 $\lambda_2 = 0$,则由式(2)可知,数列$\{a_n\}$是周期为 3 的纯周期数列,这与 $a_1 \neq a_4$ 矛盾,故 $\lambda_2 \neq 0$.因为$\{\lambda_1 + \lambda_2 n\}$不是周期数列,所以数列$\{a_n\}$不是周期数列.

(5) 利用数学归纳法.

例 4.2.9 函数 f 定义在整数集上,且满足
$$f(n) = \begin{cases} n - 3 & (n \geqslant 1\,000), \tag{1} \\ f(f(n+5)) & (n < 1\,000). \end{cases} \tag{2}$$
求 $f(84)$.

解 因为式(2)中 $n \leqslant 999, n + 5 \leqslant 1\,004$,所以由式(1)可知 $f(1\,004) = 1\,001, f(1\,003) = 1\,000, f(1\,002) = 999, f(1\,001) = 998, f(1\,000) = 997$.

在式(2)中,
$$f(999) = f(f(1\,004)) = f(1\,001) = 998,$$
$$f(998) = f(f(1\,003)) = f(1\,000) = 997,$$
$$f(997) = f(f(1\,002)) = f(999) = 998,$$
……

由此我们可以推断出,当 $n \leqslant 1\,000$ 时,$f(n)$ 是周期为 2 的纯周期数列,从而得到 $f(84) = 997$. 下面我们用数学归纳法加以证明.

记 $a_n = f(1\,000 - n)(n = 0, 1, 2, \cdots)$. 前面已证 $a_0 = a_2 = a_4 = 997$,$a_1 = a_3 = 998$,归纳法的奠基成立. 假设 $n \leqslant 2k(k \geqslant 2)$ 时,$a_0 = a_2 = a_4 = \cdots = a_{2k} = 997$,$a_1 = a_3 = \cdots = a_{2k-1} = 998$,则当 $n = 2(k+1)$ 时,

$$\begin{aligned} a_{2(k+1)-1} = a_{2k+1} &= f(1\,000 - (2k+1)) \\ &= f(f(1\,000 - 2(k-2))) \\ &= f(a_{2k-4}) = 997. \end{aligned}$$

同理,可证 $a_{2(k+2)} = 997$,即当 $n = 2(k+1)$ 时命题成立. 这样,我们就证明了对于一切 $\leqslant 1\,000$ 的整数 n,$a_{n+2} = a_n(n + 2 \leqslant 1\,000)$ 恒成立,即当 $n \leqslant 1\,000$ 时,$f(n)$ 是周期为 2 的纯周期数列(从 1 000 倒推),故 $f(84) = 997$.

例 4.2.10 设 $S_{n,0}, S_{n,1}, S_{n,2}$ 表示杨辉三角形中第 n 列分别从左边的第 1,第 2,第 3 个元素起始,同其后与它们每隔两个元素的和. 试用数学归纳法证明:

(1) $S_{n,0}, S_{n,1}, S_{n,2}$ 中有两个是相等的,与另一个相差 1(大 1 或小 1);

(2) 在(1)中,大 1 或小 1 的变化周期为 6.

证法 1 (1) 杨辉三角形如下:

$$\begin{array}{ccccccc} & & & 1 & & & \\ & & 1 & & 1 & & \\ & 1 & & 2 & & 1 & \\ 1 & & 3 & & 3 & & 1 \\ & & & \cdots\cdots & & & \\ C_n^0 & C_n^1 & C_n^2 & \cdots & C_n^{n-1} & C_n^n & \end{array}$$

当 $n = 0$ 时,$S_{0,0} = 1$,$S_{0,1} = S_{0,2} = 0$,归纳法的奠基成立. 假设 $n = k(k \geqslant 0)$ 时,$S_{k,0}, S_{k,1}, S_{k,2}$ 中有两个相等,且与另一个相差 1. 不妨设 $S_{k,1} = S_{k,2}$,且它们比 $S_{k,0}$ 小 1,则当 $n = k+1$ 时,

$$S_{k+1,0} = C_{k+1}^0 + C_{k+1}^3 + C_{k+1}^6 + C_{k+1}^9 + \cdots$$
$$= C_k^0 + (C_k^3 + C_k^2) + (C_k^6 + C_k^5) + (C_k^9 + C_k^8) + \cdots$$
$$= S_{k,0} + S_{k,2},$$

即
$$S_{k+1,0} = S_{k,0} + S_{k,2}. \tag{1}$$

同理,可得
$$S_{k+1,1} = S_{k,0} + S_{k,1}, \tag{2}$$
$$S_{k+1,2} = S_{k,1} + S_{k,2}. \tag{3}$$

式(1)减式(2),得
$$S_{k+1,0} - S_{k+1,1} = S_{k,2} - S_{k,1} \quad (=0); \tag{4}$$

式(2)减式(3),得
$$S_{k+1,1} - S_{k+1,2} = S_{k,0} - S_{k,2} \quad (=1); \tag{5}$$

式(1)减式(3),得
$$S_{k+1,0} - S_{k+1,2} = S_{k,0} - S_{k,1} \quad (=1), \tag{6}$$

即当 $n = k + 1$ 时,命题成立. 因此对一切非负整数 n,命题成立.

(2) 由式(4)~式(6),推得
$$S_{n+3,0} - S_{n+3,1} = S_{n+2,2} - S_{n+2,1} = -(S_{n+2,1} - S_{n+2,2})$$
$$= -(S_{n+2,0} - S_{n+2,2}) = -(S_{n+1,0} - S_{n+1,1})$$
$$= -(S_{n,0} - S_{n,1}),$$

从而得
$$S_{n+6,0} - S_{n+6,1} = -(S_{n+3,0} - S_{n+3,1})$$
$$= -[-(S_{n,0} - S_{n,1})]$$
$$= S_{n,0} - S_{n,1},$$

即
$$S_{n+6,0} - S_{n+6,1} = S_{n,0} - S_{n,1}. \tag{7}$$

同理,可得
$$S_{n+6,1} - S_{n+6,2} = S_{n,1} - S_{n,2}, \tag{8}$$
$$S_{n+6,0} - S_{n+2,2} = S_{n,0} - S_{n,2}. \tag{9}$$

由(1)的结论,且式(7)~式(9)中有两个相等,可知与另一个大 1 或小 1 变化的周期为 6.

证法 2 这道题的另一解题途径是先求出 $S_{n,0}, S_{n,1}$ 和 $S_{n,2}$ 的通项公式,然后进行证明.

设 $f(x) = (1+x)^n = \sum_{k=0}^{n} C_n^k x^k$,则

$$f(1) = C_n^0 + C_n^1 + C_n^2 + \cdots + C_n^n = 2^n, \tag{1}$$

$$\begin{aligned}f(\omega) &= C_n^0 + \omega C_n^1 + \omega^2 C_n^2 + \omega^3 C_n^3 + \cdots + \omega^n C_n^n \\ &= (-\omega^2)^n,\end{aligned} \tag{2}$$

$$\begin{aligned}f(\omega^2) &= C_n^0 + \omega^2 C_n^1 + \omega^4 C_n^2 + \omega^6 C_n^3 + \cdots + \omega^{2n} C_n^n \\ &= (1+\omega^2)^n = (-\omega)^n,\end{aligned} \tag{3}$$

其中 $\omega = -\dfrac{1}{2} + i\dfrac{\sqrt{3}}{2}$ 是 1 的立方虚根,$\omega^3 = 1, 1 + \omega + \omega^2 = 0$.

式(1)~式(3)的两边相加,整理得

$$S_{n,0} = \frac{1}{3}[2^n + (-\omega^2)^n + (-\omega)^n]; \tag{4}$$

式(1)加式(2)的 ω^2 倍,再加式(3)的 ω 倍,整理得

$$S_{n,1} = \frac{1}{3}[2^n + \omega^2(-\omega^2)^n + \omega(-\omega)^n]; \tag{5}$$

式(1)加式(2)的 ω 倍,再加式(3)的 ω^2 倍,整理得

$$S_{n,2} = \frac{1}{3}[2^n + \omega(-\omega^2)^n + \omega^2(-\omega)^n]. \tag{6}$$

由杨辉三角形得:

当 $n=0$ 时,$S_{0,0}=1, S_{0,1}=S_{0,2}=0, S_{0,2}-S_{0,0}=-1$(小 1);

当 $n=1$ 时,$S_{1,0}=S_{1,1}=1, S_{1,2}=0, S_{1,1}-S_{1,2}=1$(大 1);

当 $n=2$ 时,$S_{2,0}=S_{2,2}=1, S_{2,1}=2, S_{2,2}-S_{2,1}=-1$(小 1);

当 $n=3$ 时,$S_{3,1}=S_{3,2}=3, S_{3,0}=2, S_{3,1}-S_{3,0}=1$(大 1);

当 $n=4$ 时,$S_{4,0}=S_{4,1}=5, S_{4,2}=6, S_{4,1}-S_{4,2}=-1$(小 1);

当 $n=5$ 时,$S_{5,0}=S_{5,2}=11, S_{5,1}=10, S_{5,0}-S_{5,1}=1$(大 1).

又从式(4)~式(6),容易推出 $S_{n+6,k} = S_{n,k}$ ($k=0,1,2$),即周期为 6,故 $S_{n,0}, S_{n,1}, S_{n,2}$ 中有两个相等,与另一个大 1 或小 1 的变

化周期为6.(从前6行看,似乎大1或小1变化的周期为2,但从两个相等的变化以及大1或小1的变化一并考虑,周期是6).

例 4.2.11 数列$\{a_n\}$是实数列,且满足
$$a_{n+2} = |a_{n+1}| - a_n \quad (n \geq 1). \tag{1}$$
证明:存在正整数N,使当$n \geq N$时,恒有$a_{n+9} = a_n$成立.

证 显然a_n恒为0时,结论成立.下设$a_n \not\equiv 0$.

在证明之前,我们举一实例进行探索.若$a_1 = 1, a_2 = 2$,则如表4.3所示.

表4.3

n	1	2	3	4	5	6	7	8	9	10	11	...
a_n	1	2	1	-1	0	1	1	0	-1	1	2	...

从所举实例看,数列$\{a_n\}$是周期为9的纯周期数列,其中a_n不恒为正,也不恒为负,于是我们找到了证明的切入口.

若存在正整数N,使当$n \geq N$时,$a_n > 0$恒成立,则有
$$a_{n+3} = a_{n+2} - a_{n+1} = (a_{n+1} - a_n) - a_{n+1} = -a_n < 0,$$
矛盾;若$a_n < 0$恒成立,则$a_{n+2} = |a_{n+1}| - a_n > 0$,矛盾.因此,当$n \geq N$时,$a_n$不恒为正,也不恒为负.

不妨设$a_N = -a, a_{N+1} = b (a, b \geq 0, a, b$不全为0$)$,则有
$$a_{N+2} = |a_{N+1}| - a_N = b + a,$$
$$a_{N+3} = |a_{N+2}| - a_{N+1} = a,$$
$$a_{N+4} = |a_{N+3}| - a_{N+2} = -b,$$
$$a_{N+5} = |a_{n+4}| - a_{N+3} = b - a.$$

(a) 若$b \geq a$,则有
$$a_{N+6} = |a_{N+5}| - a_{N+4} = 2b - a,$$
$$a_{N+7} = |a_{N+6}| - a_{N+5} = b,$$
$$a_{N+8} = |a_{N+7}| - a_{N+6} = a - b \leq 0,$$
$$a_{N+9} = |a_{N+8}| - a_{N+7} = -a,$$
$$a_{N+10} = |a_{N+9}| - a_{N+8} = b;$$

(b) 若 $b<a$,则有

$$a_{N+6} = |a_{N+5}| - a_{N+4} = a,$$
$$a_{N+7} = |a_{N+6}| - a_{N+5} = 2a - b > 0,$$
$$a_{N+8} = |a_{N+7}| - a_{N+6} = a - b > 0,$$
$$a_{N+9} = |a_{N+8}| - a_{N+7} = -a,$$
$$a_{N+10} = |a_{N+9}| - a_{N+8} = b.$$

因此,总有 $a_{N+9} = a_N, a_{N+10} = a_{N+1}$. 接下来,我们便可以利用递推式(1),用数学归纳法证明:对一切 $\geqslant N$ 的自然数 n,恒有

$$a_{n+9} = a_n$$

成立. 关于这个证明,我们留给读者.

如果所给的初始项 a_N, a_{N+1} 是两正,两负,一正一零,一负一零,则周期 9 不变.

(6) 利用反证法.

在例 4.2.5(2)中,我们已经用过反证法. 我们看到,证明一个数列不是周期数列,反证法是一种有力工具.

例 4.2.12 数 $0.a_1 a_2 \cdots a_n \cdots$ 是有理数吗? 其中,若 n 为素数,则 $a_n = 1$; 否则, $a_n = 0$.

解 假设小数 $0.a_1 a_2 \cdots a_n \cdots$ 是有理数,则它是无限循环小数,即数列 $\{a_n\}$ 是周期数列. 不妨设数列 $\{a_n\}$ 是从第 N 项起的周期为 T 的周期数列,即

$$a_{n+T} = a_n \quad (n \geqslant N)$$

成立,则必定存在素数 $p > N, a_p = 1$. 又有

$$a_{p+pT} = a_p = 1,$$

但是 $p + pT = p(1 + T)$ 是合数. 由已知得 $a_{p+pT} = 0$,矛盾,所以 $0.a_1 a_2 \cdots a_n \cdots$ 不是有理数.

例 4.2.13 数列 $\{a_n\}$ 由下列规则确定:当 $n \geqslant 1$ 时, $a_{2n} = a_n$,且当 $n \geqslant 0$ 时, $a_{4n+1} = 1, a_{4n+3} = 0$. 证明:这个数列不是周期数列.

证 假设数列 $\{a_n\}$ 是周期数列,且其最小周期为 T.

若 $T = 2t - 1 (t \geqslant 1)$,则由已知得,当 $n \geqslant 0$ 时,

$$1 = a_{4n+1} = a_{4n+1+2T} = a_{4(n+t-1)+3} = 0,$$

矛盾;若 $T=2t(t \geq 1)$,则当 $n \geq 1$ 时,由已知得

$$a_{2n+T} = a_{2n} = a_n.$$

又因

$$a_{2n+T} = a_{2(n+t)} = a_{n+t},$$

故 $a_{n+t} = a_n$ 对一切 $n \geq 1$ 成立,即 t 是数列 $\{a_n\}$ 的一个周期,这与所设 T 是最小正周期矛盾.

综上,数列 $\{a_n\}$ 不是周期数列.

4.3 和数列的周期性

设 S_n 是数列 $\{a_n\}$ 的前 n 项和($n \geq 1$).我们知道,数列 $\{a_n\}$ 是周期数列,但它的和数列 $\{S_n\}$ 不一定是周期数列.例如,数列 $\{a_n\}$ 是正项周期数列,则它的和数列 $\{S_n\}$ 递增,从而它不是周期数列.试问,附加什么条件才能使和数列 $\{S_n\}$ 也是周期数列? 如果和数列 $\{S_n\}$ 是周期数列,它的周期与周期数列 $\{a_n\}$ 的周期有什么关系? 下面的定理回答了这些问题.

定理 4.3.1 设数列 $\{a_n\}$ 是从第 N 项起的最小周期为 T 的周期数列,且

$$a_N + a_{N+1} + \cdots + a_{N+T-1} = 0,$$

则它的和数列 $\{S_n\}$ 是从第 $N-1$ 项起的周期数列,且最小周期也为 T.

证 因为 $a_{n+T} = a_n$ 对一切 $\geq N$ 的自然数 n 恒成立,且

$$a_N + a_{N+1} + \cdots + a_{N+T-1} = 0,$$

所以当 $n \geq N$ 时,

$$\begin{aligned}
S_{n-1+T} - S_{n-1} &= a_n + a_{n+1} + \cdots + a_{n+t-1} \quad (\text{恰好一个周期长})\\
&= a_N + a_{N+1} + \cdots + a_{N+T-1}\\
&= 0,
\end{aligned}$$

从而有 $S_{n-1+T} = S_{n-1}(n \geq N)$,即 $S_{n+T} = S_n$ 对一切 $\geq N-1$ 的自

然数 n 恒成立，T 是数列 $\{S_n\}$ 的一个周期. 若 $N=1$，则我们可扩充定义，$S_0 = a_0 = a_T$，使结论仍成立.

假设数列 $\{S_n\}$ 的最小周期 $T' < T$，则有
$$S_{n+T'} = S_n (n \geqslant N-1), \quad S_{n-1+T'} = S_{n-1}(n \geqslant N),$$
两式相减，得
$$a_{n+T'} = a_n$$
对一切 $\geqslant N$ 的自然数 n 恒成立，即 T' 也是数列 $\{a_n\}$ 的一个周期，这与所设 T 是数列 $\{a_n\}$ 的最小周期矛盾.

因此，和数列 $\{S_n\}$ 是从第 $N-1$ 项起的周期数列，其最小周期也为 T.

为了使问题有一个完美的结果，我们再反过来考虑：如果和数列 $\{S_n\}$ 是周期数列，那么数列 $\{a_n\}$ 是否为周期数列？若是，它们的周期之间有什么关系？下面的定理回答了这些问题.

定理 4.3.2 如果和数列 $\{S_n\}$ 是从第 N 项起的最小周期为 T 的周期数列，则数列 $\{a_n\}$ 是从第 $N+1$ 项起的周期数列，最小周期也为 T，且 $a_{N+1} + a_{N+2} + \cdots + a_{N+T} = 0$.

证 由已知得
$$S_{n+T} = S_n \quad (n \geqslant N),$$
$$S_{n-1+T} = S_{n-1} \quad (n \geqslant N+1).$$
两式相减，得
$$a_{n+T} = a_n \quad (n \geqslant N+1),$$
即数列 $\{a_n\}$ 是从第 $N+1$ 项起的周期数列，T 是它的一个周期. 当 $n \geqslant N$ 时，又有
$$S_{n+T} - S_n = a_{n+1} + a_{n+2} + \cdots + a_{n+T} \quad (\text{恰好一个周期长})$$
$$= a_{N+1} + a_{N+2} + \cdots + a_{N+T}$$
$$= 0.$$

假如数列 $\{a_n\}$ 的最小周期 $T' < T$，则由定理 4.1.3，$T = kT'$ ($k > 1$). 由上面的等式，我们推得
$$a_{N+1} + a_{N+2} + \cdots + a_{N+T} = k(a_{N+1} + a_{N+2} + \cdots + a_{N+T'})$$

$= 0,$

从而有 $a_{N+1} + a_{N+2} + \cdots + a_{N+T'} = 0.$

根据定理 4.1.8,由上式推得 T' 是数列 $\{S_n\}$ 的周期.这与所设 "T 是数列 $\{S_n\}$ 的最小周期"矛盾.

因此,数列 $\{a_n\}$ 是从第 $N+1$ 项起的最小周期也为 T 的周期数列,且 $a_{N+1} + a_{N+2} + \cdots + a_{N+T} = 0.$

例 4.3.1 已知实数列 $\{a_n\}$ 具有下列性质:存在正整数 T,满足

$$a_1 + a_2 + \cdots + a_T = 0, \quad (1)$$

$$a_{n+T} = a_n. \quad (2)$$

证明:存在正整数 N,使得当 $n = 0,1,2,\cdots$ 时,$\sum_{i=N}^{N+n} a_i \geqslant 0.$

证 在定理 4.3.1 和定理 4.3.2 中并无"实数列"这一条件,这里是为了比较大小而加上的.

由条件式(1)和式(2)以及定理 4.3.1 可知,数列 $\{a_n\}$ 及其和数列 $\{S_n\}$ 都是周期为 T 的纯周期数列.再由定理 4.1.1 知,它们的值域都是有限数集.设数列 $\{S_n\}$ 的值域为 $\{S_1, S_2, \cdots, S_T\}.$

不妨设

$$S_{N-1} = \sum_{i=1}^{N-1} a_i = \min\{S_1, S_2, \cdots, S_T\},$$

则对任意非负整数 n,都有

$$S_{n+T} - S_{N-1} \geqslant 0,$$

即

$$\sum_{i=1}^{n+T} a_i - \sum_{i=1}^{N-1} a_i \geqslant 0,$$

从而有

$$\sum_{i=N}^{N+n} a_i \geqslant 0.$$

例 4.3.2 已知实数列 $\{a_n\}$ 及其和数列 $\{S_n\}$ 是周期为 T 的周期数列.求证:至少存在一个 i,使得 $a_i \leqslant 0.$

证法 1 由定理 4.3.2 可知,存在正整数 N,使得
$$a_{N+1} + a_{N+2} + \cdots + a_{N+T} = 0,$$
故在其中至少存在一个 $i \in \{N+1, N+2, \cdots, N+T\}$,使得 $a_i \leqslant 0$。

证法 2 用反证法. 假设对一切 $n \in \mathbf{N}^*$,$a_n > 0$ 恒成立,则数列 $\{S_n\}$ 是递增的,这与已知"$\{S_n\}$ 是周期数列"矛盾,故至少存在一个 i,使得 $a_i \leqslant 0$。

4.4 周期点列

现在我们研究平面上点列的周期性. 由于复平面上的点与复数 $z = a + ib$($a, b \in \mathbf{R}$,i 为虚数单位)一一对应,复数可以看作点,点也可以看作复数,所以可用复数将点列的周期性转化为复数列的周期性来加以研究.

下面是国际中学生数学竞赛中与周期点列有关的一道试题.

例 4.4.1 平面上给定 $\triangle A_1 A_2 A_3$ 以及点 P_0,并规定 $A_{n+3} = A_n$. 如此构造点列 $P_0, P_1, P_2, \cdots, P_n, \cdots$,使得 P_n 为绕中心 A_n 顺时针旋转 $120°$ 时 P_{n-1} 所到达的位置($n = 1, 2, \cdots$). 若 $P_{1986} = P_0$,试证明:$\triangle A_1 A_2 A_3$ 为正向等边三角形("正向"是指顶点 A_1, A_2, A_3 按逆时针排列).

证 设 $\omega = \cos(-120°) + i\sin(-120°)$,则 $\omega^3 = 1$,$1 + \omega + \omega^2 = 0$. 我们把条件"$P_n$ 为 P_{n-1} 绕中心 A_n 顺时针旋转 $120°$ 时 P_{n-1} 所到达的位置"向量化,即
$$\overrightarrow{A_n P_n} = \omega \overrightarrow{A_n P_{n-1}}.$$
它的代数形式是
$$P_n - A_n = \omega(P_{n-1} - A_n),$$
整理得
$$P_n - \omega P_{n-1} = (1 - \omega) A_n.$$
对上式进行递推,并分别乘上 $\omega, \omega^2, \cdots, \omega^{n-1}$,得

$$\omega(P_{n-1} - P_{n-2}) = (1-\omega)\omega A_{n-1},$$
$$\omega^2(P_{n-2} - \omega P_{n-3}) = (1-\omega)\omega^2 A_{n-2},$$
$$\cdots,$$
$$\omega^{n-1}(P_1 - \omega P_0) = (1-\omega)\omega^{n-1} A_1.$$

把上述 n 个等式相加,整理得
$$P_n = (1-\omega)(A_n + \omega A_{n-1} + \omega^2 A_{n-2} + \cdots + \omega^{n-1} A_1) + \omega^n P_0. \tag{1}$$

当 $n = 3k (k \in \mathbf{N}^*)$ 时,因为 $A_{n+3} = A_n, \omega^3 = 1$,所以可由式(1)得
$$P_{3k} = k(1-\omega)(A_3 + \omega A_2 + \omega^2 A_1) + P_0. \tag{2}$$
因为 $1\,986 = 3 \cdot 662$,所以 $P_{1\,986} = P_0$. 又 $1 - \omega \neq 0$,故由式(2)得
$$A_3 + \omega A_2 + \omega^2 = 0. \tag{3}$$
因为 $1 + \omega + \omega^2 = 0, \omega^2 = -1 - \omega$,所以由式(3)得
$$A_3 - A_1 = \omega(A_1 - A_2),$$
即
$$\overrightarrow{A_1 A_3} = \omega \overrightarrow{A_2 A_1},$$
$|A_1 A_3| = |A_2 A_1|, \angle A_2 A_1 A_3 = 60°$,且 A_1, A_2, A_3 按逆时针排列(图 4.1),也就是说,$\triangle A_1 A_2 A_3$ 是正向等边三角形.

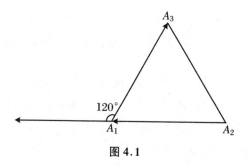

图 4.1

我们反过来进一步可以证明:在构造方法不变的条件下,当 $\triangle A_1 A_2 A_3$ 为正向等边三角形时,点列 $\{P_n\}(n \geqslant 0)$ 是周期为 3 的纯周期点列($P_{1\,986} = P_0$ 是其特例).

事实上，由式(1)以及 $\omega^3=1$，得

$$P_{n+3} = (1-\omega)(A_{n+3} + \omega A_{n+2} + \omega^2 A_{n+1} + \omega^3 A_n + \cdots$$
$$+ \omega^{n+2} A_1) + \omega^{n+3} P_0$$
$$= (1-\omega)(A_{n+3} + \omega A_{n+2} + \omega^2 A_{n+1}) + P_n.$$

因为 $\triangle A_1 A_2 A_3$ 为正向等边三角形，$A_{n+3} = A_n$，故 $\triangle A_{n+1} A_{n+2} A_{n+3}$ 也是正向等边三角形，从而有

$$\overrightarrow{A_{n+1} A_{n+3}} = \omega \overrightarrow{A_{n+2} A_{n+1}},$$

即

$$A_{n+3} - A_{n+1} = \omega(A_{n+1} - A_{n+2}),$$

整理得

$$A_{n+3} + \omega A_{n+2} + \omega^2 A_{n+1} = 0,$$

所以

$$P_{n+3} = P_n$$

对一切非负整数 n 恒成立，也就是说，点列 $\{P_n\}$ 是周期为 3 的纯周期点列.

综上所述，在题设条件不变的情况下，如下命题是成立的："点列 $\{P_n\}$ 是周期为 3 的纯周期点列的充要条件是 $\triangle A_1 A_2 A_3$ 为正向等边三角形".

在例 4.4.1 中，我们看到点列 $\{P_n\}$ 的构造依赖于点 P_0、角 $\theta = -120°$ 以及旋转中心点列 $\{A_n\}$. 为了进一步探索，我们给出如下定义.

定义 4.4.1 对于给定的点 $P_0 \neq 0$（若 $P_0 = 0$，则平移图形，使 $P_0 \neq 0$，不影响证明），角 $\theta(-\pi < \theta < \pi, \theta \neq 0)$ 和点列 $\{A_n\}:A_1$，$A_2, \cdots, A_T, A_{n+T} = A_n (n \geqslant 1)$，点列 $\{P_n\}$ 按如下方式构造得到：$\overrightarrow{A_n P_{n-1}}$ 绕点 A_n 旋转 θ 角到达 $\overrightarrow{A_n P_n} (n \geqslant 1)$，这样的点列 $\{P_n\}$ 称为**中心点列 $\{A_n\}$ 的旋转点列**，记作 $\{P_n | P_0, \theta, A_n\}$.

在上面的定义中，点列 $\{A_n\}$ 是 T 边形.

记 $\omega = \cos\theta + i\sin\theta$，显然 $\omega \neq 1$. 根据定义，我们有

$$\overrightarrow{A_n P_n} = \omega \overrightarrow{A_n P_{n-1}} \quad (n \geqslant 1)$$

($\theta>0$ 表示逆时针旋转,$\theta<0$ 表示顺时针旋转),从而有
$$|A_nP_n| = |A_nP_{n-1}| \quad (边长不变),$$
以及
$$P_n - A_n = \omega(P_{n-1} - A_n),$$
整理得
$$P_n - \omega P_{n-1} = (1-\omega)A_n. \quad (*)$$
仿照例 4.4.1,得到
$$P_n = (1-\omega)(A_n + \omega A_{n-1} + \omega^2 A_{n-2} + \cdots + \omega^{n-1}A_1) + \omega^n P_0.$$
$$(**)$$
由式(*)和式(**),我们可以研究点列$\{P_n|P_0,\theta,A_n\}$的周期性和点列$\{A_n\}$的周期性之间的关系.

定理 4.4.1 设$\{A_n\}$是最小周期为 T 的纯周期点列,$\{P_n|P_0,\theta,A_n\}$是最小周期为T'的纯周期数列,则 $T|T'$.

证 设 $\omega = \cos\theta + i\sin\theta$. 由式(*)得
$$A_n = \frac{1}{1-\omega}(P_n - \omega P_{n-1}),$$
$$A_{n+T'} = \frac{1}{1-\omega}(P_{n+T'} - \omega P_{n-1+T'})$$
$$= \frac{1}{1-\omega}(P_n - \omega P_{n-1}) = A_n,$$
即 $A_{n+T'} = A_n$ 对一切$n\in \mathbf{N}^*$恒成立,T'也是$\{A_n\}$的一个周期,故 $T|T'$.

下面,我们研究 ω 和周期T'之间的关系.

定理 4.4.2 设$\{P_n|P_0,\theta,A_n\}$是最小周期为T'的纯周期点列,$\{A_n\}$是最小周期为 T 的纯周期点列.

(1) $T' = T$ 的充要条件是$\omega\neq 1,\omega^T = 1$;

(2) $T' = kT(k>1)$的充要条件是 $\omega^T\neq 1,\omega^{kT} = 1$.

证 (1) 必要性.设 $T' = T$.

设 $B_n = A_n + \omega A_{n-1} + \omega^2 A_{n-2} + \cdots + \omega^{n-1}A_1$,则由式(**),$P_n = (1-\omega)B_n + \omega^n P_0$. 因为 $A_{n+T} = A_n$,所以由式(**)得

$$P_{n+T} = (1-\omega)(A_{n+T}\omega^T + \omega^{1+T}A_{n-1+T} + \omega^{2+T}A_{n-2+T} + \cdots$$
$$+ \omega^{n-1+T}A_{1+T}) + \omega^{n+T}P_0.$$
$$= \omega^T[(1-\omega)B_n + \omega^n P_0],$$
$$= \omega^T P_n,$$

即
$$P_{n+T} = \omega^T P_n \tag{1}$$

对一切 $n \geq 0$ 恒成立. 又 $P_{n+T} = P_n$ 对一切 $n \geq 0$ 恒成立,故由式(1)得 $\omega^T = 1$.

充分性. 设 $\omega^T = 1$,即 ω 是 1 的 T 次方虚根.

因为 $\omega^T = 1$,所以从式(1)可得
$$P_{n+T} = P_n$$

对一切 $n \geq 0$ 恒成立,即 T 是点列 $\{P_n\}$ 的一个周期,故 $T' \mid T$. 又由定理 4.4.1 得 $T \mid T'$,所以 $T = T'$.

在这里,我们讨论一个问题:设 $B_T = A_T + \omega A_{T-1} + \omega^2 A_{T-2} + \cdots + \omega^{T-1}A_1$,那么 $\omega^T = 1 \Leftrightarrow B_T = 0$?

由式(**)得到
$$P_T = (1-\omega)B_T + \omega^T P_0.$$

因为 $P_T = P_0$,所以由上式得
$$(1-\omega^T)P_0 = (1-\omega)B_T.$$

因为 $P_0 \neq 0, 1-\omega \neq 0$,所以
$$\omega^T = 1 \Leftrightarrow B_T = 0.$$

(2) 必要性. 设点列 $\{P_n\}$ 的周期 $T' = kT(k > 1, k \in \mathbf{N}^*)$.

因为 $A_{n+T} = A_n$,所以由式(**)得
$$P_{n+kT} = (1-\omega)(\omega^{kT}A_{n+kT} + \omega^{kT+1}A_{n-1+kT} + \omega^{kT+2}A_{n-2+kT} + \cdots$$
$$+ \omega^{kT+n-1}A_{1+kT}) + \omega^{n+kT}P_0$$
$$= \omega^{kT}[(1-\omega)B_n + \omega^n P_0]$$
$$= \omega^{kT}P_n.$$

因此
$$P_{n+kT} = \omega^{kT} P_n. \tag{2}$$

由于 $P_{n+kT}=P_n$ 对一切 $n\geqslant 0$ 恒成立,故 $\omega^{kT}=1$.

充分性.设 $\omega^{kT}=1$,则由式(2),$P_{n+kT}=P_n$ 对一切 $n\geqslant 0$ 恒成立,故 $T'\mid kT$.又 $T\mid T'$,若 $T'<kT$,则 $T'=T,2T,\cdots,(k-1)T$,于是由式(2)得到

$$P_{T'}=\omega^{T'}P_0.$$

因为 $P_{T'}=P_0\neq 0$,所以 $\omega^{T'}=1$,这与已知 $\omega^T=1$ 矛盾,故 $T'=kT$.

下面讨论一个问题:$\omega^{kT}=1\Leftrightarrow B_T=0$?

因为 $A_{n+T}=A_n$,所以由式(* *)得

$$\begin{aligned}P_{kT}&=(1-\omega)[A_{kT}+\omega A_{kT-1}+\omega^2A_{kT-2}+\cdots\\&\quad+\omega^{T-1}A_{(k-1)T+1}+\cdots+\omega^{kT-1}A_1]+\omega^{kT}P_0\\&=(1-\omega)B_{kT}+\omega^{kT}P_0,\end{aligned}\tag{3}$$

其中

$$\begin{aligned}B_{kT}&=[A_{kT}+\omega A_{kT-1}+\omega^2A_{kT-2}+\cdots+\omega^{T-1}A_{(k-1)T+1}\\&\quad+\cdots+\omega^{kT-1}A_1]\\&=[1+\omega^T+\omega^{2T}+\cdots+\omega^{(k-1)T}]B_T\\&=\frac{1-\omega}{1-\omega^T}(1-\omega^{kT})B_T.\end{aligned}$$

因为 $P_{kT}=P_0$,所以

$$(1-\omega^{kT})P_0=(1-\omega)B_{kT}.$$

由于 $P_0\neq 0,1-\omega\neq 0$,故

$$\omega^{kT}=1\quad\Leftrightarrow\quad B_{kT}=0.$$

又由式(3)得

$$(1-\omega^{kT})\left[P_0-\frac{(1-\omega)^2}{1-\omega^T}B_T\right]=0,$$

故 $\omega^{kT}=1$ 或 $P_0=\dfrac{(1-\omega)^2}{1-\omega^T}B_T$(因为 $P_0\neq 0,1-\omega\neq 0,1-\omega^T\neq 0$,所以 $B_T\neq 0$.更简单的证明是:若 $B_T=0$,则 $\omega^T=1,P_{n+T}=P_n$,这与已知矛盾).

例 4.4.2 设有点列 $\{A_n\}$:$A_1,A_2,A_3,A_{n+3}=A_n$.试讨论点

列 $\left\{P_n \mid P_0, \dfrac{\pi}{2}, A_n\right\}$ 的周期性.

解 点列 $\{A_n\}$ 的周期 $T=3$, $\omega=\cos\dfrac{\pi}{2}+\mathrm{i}\sin\dfrac{\pi}{2}=\mathrm{i}$, $\mathrm{i}^4=1$. 设点列 $\{P_n\}$ 的周期为 T', 则 $T \mid T'$, 故 $T'=[3,4]=12$, 即点列 $\{P_n\}$ 是周期为 12 的纯周期点列.

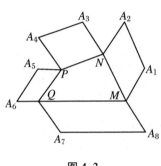

图 4.2

例 4.4.3 分别以四边形 $MNPQ$ 的各边向外作平行四边形, 得另外八个顶点(图 4.2) $A_1, A_2, \cdots, A_8$. 求证: $A_1, A_2, \cdots, A_8$ 恰为某个八边形各边的中点.

证 定义周期为 8 的周期点列 $\{A_n\}: A_1, A_2, \cdots, A_8$, $A_{n+8}=A_n$ ($n \geqslant 1$). 根据定理 4.4.2, 点列 $\{P_n \mid P_0, \pi, A_n\}$ 的周期也为 8. 因为 $\theta=\pi$, 所以 P_{n-1} 和 P_n 关于点 A_n 对称, 即 A_n 是 P_{n-1} 和 P_n 的中点, 也就是说, $A_1, A_2, \cdots, A_8$ 依次是八边形 $P_0 P_1 P_2 \cdots P_7$ 各边的中点.

例 4.4.4 两直线 l_1 和 l_2 相交, 交角为 γ, 如图 4.3 所示. 一只跳蚤从一条直线向另一条直线跳跃, 每跳跃一次的长度是 1 米, 并且不往回跳, 只要这是可能的. 证明: 当且仅当 $\dfrac{\gamma}{\pi}$ 是有理数时, 跳跃是周期的.

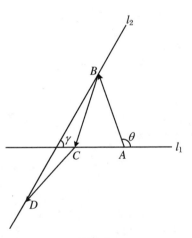

图 4.3

证 显然每次跳跃都是一

个单位向量,我们考察前三次的向量.如图 4.3 所示,设 $\overrightarrow{AB} = \alpha_1$, $\overrightarrow{BC} = \alpha_2$, $\overrightarrow{CD} = \alpha_3$, $\alpha_1, \alpha_2, \alpha_3$ 为模为 1 的复数.因为 $\triangle ABC$ 和 $\triangle BCD$ 都是等腰三角形,$\angle ACB = \pi - \theta = \gamma + \angle CBD = \gamma + \frac{1}{2}(\pi - \angle BCD)$,所以 $\angle BCD = 2\gamma - \pi + 2\theta$,因此 $\angle ACD$(逆时针方向)$= \angle ACB + \angle BCD = \pi - \theta + (2\gamma - \pi + 2\theta) = 2\gamma + \theta$,即单位向量 $\overrightarrow{CD} = \alpha_3$ 是由第 1 次跳跃所对应的单位向量 $\overrightarrow{AB} = \alpha_1$ 旋转 2γ(或 -2γ)所得到的,以后每连续三次跳跃都有这样的关系.

设一系列跳跃依次所对应的单位向量为 $\alpha_1, \alpha_2, \cdots, \alpha_n, \cdots$(用复数表示),则有
$$\alpha_{n+2} = \omega \alpha_n \quad (n \geq 1),$$
其中 $\omega = \cos 2\gamma + i\sin 2\gamma$ 或 $\omega = \cos(-2\gamma) + i\sin(-2\gamma) = \cos 2\gamma - i\sin 2\gamma$.于是

跳跃是周期的 $\Leftrightarrow$ $\{\alpha_n\}$ 是周期的 $\Leftrightarrow$ $\{\omega^n\}$ 是周期的.

设 $\{\omega^n\}$ 是周期为 T 的纯周期数列,则有 $\omega^T = 1 (T > 1)$,从而有
$$\cos 2T\gamma \pm i\sin 2T\gamma = \cos 2k\pi \quad (k \in \mathbf{Z}),$$
故 $2T\gamma = 2k\pi$,$\frac{\gamma}{\pi} = \frac{k}{T}$ 是有理数.

4.5 函数迭代和周期点

定义 4.5.1 设函数 $f(x)$ 的定义域为 D,且对于每一 $x \in D$,都有 $f(x) \in D$.令 $f^{(0)}(x) = x$,$f^{(1)}(x) = f(x)$,$f^{(2)}(x) = f(f(x))$,$f^{(n)}(x) = \underbrace{f(f\cdots f(f(x)))}_{n \uparrow f}$,则称函数 $f^{(n)}(x)$ 为函数 $f(x)$ 的 n 次迭代,$f(x)$ 称为 $f^{(n)}(x)$ 的**迭代函数**,$\{f^{(n)}(x)\}$ 称为由函数 $f(x)$ 迭代所得的函数列.

定义 4.5.2 在定义 4.5.1 中的条件下,如果存在正整数 T,使得 $f^{(n+T)}(x) = f^{(n)}(x)$ 对一切 $n \in \mathbf{N}^*$ 恒成立,则称 T 为 $f(x)$ 的

迭代周期,T 的最小值称为**最小迭代周期**.

根据定义 4.5.1,我们易用数学归纳法证明:

定理 4.5.1 (1) $f^{(n+1)}(x) = f(f^{(n)}(x))$,特别地,$f^{(m+n)}(x) = f^{(m)}(f^{(n)}(x))$;

(2) 如果 $f(kx) = kf(x)$,其中 k 为常数,则 $f^{(n)}(kx) = kf^{(n)}(x)$.

例 4.5.1 设映射 $f:\mathbf{N}^* \to \mathbf{N}^*$.若对每一个 $n \in \mathbf{N}^*$,不等式
$$f(n+1) > f(f(n)) \tag{1}$$
恒成立,试证:$f(n) = n$.

证法 1 若 $f(n)$ 是严格递增的,即 $f(n+1) > f(n)(n \in \mathbf{N}^*)$,则由式(1)得到
$$n+1 > f(n) \Leftrightarrow n \geqslant f(n).$$
又 $f(n) > f(n-1) > \cdots > f(2) > f(1)$ 以及 $f:\mathbf{N}^* \to \mathbf{N}^*$,故 $f(n) \geqslant n$.由于 $n \geqslant f(n), f(n) \geqslant n$,故 $f(n) = n$.

现在,问题转化为证明 $f(n)$ 是严格递增的,也就是证明
$$f(1) < f(2) < f(3) < \cdots < f(n) < \cdots. \tag{2}$$
我们先证明 $f(1)$ 是最小的.

由式(1)知 $f(n+1) > f(f(n))$,即 $f(n+1)(n \in \mathbf{N}^*)$ 不是最小的,所以 $f(1)$ 为最小的.为证 $f(2) > f(1)$,我们引进数列
$$f(2) - 1, f(3) - 1, f(4) - 1, \cdots, \tag{3}$$
并令 $F(n) = f(n+1) - 1$,在此式中,用 $F(n)$ 代替 n,得到
$$F(F(n)) = f(F(n) + 1) - 1, \tag{4}$$
并把原来的式子化为
$$f(n+1) = F(n) + 1. \tag{5}$$
于是由式(4)和式(5)得
$$F(n+1) = f(n+2) - 1 = f(f(n+1)) - 1$$
$$= f(F(n) + 1) - 1 = F(F(n)),$$
即 f 与 F 的性质完全相同.仿照前面的证明,可知 $F(1) = f(2) - 1$ 最小,也就是 $f(2) > f(1)$.如此继续下去,可以证明式(2)成立,即

$f(n)$是严格递增的.

证法 2 我们先证明辅助命题:"若 $m \geqslant n$,则 $f(m) \geqslant n$,其中 $m, n \in \mathbf{N}^*$".

我们用归纳法对 n 进行证明. 当 $n=1$ 时,命题显然成立. 假设命题对于 n 成立,即当 $m \geqslant n$ 时,$f(m) \geqslant n$,则当 $m \geqslant n+1$ 时,$m-1 \geqslant n$,由归纳假设知
$$f(m-1) \geqslant n,$$
从而有(再用一次归纳假设)
$$f(f(m-1)) \geqslant n.$$
由式(1)知
$$f(m) > f(f(m-1)) \geqslant n,$$
即 $f(m) \geqslant n+1$,故辅助命题对一切 $n \in \mathbf{N}^*$ 成立.

由辅助命题可知 $f(n) \geqslant n$;再用一次辅助命题,我们有
$$f(f(n)) \geqslant f(n).$$
从而由式(1)得
$$f(n+1) > f(f(n)) \geqslant f(n),$$
即 f 是严格递增的. 于是从证法 1 可知,$n \geqslant f(n)$ 且 $f(n) \geqslant n$,故 $f(n)=n$.

例 4.5.2 设 $\mathbf{Q}_+$ 是全体正有理数集合,函数 $f: \mathbf{Q}_+ \to \mathbf{Q}_+$,使得对任意 $x, y \in \mathbf{Q}_+$,恒有
$$f(xf(y)) = \frac{f(x)}{y} \tag{1}$$
成立. 试求函数 f 的表达式.

解 由式(1)得
$$f(x) = yf(xf(y)),$$
于是
$$f(f(x)) = f(yf(xf(y))).$$
从而再由式(1)得到
$$f(f(x)) = f(yf(xf(y))) = \frac{f(y)}{xf(y)} = \frac{1}{x},$$

故
$$f(f(x)) = \frac{1}{x},$$
或
$$x = \frac{1}{f\left(f\left(\frac{1}{x}\right)\right)}. \tag{2}$$

由式(2)得
$$f\left(\frac{1}{x}\right) = f(f(f(x))) = \frac{1}{f(x)}. \tag{3}$$

$$f(xy) = f\left(xf\left(f\left(\frac{1}{y}\right)\right)\right),$$

从而由式(1)得到
$$f(xy) = f\left(xf\left(f\left(\frac{1}{y}\right)\right)\right) = \frac{f(x)}{f\left(\frac{1}{y}\right)}.$$

再由式(3)得到
$$f(xy) = f(x)f(y). \tag{4}$$

满足式(4)的函数 f 的解不唯一,例如 $f(x) = 2^x$ 就是一解.

需要对解的过程再给出一点说明. 我们从式(1)出发推出式(2)和式(4). 反之,若式(2)和式(4)成立,则式(1)也成立. 事实上,由式(4)和式(2),我们有
$$f(xf(y)) = f\left(xf\left(f\left(\frac{1}{y}\right)\right)\right) = \frac{f(x)}{y},$$
即式(1)成立. 这说明式(1)⇔式(2)+式(4).

定理 4.5.2 如果存在最小正整数 T,使得 $f^{(T)}(x) = x$ 成立,则 T 是函数 $f(x)$ 的迭代周期,此时函数列 $\{f^{(n)}(x)\}(n \geq 1)$ 是最小周期为 T 的纯周期函数列.

证 当 $n = 1$ 时,$f^{(T+1)}(x) = f(f^{(T)}(x)) = f^{(1)}(x)$,归纳法的奠基成立. 假设当 $n = k$ 时,$f^{(T+k)}(x) = f^{(k)}(x)$,则当 $n = k + 1$ 时,由归纳假设知

$f^{(T+k+1)}(x) = f(f^{(T+k)}(x)) = f(f^{(k)}(x)) = f^{(k+1)}(x)$,
即当 $n = k+1$ 时命题成立. 故对一切 $n \in \mathbf{N}^*$, $f^{(n+T)}(x) = f^{(n)}(x)$ 成立. 根据定义 4.5.2, T 是函数 $f(x)$ 的迭代周期.

推论 若 $f^{(T)}(x) = x$, 则 $f^{(nT)}(x) = f^{(T)}(x) = x$.

定理 4.5.3 若函数 $f(x)$ 的最小迭代周期为 T, T' 是它的另一个迭代周期, 则 $T | T'$.

例 4.5.3 设 $f(x) = \dfrac{x+6}{x+2}$. 计算它的 n 次迭代 $f^{(n)}(x)$.

解 由定理 4.5.2 的推论得

$$f^{(n)}(x) = f(f^{(n-1)}(x)) = \frac{f^{(n-1)}(x) + 6}{f^{(n-1)}(x) + 2}.$$

令 $f(x) = x$, 解得 $f(x)$ 的不动点 $x_1 = 2, x_2 = -3$, 从而有

$$\frac{f^{(n)}(x) - 2}{f^{(n)}(x) + 3} = \frac{\dfrac{f^{(n-1)}(x)+6}{f^{(n-1)}(x)+2} - 2}{\dfrac{f^{(n-1)}(x)+6}{f^{(n-1)}(x)+2} + 3} = -\frac{1}{4} \cdot \frac{f^{(n-1)}(x) - 2}{f^{(n-1)}(x) + 3}$$

$$= \frac{f^{(0)}(x) - 2}{f^{(0)}(x) + 3} \cdot \left(-\frac{1}{4}\right)^n = \frac{x-2}{x+3} \cdot \left(-\frac{1}{4}\right)^n.$$

由此解得

$$f^{(n)}(x) = \frac{[2 \cdot (-4)^n + 3]x + 6 \cdot [(-4)^n - 2]}{[(-4)^n + 1]x + [3 \cdot (-4)^n + 2]}.$$

定理 4.5.4 设函数 $f(x) = \dfrac{Ax + B}{Cx + D}$ ($A, B, C, D \in \mathbf{R}$, $ABC \neq 0$) 的不动点为 x_1, x_2, 且 $x_1 \neq x_2$, 则 $f(x)$ 的迭代周期为 T 的充要条件是 $\left(\dfrac{Cx_2 + D}{Cx_1 + D}\right)^T = 1$.

我们把证明留给读者.

例 4.5.4 设 $f(x) = \dfrac{2x - 7}{x + 1}$. 求其 1990 次迭代 $f^{(1990)}(x)$.

解法 1 由已知得 $f^{(1)}(x) = \dfrac{2x - 7}{x + 1}$, 经计算得 $f^{(2)}(x) =$

$-\dfrac{x+7}{x-2}$，$f^{(3)}(x)=x$，从而由定理 4.5.2 可知，函数 $f(x)$ 的迭代周期为 3.

因为 $1\,990=3 \cdot 663+1$，所以
$$f^{(1\,990)}(x)=f^{(1)}(x)=\dfrac{2x-7}{x+1}.$$

解法 2 令 $f(x)=x$，解得函数 $f(x)$ 的不动点 $x=\dfrac{1\pm3\sqrt{3}\mathrm{i}}{2}$，从而有

$$\dfrac{Cx_2+D}{Cx_1+D}=\dfrac{x_2+1}{x_1+1}=\dfrac{\dfrac{1-3\sqrt{3}\mathrm{i}}{2}+1}{\dfrac{1+3\sqrt{3}\mathrm{i}}{2}+1}=\dfrac{1-\sqrt{3}\mathrm{i}}{1+\sqrt{3}\mathrm{i}}=\dfrac{-1-\sqrt{3}\mathrm{i}}{2},$$

$$\left(\dfrac{Cx_2+D}{Cx_1+D}\right)^3=\left(\dfrac{-1-\sqrt{3}\mathrm{i}}{2}\right)^3=1,$$

所以，由定理 4.5.4 可知，函数列 $f^{(n)}(x)$ 是周期为 3 的纯周期函数列，于是
$$f^{(1\,990)}(x)=f^{(1)}(x)=f(x)=\dfrac{2x-7}{x+1}.$$

例 4.5.5 已知函数
$$f(x)=\begin{cases} x+\dfrac{1}{2} & \left(0\leqslant x\leqslant\dfrac{1}{2}\right), \\ 2(1-x) & \left(\dfrac{1}{2}<x\leqslant 1\right). \end{cases}$$

求 $f^{(2\,012)}\left(\dfrac{2}{15}\right)$ 的值.

解 计算得
$$f\left(\dfrac{2}{15}\right)=\dfrac{19}{30},$$
$$f^{(2)}\left(\dfrac{2}{15}\right)=f\left(\dfrac{19}{30}\right)=\dfrac{11}{15},$$

$$f^{(3)} = f\left(f^{(2)}\left(\frac{2}{15}\right)\right) = f\left(\frac{11}{15}\right) = \frac{8}{15},$$

$$f^{(4)}\left(\frac{2}{15}\right) = f\left(f^{(3)}\left(\frac{2}{15}\right)\right) = f\left(\frac{8}{15}\right) = \frac{14}{15},$$

$$f^{(5)}\left(\frac{2}{15}\right) = f\left(f^{(4)}\left(\frac{2}{15}\right)\right) = f\left(\frac{14}{15}\right) = \frac{2}{15},$$

即 $f^{(n)}\left(\frac{2}{15}\right)$ 的迭代周期为 5. 因为 $2\,012 \equiv 2 \pmod 5$，所以

$$f^{(2\,012)}\left(\frac{2}{15}\right) = f^{(2)}\left(\frac{2}{15}\right) = \frac{11}{15}.$$

定义 4.5.3 设 $f^{(n)}(x)$ 是函数 $f(x)$ 的 n 次迭代. 如果在函数 $f(x)$ 的定义域中存在一点 a，使得 $f^{(T)}(a) = a$，而且 $f^{(j)}(a) \neq a$ ($1 \leqslant j \leqslant T-1$)，其中 T 是常数，$T \in \mathbf{N}^*$，则称 a 是 f 的 T **周期点**.

从 $f(x_0) = x_0$，可以推出 $f(f(x_0)) = f(x_0) = x_0, \cdots$，$f^{(T-1)}(x_0) = x_0$. 令 $f^{(T-1)}(x) = x$，所得到的不动点集包含 $f(x)$，$f^{(2)}(x), \cdots, f^{(T-2)}(x)$ 的不动点. 因此，如果函数 $f(x)$ 有迭代周期 T，即 $f^{(T)}(x) = x$，则 $f(x)$ 的定义域 D 中除去 $f^{(T-1)}(x)$ 的不动点（即满足 $f^{(T-1)}(x_0) = x_0$ 的所有 x_0），余下的都是 f 的 T 周期点.

例 4.5.6 设 S 是复平面上的单位圆周（即 $|z| = 1$ 的复数 z 的集合），m 是大于 1 的自然数. 定义 f 如下：

$$f(z) = z^m \quad (z \in S). \tag{1}$$

试计算 f 的 1 989 周期点的个数.

解 因为 $|f(z)| = |z|^m = 1$，所以 $f(z) \in S$.

由于 $f(z) = z^m$，所以 $f^{(2)}(z) = f(f(z)) = f(z^m) = (z^m)^m = z^{m^2}, \cdots$，从而我们可用数学归纳法证明 $f^{(n)}(z) = z^{m^n}$ ($n \geqslant 1$)（证明略）.

记 $B_n = \{z \mid f^{(n)}(z) = z, z \in S\}$. 由 $z^{m^n} = z$ 得到

$$z(z^{m^n - 1} - 1) = 0.$$

因为 $z \neq 0$，所以

$$z^{m^n - 1} - 1 = 0. \tag{2}$$

方程(2)有 m^n-1 个不同的根,其模均为 1,因而 $|B_n|=m^n-1$(其中 $|B_n|$ 表示集合 B_n 中元素的个数).

设 $z\in B_k(k<n)$,即 $f^{(k)}(z)=z(z\in S)$.

(a) 如果 $n=qk(q\geqslant 2,q\in\mathbf{N}^*)$,则由定理 4.5.2 的推论得到
$$f^{(n)}(z)=f^{(qk)}(z)=f^{(k)}(z)=z,$$
即 $z\in B_k\Rightarrow z\in B_n$,从而 $B_k\subset B_n$(B_k 的 m^k-1 个不同的元素全部包含在 B_n 中).

(b) 如果 $k\mid n$,设 $n=qk+r(q\in\mathbf{N}^*,1\leqslant r\leqslant k-1)$,则由定理 4.5.1 以及式(1)得
$$\begin{aligned}f^{(n)}(z)=f^{(qk+r)}(z)&=f^{(r)}(f^{(qk)}(z))\\&=f^{(r)}(f^{(k)}(z))=f^{(r)}(z).\end{aligned}\quad(2)$$

若 $z\in B_n$,则 $f^{(n)}(z)=z$,且 $z\in B_n\cap B_k$.从式(3)得
$$f^{(r)}(z)=z,$$
即 $z\in B_r$,从而有 $B_n\cap B_k\subseteq B_r$.若 $z\in B_r$,则从式(3)推得 $f^{(n)}(z)=z$,即 $z\in B_n$.又 $z\in B_k$,故 $B_r\subseteq B_n\cap B_k$.因为 $B_n\cap B_k\subseteq B_r$,且 $B_r\subseteq B_n\cap B_k$,所以
$$B_n\cap B_k=B_r.$$

用辗转相除法,我们得到
$$B_n\cap B_k=B_k\cap B_r=\cdots=B_{(n,k)},\quad(4)$$
其中 (n,k) 表示 n 和 k 的最大公约数.

由(a)可知,为了计算 1989 周期点,我们必须在 B_{1989} 中除去一些点,k 是 1989 的真约数.但 1989 有许多真约数,为了避免重复计数,我们必须找 1989 的最大真约数.因为 $1989=3^2\cdot 13\cdot 17$,所以 1989 的三个最大的且互不整除的真约数为 $663=3\cdot 13\cdot 17,153=3^2\cdot 17,117=3^2\cdot 13$(若 $k\mid 663,663\mid 1989$,则 $k\mid 1989$,由(a)知 $B_k\subset B_{1989}$,故我们找三个最大的又互不整除的真约数).

由容斥原理及式(4),我们得到

f 的 1989 周期点的总数
$$=|B_{1989}|-|B_{663}\cup B_{153}\cup B_{117}|$$

$= |B_{1989}| - (|B_{663}| + |B_{153}| + |B_{117}| - |B_{663} \cap B_{153}|$
$\quad - |B_{663} \cap B_{117}| - |B_{153} \cap B_{117}| + |B_{663} \cap B_{153} \cap B_{117}|)$
$= |B_{1989}| - |B_{663}| - |B_{153}| - |B_{117}| + |B_{(663,153)}|$
$\quad + |B_{(663,117)}| + |B_{(153,117)}| - |B_{(663,153,117)}|$
$= |B_{1989}| - |B_{663}| - |B_{153}| - |B_{117}| + |B_{51}|$
$\quad + |B_{39}| + |B_{9}| - |B_{3}|$
$= (m^{1989} - 1) - (m^{663} - 1) - (m^{153} - 1) - (m^{117} - 1)$
$\quad + (m^{51} - 1) + (m^{39} - 1) + (m^{9} - 1) - (m^{3} - 1)$
$= m^{1989} - m^{663} - m^{153} - m^{117} + m^{51} + m^{39} + m^{9} - m^{3}.$

练 习 4

1. 设递推数列 $\{u_n\}$ 满足: $u_1 = a$ (a 为任意一个正数),
$$u_{n+1} = -\frac{1}{u_n + 1} \quad (n \geqslant 1).$$
当 n 为哪一个数值时,必有 $u_n = a$? (从 14,15,16,18 四个数中选择.)

2. 设 a 是一个正整数, $f(a)$ 为其各位数字的平方和. 定义数列 $\{a_n\}$: a_1 是不超过 3 位的正整数, $a_n = f(a_{n-1})(n \geqslant 2)$. 试证:

(1) 不论 a_1 取何值, 数列 $\{a_n\}$ 总是周期数列;

(2) 存在正整数 m, 使得 $a_{3m} = a_{2m}$.

3. 设 $\{P_n\}$ 是有界的整数数列, 且满足条件
$$P_n = \frac{P_{n-1} + P_{n-2} + P_{n-3} P_{n-4}}{P_{n-1} P_{n-2} + P_{n-3} + P_{n-4}}.$$
证明: 不论初始项如何, 数列 $\{P_n\}$ 最终是周期的.

4. 试判断数列 $\{a_n\}$ 的周期性:

(1) $a_1 = 1, a_{n+1} = \dfrac{2a_n + 1}{a_n - 2}(n \geqslant 1)$;

(2) $a_1 = 2, a_{n+1} = \dfrac{5a_n - 13}{3a_n - 7}(n \geqslant 1)$.

5. 考虑数列: $1,1,2,3,5,8,13,21,34,\cdots, f_{n+2} = f_{n+1} + f_n (n \geqslant 1)$. 如下构造一个新数列 $\{a_n\}$: 将数列 $\{f_n\}$ 的每一项的最后三位数字记下 (如果一个项少于三位, 则在其左边缺失的数位上添加 0), 这样得到

$$001,001,002,003,005,008,013,021,034,\cdots,$$

证明:数列$\{a_n\}$是周期数列.

6. 已知数列$\{a_n\}$满足:$a_2=2, a_3=5$,
$$a_n = -(a_{n-1}+a_{n-2}) \quad (n \geqslant 3).$$
试求a_{2011}.

7. 已知数列$\{a_n\}$满足:
$$a_n a_{n+1} \cdots a_{n+m} = P(a_n + a_{n+1} + \cdots + a_{n+m}),$$
其中m是常整数,$P \neq 0, P \neq a_n a_{n+1} \cdots a_{n+m} (n \in \mathbf{N}^*)$.证明:$m+1$是$\{a_n\}$的一个周期.

8. 已知点列$\{A_n\}: A_1, A_2, A_3, A_{n+3} = A_n (n \geqslant 1)$,试讨论下列数列的周期性.

(1) $\left\{ P_n \mid P_0, \dfrac{2\pi}{3}, A_n \right\}$;

(2) $\left\{ P_n \mid P_0, \dfrac{\pi}{6}, A_n \right\}$.

9. 证明:

(1) $f(x) = 1 - \dfrac{1}{x}$的迭代周期为3;

(2) $f(x) = \dfrac{\sqrt{3}x-1}{x+\sqrt{3}}$的迭代周期为6.

10. 已知$f(x) = \dfrac{2x-1}{x+1}$.求$f^{(2000)}(x)$的表达式.

11. 设常数$p > 2$为正整数,$\theta = \dfrac{2\pi}{p}$,
$$f(x) = \dfrac{x\cos\theta - \sin\theta}{x\sin\theta + \cos\theta} \quad (x \in \mathbf{R}).$$
试求$f(x)$的迭代周期.

12. 求出满足下述条件的所有函数$f: \mathbf{R}_+ \to \mathbf{R}_+$:

(a) 对一切$x, y, f(xf(y)) = yf(x)$;

(b) 当$x \to \infty$时,$f(x) \to 0$.

13. 求出所有函数f,其定义域为非负实数,值域也为非负实数,且满足:

(a) 对一切$x, y \geqslant 0, f(xf(y))f(y) = f(x+y)$;

(b) $f(2) = 0$;

(c) 对于 $0 \leqslant x < 2, f(x) \neq 0$.

14. 试问:是否存在函数 $f: \mathbf{N}^* \to \mathbf{N}^*$,使得对每个 $n \in \mathbf{N}^*$,都有
$$f^{(1989)}(n) = 2n?$$
并加以证明.

15. 是否存在函数 $f: \mathbf{N}^* \to \mathbf{N}^*$,使得对每个正整数 $n > 1$,满足等式
$$f(n) = f(f(n-1)) + f(f(n+1))?$$

16. 定义无穷数列 $\{x_n\}$ 如下:
$$0 \leqslant x_0 \leqslant 1, \quad x_{n+1} = 1 - |1 - 2x_n| \quad (n \geqslant 0).$$
证明:$\{x_n\}$ 是周期数列的充要条件是 x_0 为有理数.

第 5 章　模周期数列

5.1　基本概念

数论中的同余理论是模周期数列的基础. 下面, 我们不加证明地给出经常要用到的同余性质(证明可参见一般的初等数论教材).

定义 5.1.1　设 a,b 为整数, m 是正整数. 若 $m\mid a-b$, 则称 a 与 b 对于模 m **同余**, 记作 $a\equiv b(\mathrm{mod}\ m)$.

同余性质如下:

(1)(**反身性**) $a\equiv a(\mathrm{mod}\ m)$.

(2)(**对称性**)若 $a\equiv b(\mathrm{mod}\ m)$, 则 $b\equiv a(\mathrm{mod}\ m)$.

(3)(**传递性**)若 $a\equiv b(\mathrm{mod}\ m)$, $b\equiv c(\mathrm{mod}\ m)$, 则 $a\equiv c(\mathrm{mod}\ m)$.

(4) 若 $a\equiv b(\mathrm{mod}\ m)$, $c\equiv d(\mathrm{mod}\ m)$, 则
$$a\pm c\equiv b\pm d(\mathrm{mod}\ m).$$

(5) 若 $a\equiv b(\mathrm{mod}\ m)$, $c\equiv d(\mathrm{mod}\ m)$, 则 $ac\equiv bd(\mathrm{mod}\ m)$.

(6) 若 $a\equiv b(\mathrm{mod}\ m)$($k,c$ 为整数, $k>0$), 则
$$a^k c\equiv b^k c(\mathrm{mod}\ m).$$

特别地, 若 $c=1$, 则 $a^k\equiv b^k(\mathrm{mod}\ m)$.

(7) 若 $ac\equiv bc(\mathrm{mod}\ m)$, 则 $a\equiv b\left(\mathrm{mod}\ \dfrac{m}{(c,m)}\right)$.

特别地, 若 $(c,m)=1$, 则 $a\equiv b(\mathrm{mod}\ m)$.

(8) 若 $a\equiv b(\mathrm{mod}\ m)$, $d\mid m$, 则 $a\equiv b(\mathrm{mod}\ d)$.

(9) 若 $a\equiv b(\mathrm{mod}\ m)$, 整数 $d\neq 0$, 则 $da\equiv db(\mathrm{mod}\ dm)$.

(10) 若 $a\equiv b(\mathrm{mod}\ m_i)(i=1,2,\cdots,n)$, 则

$$a \equiv b \pmod{M},$$

其中 $M = [m_1, m_2, \cdots, m_n]$. 特别地, 若 p_1, p_2 为素数, $a \equiv b \pmod{p_1}, a \equiv b \pmod{p_2}$ 的充要条件是 $a \equiv b \pmod{p_1 p_2}$.

(11) 若 $(a,m)=1, b$ 是任意整数, 则存在整数 x, 使得 $ax \equiv b \pmod{m}$, 并且所有这样的 x 构成模 m 的同一个同余类.

下面给出几个重要定理.

欧拉定理 若 $(a, m) = 1$, 则

$$a^{\varphi(m)} \equiv 1 \pmod{m},$$

其中 $\varphi(m)$ 是欧拉函数. 所谓欧拉函数 $\varphi(m)$, 是指不大于 m, 而且与 m 互素的正整数的个数. 例如, $\varphi(1)=1, \varphi(2)=1, \varphi(3)=2, \varphi(4)=2, \varphi(5)=4, \cdots$.

费马小定理 若 p 是素数, 且 $p \nmid a$, 则

$$a^{p-1} \equiv 1 \pmod{p} \quad \text{或} \quad a^a \equiv a \pmod{p}.$$

费马小定理和欧拉定理, 对于确定模周期数列的周期起着重要的作用.

欧拉函数的基本性质如下:

(1) 若 p 为素数, 则 $\varphi(p) = p - 1, \varphi(p^n) = p^{n-1} \varphi(p) = p^n - p^{n-1}$. 因此费马小定理是欧拉定理的特殊情况.

(2) 若 $m > 2$, 则 $\varphi(m)$ 是偶数.

(3) 若 $(m, n) = 1$, 则 $\varphi(mn) = \varphi(m) \varphi(n)$.

以后若不加特别说明, $[a, b]$ 表示 a, b 的最小公倍数, (a, b) 表示 a, b 的最大公约数, $(a, b) = 1$ 表示 a, b 互素.

定义 5.1.2 $\{0, 1, 2, \cdots, m-1\}$ 称为模 m 的**非负最小剩余完系**.

定义 5.1.3 若 $\{a_n\}$ 为整数列, 并规定 $a_n \pmod{m} \in \{0, 1, 2, \cdots, m-1\}$, 则称 $\{a_n \pmod{m}\}$ 为**数列** $\{a_n\}$ **的模** m **数列**.

显然, 模数列 $\{a_n \pmod{m}\}$ 的值域是 m 的最小剩余完系的子集.

定义 5.1.4 对于整数列 $\{a_n\}$, 存在常正整数 T, 若从它的第

N 项起,恒有
$$a_{n+T} \equiv a_n \pmod{m} \quad (n \geqslant N)$$
成立,则称数列 $\{a_n \pmod{m}\}$ 是**模 m 的周期数列**,T 是它的一个周期. T 的最小值(若不加特别说明)简称为周期,记作 $T(m)$. 当 $N=1$ 时,称为**模纯周期数列**;当 $N\geqslant 2$ 时,称为**模混周期数列**.

我们对第 4 章中的定理稍加修改,就可得到下面的定理 5.1.1~定理 5.1.4,证明完全是类似的,留给读者自己完成.

定理 5.1.1 模周期数列的值域是有限数集.

定理 5.1.2 如果整数列 $\{a_n\}$ 满足
$$a_{n+r} = f(a_{n+r-1}, a_{n+r-2}, \cdots, a_n),$$
其中 f 是 r 元整系数多项式,则模数列 $\{a_n \pmod{m}\}$ 是周期数列.

只需设 $a_n \equiv \bar{a}_n \pmod{m}(0 \leqslant \bar{a}_n \leqslant m-1)$,仿照定理4.1.2 对数列 $\{\bar{a}_n\}$ 证明即可.

定理 5.1.3 若 $T = T(m)$ 是模周期数列 $\{a_n \pmod{m}\}$ 的最小周期,T' 是它的另一周期,则 $T \mid T'$(即 $T' = kT, k > 1$).

定理 5.1.4 若模数列 $\{a_n \pmod{m}\}$ 和 $\{b_n \pmod{m}\}$ 均是周期数列,则模数列 $\{a_n \pm b_n \pmod{m}\}$,$\{a_n b_n \pmod{m}\}$ 也是周期数列.

定理 5.1.5 若模周期数列 $\{a_n \pmod{m}\}$ 和 $\{a_n \pmod{m'}\}$ 的周期分别为 $T = T(m)$ 和 $T = T(m')$,且 $m' \mid m$,则
$$T(m') \mid T(m).$$

证 由已知得
$$a_{n+T(m)} \equiv a_n \pmod{m}$$
对一切 $\geqslant N$ 的自然数 n 恒成立. 因为 $m' \mid m$,所以由同余性质(8)知
$$a_{n+T(m)} \equiv a_n \pmod{m'}$$
对一切 $\geqslant N$ 的自然数 n 恒成立,也就是说,$T(m)$ 也是模数列 $\{a_n \pmod{m'}\}$ 的一个周期,从而由定理 5.1.3 得
$$T(m') \mid T(m).$$

第 5 章 模周期数列

定理 5.1.6 设 $\{a_n(\bmod m_1)\}$, $\{a_n(\bmod m_2)\}$ 和 $\{a_n(\bmod M)\}$ 分别是从 N_1, N_2 和 N_3 项起的周期分别为 $T(m_1), T(m_2)$ 和 $T(M)$ 的模数列,其中 $M=[m_1,m_2]$,且 $m_1\neq m_2$,则
$$T(M)=[T(m_1),T(m_2)].$$

证 设 $N=\max\{N_1,N_2,N_3\}$,则当 $n\geqslant N$ 时,由已知得
$$a_{n+T(m_1)}\equiv a_n(\bmod m_1),$$
从而可推出
$$a_{n+[T(m_1),T(m_2)]}\equiv a_n(\bmod m_1).$$
同理,可得
$$a_{n+[T(m_1),T(m_2)]}\equiv a_n(\bmod m_2).$$
从而由同余性质(10)得
$$a_{n+[T(m_1),T(m_2)]}\equiv a_n(\bmod M),$$
即 $[T(m_1),T(m_2)]$ 是模数列 $\{a_n(\bmod M)\}$ 的另一个周期. 因此,由定理 5.1.3 得
$$T(M)\mid [T(m_1),T(m_2)]. \tag{1}$$

反过来,因为 $m_1\mid M, m_2\mid M$,所以由定理 5.1.5 得
$$T(m_1)\mid T(M),\quad T(m_2)\mid T(M),$$
从而有
$$[T(m_1),T(m_2)]\mid T(M). \tag{2}$$

由式(1)和式(2)得
$$T(M)=[T(m_1),T(m_2)],$$
即
$$T([m_1,m_2])=[T(m_1),T(m_2)].$$

推论 若 $(m_1,m_2)=1$,则 $T(m_1m_2)=[T(m_1),T(m_2)]$.

特别地,当 p_1,p_2 是两相异素数时,
$$T(p_1p_2)=[T(p_1),T(p_2)].$$

定理 5.1.7 设 l 为给定的正整数,$a_n=n^l(n\in \mathbf{N}^*)$,则模数列 $\{a_n(\bmod m)\}$ 是周期为 m 的纯周期数列.

证 因为 $n+m\equiv n(\bmod m)$,所以由同余性质(6)得

$$(n+m)^l \equiv n^l (\bmod m),$$

即

$$a_{n+m} \equiv a_n (\bmod m),$$

因此模数列$\{a_n (\bmod m)\}$是周期为m的纯周期数列.

定理 5.1.8 (1) 设$(a,m)=1, a_n = a^n (a \in \mathbf{N}^*, n \geqslant 1)$,则模数列$\{a_n (\bmod m)\}(n \geqslant 1)$是周期为$\varphi(m)$的模纯周期数列.

(2) 设$a_n = a^n (a \in \mathbf{N}^*, n \geqslant 1)$,那么对于所有的$a$,$\{a_n (\bmod 10)\}$的公共周期是4.

(3) 设$a_n = n^n (n \geqslant 1)$,则$\{a_n (\bmod 10)\}$是周期为20的纯周期数列.

证 (1) 证明留给读者.这里的周期$T = \varphi(m)$也不一定是最小周期.例如$a_n = 4^n (n \geqslant 1)$.因为$(4,5)=1, p$为素数,所以数列$\{a_n (\bmod 5)\}$的一个周期$\varphi(5) = 5 - 1 = 4$,但是,实际上,$\{a_n (\bmod 5)\}: 4,1,4,1,\cdots$是最小周期为2的纯周期数列.

(2) 显然,对所有的a,$\{a^n (\bmod 2)\}$的公共周期为1.若$5 \mid a$,则$\{a^n (\bmod 5)\}$的周期为1;若$(a,5)=1$,则$\{a^n (\bmod 5)\}$的周期为$\varphi(5) = 4$.

因此,对所有的$a \in \mathbf{N}^*$, $\{a^n (\bmod 10)\}$的公共周期为$\varphi(10) = [\varphi(2), \varphi(5)] = 4$.

(3) 由定理5.1.7,$\{n^l (\bmod 10)\}$是周期为10的纯周期数列;由(2),对所有的$a \in \mathbf{N}^*$, $\{a^n (\bmod 10)\}$是公共周期为4的纯周期数列.

因此,$\{n^n (\bmod 10)\}$是周期为$[4,10] = 20$的纯周期数列.

例 5.1.1 证明:$1 \cdot 2 \cdot 3, 2 \cdot 3 \cdot 4, \cdots, n(n+1)(n+2), \cdots$个位上的数字周期性地重复.

证 设$a_n = n(n+1)(n+2) = n^3 + 3n^2 + 2n$,则由定理5.1.7,知模数列$\{n^3 (\bmod 10)\}$,$\{n^2 (\bmod 10)\}$和$\{n (\bmod 10)\}$都是周期为10的纯周期数列.再由定理5.1.4,模数列$\{3n^2 (\bmod 10)\}$和$\{2n (\bmod 10)\}$也是周期为10的纯周期数列,故模数列

$\{a_n \pmod{10}\}$ 是周期为 10 的纯周期数列,从而 a_n 的个位上的数字以周期 10 循环.

例 5.1.2 设有数列:$1,9,8,3,4,3,\cdots$,其中 a_{n+4} 为 $a_n + a_{n+3}$ ($n \geq 1$) 的个位数字.证明:
$$a_{1998}^2 + a_{1999}^2 + a_{2000}^2 + 3$$
是 4 的倍数.

证法 1 为证 $a_{1998}^2 + a_{1999}^2 + a_{2000}^2 + 3$ 是 4 的倍数,我们先分析 a_{1998},a_{1999} 和 a_{2000} 的奇偶性,这是因为偶数的平方是 4 的倍数,奇数的平方是 4 的倍数加上 1.

由于递推数列的模数列是周期数列(定理 5.1.2),所以 $\{a_n \pmod 2\}$ 的前若干项为

$1,1,0,1,0,1,1,0,0,1,0,0,0,1,1;1,1,0,1,0,\cdots.$

我们从中看出,从 $1,1,0,1$ 到 $1,1,0,1$ 的周期长为 15,故模数列 $\{a_n \pmod 2\}$ 是周期为 15 的纯周期数列.

因为
$$a_{n+15} \equiv a_n \pmod 2 \quad (n \geq 1),$$
所以 $a_{1998} \equiv a_8 \equiv 0, a_{1999} \equiv a_9 \equiv 0, a_{2000} \equiv a_{10} \equiv 1 \pmod 2$,故 $a_8^2 = 4k_8, a_9^2 = 4k_9, a_{10}^2 = 4k_{10} + 1$,其中 $k_9, k_9, k_{10} \in \mathbf{N}^*$,因而
$$a_{1998}^2 + a_{1999}^2 + a_{2000}^2 + 3 = 4(k_8 + k_9 + k_{10} + 1)$$
是 4 的倍数.

证法 2 前已算得 $\{a_n \pmod 2\}$ 的周期为 15,再计算 $\{a_n \pmod 5\}$ 的周期(周期很长),然后求出 $\{a_n \pmod{10}\}$ 的周期 $T(10) = [T(2), T(5)]$,再计算 a_{1998}, a_{1999} 和 a_{2000} 的个位数字,再证明 $a_{1998}^2 + a_{1999}^2 + a_{2000}^2 + 3 \equiv 0 \pmod 4$.证明留给读者.

例 5.1.3 设 $a_1 = 1, a_2 = 2$,且
$$a_{n+2} = \begin{cases} 5a_{n+1} - 3a_n & (\text{当 } a_n a_{n+1} \text{ 为偶数时}), \\ a_{n+1} - a_n & (\text{当 } a_n a_{n+1} \text{ 为奇数时}). \end{cases}$$
证明:$a_n \neq 0 (n \geq 1)$.

证 若能证明对某个模 $m, a_n \not\equiv 0 \pmod m$ 对一切 $n \in \mathbf{N}^*$ 恒

成立,则必有 $a_n \neq 0 (n \in \mathbf{N}^*)$ 恒成立. 我们发现 $\{a_n \pmod 4\}$ 的前若干项为

$$1,2,3,1,2,3,1,2,3,\cdots,$$

从而可猜想 $\{a_n \pmod 4\}$ 是周期为 3 的纯周期数列. 下面, 我们用数学归纳法证明这一结论.

显然,

$$a_{n+2} \equiv \begin{cases} a_{n+1} + a_n \pmod 4 & (\text{当 } a_n a_{n+1} \text{ 为偶数时}), \\ a_{n+1} - a_n \pmod 4 & (\text{当 } a_n a_{n+1} \text{ 为奇数时}). \end{cases}$$

前已知 $a_1 \equiv 1, a_2 \equiv 2, a_3 \equiv 3 \pmod 4$, 故归纳法的奠基成立. 假设 $n = k (k \geq 1)$ 时,

$$a_{3k-2} \equiv 1 \pmod 4, \quad a_{3k-1} \equiv 2 \pmod 4, \quad a_{3k} \equiv 3 \pmod 4,$$

则当 $n = k + 1$ 时, 由已知以及归纳假设得

$$a_{3(k+1)-2} = a_{3k+1} \equiv a_{3k} + a_{3k-1} \equiv 3 + 2 \equiv 1 \pmod 4,$$
$$a_{3(k+1)-1} = a_{3k+2} \equiv a_{3k+1} - a_{3k} \equiv 1 - 3 \equiv 2 \pmod 4,$$
$$a_{3(k+1)} = a_{3k+3} \equiv a_{3k+2} + a_{3k+1} \equiv 2 + 1 \equiv 3 \pmod 4,$$

即当 $n = k + 1$ 时, 结论仍成立. 因此对一切 $n \in \mathbf{N}^*$, 命题成立. 这样, 我们证明了 $\{a_n \pmod 4\}$ 是周期为 3 的纯周期数列. 因为它的前三项为 $1, 2, 3$, 所以

$$a_n = 4k_{n_1} + 1, 4k_{n_2} + 2, \text{或} 4k_{n_3} + 3 \quad (k_{n_1}, k_{n_2}, k_{n_3} \in \mathbf{Z}),$$

因此 $a_n \neq 0 (n \in \mathbf{N}^*)$.

例 5.1.4 定义数列 $\{a_n\}$ 如下: $a_1 = 3, a_{n+1} = 3^{a_n} (n \geq 1)$. 问在 0 到 99 中, 哪些整数出现在无穷多个 a_n 的十进制表示的末两位上?

解 因为不大于 10 的且与 10 互素的数是 $1, 3, 7, 9$, 共 4 个, 所以 $\varphi(10) = 4$, 从而由定理 5.1.8, 模数列 $\{3^n \pmod{10}\}$ 是周期 $T = \varphi(10) = 4$ 的纯周期数列. 它的前若干项是

$$3, 9, 7, 1, 3, 9, 7, 1, \cdots,$$

故它是最小周期为 4 的纯周期数列.

但是, 对于数列 $\{a_n\}$: $a_1 = 3, a_n = 3^{a_{n-1}} (n \geq 2)$, 其模数列

$\{a_n \pmod{10}\}$的情况是怎样的呢？首先可以肯定的是，它是周期数列.它的最小周期也为 4 吗？这一问题很重要，因为它可以确定 $a_n = 3^{a_{n-1}} (n \geq 2)$ 的个位数字.

因为 $a_1 = 3, a_n = 3^{a_{n-1}} (n \geq 2)$，所以 $a_n (n \geq 1)$ 都是奇数（且 $3 \mid a_{n-1} (n \geq 2)$）. 因为 $a_n (n \geq 1)$ 都是奇数，所以当 $n \geq 2$ 时，$a_n = 3^{a_{n-1}} \equiv (-1)^{a_{n-1}} \equiv -1 \equiv 3 \pmod{4}$，即模数列 $\{a_n \pmod 4\}$：$3,3,3,3,\cdots$是周期为 1（而不是 $T = \varphi(4) = 2$）的常数列. 于是我们有 $a_n = 4k_n + 3 (n \geq 2, k_n \in \mathbf{N}^*)$.

下面，我们研究 a_n 的个位数.

因为 $a_n = 4k_n + 3 (n \geq 2)$，所以

$$a_n = 3^{a_{n-1}} = 3^{4k_{n-1}+3} = (3^4)^{k_{n-1}} \cdot 27 \quad (n \geq 2). \quad (1)$$

由于 $(3,10) = 1, \varphi(10) = 4$，由欧拉定理得

$$3^4 \equiv 1 \pmod{10},$$

故由式(1)，$a_n \equiv 7 \pmod{10} (n \geq 2)$，即 $\{a_n \pmod{10}\}$：$3,7,7,7,\cdots$是从第 2 项起的周期为 1 的混周期数列，$3,7,7,7,\cdots$是 $a_n (n = 1, 2, \cdots)$ 的个位数.

因为 $\varphi(100) = 40$，所以它是模数列 $\{a_n \pmod{100}\}$ 的一个周期. 根据前面的经验，我们又要问，模数列 $\{a_n \pmod{100}\}$ 的最小周期为多少？

因为 $(3,5) = 1$，所以由费马小定理知 $3^4 \equiv 1 \pmod 5$，从而由式(1)得

$$a_n = (3^4)^{k_n} \cdot 27 \equiv 2 \pmod 5 \quad (n \geq 2),$$

即模数列 $\{a_n \pmod 5\}$ 是从第 2 项起的周期为 1 的混周期数列：$3, 2, 2, 2, \cdots$.

因为 $(3,8) = 1, \varphi(8) = 4$，所以由欧拉定理知 $3^4 \equiv 1 \pmod 8$，从而由式(1)得

$$a_n = (3^4)^{k_n} \cdot 27 \equiv 3 \pmod 8 \quad (n \geq 2),$$

因此模数列 $\{a_n \pmod 8\}$：$3,3,3,3,\cdots$是周期为 1 的纯周期数列.

设 $\{a_n \pmod 5\}$ 和 $\{a_n \pmod 8\}$ 的最小周期分别为 $T(5)$ 和

$T(8)$,则 $T(5)=1$,$T(8)=1$,从而由定理 5.1.6 得 $T([5,8])=[T(5),T(8)]$,$T(40)=1$.因为 $\{a_n(\bmod 5)\}$ 是从第 2 项起的周期 $T(5)=1$ 的混周期数列,$\{a_n(\bmod 8)\}$ 是周期 $T(8)=1$ 的纯周期数列,所以 $\{a_n(\bmod 40)\}$ 是从第 2 项起的周期 $T(40)=1$ 的混周期数列:$3,27,27,27,\cdots$(其中 $3^{3^3}=3^{27}=9^{13}\cdot 3=(10-1)^{13}\cdot 3\equiv(C_{13}^1\cdot 10-1)\cdot 3\equiv 27(\bmod 40))$.

综上所述,我们得到
$$a_n=40t_n+27\quad(t_n\in\mathbf{N}^*,n\geqslant 2). \tag{2}$$

因为 $(3,100)=1$,$\varphi(100)=40$,所以由欧拉定理知 $3^{40}\equiv 1(\bmod 100)$,从而由式(2)得
$$a_n=(3^{40})^{t_n}\cdot 3^{27}\equiv 3^{27}(\bmod 100)\quad(n\geqslant 3).$$
由于
$$3^{27}=9^{13}\cdot 3=(10-1)^{13}\cdot 3\equiv(C_{13}^1\cdot 10-1)\cdot 3$$
$$\equiv 87(\bmod 100),$$
故
$$a_n\equiv 3^{27}\equiv 87(\bmod 100)\quad(n\geqslant 3),$$
即 $\{a_n(\bmod 100)\}$ 是从第 3 项起的周期 $T(100)=1$ 的混周期数列:$3,27,87,87,87,\cdots$,因此 a_n 的末两位从第 3 项起都是 87.

通过这个例题以及本章练习 5 第 5 题和第 6 题,我们可以判断下面的定理是成立的,证明留给读者.

定理 5.1.9 设 a 是任意正整数.若 $(a,10)=1$,$a_1=a$,$a_{n+1}=a^{a_n}(n\geqslant 1)$,则存在 N,当 $n\geqslant N$ 时,总有
$$a_n\equiv a_N(\bmod 10^m),$$
其中 m 是正整数,a_N 是 m 位数,即 $\{a_n(\bmod 10^m)\}$ 是从第 N 项起的周期 $T(10^m)=1$ 的混周期数列.

例 5.1.5 已知数列 $\{a_n\}$ 满足:$a_0=1$,$a_1=0$,$a_3=1$,$a_4=0$,$a_5=1$,$a_6=0$,且
$$a_{n+6}=a_{n+5}+a_{n+4}+a_{n+3}+a_{n+2}+a_{n+1}+a_n\quad(n\geqslant 0).$$
求证:在 $\{a_n(\bmod 10)\}$ 中,不会出现连续的六项:$0,1,0,1,0,1$.

证法 1 显然$\{a_n\}$是整数数列.

假设数列$\{a_n(\mathrm{mod}\ 10)\}$中会出现连续的六项:$0,1,0,1,0,1$,则根据同余性质(8),在数列$\{a_n(\mathrm{mod}\ 2)\}$中的相同位置上也出现连续的六项:$0,1,0,1,0,1$;数列$\{a_n(\mathrm{mod}\ 5)\}$在相同的位置上也会出现$0,1,0,1,0,1$.

根据定理 5.1.2,$\{a_n(\mathrm{mod}\ 2)\}$是周期数列,它的前若干项为:$1,0,1,0,1,0,1;1,0,1,0,1,0,1;\cdots$,即数列$\{a_n(\mathrm{mod}\ 2)\}$是周期为 7 的纯周期数列,$0,1,0,1,0,1$ 中的第 3 个 1 出现在每个周期的第 7 个位置上,即是每个周期的第 4 个 1.假设$\{a_n(\mathrm{mod}\ 10)\}$的连续六项 $0,1,0,1,0,1$ 出现在$\{a_n(\mathrm{mod}\ 2)\}$的第 k 个周期段上.$\{a_n(\mathrm{mod}\ 2)\}$的每 k 个周期内的第 4 个 1 是 $a_{7k+6}\equiv 1\ (\mathrm{mod}\ 2)$,对第 k 个周期段取模 5,则$\{a_n(\mathrm{mod}\ 5)\}$的相同位置 $a_{7k+6}\equiv 3\ (\mathrm{mod}\ 5)$($a_6\equiv 3\ (\mathrm{mod}\ 10)$),从而根据同余性质(10),$a_{7k+6}\equiv 3\ (\mathrm{mod}\ 10)$,这与所设矛盾.因此$\{a_n(\mathrm{mod}\ 10)\}$中不会出现连续的六项:$0,1,0,1,0,1$.

实际上,可以验证$\{a_n(\mathrm{mod}\ 10)\}$的周期很长,但绝不会出现连续六项:$0,1,0,1,0,1$.

证法 2 (构造法)记
$$b_n \equiv 2a_n + 4a_{n+1} + 6a_{n+2} + 8a_{n+3} + 10a_{n+4}$$
$$+ 12a_{n+5}(\mathrm{mod}\ 10)\quad (n\geqslant 0).$$

改变下标后有
$$b_{n+1} \equiv 2a_{n+1} + 4a_{n+2} + 6a_{n+3} + 8a_{n+4} + 10a_{n+5}$$
$$+ 12a_{n+6}(\mathrm{mod}\ 10).$$

以上两式相减,得到
$$b_{n+1} - b_n \equiv 12a_{n+6} - 2(a_n + a_{n+1} + a_{n+2} + a_{n+3} + a_{n+4} + a_{n+5})$$
$$\equiv 12a_{n+6} - 2a_{n+6}$$
$$\equiv 10a_{n+6} \equiv 0(\mathrm{mod}\ 10),$$

从而有
$$b_{b+1} \equiv b_n(\mathrm{mod}\ 10)\quad (n\geqslant 0),$$

即 $\{b_n(\bmod 10)\}$ 是周期为 1 的纯周期数列.

因为 $b_0 \equiv 2+6+10 \equiv 8(\bmod 10)$,所以
$$b_n \equiv 8(\bmod 10) \quad (n \geqslant 0).$$

假设存在 $N \in \mathbf{N}^*$,使得 $a_N \equiv 0, a_{N+1} \equiv 1, a_{N+2} \equiv 0, a_{N+3} \equiv 1,$ $a_{N+4} \equiv 0, a_{N+5} \equiv 1$,则 $b_N \equiv 4+8+12 \equiv 4(\bmod 10)$. 这与 $b_n \equiv 8 (\bmod 10)(n \geqslant 0)$ 矛盾,因而这样连续的六项不存在.

例 5.1.6 A 是十进制数 4444^{4444} 的各位数字之和,B 是 A 的各位数字之和. 求 B 的各位数字之和 C.

解 设 $S(n)$ 是正整数 n 的各位数字之和. 我们先证明一个命题:对一切正整数 n,均有 $S(n) \equiv n(\bmod 9)$.

不妨设 $n = a_k \cdot 10^{k-1} + a_{k-1} \cdot 10^{k-2} + \cdots + a_2 \cdot 10 + a_1$,则
$$S(n) = a_k + a_{k-1} + \cdots + a_2 + a_1,$$

从而有
$$n - S(n) = a_k(10^{k-1}-1) + a_{k-1}(10^{k-2}-1) + \cdots + a_2(10-1)$$
$$\equiv 0(\bmod 9),$$

故
$$S(n) \equiv n(\bmod 9) \qquad (1)$$

对一切 $n \in \mathbf{N}^*$ 成立.

设 $n_0 = 4444^{4444}$,则由式(1)得
$$4444 \equiv 16 \equiv 7(\bmod 9),$$

从而有
$$4444^3 \equiv 7^3 \equiv (-2)^3 \equiv 1(\bmod 9),$$
$$n_0 = 4444^{4444} = (4444^3)^{1481} \cdot 4444 \equiv 1 \cdot 7 \equiv 7(\bmod 9).$$

再由式(1)得
$$n_0 \equiv S(n_0) = A \equiv S(A) = B \equiv S(B) = C \equiv 7(\bmod 9).$$

又 $n_0 = 4444^{4444}$ 最多有 $4 \cdot 4444 = 17776$ 位,它的各位数字之和
$$S(n_0) = A \leqslant 9 \cdot 17776 < 10 \cdot 17776 = 177760,$$

即 A 最大是一个首位是 1 的 6 位数,故 $S(A) = B \leqslant 1+5 \cdot 9 = 46$,
即 B 最大是一个首位为 4 的 2 位数,从而有 $S(B) = C \leqslant 4+9 =$

13. 因为 $1 \leqslant S(B) \leqslant 13$, 所以 $S(B) = C = 7$ 成立.

下面这个例题讨论的,虽然不是纯粹的模周期数列,但它是用模周期数列的方法来解决的.

例 5.1.7 有一个三角形数表:

$$
\begin{array}{ccccccc}
 & & & 1 & & & \\
 & & 1 & 1 & 1 & & \\
 & 1 & 2 & 3 & 2 & 1 & \\
1 & 3 & 6 & 7 & 6 & 3 & 1 \\
 & & & \cdots\cdots & & &
\end{array}
$$

这张表是这样构造的:从第 2 行起每个数是它上面的一个数以及紧靠这个数的左、右两数的和;如果有些位置上没有数字,就用 0 来代替.

证明:从第 3 行起,每一行至少包含一个偶数.

证 因为只需考虑偶数,所以我们对这张表的每个数取模 2,则取模后的前若干行的前四项为

$$
\begin{array}{cccc}
 & & & 1 \\
 & & 1 & 1 \quad 1 \\
 & 1 & 0 & 1 \quad 0 \\
1 & 1 & 0 & 1 \\
1 & 0 & 0 & 0 \\
1 & 1 & 1 & 0 \\
1 & 0 & 1 & 0 \\
\end{array}
$$

可以看出,从第 3 行起,每一行的前四项的奇偶性呈现周期性变化,变化的周期为 4. 根据这张表的构造方法,用数学归纳法,我们可以证明这一结论.

因为第 3,4,5,6 行中至少包含一个偶数,所以由周期性,从第 3 项起每行至少包含一个偶数.

5.2 模斐波那契数列

众所周知,著名的斐波那契数列不仅在数学上有许多漂亮的性质,而且还有许多实际应用.本节我们讨论模斐波那契数列的周期性.

定理 5.2.1 已知斐波那契数列 $\{f_n\}$:$f_0=0, f_1=1$,
$$f_{n+1}=f_n+f_{n-1} \quad (n\geqslant 1),$$
则对任意正整数 m,模斐波那契数列 $\{f_n(\bmod m)\}$ 是纯周期数列.

证 显然斐波那契数列 $\{f_n\}$ 除 $f_0=0$ 外,每一项都是正整数,故它是单调递增的.

设 $f_n = \bar{f}_n(\bmod m), 0\leqslant \bar{f}_n \leqslant m-1$,则有
$$\bar{f}_{n+1}=\bar{f}_n+\bar{f}_{n-1}(\bmod m) \quad (n\geqslant 1). \tag{1}$$
由定理 5.1.2 可知,数列 $\{\bar{f}_n\}$ 是周期数列,但是为了证明它是纯周期数列,我们的工作只得从头做起.

我们考察有序数对
$$(\bar{f}_0, \bar{f}_1), (\bar{f}_1, \bar{f}_2), \cdots, (\bar{f}_{n-1}, \bar{f}_n), \cdots \quad (n\geqslant 1), \tag{2}$$
其中 $(\bar{f}_0, \bar{f}_1)=(0,1)$.我们规定当且仅当 $a_1=b_1, a_2=b_2$ 时,$(a_1,a_2)=(b_1,b_2)$.

如果在有序数对(2)中,存在正整数 T,使得 $(\bar{f}_T, \bar{f}_{T+1}) = (\bar{f}_0, \bar{f}_1)$,则有 $\bar{f}_T = \bar{f}_0, \bar{f}_{T+1} = \bar{f}_1$,从而由式(1)得
$$\bar{f}_{T+2} = \bar{f}_{T+1} + \bar{f}_T = \bar{f}_1 + \bar{f}_0 = \bar{f}_2.$$
这样,我们就可用数学归纳法证明:$\bar{f}_{n+T} = \bar{f}_n$ 对一切非负整数 n 恒成立,即模数列 $\{f_n(\bmod m)\}$ 是纯周期数列.下面,我们证明存在 T,使得 $(\bar{f}_T, \bar{f}_{T+1}) = (\bar{f}_0, \bar{f}_1)$.

事实上,在有序数对(2)中不相等的至多有 m^2 个,因此根据抽

第 5 章 模周期数列

屉原理,在数列(2)的前 m^2+1 个中,至少有两个是相等的.不妨设 $(\bar{f}_{N+T}, \bar{f}_{N+1+T}) = (\bar{f}_N, \bar{f}_{N+1})$,其中 $N \geq 0, N+1+T \leq m^2+1$.若 $N = 0$,则 $(\bar{f}_T, \bar{f}_{T+1}) = (\bar{f}_0, \bar{f}_1)$;若 $N \geq 1$,则由 $(\bar{f}_{N+T}, \bar{f}_{N+1+T}) = (\bar{f}_N, \bar{f}_{N+1})$,得到 $\bar{f}_{N+T} = \bar{f}_N, \bar{f}_{N+1+T} = \bar{f}_{N+1}$,从而由式(1)得到

$$\bar{f}_{N-1+T} = \bar{f}_{N+1+T} - \bar{f}_{N+T} = \bar{f}_{N+1} - \bar{f}_N = \bar{f}_{N-1}, \cdots.$$

如此经过 N 次倒推,我们最终得到 $(\bar{f}_T, \bar{f}_{T+1}) = (\bar{f}_0, \bar{f}_1)$.

综上,模斐波那契数列 $\{f_n \pmod m\}$ 是周期为 T 的纯周期数列.

为了研究模数列 $\{f_n \pmod m\}$ 的周期 T 与 m 的关系,我们罗列如下事实,并试图从这些事实中找出一些规律.

$f_n = f_{n-1} + f_{n-2} \quad (n \geq 2)$
$\quad = 2f_{n-2} + f_{n-3} \quad$(即 $f_{n+3} \equiv f_n \pmod 2 (n \geq 0), T(2) = 3$)
$\quad = \cdots$
$\quad = 8f_{n-5} + 4f_{n-6} + f_{n-6} \quad$(即 $f_{n+6} \equiv f_n \pmod 4 (n \geq 0)$,
$\qquad\qquad\qquad\qquad\qquad T(4) = 6$),
$\quad = \cdots,$

经计算验证,我们得到

$T(2) = 3, T(4) = 6, T(8) = 12, T(16) = 24, \cdots;$
$T(3) = 8, T(9) = 24, T(27) = 72, \cdots;$
$T(5) = 20, T(25) = 100;$
$T(6) = 24, T(12) = 24, T(144) = 24;$
$\cdots.$

从这些事实中,我们可以初步归纳出下面两条结论:

(1) $T[m, n] = [T(m), T(n)] (m \neq n)$;

(2) 当 $m > 2$ 时,$T(m)$ 是偶数;

(1)就是前面的定理 5.1.6.下面我们证明结论(2).

定理 5.2.2 若 $m > 2$,则模数列 $\{f_n \pmod m\}$ 的最小周期 $T = T(m)$ 是偶数.

证 前面,我们已知 $T(2)=3$.

由于证明的需要,我们引进一个斐波那契数列的恒等式
$$f_{n+m} = f_n f_{m+1} + f_{n-1} f_m \quad (n \geqslant 1, m \geqslant 0). \quad (*)$$
这个恒等式可以通过求出通项公式 f_n 来进行证明,也可用数学归纳法进行证明,证明略.

如果对斐波那契数列 $\{f_n\}$: $f_0=0, f_1=1, f_{n+1}=f_n+f_{n-1}$ ($n\geqslant 1$),向 n 是负数的方向反推,则有 $f_{-1}=1, f_{-2}=-1, f_{-3}=2, f_{-4}=-3, f_{-5}=5,\cdots$,于是,我们又发现了一个恒等式
$$f_{-n} = (-1)^{n-1} f_n \quad (n \geqslant 0). \quad (**)$$
我们易用数学归纳法证明式 $(**)$,证明留给读者.

在式 $(*)$ 中,令 $m=-(n+1)$,得到
$$1 = f_{-1} = f_n f_{-n} + f_{n-1} f_{-(n+1)}.$$
把式 $(**)$ 代入,得到
$$1 = (-1)^{n-1} f_n^2 + (-1)^n f_{n-1} f_{n+1},$$
即
$$(-1)^n = -f_n^2 + f_{n-1} f_{n+1}. \quad (***)$$
在式 $(***)$ 中,令 $n=T(m)$,得到
$$(-1)^{T(m)} \equiv -f_{T(m)}^2 + f_{T(m)-1} f_{T(m)+1}$$
$$\equiv -f_0^2 + f_{-1} f_1$$
$$\equiv 1 \pmod{m}.$$
所以当 $m>2$ 时,$T(m)$ 是偶数(当 $m=2$ 时,$T(2)=3$,上式也是成立的).

证明这个定理更为简单的方法是:在式 $(**)$ 中,令 $n=T(m)+1$,则有
$$f_{-T(m)-1} = (-1)^{T(m)} f_{T(m)+1} \pmod{m}.$$
因为 $-T(m)$ 也是 $\{f_n \pmod{m}\}$ 负方向上的周期,所以由上式得
$$f_{-1} = (-1)^{T(m)} f_1 \pmod{m}.$$
由于 $f_{-1}=f_1=1$,故
$$(-1)^{T(m)} \equiv 1 \pmod{m},$$

因此当 $m > 2$ 时,$T(m)$ 为偶数.

定理 5.2.3 满足 $f_n \equiv 0 \pmod{m}$ 的项 f_n 的下标 n 构成一简单等差数列(首项 $f_0 = 0$),即存在一个最小正整数 $d = d(m)$(即这一简单等差数列的公差),满足 $f_d \equiv 0 \pmod{m}$,使得
$$m \mid f_n \Leftrightarrow d \mid n.$$

证 必要性. 设 $m \mid f_n$,即 $f_n \equiv 0 \pmod{m}$,并设满足 $m \mid f_n$ 的项 f_n 的下标 n 的最小正值为 $d = d(m)$,即 $f_d \equiv 0 \pmod{m}$.

我们在式(**)中,令 $n = d$,得到
$$f_{-d} \equiv (-1)^{d-1} f_d \equiv 0 \pmod{m}. \tag{1}$$

在式(*)中,令 $m = -d$,则有
$$f_{n-d} = f_n f_{-d+1} + f_{n-1} f_{-d}.$$

已知 $f_n \equiv 0 \pmod{m}$,又由式(1)知 $f_{-d} \equiv 0 \pmod{m}$,从上式得
$$f_{n-d} \equiv 0 \pmod{m}, \tag{2}$$

即 $m \mid f_{n-d}$. 在式(2)中用 $n-d$ 代替 n,得到 $f_{n-2d} \equiv 0 \pmod{m}$. 进一步递推,得到 $f_{n-3d} \equiv 0 \pmod{m}$,…. 如果 $d \nmid n$,则可设 $n = qd + d'$,$n - qd = d'(1 \leqslant d' \leqslant d-1)$,从而由前面的递推过程得到 $f_{n-qd} \equiv f_{d'} \equiv 0 \pmod{m}$,这与所设 $d = d(m)$ 为最小的相矛盾,故 $n = qd(m)$(简单等差数列),$d \mid n$.

充分性. 设 $d(m) \mid n$,则由已知得
$$d(m) \mid n \Rightarrow f_n \equiv 0 \pmod{m} \Rightarrow m \mid f_n,$$
因此
$$m \mid f_n \Leftrightarrow d \mid n.$$

注意 f_d 是斐波那契数列 $\{f_n\}$ 的第 $d+1$ 项,这是因为 $f_0 = 0$.

推论 若 $T(m)$ 是模斐波那契数列 $\{f_n \pmod{m}\}$ 的最小周期,则 $d(m) \mid T(m)$.

证 由已知得
$$f_T \equiv f_0 \equiv 0 \pmod{m},$$
从而由定理 5.2.3 知 $T(m) = kd(m)(k \in \mathbf{N}^*)$,故 $d(m) \mid T(m)$.

为了研究 $d(m)$ 和 $T(m)$ 之间的关系,我们继续观察斐波那契数列 $\{f_n\}$ 的前若干项:

$$0,1,1,2,3,5,8,13,21,34,55,89,144.$$

经过计算验证,得到

$d(2) = 3,\ T(2) = 3;\quad d(3) = 4,\ T(3) = 8;$

$d(4) = 6,\ T(4) = 6;\quad d(5) = 5,\ T(5) = 20;$

$d(6) = 12,\ T(6) = 24;\quad d(7) = 8,\ T(7) = 16;$

$d(8) = 6,\ T(8) = 12;\quad d(9) = 12,\ T(9) = 24;$

$d(10) = 15,\ T(10) = 60;\quad d(12) = 12,\ T(12) = 24;$

$d(13) = 7,\ T(13) = 28;\quad d(14) = 24,\ T(14) = 48;$

$d(15) = 20,\ T(15) = 40;\quad d(16) = 12,\ T(16) = 24;$

$d(17) = 9,\ T(17) = 36;\quad \cdots;$

$d(25) = 25,\ T(25) = 100;\quad \cdots.$

从上述这些事实中,我们发现如下性质:

(1) $d([m,n]) = [d(m),d(n)]$.

特别地,若 $(m,n)=1$,则 $d(mn)=[d(m),d(n)]$.

(2) 若 $m>2$ 且 m 是素数,则当 $d(m)$ 是偶数时,$T(m)=2d(m)$;当 $d(m)$ 是奇数时,$T(m)=4d(m)$.

(3) 若 p 为大于 2 的素数,则 $d(p^{n+1})=pd(p^n)(n\geqslant 1)$.

当 $p=2$ 时,$d(2^2)=d(2^3)=6$,所以 $r\geqslant 2$ 时,$d(2^{r+1})=2^{r-1}d(2)$.

(4) 若 p 为素数,则 $T(p^n)=pT(p^{n-1})(n\geqslant 2)$.

$d(4)=T(4)=6$ 可用(3)和(4)来解释.

可以仿照 $T[m,n]=[T(m),T(n)]$ 证明性质(1),证明留给读者.

定理 5.2.4 在模斐波那契数列 $\{f_n\pmod m\}$ 中,若 $m>2$ 且 m 为素数,则当 $d(m)$ 为偶数时,$T(m)=2d(m)$;当 $d(m)$ 为奇数时,$T(m)=4d(m)$.

证 设 $d=d(m), f_d\equiv 0\pmod m\ (m\mid f_d)$.

在式(***)中，令 $n = d$，则由 $f_{d-1} = f_{d+1} - f_d$，$f_d \equiv 0 \pmod{m}$，得到

$$(-1)^d = -f_d^2 + f_{d-1}f_{d+1} \equiv f_{d-1}f_{d+1} \pmod{m}$$
$$\equiv (f_{d+1} - f_d)f_{d+1} \equiv f_{d+1}^2 - f_d f_{d+1}$$
$$\equiv f_{d+1}^2 \pmod{m},$$

即

$$(-1)^d \equiv f_{d+1}^2 \pmod{m}. \tag{1}$$

在式(*)中，令 $n = d+1$，$m = d$，得到

$$f_{2d+1} = f_{d+1}^2 + f_d^2 \equiv f_{d+1}^2 \pmod{m}. \tag{2}$$

由式(1)和式(2)得到

$$f_{2d+1} = (-1)^d \pmod{m}. \tag{3}$$

(a) 若 $d(m)$ 为奇数，则在式(3)中，用 $2d$ 代替 d，得到

$$f_{4d+1} \equiv (-1)^{2d} \equiv 1 \equiv f_1 \pmod{m}.$$

又 $f_{4d} \equiv f_d \equiv 0 \equiv f_0 \pmod{m}$，所以 $4d$ 是 $\{f_n \pmod{m}\}$ 的一个周期，因而

$$T(m) \mid 4d(m).$$

因为 $d(m) \mid T(m)$，$T(m)$ 为偶数(由定理 5.2.2 可得)，所以

$$T(m) = 2d(m) \quad \text{或} \quad T(m) = 4d(m).$$

若 $T(m) = 2d(m)$，则由式(3)得

$$f_{2d+1} = f_{T+1} \equiv f_1 \equiv 1 \equiv (-1)^d \equiv -1 \pmod{m},$$

这是矛盾的，故 $T(m) \neq 2d(m)$，从而有

$$T(m) = 4d(m).$$

(b) 若 $d = d(m)$ 为偶数，则由定理 5.2.3 得到

$$f_{2d} \equiv f_d \equiv 0 \equiv f_0 \pmod{m}.$$

又由式(3)得到

$$f_{2d+1} \equiv (-1)^d \equiv 1 = f_1 \pmod{m}.$$

因为 $f_{2d} \equiv f_0 = 0 \pmod{m}$，$f_{2d+1} \equiv f_1 = 1$，所以由递推式可知 $2d$ 是模数列 $\{f_n \pmod{m}\}$ 的一个周期，从而知 $T(m) \mid 2d(m)$。又由于 $d(m) \mid T(m)$，故

$$T(m) = d(m) \quad \text{或} \quad T(m) = 2d(m).$$

对于 $d(m)=T(m)$,我们在前面发现,除 $d(2)=T(2)=3$ 以外,经过计算验证,当 m 充分大时也没有再发现. 我们暂且承认:除 $d(2)=T(2)=3$ 以外,$T(m) \neq d(m)$(m 为大于 2 的素数),留个悬念,大家一起来想办法加以证明.

综上,当 $m>2$ 且 m 为素数时,若 $d(m)$ 为偶数,则 $T(m)=2d(m)$;若 $d(m)$ 为奇数,则 $T(m)=4d(m)$.

推论 若 $m>2$ 且 $m \neq 4$(当 $m=4$ 时,$d(4)=T(4)=6$),则当 $d(m)$ 为偶数时,$T(m)=2d(m)$;当 $d(m)$ 为奇数时,$T(m)=4d(m)$.

可利用唯一分解定理、性质(1)以及定理 5.2.4 证明.

定理 5.2.4 的意义在于,把求 $T(m)$ 转化为求 $d(m)$. 经过递推,求出 $d(m)$ 后,$T(m)$ 也随之确定.

定理 5.2.5 设模斐波那契数列 $\{f_n (\bmod m)\}$,使满足 $f_n \equiv 0 \pmod{m}$ 的 f_n 的下标 n 的最小值为 $d=d(m)$. 若 $m=p$ 为素数,且 $m>2$,则

$$d(p^{r+1}) = pd(p^r) \quad (r \geqslant 1).$$

证 若 $f_n \equiv 0 (\bmod p^{r+1})$,则因 $p^r | p^{r+1}$,由同余性质(8)得到

$$f_n \equiv 0 (\bmod p^r),$$

从而由定理 5.2.3 得到

$$d(p^r) | d(p^{r+1}).$$

因为 $p^{r+1} = p \cdot p^r$,其中有 p 个 p^r,所以又由定理 5.2.3 得到 $d(p^{r+1}) = pd(p^r)$.

推论 1 $d(p^{r+1}) = p^r d(p)$.

推论 2 当 $p=2, r \geqslant 2$ 时,$d(2^{r+1}) = 2^{r-1} d(2)$.

因为 $d(2^2) = d(2^3) = 6$,故当 $r \geqslant 2$ 时,$d(2^{r+1}) = 2^{r-1} d(2)$.

定理 5.2.6 设模斐波那契数列 $\{f_n (\bmod m)\}$ 的最小周期为 $T=T(m)$. 若 $m=p$ 为素数,则

$$T(p^{r+1}) = p^r T(p) \quad (r \geqslant 1).$$

证法 1 (a) 当 $p>2$ 时，若 $d(p^{r+1})$ 为奇数，则因 p 为素数，$d(p^{r+1})=pd(p^r)$，故 $d(p^r)$ 也为奇数.

因为 $d(p^r)$ 和 $d(p^{r+1})$ 都为奇数，所以
$$T(p^r) = 4d(p^r),$$
$$T(p^{r+1}) = 4d(p^{r+1}) = 4pd(p^r) = pT(p^r).$$

若 $d(p^{r+1})=pd(p^r)$ 为偶数，则 $d(p^r)$ 也为偶数，从而有
$$T(p^r) = 2d(p^r),$$
$$T(p^{r+1}) = 2d(p^{r+1}) = 2pd(p^r) = pT(p^r).$$

因此，当 $p>2$ 时，$T(p^{r+1})=pT(p^r)$ 成立.

经过递推得到 $T(p^{r+1})=p^rT(p)$.

(b) 当 $p=2$ 时，$T(2^{r+1})=2^rT(2)$ 也成立.

$T(2^2)=6=2T(2)$；当 $r\geqslant 2$ 时，由定理 5.2.5 的推论知，$d(2^{r+1})=2d(2^{r-1})$ 为偶数，从而由定理 5.2.4 的推论知
$$T(2^{r+1}) = 2d(2^{r+1}) = 2 \cdot 2^{r-1}d(2) = 2^rT(2).$$

因此，对一切素数 p，$T(p^{r+1})=p^rT(p)(r\geqslant 1)$ 恒成立.

证法 2 我们先证明 $T(p^{r+1})\mid pT(p^r)(r\geqslant 1)$.

设 $T=T(p^r)$，则
$$f_{kT} \equiv 0 \pmod{p^r},$$
$$f_{kT-1} \equiv f_{-1} \equiv 1 \pmod{p^r},$$
$$f_{kT+1} \equiv 1 \pmod{p^r}.$$

在恒等式 (*) 中，令 $n=T,m=kT$，得到
$$f_{(k+1)T} = f_T f_{kT+1} + f_{T-1}f_{kT}. \tag{1}$$

因为 $f_{kT+1}\equiv 1\pmod{p^r}$，所以
$$f_{kT+1} = q \cdot p^r + 1.$$

又 $f_T\equiv 0\pmod{p^r}$，故
$$f_T f_{kT+1} \equiv pf_T \cdot p^r + f_T \equiv f_T \pmod{p^{2r}}.$$

又因为 $f_{T-1}=q_1p^r+1$，所以
$$f_{T-1}f_{kT} \equiv (q_1p^r+1)f_{kT}$$
$$\equiv q_1p^rf_{kT} + f_{kT}$$

$$\equiv f_{kT} \pmod{p^{2r}}.$$

把上述结果代入式(1),得到

$$f_{(k+1)T} \equiv f_T + f_{kT} \pmod{p^{2r}}. \tag{2}$$

在式(2)中用 $k-1$ 代替 k,得到

$$f_{kT} \equiv f_T + f_{(k-1)T} \pmod{p^{2r}},$$

代入式(2),得到

$$f_{(k+1)T} \equiv 2f_T + f_{(k-1)T} \pmod{p^{2r}}.$$

这样经过逐次递推,我们得到

$$f_{(k+1)T} = (k+1)f_T \pmod{p^{2r}}.$$

特别地,取 $k+1=p$,有

$$f_{pT} \equiv pf_T \pmod{p^{2r}}.$$

因为 $2r \geqslant r+1$,所以由同余性质(8)得到

$$f_{pT} \equiv pf_T \equiv 0 \pmod{p^{r+1}}. \tag{3}$$

在恒等式($*$)中,再令 $n=T+1, m=kT$. 因为 $f_T f_{kT} \equiv 0 \pmod{p^{2r}}$,所以

$$f_{(k+1)T+1} \equiv f_{T+1}f_{kT+1} + f_T f_{kT}$$
$$\equiv f_{T+1}f_{kT+1}$$
$$\equiv (f_{T+1}-1)f_{kT+1} + f_{kT+1} \pmod{p^{2r}}. \tag{4}$$

因为 $f_{kT+1} = q \cdot p^r + 1$,所以

$$(f_{T+1}-1)f_{kT+1} \equiv (f_{T+1}-1)qp^r + f_{T+1} - 1$$
$$\equiv f_{T+1} - 1 \pmod{p^{2r}},$$

代入式(3),得到

$$f_{(k+1)T+1} \equiv (f_{T+1}-1) + f_{kT+1} \pmod{p^{2r}}.$$

对上式进行递推,得到

$$f_{(k+1)T+1} \equiv (k+1)(f_{T+1}-1) + 1 \pmod{p^{2r}}.$$

特别地,取 $k+1=p$,得到

$$f_{pT+1} \equiv p(f_{T+1}-1) + 1 \pmod{p^{2r}}.$$

同理,由 $p(f_{T+1}-1) \equiv 0 \pmod{p^{r+1}}$ 得

$$f_{pT+1} \equiv p(f_{T+1}-1) + 1 \equiv 1 \pmod{p^{r+1}}. \tag{5}$$

由式(3)和式(5),可得 $f_{pT} \equiv 0 \equiv f_0 \pmod{p^{r+1}}$,$f_{pT+1} \equiv 1 \equiv f_1 \pmod{p^{r+1}}$,因而 pT 是模数列 $\{f_n \pmod{p^{r+1}}\}$ 的一个周期. 根据定理 5.1.3,有
$$T(p^{r+1}) \mid pT(p^r).$$
因为 p 为素数,所以 $T(p^{r+1}) = T(p^r)$ 或 $T(p^{r+1}) = pT(p^r)$.

设 $f_{T(p^{r+1})} \equiv 0 \pmod{p^{r+1}}$,则显然有 $f_{T(p^{r+1})} \equiv 0 \pmod{p^r}$,故 $T(p^{r+1}) > T(p^r)$,从而有
$$T(p^{r+1}) = pT(p^r).$$

例 5.2.1 已知模斐波那契数列 $\{f_n \pmod 5\}$,设 $f_n \equiv a_n \pmod 5$,$0 \leqslant a_n \leqslant 4$. 证明:$0.a_0 a_1 \cdots a_n \cdots$ 是有理数.

证 由于 $\{f_n \pmod 5\}$:$0,1,1,2,3,0,\cdots$,$d(5) = 5$ 为奇数,所以 $\{f_n \pmod 5\}$ 是最小周期 $T(5) = 4d(5) = 20$ 的纯周期数列,因此 $0.a_0 a_1 \cdots a_n \cdots$ 是循环节为 20 的纯循环小数,从而知它是有理数.

例 5.2.2 已知斐波那契数列 $\{f_n\}$:$f_0 = 0,f_1 = 1,f_{n+1} = f_n + f_{n-1}(n \geqslant 1)$. 求 $\{f_n \pmod{21}\}$ 的最小周期 $T(21)$.

解法 1 因为 $\{f_n \pmod 3\}$:$0,1,1,2,\mid 0,2,\cdots$,所以 $d(3) = 4$ 是偶数,$T(3) = 2d(3) = 8$;因为 $\{f_n \pmod 7\}$:$0,1,1,2,3,5,1,6,\mid 0,6,\cdots$,所以 $d(7) = 8$ 是偶数,从而 $T(7) = 2d(7) = 16$.

由于 $T(21) = T[3,7] = [T(3), T(7)]$,故 $T(21) = [8,16] = 16$.

解法 2 $\{f_n \pmod{21}\}$:$0,1,1,2,3,5,8,13,\mid 0,13,\cdots$,所以 $d(21) = 8$ 是偶数,从而 $T(21) = 2d(21) = 16$.

注 "$\mid$"前面的项数为 d.

例 5.2.3 已知斐波那契数列 $\{f_n\}$:$f_0 = 0,f_1 = 1,f_{n+2} = f_{n+1} + f_n(n \geqslant 0)$. 设
$$S(n) = f_{2n+1} + f_{2n+3} + f_{2n+5} + \cdots + f_{4n-1},$$
问对哪些 n,$S(n)$ 是 10 的倍数?

解 由递推式得到
$$f_{4n} = f_{4n-1} + f_{4n-2},$$
$$f_{4n-2} = f_{4n-3} + f_{4n-4},$$
$$f_{4n-4} = f_{4n-5} + f_{4n-6},$$
$$\cdots,$$
$$f_{2n+2} = f_{2n+1} + f_{2n}.$$

把上述 n 个等式相加,得到
$$f_{4n} - f_{2n} = f_{2n+1} + f_{2n+3} + f_{2n+5} + \cdots + f_{4n-1},$$
从而有
$$S(n) = f_{4n} - f_{2n} \quad (n \geqslant 1). \tag{1}$$

如果 $5 | S(n)$,且 $2 | S(n)$,则 $10 | S(n)$. 这样,我们只需考虑 $\{f_n \pmod 5\}$ 和 $\{f_n \pmod 2\}$.

由例 5.2.1,$\{f_n \pmod 5\}$ 是最小周期 $T(5) = 20$ 的纯周期数列,前若干项是
$$0,1,1,2,3, | 0,3,3,1,4, | 0,4,4,3,2, | 0,2,2,4,1;$$
$$0,1,1,2,3, | 0,3,3,1,4, | 0,4,4,3,2, | 0,2,2,4,1.$$

$\{f_{2n} \pmod 5\}(n \geqslant 1)$ 是周期 $T_1(5) = 10$ 的纯周期数列(这相当于 $y = \sin x$ 的周期是 2π,而 $y = \sin 2x$ 的周期是 π),前若干项是
$$0,1,3,3,1, | 0,4,2,2,4; | 0,1,3,3,1, | 0,4,2,2,4;$$
$$| 0,1.$$

同理,$\{f_{4n} \pmod 5\}$ 是最小周期 $T_2(5) = 5$ 的纯周期数列,前若干项是
$$0,3,1,4,2; | 0,3,1,4,2; | 0,3,1,4,2; | 0,3,1,4,2.$$

从而模数列 $\{S(n) \pmod 5\}$ 是最小周期 $T_1(5) = 10$ 的纯周期数列,前若干项是
$$0,2,3,1,1,0,4,4,0,3; | 0,2,3,1,1,0,4,4,2,3.$$

我们不难发现,使满足 $S(n) \equiv 0 \pmod 5$ 的标号 n 构成一个简单等差数列,公差为 5,即 n 的最小正值 $d = 5$,也即 $5 | n$ 时,$10 | S(n)$.

又 $\{f_n \pmod 2\}$ 是最小周期 $T(2)=3$ 的纯周期数列,前若干项是

0,1,1,| 0,1,1,| 0,1,1,| 0,1,1,|| 0,1,1,| 0,1,1 | 0,1,1,
| 0,1,1,| 0,1,1,| 0,1,1,| 0,1,1,|| 0,1,1,| 0,1,1 | 0,1,1.

因为 $T(2)=3$ 是奇数,所以

$\{f_{2n} \pmod 2\}$:0,1,1,| 0,1,1,| 0,1,1,| 0,1,1,| $\cdots$,

$\{f_{4n} \pmod 2\}$:0,1,1,| 0,1,1,| 0,1,1,| 0,1,1,| $\cdots$

都是最小周期 $T(2)=3$ 的纯周期数列,从而

$$S(n) \equiv f_{4n} - f_{2n} \equiv 0 \pmod 2$$

对一切 $n \geqslant 0$ 恒成立,故 $\{S(n) \pmod 2\}$ 是最小周期 $T_3=1$ 的纯周期数列.

综上,$\{S(n) \pmod{10}\}$ 是周期 $T(10)=T[2,5]=[T_3,T_1]=[1,10]=10$ 的纯周期数列.但是从前面的推理我们得出:当 $5 \mid n$ 时,$10 \mid S(n)$.

10 是否是 $\{S(n) \pmod{10}\}$ 的最小周期?下面我们进行验算.

$\{f_n \pmod{10}\}$ 是最小周期

$$T(10) = T[2,5] = [T(2), T(5)] = [3,20] = 60$$

的纯周期数列,前若干项是

<u>0,1,1,2,3</u>,5,8,3,1,4,| 5,9,4,3,7,0,7,7,4,1,|
5,6,1,7,8,5,3,8,1,9,| 0,9,9,8,7,5,2,7,9,6,|
5,1,6,7,3,0,3,3,6,9,| 5,4,9,3,2,5,7,2,9,1,|
<u>0,1,1,2,3</u>.

$\{f_{2n} \pmod{10}\}$ 是最小周期为 30 的纯周期数列,前若干项是

<u>0,1,3,8,1</u>,5,4,7,7,4,| 5,1,8,3,1,0,9,7,2,9,|
5,6,3,3,6,5,9,2,7,9,| <u>0,1,3,8,1</u>.

$\{f_{4n} \pmod{10}\}$ 是最小周期周期为 15 的纯周期数列,前若干项是

<u>0,3,1,4,7</u>,| 5,8,1,9,2,| 5,3,6,9,7,| <u>0,3,1,4,7</u>.

但是 $\{f_{4n} - f_{2n} \pmod{10}\}$ 是最小周期为 10 的纯周期数列,前

若干项是
$$0,2,8,6,6,\mid 0,4,4,2,8,\mid 0,2,8,6,6.$$
从上述数列看出,使满足 $S(n)\equiv 0\pmod{10}$ 的标号 n 构成一个简单等差数列,公差 $d=5$,即 $5\mid n$ 时,$10\mid S(n)$.

经验算,当 $5\mid n$ 时,$10\mid S(n)$ 是正确的.

例 5.2.4 设 p 是素数,a 与 b 是整数,且 $a^2+ab+b^2\not\equiv 0\pmod{p}$.数列 $\{a_n\}$ 满足:$a_0=a,a_1=b,a_{n+1}=a_n+a_{n-1}(n\geqslant 1)$.证明:数列 $\{a_n\pmod{p}\}$ 是纯周期数列,且其周期与 a,b 无关.

证 仿照定理 5.1.9 的证明,可以证明模数列 $\{a_n\pmod{p}\}$ 是纯周期数列.

观察数列 $\{a_n\}$ 的前若干项:
$$a_0=a, a_1=b, a_2=a+b, a_3=a+2b,$$
$$a_4=2a+3b, a_5=3a+5b, a_6=5a+8b.$$
我们从中可以归纳出数列 $\{a_n\}$ 和斐波那契数列 $\{f_n\}$ 之间的一个关系式:
$$a_0=a, \quad a_n=bf_n+af_{n-1} \quad (n\geqslant 1). \tag{1}$$
我们用数学归纳法证明式(1)成立.

归纳法的奠基成立.假设 $n\leqslant k(k\geqslant 2)$ 时,式(1)成立,则当 $n=k+1$ 时,
$$\begin{aligned}a_{k+1}&=a_k+a_{k-1}\\&=bf_k+af_{k-1}+(bf_{k-1}+af_{k-2})\\&=b(f_k+f_{k-1})+a(f_{k-1}+f_{k-2})\\&=bf_{k+1}+af_k,\end{aligned}$$
即当 $n=k+1$ 时,式(1)成立,故对一切 $n\geqslant 1$,式(1)成立.

设 $\{f_n\pmod{p}\}$ 的最小周期为 $T(p)$,则 $T(P)$ 与初始项无关,并设 $\{a_n\pmod{p}\}$ 的最小周期为 $T_1(p)$.如果我们能证明 $T_1(p)=T(p)$,则 $\{a_n\pmod{p}\}$ 的周期与 a,b 无关.

由式(1)得到

$$a_{n+T(p)} \equiv bf_{n+T(p)} + af_{n-1+T(p)} \equiv bf_n + af_{n-1}$$
$$\equiv a_n \pmod{p} \quad (n \geq 1),$$

即 $T(p)$ 也是 $\{a_n \pmod{p}\}$ 的一个周期,故 $T_1(p) \mid T(p)$.

又由式(1)得到
$$a_{n+1} = bf_{n+1} + af_n = (a+b)f_n + bf_{n-1}. \tag{2}$$

从式(1)和式(2)中消去 f_{n-1},得到
$$(a^2 + ab + b^2)f_n = aa_{n+1} - ba_n. \tag{3}$$

由式(3)得到
$$(a^2 + ab + b^2)f_{n+T_1(p)} \equiv aa_{n+1+T_1(p)} - ba_{n+T_1(p)}$$
$$\equiv aa_{n+1} - ba_n$$
$$\equiv (a^2 + ab + b^2)f_n \pmod{p}.$$

因为
$$(a^2 + ab + b^2) \not\equiv 0 \pmod{p},$$

且 p 为素数,所以
$$f_{n+T_1(p)} \equiv f_n \pmod{p},$$

即 $T_1(p)$ 也是 $\{f_n \pmod{p}\}$ 的一个周期,故 $T(p) \mid T_1(p)$.

因为 $T_1(p) \mid T(p)$,且 $T(p) \mid T_1(p)$,所以 $T_1(p) = T(p)$,即 $\{a_n \pmod{p}\}$ 是纯周期数列,其周期与初始项无关.

本题中的条件可减弱为"$p \in \mathbf{N}^*$,且 $(a^2 + ab + b^2, p) = 1$",结论不变.

5.3 模纯周期数列

在上一节中,我们证明了模斐波那契数列是纯周期数列. 我们自然会联想到,在什么条件下,r 阶齐次线性递推数列的模数列是纯周期数列.

定理 5.3.1 已知数列 $\{a_n\}$ 满足:
$$a_{n+r} = c_1 a_{n+r-1} + c_2 a_{n+r-2} + \cdots + c_{r-1} a_{n+1} + c_r a_n \tag{1}$$
$(n \geq 0)$,其中 $a_0, a_1, \cdots, a_{r-1}, c_1, c_2, \cdots, c_r$ 都是整数. 如果

$(c_r, m) = 1$,则模数列$\{a_n \pmod{m}\}$是纯周期数列.

证 设 $a_n \equiv \bar{a}_n \pmod{m}$, $0 \leqslant \bar{a}_n \leqslant m-1$, $n \geqslant 0$. 考察有序数组

$$(\bar{a}_0, \bar{a}_1, \cdots, \bar{a}_{r-1}), (\bar{a}_1, \bar{a}_2, \cdots, \bar{a}_r), \cdots, (\bar{a}_n, \bar{a}_{n+1}, \cdots, \bar{a}_{n+r-1}), \cdots \quad (2)$$

因为在有序数组(2)中,不同的至多只有 m^r 个,所以在数组(2)的前 $m^r + 1$ 个中至少有两个是相等的. 不妨设

$$(\bar{a}_N, \bar{a}_{N+1}, \cdots, \bar{a}_{N+r-1}) = (\bar{a}_{N+T}, \bar{a}_{N+1+T}, \cdots, \bar{a}_{N+r-1+T}),$$

其中 $N \geqslant 0$, $N + r - 1 + T \leqslant m^r + 1$, 从而根据定义有

$$\bar{a}_N = \bar{a}_{N+T}, \bar{a}_{N+1} = \bar{a}_{N+1+T}, \cdots, \bar{a}_{N+r-1} = \bar{a}_{N+r-1+T}.$$

由式(1)有

$c_r \bar{a}_{N-1} \equiv \bar{a}_{N+r-1} - (c_1 \bar{a}_{N+r-2} + c_2 \bar{a}_{N+r-3} + \cdots + c_{r-1} \bar{a}_N) \pmod{m},$

$c_r \bar{a}_{N-1+T} \equiv \bar{a}_{N+r-1+T} - (c_1 \bar{a}_{N+r-2+T} + c_2 \bar{a}_{N+r-3+T} + \cdots + c_{r-1} \bar{a}_{N+T})$

$\equiv \bar{a}_{N+r-1} - (c_1 a_{N+r-2} + c_2 \bar{a}_{N+r-3} + \cdots + c_{r-1} \bar{a}_N) \pmod{m}$

$\equiv c_r \bar{a}_{N-1} \pmod{m},$

即 $c_r \bar{a}_{N-1} \equiv c_r \bar{a}_{N-1+T} \pmod{m}$.

因为$(c_r, m) = 1$,所以由同余性质(7)得

$$\bar{a}_{N-1} = \bar{a}_{N-1+T}.$$

如此倒推 N 次,我们得到

$$\bar{a}_0 = \bar{a}_T, \bar{a}_1 = \bar{a}_{1+T}, \cdots, \bar{a}_{r-1} = \bar{a}_{r-1+T}.$$

接下来,我们就可用数学归纳法证明:对一切非负整数 n, $\bar{a}_{n+T} = \bar{a}_n$ 恒成立,即模数列$\{a_n \pmod{m}\}$是纯周期数列.

推论 1 若 p 为素数,$c_r \not\equiv 0 \pmod{p}$,则模数列$\{a_n \pmod{p}\}$是纯周期数列.

推论 2 若 $c_r = \pm 1$,则模数列$\{a_n \pmod{m}\}$是纯周期数列.

当 $c_r = 1$ 时,$(c_r, m) = 1$;

当 $c_r = -1$ 时,$c_r \equiv m - 1 \pmod{m}$, $(m, m-1) = 1$.

定义 5.3.1 已知数列$\{a_n\}$满足:

$$a_{n+r} = c_1 a_{n+r-1} + c_2 a_{n+r-2} + \cdots + c_{r-1} a_{n+1} + c_r a_n \quad (n \geqslant 0),$$
其中 $c_1, c_2, \cdots, c_r$ 都是整数. 若 $a_0 = a_1 = \cdots = a_{r-2} = 0, a_{r-1} = 1$, 则称数列 $\{a_n\}$ 是这个递推式的**本性数列**. 显然, 斐波那契数列是本性数列.

定理 5.3.2 已知本性数列 $\{a_n\}$: $a_0 = a_1 = \cdots = a_{r-2} = 0$, $a_{r-1} = 1$,
$$a_{n+r} = c_1 a_{n+r-1} + c_2 a_{n+r-2} + \cdots + c_{r-1} a_{n+1} + c_r a_n \quad (n \geqslant 0),$$
则模数列 $\{a_n (\mathrm{mod}\, m)\}$ 为纯周期数列的充要条件是 $(c_r, m) = 1$.

证 充分性已由定理 5.3.1 证实, 我们只需证明必要性.

设模数列 $\{a_n (\mathrm{mod}\, m)\}$ 是最小周期 $T = T(m)$ 的纯周期数列. 下面用反证法证明. 假设 $(c_r, m) = d \neq 1$. 由所设得
$$a_{n+T} \equiv a_n (\mathrm{mod}\, m)$$
对一切非负整数 n 恒成立. 因为 $(c_r, m) = d \neq 1, d \mid m$, 所以
$$a_{n+T} \equiv a_n (\mathrm{mod}\, d)$$
对一切非负整数 n 恒成立, 即模数列 $\{a_n (\mathrm{mod}\, d)\}$ 是纯周期数列. 设其最小周期为 $T(d)$, 则有
$$a_{T(d)} \equiv a_0 \equiv 0, \quad a_{T(d)+1} \equiv a_1 \equiv 0, \quad \cdots,$$
$$a_{T(d)+r-2} \equiv a_{r-2} \equiv 0, \quad a_{T(d)+r-1} \equiv a_{r-1} \equiv 1 (\mathrm{mod}\, d)$$
(请读者自证).

又因为 $d \mid c_r$, 所以
$$\begin{aligned} a_{T(d)+r-1} &\equiv c_1 a_{T(d)+r-2} + c_2 a_{T(d)+r-3} + \cdots + c_{r-1} a_{T(d)-1} \\ &\equiv c_1 a_{r-2} + c_2 a_{r-3} + \cdots + c_{r-1} a_0 + c_r \\ &\equiv c_r \equiv 0 (\mathrm{mod}\, d). \end{aligned}$$
这与 $a_{T(d)+r-1} \equiv a_{r-1} \equiv 1 (\mathrm{mod}\, d)$ 矛盾, 故 $d = 1$, 即 $(c_r, m) = 1$. 必要性得证.

例 5.3.1 (1) 试求 $2^n - 1$ 被 7 整除的所有正整数 n;

(2) 求证: n 为正整数时, $2^n + 1$ 不能被 7 整除.

解 (1) 由定理 5.1.8, 模数列 $\{2^n (\mathrm{mod}\, 7)\}$ 是纯周期数列, 它的前若干项为: $2, 4, 1, 2, 4, 1, \cdots$, 即 $\{2^n (\mathrm{mod}\, 7)\}$ 是周期为 3 的纯

周期数列,从而 $\{2^n - 1 \pmod 7\}$ 的前若干项为:$1, 4, 0, 1, 4, 0, \cdots$. 因此,当 $n = 3k (k \in \mathbf{N}^*)$ 时, $7 \mid (2^n - 1)$.

(2) 由(1)知 $2^n + 1 \equiv 3, 5,$ 或 $2 \pmod 7$,因此对一切 $n \in \mathbf{N}^*, 7 \nmid (2^n + 1)$.

例 5.3.2 求出所有小于 10 的正整数 M,使得 5 整除 $1989^M + M^{1989}$.

解 根据定理 5.1.7, $1989^M \equiv 4^M \equiv (-1)^M \pmod 5$. 显然 $M \neq 5$. 若不然, $M = 5$,则有
$$1989^M + M^{1989} \equiv (-1)^5 \equiv 4 \pmod 5,$$
不合题意.

因为 $M \neq 5$,且 $1 \leqslant M \leqslant 9$,所以 $(M, 5) = 1$,从而由费马小定理得
$$M^4 \equiv 1 \pmod 5, \quad M^{1989} \equiv M \pmod 5,$$
于是
$$1989^M + M^{1989} \equiv (-1)^M + M \pmod 5.$$
因此,当 $M = 1$ 或 $M = 4$ 时,
$$5 \mid (1989^M + M^{1989}).$$

例 5.3.3 设数 1978^n 和 1978^m 的最后三位数字相等,试求出正整数 m 和 n,使得 $m + n$ 取最小值(这里 $n > m \geqslant 1$).

解 本题的背景是模数列 $\{1978^n \pmod{1000}\}$ 为周期数列. 如果它是从第 N 项起的周期为 T 的混周期数列,即 $a_{n+T} = a_n$ ($n \geqslant N$),则可取 $m = N, n = N + T$,于是 $(m + n)_{\min} = 2N + T$.

因为 $1978 = 247 \cdot 8 + 2$,所以由定理 5.1.7 得
$$1978^n \equiv 2^n \pmod 8,$$
从而 $\{1978^n \pmod 8\}$ 的前若干项为:$2, 4, 0, 0, 0, 0, \cdots$,即 $\{1978^n \pmod 8\}$ 是从第 3 项起的周期为 1 的混周期数列,也就是说,当 $n \geqslant 3$ 时, $8 \mid 1978^n$.

又因为 $(1978, 125) = 1$,所以 $\{1978^n \pmod{125}\}$ 是纯周期数列, $\varphi(125) = 5^3 - 5^2 = 100$ 是它的一个周期.

因此 $\{1978^n \pmod{1000}\}$ 是从第 3 项起的周期
$$[T(8), T(125)] = [1, 100] = 100$$
的混周期数列.

下面,我们证明 $T = 100$ 是 $\{1978^n \pmod{1000}\}$ 的最小周期.

因为最小周期整除 $T = 100$,所以 $T_{\min}$ 可能等于 $2, 4, 5, 10, 20, 25$ 或 50.

设 $a_n = 1978^n$ $(n \in \mathbf{N}^*)$. 若 $a_{n+T_{\min}} \equiv 1978^{n+T_{\min}} \equiv 1978^n \equiv a_n \pmod{1000}$,则必有 $1978^{T_{\min}} \equiv 1 \pmod{1000}$.

由定理 5.1.8,$\{1978^n \pmod{10}\}$ 是周期为 4 的纯周期数列,它的前若干项为:$8, 4, 2, 6, 8, 4, 2, 6, \cdots$,即 1978^n 的个位数字不为 0,所以当 $T_{\min} = 2, 4, 5, 10, 20, 25, 50$ 时,$1978^{T_{\min}} \not\equiv 1 \pmod{1000}$,故 $2, 4, 5, 10, 20, 25, 50$ 都不可能是最小周期.

因此,$\{1978^n \pmod{1000}\}$ 是从第 3 项起的最小周期 $T = 100$ 的混周期数列,故 $(m+n)_{\min} = 2N + T = 2 \cdot 3 + 100 = 106$.

例 5.3.4 设 $a_1 = 0, 2a_{n+1} = 3a_n + \sqrt{5a_n^2 + 4}$ $(n \geqslant 1)$. 证明:对于 a_n,不可能有正整数 N,使得 a_{2N} 能被 1989 整除.

证 对
$$2a_{n+1} = 3a_n + \sqrt{5a_n^2 + 4}$$
移项,平方整理得
$$a_{n+1}^2 - 3a_n \cdot a_{n+1} + (a_n^2 - 1) = 0. \tag{1}$$
改变式(1)中的下标,整理得
$$a_{n-1}^2 - 3a_n \cdot a_{n-1} + (a_n^2 - 1) = 0. \tag{2}$$
由式(1)和式(2)可知,a_{n+1}, a_{n-1} 是方程
$$t^2 - 3a_n \cdot t + (a_n^2 - 1) = 0$$
的两个根,故有
$$a_{n+1} + a_{n-1} = 3a_n \quad (n \geqslant 2),$$
即
$$a_n = 3a_{n-1} - a_{n-2} \quad (n \geqslant 3). \tag{3}$$
因为 $(-1, m) = 1$,所以由定理 5.3.1,$\{a_n \pmod{m}\}$ 对任意

m 都是纯周期数列.

现在的问题是如何选取模 m. 因为 $1989 = 3^2 \cdot 221$,所以我们想到取 $m = 3$.

由式(3)知
$$a_n \equiv -a_{n-2} \pmod{3} \quad (n \geqslant 3),$$
$$a_{n+4} \equiv -a_{n+2} = a_n \pmod{3} \quad (n \geqslant 1),$$
即 $\{a_n \pmod{3}\}$ 是周期为 4 的纯周期数列. 因为 $a_1 = 0, 2a_2 = \sqrt{4}$, $a_2 = 1$,所以 $\{a_n \pmod{3}\}$ 的前若干项为:$0,1,3,2;0,1,3,2;\cdots$,从中可以看出
$$a_{2n} \equiv 1 \text{ 或 } 2 \pmod{3},$$
即 $3 \nmid a_{2n}$,故 $1989 \nmid a_{2n}$.

因此,不存在 N,使得 a_{2N} 被 1989 整除.

例 5.3.5 已知 $a_0 = 0, a_1 = 1, a_{n+1} = 8a_n - a_{n-1} (n \geqslant 1)$. 求证:数列 $\{a_n\}$ 中没有形如 $3^\alpha 5^\beta (\alpha, \beta \in \mathbf{N}^*)$ 的项.

证 易用数学归纳法证明:$\{a_n\}$ 是整数列.

因为 $(-1, m) = 1$,所以模数列 $\{a_n \pmod{m}\}$ 对于任意正整数 m 都是纯周期数列. 由于
$$a_{n+2} \equiv 2a_{n+1} - a_n \pmod{3},$$
又 $\{a_n \pmod{3}\}$ 的前若干项为:$0,1,2;0,1,2;\cdots$,所以
$$3 \mid a_n \Leftrightarrow 3 \mid n.$$

因为
$$a_{n+3} \equiv a_{n+2} - a_{n+1} \equiv -a_n \pmod{7},$$
所以
$$a_{n+6} \equiv -a_{n+3} \equiv a_n \pmod{7},$$
即模数列 $\{a_n \pmod{7}\}$ 是周期为 6 的纯周期数列,它的前若干项为:$0,1,1,0,6,6;0,1,1,0,6,6;\cdots$. 它的周期虽然为 6,但是,我们从中可以看出
$$7 \mid a_n \Leftrightarrow 3 \mid n.$$

因为 $3 \mid a_n \Leftrightarrow 3 \mid n, 7 \mid a_n \Leftrightarrow 3 \mid n$,所以数列 $\{a_n\}$ 含因数 3 的项必含因

数 7,从而数列 $\{a_n\}$ 中没有形如 $3^\alpha 5^\beta$ 的项.

例 5.3.6 定义整数数列 $\{x_n\}$ 和 $\{y_n\}$ 如下:
$$x_0 = 1, \quad x_1 = 1, \quad x_{n+1} = x_n + 2x_{n-1} \quad (n \geqslant 1),$$
$$y_0 = 1, \quad y_1 = 7, \quad y_{n+1} = 2y_n + 3y_{n-1} \quad (n \geqslant 1).$$
证明:除"1"以外,这两个数列没有其他相同的项.

证 显然,$\{x_n\}$ 和 $\{y_n\}$ 都是正整数数列,且当 $n \geqslant 1$ 时,$y_n > x_n$(可用数学归纳法证明),但这并不能排除 $x_n = y_m (n > m \geqslant 1)$. 又因为 $\{x_n\}$ 和 $\{y_n\}$ 都是递推数列,故它们的模数列是周期数列. 如果我们能找到同一个模 m,使得 $\{x_n \pmod m\}$ 和 $\{y_n \pmod m\}$ 中的项各不相同,这就证明了本题. 经过多次尝试,我们发现
$$\{x_n \pmod 8\}: 1, 1, 3, 5; 3, 5; 3, 5, \cdots,$$
它是从第 3($N=2$)项起的周期为 2 的混周期数列;
$$\{y_n \pmod 8\}: 1, 7, 1, 7, 1, 7, \cdots,$$
它是周期为 2 的纯周期数列. 我们从中发现,当 $n \geqslant 1$ 时,$\{x_n \pmod 8\}$ 和 $\{y_n \pmod 8\}$ 没有相同的项,故除了 $x_0 = y_0 = 1$ 以外,不存在 $n > m \geqslant 1$,使得 $x_n = y_m$.

例 5.3.7 试证:对任意非负整数 n,和数
$$\sum_{k=0}^{n} 2^{3k} C_{2n+1}^{2k+1}$$
不能被 5 整除.

证 设
$$x_n = \sum_{k=0}^{n} 2^{3k} C_{2n+1}^{2k+1} = \frac{1}{\sqrt{8}} \sum_{k=0}^{n} C_{2n+1}^{2k+1} (\sqrt{8})^{2k+1},$$
$$y_n = \frac{1}{\sqrt{8}} \sum_{k=0}^{n} C_{2n+1}^{2k} (\sqrt{8})^{2k}.$$

由二项式定理得
$$x_n + y_n = \frac{1}{\sqrt{8}} (\sqrt{8}+1)^{2n+1},$$
$$x_n - y_n = \frac{1}{\sqrt{8}} (\sqrt{8}-1)^{2n+1},$$

所以
$$x_n = \frac{1}{4\sqrt{2}}\left[(\sqrt{8}+1)^{2n+1} + (\sqrt{8}-1)^{2n+1}\right].$$

为了与二阶齐次线性递推数列的通项公式进行对应,我们把上式化为
$$x_n = \frac{4+\sqrt{2}}{8}(9+4\sqrt{2})^n + \frac{4-\sqrt{2}}{8}(9-4\sqrt{2})^n. \quad (1)$$

从上式看出,数列$\{x_n\}$所满足的特征方程的特征根为
$$t_1 = 9+4\sqrt{2}, \quad t_2 = 9-4\sqrt{2},$$
因此数列$\{x_n\}$的特征方程为
$$x^2 - (t_1+t_2)x + t_1 t_2 = 0,$$
即
$$x^2 = 18x - 49,$$
从而数列$\{x_n\}$所对应的递推式为
$$x_n = 18x_{n-1} - 49x_{n-2} \quad (n \geqslant 2).$$

因为$(-49,5)=1$,所以$\{x_n(\bmod 5)\}$是纯周期数列.由于$x_0 \equiv 1$,$x_1 \equiv C_3^1 + 2^3 C_3^3 \equiv 1(\bmod 5)$(或从式(1)计算),故$x_n \equiv 3x_{n-1} + x_{n-2} (\bmod 5)$,于是我们得到
$$\{x_n(\bmod 5)\}: 1,1,4,3,3,2,4,4,1,2,2,3;1,1,4,\cdots,$$
即$\{x_n(\bmod 5)\}$是周期为12的纯周期数列.因为它的前12项中不含0,所以对于任意非负整数n,$\sum_{k=0}^{n} 2^{3k} C_{2n+1}^{2k+1}$不能被5整除.

例 5.3.8 设 α 是方程 $x^3 - 3x^2 + 1 = 0$ 的最大正根.求证:17可以整除$[\alpha^{1788}]$和$[\alpha^{1988}]$,这里$[x]$表示不超过x的最大整数.

证 根据高斯定理,三次方程有三个根.设$f(x) = x^3 - 3x^2 + 1$.则$f'(x) = 3x(x-2)$.当$x<0$时,$f'(x)>0$;当$0<x<2$时,$f'(x)<0$;当$x>2$时,$f'(x)>0$.又$f(-1) = -3<0$,$f\left(-\frac{1}{2}\right) = \frac{1}{8} > 0$,$f\left(\frac{1}{2}\right) = \frac{3}{8} > 0$,$f(1) = -1 < 0$,$f(2\sqrt{2}) = 16\sqrt{2} - 23 < 0$,$f(3) = 1 >$

0,所以 $f(x)=0$ 有三个实根 λ,μ 和 $\alpha(\lambda<\mu<\alpha)$,且
$$-1<\lambda<-\frac{1}{2},\quad \frac{1}{2}<\mu<1,\quad 2\sqrt{2}<\alpha<3.$$
根据三次方程的韦达定理,有
$$\lambda+\mu+\alpha=3,\quad \lambda\mu+\lambda\alpha+\mu\alpha=0,\quad \lambda\mu\alpha=-1.$$
因为 $0<\lambda+\mu=3-\alpha<1$,所以 $\frac{1}{2}<|\lambda|<\mu<1$,且有
$$\begin{aligned}\lambda^2+\mu^2&=(\lambda+\mu)^2-2\lambda\mu\\&=(3-\alpha)^2+\frac{2}{\alpha}=9+\frac{2-6\alpha^2+\alpha^3}{\alpha}.\end{aligned} \quad (1)$$
因为 $f(\alpha)=\alpha^3-3\alpha^2+1=0$,所以 $2-6\alpha^2=-2\alpha^3$,从而式(1)可化为
$$\lambda^2+\mu^2=9+\frac{-2\alpha^3+\alpha^3}{\alpha}=1+(8-\alpha^2).$$
由于 $2\sqrt{2}<\alpha<3$,所以 $8-\alpha^2<0$,从而有
$$0<\lambda^2+\mu^2<1.$$
由于 $\frac{1}{2}<|\lambda|<\mu<1$,故有
$$0<\lambda^n+\mu^n<1\quad(n\in\mathbf{N}^*). \quad (2)$$
因为 $x^3-3x^2+1=0$ 恰好是递推数列
$$u_{n+3}=3u_{n+2}-u_n$$
的特征方程,所以可设
$$u_n=p_1\lambda^n+p_2\mu^n+p_3\alpha^n,$$
其中 p_1,p_2,p_3 是由初始项确定的待定系数.

令
$$\begin{aligned}u_0&=3,\\u_1&=\lambda+\mu+\alpha=3,\\u_2&=\lambda^2+\mu^2+\alpha^2\\&=(\lambda+\mu+\alpha)^2-2(\lambda\mu+\lambda\alpha+\mu\alpha)=9,\end{aligned}$$
则可解得 $p_1=p_2=p_3=1$,从而有

$$u_n = \lambda^n + \mu^n + \alpha^n \quad (n \geq 0). \tag{3}$$

因为 $u_0 = 3, u_1 = 3, u_2 = 9, u_{n+3} = 3u_{n+2} - u_n (n \geq 0)$,所以对一切非负整数 n,u_n 都是整数.

由式(2)和式(3)可知

$$\alpha^n = u_n - (\lambda^n + \mu^n),$$
$$[\alpha^n] = u_n - 1. \tag{4}$$

因为 $(-1, 17) = 1$,所以 $\{u_n \pmod{17}\}$ 是纯周期数列. 又因为 $\{u_n \pmod{17}\}$ 的前若干项为:$3, 3, 9, 7, 1, 11, 9, 9, 16, 5, 6, 2, 1, 14, 16, 0; 3, 3, 9, \cdots$,故 $\{u_n \pmod{17}\}$ 是周期为 16 的纯周期数列,且

$$u_4 \equiv 1 \pmod{17}, \quad u_{12} \equiv 1 \pmod{17},$$

从而有

$$u_{1788} \equiv u_{12} \equiv 1 \pmod{17}, \quad u_{1988} \equiv u_4 \equiv 1 \pmod{17},$$

所以由式(4)得到

$$[\alpha^{1788}] \equiv u_{12} - 1 \equiv 0 \pmod{17},$$
$$[\alpha^{1988}] \equiv u_4 - 1 \equiv 0 \pmod{17},$$

即 17 可以整除 $[\alpha^{1788}]$ 和 $[\alpha^{1988}]$.

例 5.3.9 已知 a_0, a_1 是不全为 0 的整数,

$$a_{n+2} = ca_{n+1} + da_n \quad (n \geq 0), \tag{1}$$

其中 c, d 为整数,且对任意 $m \in \mathbf{N}^*$,$\{a_n \pmod{m}\}$ 都是纯周期数列. 证明:

(1) $(c, d) = 1$;

(2) 若 $x^2 - cx - d = 0$ 有整数根,则必有 $d = \pm 1$.

证 (1) (反证法)设 $(c, d) \neq 1$,则存在素数 p,使得 $p \mid (c, d)$,并存在整数 k,使得

$$p^k \mid (a_0, a_1), \quad p^{k+1} \nmid (a_0, a_1) \quad (k \geq 0).$$

因为 $p^k \mid (a_0, a_1)$,所以 $a_0 \equiv 0 \pmod{p^k}, a_1 \equiv 0 \pmod{p^k}$,从而由式(1),可用数学归纳法证明:

$$a_n \equiv 0 \pmod{p^k}$$

对一切非负整数 n 成立.

又因 $p|(c,d)$,所以 $c \equiv 0 (\bmod p), d \equiv 0 (\bmod p)$,从而有
$$a_{n+2} \equiv ca_{n+1} + da_n \equiv 0 (\bmod p^{k+1}) \quad (n \geqslant 0).$$
这说明 $\{a_n (\bmod p^{k+1})\}$ 的周期为 1.

因为 $\{a_n (\bmod m)\}$ 对一切 $m \in \mathbf{N}^*$ 都是纯周期数列,所以
$$a_0 \equiv 0 (\bmod p^{k+1}), \quad a_1 \equiv 0 (\bmod p^{k+1}).$$
这与 $p^{k+1} \nmid (a_0, a_1)$ 矛盾,故 $(c,d) = 1$.

(2) 证法 1 设方程 $x^2 - cx - d = 0$ 的两个根为 α, β,则
$$\alpha + \beta = c, \quad \alpha\beta = -d.$$
因为方程有整数根,c 也为整数,所以 α, β 都为整数. 于是,我们有
$$a_{n+2} = (\alpha + \beta) a_{n+1} - \alpha\beta a_n,$$
从而得到
$$a_{n+2} - \alpha a_{n+1} = \beta(a_{n+1} - \alpha a_n), \tag{2}$$
$$a_{n+2} - \beta a_{n+1} = \alpha(a_{n+1} - \beta a_n). \tag{3}$$
在式(2)中,设 $b_n = a_{n+1} - \alpha a_n$,则有
$$b_{n+1} = \beta b_n + 0 b_{n-1}.$$
因为 $\{a_n (\bmod m)\}$ 对一切 $m \in \mathbf{N}^*$ 是纯周期数列,故 $\{b_n (\bmod m)\}$ 对一切 $m \in \mathbf{N}^*$ 都是纯周期数列. 于是由(1)的结论知 $(\beta, 0) = 1$,故 $\beta = \pm 1$.

对式(3)作同样的讨论,可得 $\alpha = \pm 1$.

因为 $d = -\alpha\beta$,所以 $d = \pm 1$.

证法 2 根据定理 5.3.2,因为 $\{a_n (\bmod m)\}$ 是周期数列,故 $d = \pm 1$.

例 5.3.10 求 a^{100} 的末三位数字,其中 a 为正整数.

解 显然,我们只需考虑 a 的个位数. 我们考查模数列 $\{a^n (\bmod 1 000)\}$. 如果 $(a, 5) = 1, (a, 2) = 1$,则 $\{a^n (\bmod 5^3)\}$ 是一个周期为 $\varphi(5^3) = 5^3 - 5^2 = 100$ 的纯周期数列,$\{a^n (\bmod 2^3)\}$ 是一个周期为 $\varphi(2^3) = 2^3 - 2^2 = 4$ 的纯周期数列,且根据欧拉定理,知 $a^{100} \equiv 1 (\bmod 125), a^4 \equiv 1 (\bmod 8)$.

因为 $T(1\,000) = T(125,8) = [T(125), T(8)] = [100, 4] = 100$,所以

$$\{a^n \pmod{1\,000}\}$$

是一个周期为 100 的纯周期数列.

由 $a^{100} \equiv 1 \pmod{125}$, $a^{100} \equiv 1 \pmod 8$,知 $a^{100} \equiv 1 \pmod{1\,000}$,即当 a 取 $1,3,7,9$ 时,$(a,5)=1, (a,2)=1, a^{100} \equiv 1 \pmod{1\,000}$,此时 a^{100} 的最后三位数字是 001.

下面讨论余下的三种情况.

(a) 当 a 的个位数字为 0 时,显然 a^{100} 的末三位为 000.

(b) 当 a 的个位数字为 5 时,因为 $\{5^n \pmod{1\,000}\}$ 的前若干项为:$5,25,125,625,125,625$,即它是从第 3 项起的周期为 2 的混周期数列,故

$$5^{100} \equiv 5^4 \equiv 625 \pmod{1\,000}.$$

此时,a^{100} 的末三位数字是 625.

(c) 当 a 的个位数字为 $2,4,6,8$ 时,

$2^{100} \equiv (1\,024)^{10} \equiv (24^2)^5 \equiv 76^5 \equiv 376 \pmod{1\,000}$,

$4^{100} = (2^{100})^2 \equiv 376^2 \equiv 376 \pmod{1\,000}$,

$8^{100} = (2^{100})^3 \equiv 376^3 \equiv 376 \pmod{1\,000}$.

关于 6^{100} 的末三位数,我们给出三种解法.

① 因为 $6^{13} \equiv 16 \pmod{1\,000}$,所以 $6^{100} \equiv (6^{13})^7 \cdot 6^9 \equiv 456 \cdot 696 \equiv 376 \pmod{1\,000}$.

② $\{6^n \pmod{1\,000}\}$:$6,36,\underline{216},296,776,656,936,616,696,176,056,336,016,096,576,456,736,416,496,976,856,136,816,896,\underline{376},256,536;\underline{216},\cdots$,它是从第 32 项起周期为 20 的周期数列,故 $6^{100} \equiv 6^{100-77} \equiv 6^{23} \equiv 376 \pmod{1\,000}$.

③ 因为 $3^{100} = (10-1)^{50}$,所以由二项展开式中最后三项之和可知 $3^{100} \equiv 1 \pmod{1\,000}$,从而

$$6^{100} = 2^{100} \cdot 3^{100} \equiv 376 \cdot 1 \equiv 376 \pmod{1\,000}.$$

因此当 $a = 2,4,6,8$ 时,$a^{100} \equiv 376 \pmod{1\,000}$.

例 5.3.11 设 a, b, x_0 都是正整数,且 $a \neq 1$ 时, $(a-1) \mid b$. 定义数列

$$x_n = ax_{n-1} + b \quad (n \geq 1). \tag{1}$$

证明:$x_n(n \geq 1)$ 不可能都是素数.

证 显然,由所设知 $\{x_n\}(n \geq 0)$ 是整数数列. 下面用反证法进行证明.

假设 $x_1, x_2, \cdots, x_n, \cdots$ 都是素数. 因为 $x_2 = ax_1 + b$, x_1, x_2 都是素数,所以 $(a,b) = 1$,否则,x_2 是合数. 我们可以进一步推出 $(x_2, a) = 1$. 若不然,$a = kx_2(k \geq 1)$,则 $b = x_2(1 - kx_1)$,$(a,b) \neq 1$,矛盾,故 $(x_2, a) = 1$.

若 $a = 1$,则由式(1)得到

$$x_n = x_{n-1} + b \quad (n \geq 1),$$

即 $\{x_n\}$ 是首项为 x_0、公差为 b 的等差数列,

$$x_n = x_0 + nb \quad (n \geq 0).$$

取 $n = x_0$,则 $x_{x_0} = x_0(1+b)$ 是合数,这与假设矛盾.

若 $a \neq 1$,式(1)可化为(见第1章关于不动点的部分)

$$x_n - \frac{b}{1-a} = a\left(x_{n-1} - \frac{b}{1-a}\right).$$

设 $y_n = x_n - \frac{b}{1-a}$. 因为 $(1-a) \mid b$,所以 $\{y_n\}$ 为整数列,且

$$y_n = ay_{n-1} \quad (n \geq 1).$$

因为 $(a, x_2) = 1$,所以 $\{y_n \pmod{x_2}\}$ 是纯周期数列,从而 $\{x_n \pmod{x_2}\}$ 也是纯周期数列. 设 $\{x_n \pmod{x_2}\}$ 的周期为 T,则有

$$x_{T+2} \equiv x_2 \equiv 0 \pmod{x_2},$$

即 $x_2 \mid x_{T+2}$,这与所设"x_{T+2} 为素数"矛盾.

综上,$x_n(n \geq 1)$ 不可能都是素数.

例 5.3.12 已知 $a_0 = 0, a_1 = 1$,

$$a_n = 2a_{n-1} + a_{n-2} \quad (n \geq 2). \tag{1}$$

证明:$2^k \mid a_n \Leftrightarrow 2^k \mid n$.

证法 1 参见《中等数学》1988 年第 5 期《第 29 届 IMO 参赛国备选题》第 1 题(保加利亚)及其解答.

证法 2 我们用模周期数列的方法来解决此题.

数列 $\{a_n\}$ 是本性数列,由定理 5.3.1 的推论知 $\{a_n (\bmod 2^k)\}$ 是纯周期数列.

因为 $a_0 = 0$,所以"$2^k \mid a_n \Leftrightarrow 2^k \mid n$" $\Leftrightarrow \{a_n (\bmod 2^k)\}$ 是周期为 $T(2^k) = 2^k$ 的纯周期数列.

我们用数学归纳法加以证明.

当 $m = 2$ 时,由式(1)得 $\{a_n (\bmod 2)\}$ 的前若干项为:$0,1;0,1;0,1;\cdots$,即 $\{a_n (\bmod 2)\}$ 是周期为 $T(2) = 2$ 的纯周期数列.

当 $m = 2^2 = 4$ 时,由式(1)得 $\{a_n (\bmod 2^2)\}$ 的前若干项为:$0,1,2,1;0,1,2,1;\cdots$. 从中可看出 $\{a_n (\bmod 2^2)\}$ 是周期 $T(2^2) = 2^2 = 4$ 的纯周期数列.

归纳法的奠基成立. 假设当 $m = 2^k$ 时,$\{a_n (\bmod 2^k)\}$ 的周期 $T(2^k) = 2^k$(注意,$a_{2^k} \equiv a_0 \equiv 0 \pmod{2^k}$,$a_{2^k+1} \equiv a_1 \equiv 1 \pmod{2^k}$). 当 $m = 2^{k+1}$ 时,我们从式(1)的特征方程入手.

式(1)的特征方程为
$$x^2 - 2x - 1 = 0,$$
它的两个特征根为 $x_1 = 1 + \sqrt{2}, x_2 = 1 - \sqrt{2}, x_1 x_2 = -1$,于是可设
$$a_n = \lambda_1 x_1^n + \lambda_2 x_2^n \quad (n \geqslant 0). \tag{2}$$
因为 $a_0 = 0, a_1 = 1$,所以从式(2)得到
$$\begin{cases} \lambda_1 + \lambda_2 = 0, \\ \lambda_1(1+\sqrt{2}) + \lambda_2(1-\sqrt{2}) = 1, \end{cases}$$
解得 $\lambda_1 = \dfrac{\sqrt{2}}{4}, \lambda_2 = -\dfrac{\sqrt{2}}{4}$,从而有
$$a_n = \frac{\sqrt{2}}{4}(x_1^n - x_2^n) \quad (n \geqslant 0). \tag{3}$$

由式(3)得到

$$a_{2^{k+1}} = \frac{\sqrt{2}}{4}(x_1^{2^{k+1}} - x_2^{2^{k+1}})$$
$$= \frac{\sqrt{2}}{4}[(x_1^{2^k})^2 - (x_2^{2^k})^2]$$
$$= \frac{\sqrt{2}}{4}(x_1^{2^k} - x_2^{2^k})(x_1^{2^k} + x_2^{2^k})$$
$$= a_{2^k} \cdot (x_1^{2^k} + x_2^{2^k}). \tag{4}$$

由归纳假设 $2^k \mid a_{2^k}$,我们只需证明 $x_1^n + x_2^n$ 是偶数,也就证明了 $2^{k+1} \mid a_{2^{k+1}}$.

设 $b_n = x_1^n + x_2^n (n \geqslant 0)$,则 $b_0 = 2, b_1 = 2$,
$$b_n = (x_1 + x_2)(x_1^{n-1} + x_2^{n-1}) - x_1 x_2 (x_1^{n-2} + x_2^{n-2}),$$
即
$$b_n = 2b_{n-1} + b_{n-2} \quad (n \geqslant 2). \tag{5}$$
显然 b_n 是偶数,故 $2^{k+1} \mid a_{2^{k+1}}$.

下证 $a_{2^{k+1}+1} \equiv 1 (\mod 2^{k+1})$. 易知
$$a_{2^{k+1}+1} = \frac{\sqrt{2}}{4}(x_1^{2^{k+1}+1} - x_2^{2^{k+1}+1})$$
$$= \frac{\sqrt{2}}{4}[(x_1^{2^k+1} - x_2^{2^k+1})(x_1^{2^k} + x_2^{2^k}) - (x_1 x_2)^{2^k}(x_1 - x_2)]$$
$$= a_{2^k+1} b_{2^k} - 1 (\mod 2^{k+1}). \tag{6}$$
由归纳假设, $a_{2^k+1} \equiv 1 (\mod 2^k)$. 由式(5)知 $b_{n+2} \equiv b_n (\mod 2)$,故
$$a_{2^k+1} b_{2^k} \equiv b_0 \equiv 2 (\mod 2^{k+1}),$$
从而由式(6)知 $a_{2^{k+1}+1} \equiv 2 - 1 \equiv 1 (\mod 2^{k+1})$.

因为
$$a_{2^{k+1}} \equiv 0 (\mod 2^{k+1}), \quad a_{2^{k+1}+1} \equiv 1,$$
所以 $\{a_n (\mod 2^{k+1})\}$ 是周期为 $T(2^{k+1}) = 2^{k+1}$ 的纯周期数列,即当 $m = 2^{k+1}$ 时,
$$2^{k+1} \mid a_n \Leftrightarrow 2^{k+1} \mid n$$
成立,故对一切 $k \in \mathbf{N}^*, 2^k \mid a_n \Leftrightarrow 2^k \mid n$ 恒成立.

证法 3 数列 $\{a_n\}$ 的前若干项为:$a_0 = 0, a_1 = 1, a_2 = 2, a_3 = 5, a_4 = 12, a_5 = 29, a_6 = 70, a_7 = 169, a_8 = 408, a_9 = 985, a_{10} = 2378, a_{11} = 5741, \cdots$. 从中可看出 $a_{n+2} \equiv a_n \pmod{2}$, 即 $\{a_n \pmod{2}\}$ 是周期为 2 的纯周期数列, 且当 n 为奇数时, $a_n \equiv 1 \pmod{2}$. 又观察得到下面的恒等式成立:

$$a_{2n} = a_n(a_{n+1} + a_{n-1}) \quad (n \geq 1). \tag{1}$$

恒等式(1)易用数学归纳法证明. 下面, 我们用上一证法的通项

$$a_n = \frac{\sqrt{2}}{4}(x_1^n - x_2^n) \quad (n \geq 0)$$

来证明恒等式(1), 其中 $x_1 = 1 + \sqrt{2}, x_2 = 1 - \sqrt{2}, x_1 - x_2 = 2\sqrt{2}$, $x_1 x_2 = -1$.

因为

$$\begin{aligned} a_{n+1} &= \frac{\sqrt{2}}{4}(x_1^{n+1} - x_2^{n+1}) \\ &= \frac{\sqrt{2}}{4}[(x_1 - x_2)(x_1^n + x_2^n) + x_1 x_2 (x_1^{n-1} - x_2^{n-1})] \\ &= x_1^n + x_2^n - a_{n-1}, \end{aligned}$$

所以 $a_{n+1} + a_{n-1} = x_1^n + x_2^n$,

$$\begin{aligned} a_n(a_{n+1} + a_{n-1}) &= \frac{\sqrt{2}}{4}(x_1^n - x_2^n)(x_1^n + x_2^n) \\ &= \frac{\sqrt{2}}{4}(x_1^{2n} - x_2^{2n}) = a_{2n}, \end{aligned}$$

因而 $a_{2n} = a_n(a_{n+1} + a_{n-1})(n \geq 1)$ 恒成立.

下面, 我们用数学归纳法证明: $2^k | a_n \Leftrightarrow 2^k | n$.

因为 $a_{n+2} \equiv a_n \pmod{2}$, 所以 $\{a_n \pmod{2}\}$ 是周期为 2 的纯周期数列, 从而有 $2 | a_n \Leftrightarrow 2 | n$. 假设当 $m = k(k \geq 1, k \in \mathbf{N}^*)$ 时, $2^k | a_n \Leftrightarrow 2^k | n$ 成立, 则当 $m = k+1$ 时, 因 $2^k | n$, 故 n 为偶数, 且 $2^{k+1} | 2n$. 又 $n+1$ 和 $n-1$ 均为奇数, $a_{n+1} \equiv a_{n-1} \equiv 1 \pmod{2}$,

$$a_{n+1} + a_{n-1} \equiv 1 + 1 \equiv 0 \pmod{2},$$

所以
$$a_{2n} = a_n(a_{n+1} + a_{n-1}) \equiv 0 \pmod{2^{k+1}}.$$
用 n 代替 $2n$,我们得到 $2^{k+1} \mid a_n \Leftrightarrow 2^{k+1} \mid n$,即当 $m = k+1$ 时,命题成立.因此对一切正整数 $k, 2^k \mid a_n \Leftrightarrow 2^k \mid n$.

上述证法中,以证法 2 更能揭示问题的本质.

5.4 和数列的周期性

设 S_n 是整数列 $\{a_n\}$ 的前 n 项和.在第 4 章中,我们研究了 $\{a_n\}$ 和 $\{S_n\}$ 的周期性关系,得到了两个结论.在这里,我们将看到 $\{a_n \pmod m\}$ 和 $\{S_n \pmod m\}$ 有"更好的"周期性关系以及更广泛的应用.

定理 5.4.1 设 $\{a_n \pmod m\}$ 是从第 N 项起的最小周期为 $T = T(m)$ 的周期数列,且 $a_N + a_{N+1} + \cdots + a_{N+T-1} \equiv A \pmod m$,则 $\{S_n \pmod m\}$ 是从第 $N-1$ 项起的周期数列,且:

(1) 当 $A \equiv 0$ 时,$\{S_n \pmod m\}$ 的最小周期为 T;

(2) 当 $A \not\equiv 0$ 时,$\{S_n \pmod m\}$ 的最小周期为 $\dfrac{mT}{(A,m)}$.

证 因为 $\{a_n \pmod m\}$ 是从第 N 项起的最小周期为 T 的周期数列,所以当 $n \geqslant N$ 时,

$$\begin{aligned}
S_{n-1+kT} &- S_{n-1} \\
&= a_n + a_{n+1} + \cdots + a_{n-1+kT} \quad (\text{恰有 } k \text{ 个周期段}) \\
&\equiv k(a_N + a_{N+1} + \cdots + a_{N+T-1}) \\
&\equiv kA \pmod m.
\end{aligned} \tag{1}$$

(1) 若 $A \equiv 0 \pmod m$,则在式(1)中取 $k = 1$,从而
$$S_{n+T} \equiv S_n \pmod m \quad (n \geqslant N-1)$$
对一切 $n \geqslant N-1$ 恒成立,即 $\{S_n \pmod m\}$ 是从第 $N-1$ 项起的周期数列,T 是它的一个周期.若它的最小周期 $T' < T$,则有
$$S_{n+T'} \equiv S_n \quad (n \geqslant N-1),$$

且
$$S_{n-1+T'} \equiv S_{n-1} \quad (n \geqslant N).$$
两式相减,得到
$$a_{n+T'} \equiv a_n \pmod{m} \quad (n \geqslant N)$$
对一切 $n \geqslant N$ 恒成立,即 T' 也是 $\{a_n \pmod{m}\}$ 的周期. 这与所设 "$T = T(m)$ 为最小周期" 矛盾,故 $\{S_n \pmod{m}\}$ 的最小周期也为 T.

(2) 若 $A \not\equiv 0 \pmod{m}$,则在式(1)中,取使得 $kA \equiv 0 \pmod{m}$ 最小的 $k = \dfrac{m}{(A,m)}$. 由式(1)得到
$$S_{n+kT} \equiv S_n \pmod{m} \quad (n \geqslant N-1),$$
即 $\{S_n \pmod{m}\}$ 是从第 $N-1$ 项起的周期数列,$kT = \dfrac{mT}{(A,m)}$ 是它的一个周期.

若 $\{S_n \pmod{m}\}$ 的最小周期为 T',则 $T' \mid kT$. 由(1)的证明有
$$a_{n+T'} \equiv a_n \pmod{m} \quad (n \geqslant N),$$
即 T' 也是 $\{a_n \pmod{m}\}$ 的周期. 由定理 5.1.3 知 $T \mid T'$,$T' = k'T$,于是 $k' \mid k$.

因为 $T' = k'T$ 是 $\{S_n \pmod{m}\}$ 的周期,所以
$$S_{n-1+k'T} - S_{n-1} \equiv k'A \equiv 0 \pmod{m} \quad (n \geqslant N).$$
由于 $A \not\equiv 0 \pmod{m}$,$m \mid k'A$,$k = \dfrac{m}{(A,m)}$,故 $k \mid k'$.

因为 $k' \mid k$,$k \mid k'$,所以 $k = k'$,即 $\{S_n \pmod{m}\}$ 是从第 $N-1$ 项起的最小周期为 $\dfrac{mT}{(A,m)}$ 的周期数列.

对于(2),若 $(A,m) = 1$,则周期为 mT.

再加一点说明,(1)是包含在(2)中的,这是因为:若 $A \equiv 0 \pmod{m}$,则 $(A,m) = m$,$\dfrac{mT}{(A,m)} = T$. 这里设置(1),只是为了使

证明有一个梯度.

定理 5.4.2 若 $\{S_n(\bmod m)\}$ 是从第 N 项起的最小周期为 T 的周期数列,则 $\{a_n(\bmod m)\}$ 是从第 $N+1$ 项起的周期数列,且 $A=a_{N+1}+a_{N+2}+\cdots+a_{N+T}\equiv 0(\bmod m)$.

证 因为
$$S_n - S_{n-1} \equiv a_n(\bmod m) \quad (n \geqslant N+1),$$
所以
$$a_{n+T} \equiv S_{n+T} - S_{n-1+T} \equiv S_n - S_{n-1}$$
$$\equiv a_n(\bmod m) \quad (n \geqslant N+1).$$
又由于
$$0 \equiv S_{n+T} - S_n \quad (n \geqslant N)$$
$$\equiv a_{n+1} + a_{n+2} + \cdots + a_{n+T} \quad (恰好一个周期段)$$
$$\equiv a_{N+1} + a_{N+2} + \cdots + a_{N+T}$$
$$\equiv A(\bmod m),$$
故 $\{a_n(\bmod m)\}$ 是从第 $N+1$ 项起的周期数列,且
$$A \equiv a_{N+1} + a_{N+2} + \cdots + a_{N+T} \equiv 0(\bmod m).$$

T 是 $\{a_n(\bmod m)\}$ 一个周期,但不一定是它的最小周期. 这个判断可以从定理 5.4.1 的证明得知.

下面,我们利用定理 5.4.1 来研究正整数在十进制中的末位数字问题. 为了需要,我们先列出表 5.1,表中的数是 $\{n^l(\bmod 10)\}$ 所对应的数.

表 5.1

	1^n	2^n	3^n	4^n	5^n	6^n	7^n	8^n	9^n
$n=1$	1	2	3	4	5	6	7	8	9
$n=2$	1	4	9	6	5	6	9	4	1
$n=3$	1	8	7	4	5	6	3	2	9
$n=4$	1	6	1	6	5	6	1	6	1
$n=5$	1	2	3	4	5	6	7	8	9

从表中看出
$$\sum_{n=1}^{10} n \equiv 5 \pmod{10}, \quad \sum_{n=1}^{10} n^2 \equiv 5 \pmod{10},$$
$$\sum_{n=1}^{10} n^3 \equiv 5 \pmod{10}, \quad \sum_{n=1}^{10} n^4 \equiv 3 \pmod{10}.$$

例 5.4.1 设 $a_n = n^2 (n \geqslant 1)$,
$$S_n \equiv a_1 + a_2 + \cdots + a_n \pmod{10}.$$
求证: $0.S_1 S_2 \cdots S_n \cdots$ 是有理数.

证 因为 $S_n \equiv a_1 + a_2 + \cdots + a_n \pmod{10}$, 所以 $0 \leqslant S_n \leqslant 9$, 从而要证
$$0.S_1 S_2 \cdots S_n \cdots$$
是有理数, 只需证明 $\{S_n \pmod{10}\}$ 是周期数列.

由定理 5.1.7, $\{a_n \pmod{10}\}$ 是周期为 10 的纯周期数列. 又
$$\sum_{n=1}^{10} a_n = \sum_{n=1}^{10} n^2 \equiv 5 \pmod{10},$$
$$\sum_{n=1}^{20} a_n \equiv 2 \sum_{n=1}^{10} a_n \equiv 2 \sum_{n=1}^{10} n^2 \equiv 0 \pmod{10},$$
故根据定理 5.4.1, $\{S_n \pmod{10}\}$ 是周期为 20 的纯周期数列.

因此, $0.S_1 S_2 \cdots S_n \cdots$ 是循环节为 20 的纯循环小数, 即它是有理数.

例 5.4.2 设 $a_n = n^{n!}$,
$$S_n \equiv a_1 + a_2 + \cdots + a_n \pmod{10}.$$
求证: $0.S_1 S_2 \cdots S_n \cdots$ 是混循环小数.

证 因为 $S_n \equiv a_1 + a_2 + \cdots + a_n \pmod{10}$, 所以 $0 \leqslant S_n \leqslant 9$.

由定理 5.1.8, 当 $n \geqslant 4$ 时, $n^{n!} \equiv n^4 \pmod{10}$. 又由定理 5.1.7 可知, $\{n^4 \pmod{10}\}$ 是周期为 10 的纯周期数列, 故 $\{n^{n!} \pmod{10}\}$ 是从第 4 项起的混周期数列, 于是由定理 5.4.1, $\{S_n \pmod{10}\}$ 是从第 3 项起的混周期数列.

因为

$$a_4 + a_5 + \cdots + a_{13} \quad (\text{恰好一个周期长})$$
$$\equiv \sum_{n=1}^{10} n^4 \equiv 3 (\text{mod } 10),$$

所以
$$\sum_{n=4}^{103} n^4 \equiv \sum_{n=1}^{100} n^4 \equiv 10 \sum_{n=1}^{10} n^4 \equiv 30 \equiv 0 (\text{mod } 10).$$

因此,由定理 5.4.1,$\{S_n (\text{mod } 10)\}$ 是从第 3 项起的周期为 $10 \cdot 10 = 100$ 的混周期数列,即 $0.S_1 S_2 \cdots S_n \cdots$ 是小数点后第 3 位起的循环节为 100 的混循环小数.

例 5.4.3 设 $a_n = n^n (n \geqslant 1), S_n = \sum_{k=1}^{n} a_k$. 判断 $\{S_n (\text{mod } 10)\}$ 的周期性.

解 由定理 5.1.8,$\{n^n (\text{mod } 10)\}$ 是周期为 20 的纯周期数列.经计算得到
$$\sum_{n=1}^{20} a_n \equiv 1 + 2^2 + 3^3 + \cdots + 19^{19} + 20^{20} \equiv 4 (\text{mod } 10),$$
$$\sum_{n=1}^{100} a_n \equiv 5 \cdot \sum_{n=1}^{20} a_n \equiv 5 \cdot 4 \equiv 0 (\text{mod } 10),$$
故由定理 5.4.1 知,$\{S_n (\text{mod } 10)\}$ 是周期为 100 的纯周期数列.

例 5.4.4 设数列 $\{a_n\}$ 的通项公式为
$$a_n = 1^1 + 2^2 + 3^3 + \cdots + n^n.$$
证明:数列 $\{a_n\}$ 中有无限多项为奇合数.

证 设 $b_n = n^n (n \geqslant 1)$,则 a_n 是数列 $\{b_n\}$ 的前 n 项和.
因为
$$\{b_n (\text{mod } 2)\} : 1, 0 ; 1, 0 ; 1, 0 ; \cdots,$$
它是周期为 2 的纯周期数列,
$$\{b_n (\text{mod } 3)\} : 1, 1, 0, 1, 2, 0 ; 1, 1, 0, 1, 2, 0 ; \cdots,$$
它是周期为 6 的纯周期数列,故由定理 5.4.1 可知,$\{a_n (\text{mod } 2)\}$ 和 $\{a_n (\text{mod } 3)\}$ 都是纯周期数列.

在$\{b_n(\bmod 2)\}$和$\{b_n(\bmod 3)\}$的基础上,经计算得到
$$\{a_n(\bmod 2)\}:1,1,0,0;1,1,0,0;\cdots,$$
它是周期为 4 的纯周期数列;
$$\{a_n(\bmod 3)\}:1,2,2,0,2,2,0,1,1,2,1,1,2,0,0,1,0,0;$$
$$1,2,2,0,2,2,\cdots,$$
它是周期为 18 的纯周期数列.

因为$[4,18]=36$,所以
$$a_{36k+14}\equiv a_{14}\equiv a_2\equiv 1(\bmod 2),$$
$$a_{36k+14}\equiv a_{14}\equiv 0(\bmod 3),$$
其中$k\geqslant 0$,即a_{36k+14}是奇数,又能被 3 整除,故a_{36k+14}是奇合数,并且有无限多项.

5.5 周期与初始项无关的条件

在例 5.2.4 中,我们给出了"数列$\{a_n(\bmod p)\}$是纯周期数列,且其周期与a,b无关"的充分条件.我们更关心的是,关于一般的r阶线性递推数列的模数列的周期与初始项无关的条件.下面从二阶线性递推数列着手.

给出数列$\{a_n\}:a_0=a,a_1=b,a_n=c_1 a_{n-1}+c_2 a_{n-2}(n\geqslant 2)$,其中$(c_2,m)=1$,则由定理 5.3.1,$\{a_n(\bmod m)\}$是纯周期数列.观察数列$\{a_n\}$的前若干项:
$$a_0=a,a_1=b,a_2=c_1 b+c_2 a,a_3=(c_1^2+c_2)b+c_1 c_2 a,$$
$$a_4=(c_1^3+2c_1 c_2)b+(c_1^2 c_2+c_2^2)a,\cdots, \qquad (5.5.1)$$
并给出与数列$\{a_n\}$比对的数列$\{x_n\}:x_0=1,x_1=0,x_n=c_1 x_{n-1}+c_2 x_{n-2}(n\geqslant 2)$,它的前若干项是
$$x_0=1,x_1=0,x_2=c_2,x_3=c_1 c_2,x_4=c_1^2 c_2+c_2^2,\cdots, \qquad (5.5.2)$$
以及$\{y_n\}:y_0=0,y_1=1,y_n=c_1 y_{n-1}+c_2 y_{n-2}(n\geqslant 2)$,它的前若干项是

第 5 章 模周期数列

$$y_0 = 0, y_1 = 1, y_2 = c_1, y_3 = c_1^2 + c_2, y_4 = c_1^3 + 2c_1, \cdots.$$
(5.5.3)

仔细比对式(5.5.1)与式(5.5.2)、式(5.5.3),我们发现有如下关系:

$$a_n = ax_n + by_n \quad (n \geqslant 0). \tag{5.5.4}$$

下面,我们用数学归纳法证明式(5.5.4)对一切 $n \geqslant 0$ 恒成立.

归纳法的奠基成立.假设 $n \leqslant k (k \geqslant 1)$ 时,式(5.5.4)成立,则当 $n = k + 1$ 时,

$$\begin{aligned}
a_{k+1} &= c_1 a_k + c_2 a_{k-1} \\
&= c_1 (ax_k + by_k) + c_2 (ax_{k-1} + by_{k-1}) \\
&= a(c_1 x_k + c_2 x_{k-1}) + b(c_1 y_k + c_2 y_{k-1}) \\
&= ax_{k+1} + by_{k+1},
\end{aligned}$$

即 $n = k + 1$ 时,式(5.5.4)成立,故对一切非负整数 n,式(5.5.4)恒成立.

进一步比对式(5.5.2)和式(5.5.3),我们又发现有如下关系式成立:

$$x_{n+1} = c_2 y_n \quad (n \geqslant 1). \tag{5.5.5}$$

上式也可用数学归纳法证明.

归纳法的奠基成立.假设 $n \leqslant k (k \geqslant 2)$ 时,式(5.5.5)成立,则当 $n = k + 1$ 时,

$$\begin{aligned}
x_{k+1} &= c_1 x_k + c_2 x_{k-1} = c_1 c_2 y_{k-1} + c_2^2 y_{k-2} \\
&= c_2 (c_1 y_{k-1} + c_2 y_{k-2}) = c_2 y_k,
\end{aligned}$$

即 $n = k + 1$ 时,式(5.5.5)成立,故对一切正整数 n,式(5.5.5)恒成立.

把式(5.5.5)代入式(5.5.4),得到

$$a_n = ax_n + by_n = by_n + ac_2 y_{n-1} \quad (n \geqslant 2).$$

经验证,当 $n = 1$ 时,上式也成立,所以

$$a_n = by_n + ac_2 y_{n-1} \quad (n \geqslant 1) \tag{5.5.6}$$

对一切正整数 n 恒成立.

改换式(5.5.6)中的下标,得到
$$a_{n+1} = by_{n+1} + ac_2 y_n$$
$$= b(c_1 y_n + c_2 y_{n-1}) + ac_2 y_n$$
$$= (bc_1 + ac_2)y_n + bc_2 y_{n-1},$$
即
$$a_{n+1} = (bc_1 + ac_2)y_n + bc_2 y_{n-1} \quad (n \geqslant 1). \quad (5.5.7)$$
由式(5.5.6)和式(5.5.7)得到
$$\begin{vmatrix} ac_2 & b \\ bc_2 & bc_1 + ac_2 \end{vmatrix} y_n = \begin{vmatrix} ac_2 & a_n \\ bc_2 & a_{n+1} \end{vmatrix},$$
即
$$\begin{vmatrix} a & b \\ b & bc_1 + ac_2 \end{vmatrix} y_n = \begin{vmatrix} a & a_n \\ b & a_{n+1} \end{vmatrix},$$
也就是
$$\begin{vmatrix} a_0 & a_1 \\ a_1 & a_2 \end{vmatrix} y_n = \begin{vmatrix} a_0 & a_n \\ a_1 & a_{n+1} \end{vmatrix},$$
或
$$(a^2 c_2 + abc_1 - b^2)y_n = aa_{n+1} - ba_n. \quad (5.5.8)$$

有了这些准备工作,我们就可以着手证明下面的定理.

定理 5.5.1 已知数列$\{a_n\}$:$a_0 = a$,$a_1 = b$,$a_n = c_1 a_{n-1} + c_2 a_{n-2}(n \geqslant 2)$,其中$a_0, a_1, c_1, c_2$都是整数,且$(c_2, m) = 1$. 如果$(a^2 c_2 + abc_1 - b^2, m) = 1$,则$\{a_n (\bmod m)\}$是纯周期数列,且其周期与$a, b$无关.

证 数列$\{a_n\}$的本性数列为$\{y_n\}$:$y_0 = 0$,$y_1 = 1$,$y_n = c_1 y_{n-1} + c_2 y_{n-2}(n \geqslant 2)$. 因为$(c_2, m) = 1$,故由定理5.3.1和定理5.3.2,$\{a_n (\bmod m)\}$和$\{y_n (\bmod m)\}$都是纯周期数列. 设它们的周期分别为$T'$和$T$,则$T$与$a, b$无关.

由式(5.5.6),当$n \geqslant 1$时,
$$a_{n+T} \equiv by_{n+T} + ac_2 y_{n-1+T}$$
$$\equiv by_n + ac_2 y_{n-1}$$

$$\equiv a_n (\bmod m),$$
即 T 也是 $\{a_n (\bmod m)\}$ 的一个周期,故 $T' \mid T$.

再由式(5.5.8)得
$$(a^2 c_2 + abc_1 - b^2) y_{n+T'} = aa_{n+1+T'} - ba_{n+T'}$$
$$\equiv aa_{n+1} - ba_n$$
$$\equiv (a^2 c_2 + abc_1 - b^2) y_n (\bmod m).$$

因为 $(a^2 c_2 + abc_1 - b^2, m) = 1, y_{n+T'} \equiv y_n (\bmod m)$,即 T' 也是 $\{y_n (\bmod m)\}$ 的一个周期,故 $T \mid T'$.

因为 $T' \mid T, T \mid T'$,所以 $T' = T$. 又由于 T 与 a, b 无关,故 $\{a_n (\bmod m)\}$ 的周期 T 与 a, b 无关. 证毕.

对于三阶线性递推数列 $\{a_n\}$: $a_n = c_1 a_{n-1} + c_2 a_{n-2} + c_3 a_{n-3}$ $(n \geqslant 3)$,其中初始项 a_0, a_1, a_2 以及 c_1, c_2, c_3 均为整数. 我们引进三个数列,即
$\{x_n\}: x_0 = 1, x_1 = x_2 = 0, x_n = c_1 x_{n-1} + c_2 x_{n-2} + c_3 x_{n-3} (n \geqslant 3)$;
$\{y_n\}: y_0 = 0, y_1 = 1, y_2 = 0, y_n = c_1 y_{n-1} + c_2 y_{n-2} + c_3 y_{n-3} (n \geqslant 3)$;
$\{z_n\}: z_0 = z_1 = 0, z_2 = 1, z_n = c_1 z_{n-1} + c_2 z_{n-2} + c_3 z_{n-3} (n \geqslant 3)$.
其中 $\{z_n\}$ 是 $\{a_n\}$ 的本性数列. 仿照定理 5.5.1 的推导过程,我们易用数学归纳法证明:
$$a_n = a_0 x_n + a_1 y_n + a_2 z_n \qquad (5.5.9)$$
对一切非负整数 n 恒成立. 我们进一步又发现
$$x_n = c_3 z_{n-1} \quad (n \geqslant 4), \qquad (5.5.10)$$
$$y_n = c_2 z_{n-1} + c_3 z_{n-2} \quad (n \geqslant 5). \qquad (5.5.11)$$
式(5.5.10)和式(5.5.11)都可用数学归纳法加以证明,把它们代入式(5.5.9),整理得到
$$a_n = a_2 z_n + (a_0 c_3 + a_1 c_2) z_{n-1} + a_1 c_3 z_{n-2}. \qquad (5.5.12)$$
我们发现当 $n \geqslant 2$ 时,式(5.5.12)都是成立的. 改变式(5.5.12)中的下标,得到
$$a_{n+1} = a_2 z_{n+1} + (a_3 - c_1 a_2) z_n + a_1 c_3 z_{n-1}$$
$$= a_3 z_n + (a_4 - c_1 a_3) z_{n-1} + a_2 c_3 z_{n-2},$$

$$a_{n+2} = a_2 z_{n+2} + (a_3 - c_1 a_2) z_{n+1} + a_1 c_3 z_n$$
$$= a_4 z_n + (a_5 - c_1 a_4) z_{n-1} + a_3 c_3 z_{n-2},$$

即

$$\begin{cases} a_1 c_3 z_{n-2} + (c_2 a_1 + c_3 a_0) z_{n-1} + a_2 z_n = a_n, \\ a_2 c_3 z_{n-2} + (c_2 a_2 + c_3 a_1) z_{n-1} + a_3 z_n = a_{n+1}, \\ a_3 c_3 z_{n-2} + (c_2 a_3 + c_3 a_2) z_{n-1} + a_4 z_n = a_{n+2}. \end{cases}$$

解得

$$\begin{vmatrix} a_1 c_3 & c_2 a_1 + c_3 a_0 & a_2 \\ a_2 c_3 & c_2 a_2 + c_3 a_1 & a_3 \\ a_3 c_3 & c_2 a_3 + c_3 a_2 & a_4 \end{vmatrix} z_n = \begin{vmatrix} a_1 c_3 & c_2 a_1 + c_3 a_0 & a_n \\ a_2 c_3 & c_2 a_2 + c_3 a_1 & a_{n+1} \\ a_3 c_3 & c_2 a_3 + c_3 a_2 & a_{n+2} \end{vmatrix}.$$

上式可化为

$$\begin{vmatrix} a_0 & a_1 & a_2 \\ a_1 & a_2 & a_3 \\ a_2 & a_3 & a_4 \end{vmatrix} z_n = \begin{vmatrix} a_0 & a_1 & a_n \\ a_1 & a_2 & a_{n+1} \\ a_2 & a_3 & a_{n+2} \end{vmatrix}, \qquad (5.5.13)$$

从而得到如下定理:

定理 5.5.2 已知数列 $\{a_n\}$: a_0, a_1, a_2 为整数,$a_n = c_1 a_{n-1} + c_2 a_{n-2} + c_3 a_{n-3} (n \geqslant 3)$,其中 c_1, c_2, c_3 为整数,且 $(c_3, m) = 1$. 设

$$D = \begin{vmatrix} a_0 & a_1 & a_2 \\ a_1 & a_2 & a_3 \\ a_2 & a_3 & a_4 \end{vmatrix},$$

若 $(D, m) = 1$,则 $\{a_n (\bmod m)\}$ 是纯周期数列,且其周期与初始项 a_0, a_1, a_2 无关.

证 由定理 5.3.1 和定理 5.3.2,$\{a_n (\bmod m)\}$ 及其本性数列 $\{y_n (\bmod m)\}$ 都是纯周期数列. 设它们的周期分别为 T' 和 T,则 T 与初始项 a_0, a_1, a_2 无关.

由式(5.5.12)知

$$a_{n+T} \equiv a_2 z_{n+T} + (a_0 c_3 + a_1 c_2) z_{n-1+T} + a_1 c_3 z_{n-2+T}$$
$$\equiv a_2 z_n + (a_0 c_3 + a_1 c_2) z_{n-1} + a_1 c_3 z_{n-2}$$

$$\equiv a_n \pmod{m} \quad (n \geqslant 2),$$

即 T 也是 $\{a_n \pmod{m}\}$ 的一个周期,故 $T' \mid T$. 又由式(5.5.13)知

$$Dz_{n+T'} \equiv \begin{vmatrix} a_0 & a_1 & a_{n+T'} \\ a_1 & a_2 & a_{n+1+T'} \\ a_2 & a_3 & a_{n+2+T'} \end{vmatrix} z_{n+T'}$$

$$\equiv \begin{vmatrix} a_0 & a_1 & a_n \\ a_1 & a_2 & a_{n+1} \\ a_2 & a_3 & a_{n+2} \end{vmatrix} \equiv Dz_n \pmod{m}.$$

因为 $(D,m)=1$, 所以 $z_{n+T'}=z_n$, 即 T' 也是本性数列 $\{y_n \pmod{m}\}$ 的一个周期,故 $T \mid T'$. 由于 $T' \mid T, T \mid T'$, 故 $T'=T$, 即 $\{a_n \pmod{m}\}$ 的周期与初始项无关.

有了定理 5.5.1 和定理 5.5.2,我们就可用类比的方法把以上的结论推广到 r 阶齐次线性递推数列.

设 r 阶齐次线性递推数列 $\{a_n\}$:

$$a_{n+r}=c_1 a_{n+r-1}+c_2 a_{n+r-2}+\cdots+c_r a_n \quad (n \geqslant 0)$$
(5.5.14)

的初始项 $a_0,a_1,a_2,\cdots,a_{r-1}$ 是不全为 0 的整数,且 $c_1,c_2,\cdots,c_r$ 也为整数, $c_r \neq 0$. $\{a_n\}$ 的本性数列为 $\{b_n\}$: $b_0=b_1=b_2=\cdots=b_{r-2}=0, b_{r-1}=1$,

$$b_{n+r}=c_1 b_{n+r-1}+c_2 b_{n+r-2}+\cdots+c_r b_n \quad (n \geqslant 0).$$

定义 r 维列向量(Q^T 表示 Q 的转置向量)

$$\boldsymbol{\alpha}_n=(a_{n+r-1},a_{n+r-2},\cdots,a_n)^T \quad (n \geqslant 0),$$
$$\boldsymbol{\beta}_n=(b_{n+r-1},b_{n+r-2},\cdots,b_n)^T \quad (n \geqslant 0),$$

以及 r 阶方阵

$$A=(\boldsymbol{\alpha}_{r-1},\boldsymbol{\alpha}_{r-2},\cdots,\boldsymbol{\alpha}_0)$$

$$=\begin{bmatrix} a_{2r-2} & a_{2r-3} & \cdots & a_r & a_{r-1} \\ a_{2r-3} & a_{2r-4} & \cdots & a_{r-1} & a_{r-2} \\ \vdots & \vdots & & \vdots & \vdots \\ a_r & a_{r-1} & \cdots & a_2 & a_1 \\ a_{r-1} & a_{r-2} & \cdots & a_1 & a_0 \end{bmatrix}$$

$$B = (\boldsymbol{\beta}_{r-1}, \boldsymbol{\beta}_{r-2}, \cdots, \boldsymbol{\beta}_0)$$

$$= \begin{pmatrix} b_{2r-2} & b_{2r-3} & b_{2r-4} & b_{2r-5} & \cdots & b_r & 1 \\ b_{2r-3} & b_{2r-4} & b_{2r-5} & b_{2r-6} & \cdots & 1 & 0 \\ b_{2r-4} & b_{2r-5} & b_{2r-6} & \cdots & \cdot\cdot\cdot & 0 & 0 \\ b_{2r-5} & b_{2r-6} & \vdots & 1 & \cdot\cdot\cdot & 0 & 0 \\ \vdots & \vdots & \cdot\cdot\cdot & 0 & \cdot\cdot\cdot & \vdots & \vdots \\ b_r & 1 & 0 & 0 & \cdots & 0 & 0 \\ 1 & 0 & 0 & 0 & \cdots & 0 & 0 \end{pmatrix}.$$

显然 $\boldsymbol{\alpha}_n$ 和 $\boldsymbol{\beta}_n$ 满足式(5.5.14).

引理 5.5.1 $\boldsymbol{\alpha}_n = AB^{-1}\boldsymbol{\beta}_n \, (n \geqslant 0)$,其中 B^{-1} 是 B 的逆矩阵.

证   因为 $|B| = 1$,所以 B^{-1} 存在.

由于

$$A = AE = AB^{-1}B \quad (E \text{ 是单位矩阵}),$$

所以

$$(\boldsymbol{\alpha}_{r-1}, \boldsymbol{\alpha}_{r-2}, \cdots, \boldsymbol{\alpha}_0) = AB^{-1}(\boldsymbol{\beta}_{r-1}, \boldsymbol{\beta}_{r-2}, \cdots, \boldsymbol{\beta}_0),$$

从而有

$$\boldsymbol{\alpha}_0 = AB^{-1}\boldsymbol{\beta}_0, \boldsymbol{\alpha}_1 = AB^{-1}\boldsymbol{\beta}_1, \cdots, \boldsymbol{\alpha}_{r-1} = AB^{-1}\boldsymbol{\beta}_{r-1}.$$

下面,我们用数学归纳法证明.

归纳法的奠基显然成立.假设引理对 $n, n+1, \cdots, n+r-1$ 都成立,则由于归纳假设以及 $\boldsymbol{\alpha}_n$ 和 $\boldsymbol{\beta}_n$ 都满足式(5.5.14),故

$$\begin{aligned}\boldsymbol{\alpha}_{n+r} &= c_1\boldsymbol{\alpha}_{n+r-1} + c_2\boldsymbol{\alpha}_{n+r-2} + \cdots + c_{r-1}\boldsymbol{\alpha}_{n+1} + c_r\boldsymbol{\alpha}_n \\ &= AB^{-1}(c_1\boldsymbol{\beta}_{n+r-1} + c_2\boldsymbol{\beta}_{n+r-2} + \cdots + c_{r-1}\boldsymbol{\beta}_{n+1} + c_r\boldsymbol{\beta}_n) \\ &= AB^{-1}\boldsymbol{\beta}_{n+r},\end{aligned}$$

即当 $n = r$ 时,引理仍成立.因此对一切非负整数 n,引理成立.

定理 5.5.3   若 $(c_r, m) = 1, (|A|, m) = 1$,则由式(5.5.14)所定义的数列

$$\{a_n (\bmod m)\}$$

是纯周期数列,且周期与初始项无关.

证   由定理 5.3.1 和定理 5.3.2 可知,$\{a_n (\bmod m)\}$ 和

$\{b_n(\bmod m)\}$ 都是纯周期数列. 下面证明 $\{a_n(\bmod m)\}$ 的周期与初始项无关.

设 $\{a_n(\bmod m)\}$ 和 $\{b_n(\bmod m)\}$ 的周期分别为 T' 和 T,其中 T 与初始项无关. 由引理 5.5.1 知
$$\boldsymbol{\alpha}_{n+T} \equiv \boldsymbol{AB}^{-1}\boldsymbol{\beta}_{n+T} \equiv \boldsymbol{AB}^{-1}\boldsymbol{\beta}_n \equiv \boldsymbol{\alpha}_n(\bmod m).$$
由 $\boldsymbol{\alpha}_n$ 的定义可知, T 是 $\{a_n(\bmod m)\}$ 的一个周期,从而有 $T'|T$.

记 $\boldsymbol{A}^*$ 为 $\boldsymbol{A}$ 的伴随矩阵,即 $\boldsymbol{A}^*\boldsymbol{A}=|\boldsymbol{A}|\boldsymbol{E}$. 因为 $\boldsymbol{\alpha}_n = \boldsymbol{AB}^{-1}\boldsymbol{\beta}_n$,所以
$$\begin{aligned}\boldsymbol{BA}^*\boldsymbol{\alpha}_n &= \boldsymbol{BA}^*\boldsymbol{AB}^{-1}\boldsymbol{\beta}_n \\ &= \boldsymbol{B}\cdot|\boldsymbol{A}|\cdot\boldsymbol{B}^{-1}\boldsymbol{\beta}_n = |\boldsymbol{A}|\boldsymbol{\beta}_n \quad (n\geqslant 0),\end{aligned}$$
即
$$\boldsymbol{BA}^*\boldsymbol{\alpha}_n = |\boldsymbol{A}|\boldsymbol{\beta}_n \quad (n\geqslant 0),$$
从而有
$$\begin{aligned}|\boldsymbol{A}|\boldsymbol{\beta}_{n+T'} &\equiv \boldsymbol{BA}^*\boldsymbol{\beta}_{n+T'} \equiv \boldsymbol{BA}^*\boldsymbol{\alpha}_n \\ &\equiv |\boldsymbol{A}|\boldsymbol{\beta}_n(\bmod m),\end{aligned}$$
于是
$$|\boldsymbol{A}|\boldsymbol{\beta}_{n+T'} \equiv |\boldsymbol{A}|\boldsymbol{\beta}_n(\bmod m).$$
因为 $(|\boldsymbol{A}|,m)=1$,所以
$$\boldsymbol{\beta}_{n+T'} \equiv \boldsymbol{\beta}_n(\bmod m).$$
由 $\boldsymbol{\beta}_n$ 的定义可知, T' 是 $\{b_n(\bmod m)\}$ 的一个周期,故 $T|T'$.

因为 $T|T'$ 且 $T'|T$,所以 $T'=T$,即 $\{a_n(\bmod m)\}$ 的周期与初始项无关.

上面的证明未作说明地使用了矩阵的同余性质. 整数的许多同余性质,对于元素为整数的矩阵仍然成立. 但也有相反的情况,例如, p 为素数, $\boldsymbol{A},\boldsymbol{B}$ 是元素为整数的矩阵,由 $\boldsymbol{AB}\equiv\boldsymbol{0}(\bmod p)$,不能推出 $\boldsymbol{A}\equiv\boldsymbol{0}(\bmod p)$ 或 $\boldsymbol{B}\equiv\boldsymbol{0}(\bmod p)$. 比较矩阵与整数的同余性质的异同是一件有趣的事情,我们把这些留给读者.

作为本节的结束,再提一下,模周期数列与密码学有关:找到足够大的素数,使模数列的周期也很大,这有利于做好加密工作.

练 习 5

1. $S_{100} = 1^3 + 2^3 + \cdots + 99^3 + 100^3$ 被 7 除后的余数是多少?

2. 设 $S_n = 1^n + 2^n + 3^n + 4^n$. 求证: $\{S_n \pmod{10}\}$ 是纯周期数列,并问当 n 为何值时,$S_n \equiv 0 \pmod{10}$?

3. 设 $a_n = n^4, S_n \equiv \left(\sum_{k=1}^{n} a_k\right) \pmod{10}$. 求证: $0. S_1 S_2 \cdots S_n \cdots$ 是有理数.

4. 在十进制数中,以下述方法构造一个数:
$$x = 0. x_1 x_2 x_3 \cdots,$$
其中 x_n 是 $x_0 + x_1 + x_2 + \cdots + x_{n-1}$ 被 9 除后所得的最小非负余数,且 $x_0 = 1$. 试证明: x 是有理数.

5. 问十进制数 $0 \sim 99$ 中,哪些整数最多出现在下列数列中?
(1) $a_1 = 7, a_{n+1} = 7^{a_n} (n \geqslant 1)$;
(2) $a_1 = 9, a_{n+1} = 9^{a_n} (n \geqslant 1)$.

6. 求下列数的末两位数字:
(1) $14^{14^{14}}$; (2) $67^{67^{67}}$.

7. 设 x_1, x_2 是方程 $x^2 - 6x + 1 = 0$ 的两个根. 试证: 对一切 $n \in \mathbf{N}^*$, $x_1^n + x_2^n$ 都是整数,但不是 5 的倍数.

8. 在 $1 \leqslant n \leqslant 10^6$ 之间有多少个 n,使得 $2^n \equiv n \pmod 5$?

9. 设 $R_n = \dfrac{1}{2}(a^n + b^n)(n \geqslant 0), a = 3 + 2\sqrt{2}, b = 3 - 2\sqrt{2}$. 证明: R_{12345} 是一个整数,并求出它的末位数字.

10. 我们知道 $12^2 = 144$ 的末尾两数字均为 4,$38^2 = 1444$ 末尾的三个数字均为 4. 对于个位数不等于 0 的正整数,它的平方数的末尾相同数字的个数最多有多少个?

11. 求证: 对每个正整数 m,都存在整数 $n > m$,使得 5^n 的十进制表示由 5^m 的十进制表示的左端加上某些数字而得到.

12. 已知 $a_1 = 1, a_2 = 9, a_3 = 8, a_4 = 5, a_{n+4} = a_{n+3} + a_n (n \geqslant 1)$. 求证: $a_{1986}^2 + a_{1987}^2 + \cdots + a_{2000}^2$ 是 4 的倍数.

13. 设 $f(x) = x^n, n$ 是定值, $n \in \mathbf{N}^*$. 当 $x = 1, 2, 3, \cdots$ 时,问小数

0. $f(1)f(2)f(3)\cdots$是否对某一 n 为有理数?

14. 证明:对任意 $k \in \mathbf{N}^*, k \geqslant 2$,存在无理数 r,使得对任意 $m \in \mathbf{N}^*$,有
$$[r^m] \equiv -1 \pmod{k}.$$

15. 已知数列 $\{u_n\}: u_0 = a, u_1 = b, u_2 = c,$
$$u_n = u_{n-1} + u_{n-2} + u_{n-3} \quad (n \geqslant 3).$$
求证:当 $(a^2 + ab + ac - (b+c)^2, m) = 1$ 时,$\{u_n \pmod{m}\}$ 的周期与初始项无关.

16. 定义数列 $\{a_n\}$ 如下:$a_1 = 3$,
$$a_{n+1} = \begin{cases} \dfrac{a_n}{2} & (若 a_n 为偶数), \\ \dfrac{a_n + 1983}{2} & (若 a_n 为奇数). \end{cases}$$

证明:数列 $\{a_n\}$ 是周期数列,并求其最小正周期.

17. 设 $n > 1$ 是一个整数. n 盏灯 $L_0, L_1, \cdots, L_{n-1}$ 排成一个圆圈. 每盏灯的状态为"开"或"关". 依次进行操作 $S_0, S_1, \cdots, S_j, \cdots$,每一步 S_j 只针对 L_j 进行操作,而不改变其他灯的状态:

如果 L_{j-1} 的状态是"开",S_j 改变 L_j 的状态;

如果 L_{j-1} 的状态是"关",S_j 不改变 L_j 的状态.

这里灯的下标在 $\bmod n$ 的意义下选取,即 $L_{-1} \equiv L_{n-1}, L_0 \equiv L_n, L_1 \equiv L_{n-1}$. 最初每盏灯的状态都是"开". 证明:

(1) 存在正整数 $M(n)$,使得经过 $M(n)$ 次操作后,所有灯的状态全部都变为"开";

(2) 如果 $n = 2^k$,则所有的灯在经过 $n^2 - 1$ 步操作后,状态全部变为"开";

(3) 如果 $n = 2^k + 1$,则所有的灯在经过 $n^2 - n + 1$ 步操作后,状态全部变为"开".

练习题解答或提示

练 习 1

1. 提示:当 $n=8$ 时,$f(n)=\dfrac{S_n}{(n+32)S_{n+1}}$ 的最大值是 $\dfrac{1}{50}$.

2. 由已知得 $\log_2 2^{a_n} - \dfrac{1}{\log_2 2^{a_n}} = 2n$,所以 $a_n - \dfrac{1}{a_n} = 2n$,$a_n^2 - 2na_n - 1 = 0$,解得 $a_n = n \pm \sqrt{n^2+1}$,且 $0 < 2^{a_n}$.因为 $0 < x < 1, a_n < 0$,所以 $a_n = n - \sqrt{n^2+1}(n=1,2,3,\cdots)$.由于

$$\dfrac{a_{n+1}}{a_n} = \dfrac{(n+1)-\sqrt{(n+1)^2+1}}{n-\sqrt{n^2+1}} = \dfrac{n+\sqrt{n^2+1}}{(n+1)+\sqrt{(n+1)^2+1}} < 1,$$

而 $a_n < 0 (n=1,2,3,\cdots)$,故 $a_{n+1} > a_n$.由此可知数列 $\{a_n\}$ 是递增数列.

3. (1) 因为 $S_{n+1} - S_n = \dfrac{n+2}{n}S_n$,所以 $S_{n+1} = \dfrac{2n+2}{n}S_n$,即 $\dfrac{S_{n+1}}{n+1} = 2 \cdot \dfrac{S_n}{n}$,因此 $\left\{\dfrac{S_n}{n}\right\}$ 是等比数列.

(2) 由 $\dfrac{S_n}{n} = 2^{n-1}$ 知 $S_n = n \cdot 2^{n-1}$,故当 $n \geqslant 2$ 时,$a_n = n \cdot 2^{n-1} - (n-1) \cdot 2^{n-2} = (n+1) \cdot 2^{n-2}$($n=1$ 也适合),因此 $S_{n+1} = 4a_n$.

4. $b_n = -21 \cdot 2^{12-n}$,所以 $a_n = \begin{cases} 3 \cdot 2^{\frac{17-n}{2}} & (n \text{ 为奇数}), \\ -7 \cdot 2^{\frac{8-n}{2}} & (n \text{ 为偶数}). \end{cases}$ 当 $n=17$ 时,前 n 项的积最大.

5. (1) 设公差为 d,则 $a_2^2 - a_5^2 = a_4^2 - a_3^2$.由性质得 $-3d(a_4+a_3) = d(a_4+a_3)$.因为 $d \neq 0$,所以 $a_4 + a_3 = 0$,即 $2a_1 + 5d = 0$.又由 $S_7 = 7$ 得 $7a_1 + \dfrac{7 \cdot 6}{2}d = 7$,解得 $a_1 = -5, d = 2$,所以 $\{a_n\}$ 的通项公式为 $a_n = 2n - 7$,前 n 项和 $S_n = n^2 - 6n$.

(2) $\dfrac{a_m a_{m+1}}{a_{m+2}} = \dfrac{(2m-7)(2m-5)}{(2m-3)}$.令 $2m-3 = t$,则 $\dfrac{a_m a_{m+1}}{a_{m+2}} =$

$\frac{(t-4)(t-2)}{t} = t + \frac{8}{t} - 6$. 因为 t 是奇数,所以 t 可取的值为 ± 1. 当 $t = 1, m = 2$ 时,$t + \frac{8}{t} - 6 = 3, 2 \cdot 5 - 7 = 3$ 是数列 $\{a_n\}$ 中的项; 当 $t = -1, m = 1$ 时,$t + \frac{8}{t} - 6 = -15$,数列 $\{a_n\}$ 中的最小项是 -5,不符合. 所以满足条件的正整数是 $m = 2$.

6. 令 $f(x) = 2x^3 + 5x - 2$,则 $f'(x) = 6x^2 + 5 > 0$,所以 $f(x)$ 是严格递增的. 又 $f(0) = -2 < 0, f\left(\frac{1}{2}\right) = \frac{3}{4} > 0$,故 $f(x)$ 有唯一实数根 $r \in \left(0, \frac{1}{2}\right)$. 因此 $2r^3 + 5r - 2 = 0$,即 $\frac{2}{5} = \frac{r}{1-r^3} = r + r^4 + r^7 + r^{10} + \cdots$,数列 $a_n = 3n - 2 (n = 1, 2, \cdots)$ 是满足题设要求的数列. 若存在两个不同的正整数数列 $a_1 < a_2 < \cdots < a_n < \cdots$ 和 $b_1 < b_2 < \cdots < b_n < \cdots$,满足 $r^{a_1} + r^{a_2} + r^{a_3} + \cdots = r^{b_1} + r^{b_2} + r^{b_3} + \cdots = \frac{2}{5}$,去掉上面等式两边相同的项,有 $r^{s_1} + r^{s_2} + r^{s_3} + \cdots = r^{t_1} + r^{t_2} + r^{t_3} + \cdots$,这里 $s_1 < s_2 < s_3 < \cdots, t_1 < t_2 < t_3 < \cdots$,所有的 s_i 与 t_j 都是不同的. 不妨设 $s_1 < t_1$,则 $r^{s_1} < r^{s_1} + r^{s_2} + \cdots = r^{t_1} + r^{t_2} + \cdots$,两边同时除以 r^{s_1},$1 < r^{t_1 - s_1} + r^{t_2 - s_1} + \cdots \leqslant r + r^2 + \cdots = \frac{1}{1-r} - 1 < \frac{1}{1-\frac{1}{2}} - 1 = 1$,矛盾. 故满足题设的数列是唯一的.

7. 由题设可得
$$\begin{cases} a_2 - a_1 = 2, \\ a_3 - a_2 = 4, \\ \cdots, \\ a_n - a_{n-1} = 2(n-1). \end{cases}$$
将上面 $n-1$ 个式子相加,得 $a_n - a_1 = 2 + 4 + \cdots + 2(n-1)$,所以 $a_n = a_1 + \frac{2n(n-1)}{2} = n^2 - n + 1$. 以上是累加法.

若用迭代法,则
$$a_n = a_{n-1} + 2(n-1) = a_{n-2} + 2(n-2) + 2(n-1) = \cdots$$
$$= a_1 + 2 \cdot 1 + 2 \cdot 2 + \cdots + 2(n-1)$$

$$= 1 + 2[1 + 2 + \cdots + (n-1)] = n^2 - n + 1.$$

8. 由已知得 $x_{n+1} = 3(x_n + 2)^2 - 2$，即 $x_{n+1} + 2 = 3(x_n + 2)^2$，所以
$$x_n + 2 = 3(x_{n-1} + 2)^2 = 3[3(x_{n-2} + 2)^2]^2 = \cdots$$
$$= 3^{1+2+2^2+\cdots+2^{n-2}}(x_1 + 2)^{2^{n-1}} = 3^{2^n - 1},$$

即 $x_n = 3^{2^{n-1}} - 2$.

9. 引入待定系数 a, b, c，使得
$$a_n + (an^2 + bn + c) = \frac{2}{3}\{a_{n-1} + [a(n-1)^2 + b(n-1) + c]\}, \quad (1)$$

整理后得
$$a_n = \frac{2}{3}a_{n-1} - \frac{1}{3}an^2 - \left(\frac{4}{3}a + \frac{1}{3}b\right)n + \frac{2}{3}a - \frac{2}{3}b - \frac{1}{3}c.$$

与 $a_n = \frac{2}{3}a_{n-1} + n^2 - 15$ 比较得

$$\begin{cases} -\frac{1}{3}a = 1, \\ \frac{4}{3}a + \frac{1}{3}b = 0, \\ \frac{2}{3}a - \frac{2}{3}b - \frac{1}{3}c = -15. \end{cases}$$

解得 $a = -3, b = 12, c = 15$.

令 $b_n = a_n - 3n^2 - 12n + 15$，则由式(1)可得 $b_n = \frac{2}{3}b_{n-1}$, $b_1 = a_1 - 3 + 12 + 15 = 25$. 因此 $b_n = 25 \cdot \left(\frac{2}{3}\right)^{n-1}$，从而可求得 a_n.

10. (1) 由于 $a_2 = a_1 + (-1)^1 = 0, a_3 = a_2 + 3^1 = 3, a_4 = a_3 + (-1)^2 = 4, a_5 = a_4 + 3^2 = 13$，所以 $a_3 = 3, a_5 = 13$.

(2) 由于 $a_{2k+1} = a_{2k} + 3^k = a_{2k-1} + (-1)^k + 3^k$，所以 $a_{2k+1} - a_{2k-1} = 3^k + (-1)^k$. 同理，可得 $a_{2k-1} - a_{2k-3} = 3^{k-1} + (-1)^{k-1}, \cdots, a_3 - a_1 = 3 + (-1)$. 因此
$$(a_{2k+1} - a_{2k-1}) + (a_{2k-1} - a_{2k-3}) + \cdots + a_3 - a_1$$
$$= (3^k + 3^{k-1} + \cdots + 3) + [(-1)^k + (-1)^{k-1} + \cdots + (-1)].$$

由此得 $a_{2k+1} - a_1 = \frac{3}{2}(3^k - 1) + \frac{1}{2}[(-1)^k - 1]$，于是

$$a_{2k+1} = \frac{3^{k+1}}{2} + \frac{1}{2}(-1)^k - 1,$$

$$a_{2k} = a_{2k-1} + (-1)^k = \frac{3^k}{2} + \frac{1}{2}(-1)^{k-1} - 1 + (-1)^k$$

$$= \frac{3^k}{2} + \frac{1}{2}(-1)^k - 1.$$

所以 $\{a_n\}$ 的通项公式为

$$a_n = \begin{cases} \dfrac{3^{\frac{n+1}{2}}}{2} + \dfrac{1}{2}(-1)^{\frac{n-1}{2}} - 1 & (n \text{ 为奇数}), \\ \dfrac{3^{\frac{n}{2}}}{2} + \dfrac{1}{2}(-1)^{\frac{n}{2}} - 1 & (n \text{ 为偶数}). \end{cases}$$

11. (1) 对原式变形，得 $a_{n+1} = \dfrac{2(t^{n+1}-1)(a_n+1)}{a_n + 2t^n - 1} - 1$，则

$$\frac{a_{n+1}+1}{t^{n+1}-1} = \frac{2(a_n+1)}{a_n + 2t^n - 1} = \frac{\dfrac{2(a_n+1)}{t^n-1}}{\dfrac{a_n+1}{t^n-1} + 2}.$$

记 $\dfrac{a_{n+1}+1}{t^{n+1}-1} = b_n$，则 $b_{n+1} = \dfrac{2b_n}{b_n + 2}$，$b_1 = \dfrac{a_1+1}{t-1} = \dfrac{2t-2}{t-1} = 2$. 又 $\dfrac{1}{b_{n+1}} = \dfrac{1}{b_n} + \dfrac{1}{2}$，$\dfrac{1}{b_1} = \dfrac{1}{2}$，所以有 $\dfrac{1}{b_n} = \dfrac{1}{b_1} + (n-1) \cdot \dfrac{1}{2} = \dfrac{n}{2}$，故 $\dfrac{a_n+1}{t^n-1} = \dfrac{2}{n}$，于是有 $a_n = \dfrac{2(t^n-1)}{n} - 1$.

(2) $a_{n+1} - a_n = \dfrac{2(t^{n+1}-1)}{n+1} - \dfrac{2(t^n-1)}{n}$

$$= \frac{2(t-1)}{n(n+1)}[n(1 + t + \cdots + t^{n-1} + t^n)$$
$$\quad - (n-1)(1 + t + \cdots + t^{n-1})]$$

$$= \frac{2(t-1)}{n(n+1)}[nt^n - (1 + t + \cdots + t^{n-1})]$$

$$= \frac{2(t-1)}{n(n+1)}[(t^n - 1) + (t^n - t) + \cdots$$
$$\quad + (t^n - t^{n-1})]$$

$$= \frac{2(t-1)^2}{n(n+1)}[(t^{n-1} + t^{n-2} + \cdots + 1)$$

$$+ t(t^{n-2} + t^{n-3} + \cdots + 1) + \cdots + 1].$$

显然 $t > 0 (t \neq 1)$ 时,恒有 $a_{n+1} - a_n > 0$,故 $a_{n+1} > a_n$. 设 $c_n = \dfrac{2(t^n - 1)}{a_n + 1}, c_1 = 1$. 易得 $c_{n+1} = 1 + c_n, c_n = n$.

12. 先设法求出 a_n 和 b_n. 为此,我们计算出 $\{a_n\}, \{b_n\}$ 的前几项:

$$a_0 = \frac{\sqrt{2}}{2} = \sin\frac{\pi}{4} = \sin\frac{\pi}{2^2},$$

$$a_1 = \frac{\sqrt{2}}{2}\sqrt{1 - \cos\frac{\pi}{2^2}} = \sin\frac{\pi}{2^3},$$

$$a_2 = \frac{\sqrt{2}}{2}\sqrt{1 - \cos\frac{\pi}{2^3}} = \sin\frac{\pi}{2^4},$$

$$b_0 = 1 = \tan\frac{\pi}{4} = \tan\frac{\pi}{2^2},$$

$$b_1 = \frac{\sec\frac{\pi}{2^2} - 1}{\tan\frac{\pi}{2^2}} = \tan\frac{\pi}{2^3},$$

$$b_2 = \frac{\sec\frac{\pi}{2^3} - 1}{\tan\frac{\pi}{2^3}} = \tan\frac{\pi}{2^4}.$$

于是猜想: $a_n = \sin\dfrac{\pi}{2^{n+2}}(n = 0, 1, 2, \cdots), b_n = \tan\dfrac{\pi}{2^{n+2}}(n = 0, 1, 2, \cdots)$.

运用数学归纳法可以证明上面的两个猜想都是正确的,这里略去证明过程.

当 $x \in \left(0, \dfrac{\pi}{2}\right)$ 时,有 $\sin x < x < \tan x$. 取 $x = \dfrac{\pi}{2^{n+2}} \in \left(0, \dfrac{\pi}{2}\right)(n = 0, 1, 2, \cdots)$,则 $\sin\dfrac{\pi}{2^{n+2}} < \dfrac{\pi}{2^{n+2}} < \tan\dfrac{\pi}{2^{n+2}}$,所以 $2^{n+2} a_n < \pi < 2^{n+2} b_n$.

13. 由 $\dfrac{1}{a_{n+1}} = \dfrac{1}{a_n} + \dfrac{c}{b}$,得 $\dfrac{1}{a_n} = \dfrac{acn + b - ac}{ab}$,因此

$$a_n = \frac{ab}{acn + b - ac}.$$

14. 从方程 $x = \dfrac{x+4}{x-2}$ 得两个相异根: $x_1 = 4, x_2 = -1$,所以可化为

$$\frac{x_n - p}{x_n - q} = k \cdot \frac{x_{n-1} - p}{x_{n-1} - q} \left(k = \frac{a - pc}{a - qc} \right), 即$$

$$\frac{a_n - 4}{a_n + 1} = k \cdot \frac{a_{n-1} - 4}{a_{n-1} + 1} \quad \left(k = \frac{a - pc}{a - qc} = \frac{1 - 4}{1 + 1} = -\frac{3}{2} \right),$$

所以 $\frac{a_n - 4}{a_n + 1} = \frac{0 - 4}{0 + 1} \left(-\frac{3}{2} \right)^{n-1} = -4 \cdot \left(-\frac{3}{2} \right)^{n-1}$,从而得

$$a_n = \frac{4 - 4\left(-\frac{3}{2}\right)^{n-1}}{1 + 4\left(-\frac{3}{2}\right)^{n-1}}.$$

15. 由已知得 $a_{n+1} - 1 = \frac{4(a_n - 1)}{-a_n + 3}, a_{n+1} + 1 = \frac{2(a_n - 1)}{-a_n + 3}$,故 $\frac{a_{n+1} - 1}{a_{n+1} + 1}$

$= 2 \cdot \frac{a_n - 1}{a_n + 1}$. 令 $b_n = \frac{a_n - 1}{a_n + 1}$,则 $\{b_n\}$ 是以 $\frac{2}{3}$ 为首项、2 为公比的等比数列,

所以 $b_n = \frac{a_n - 1}{a_n + 1} = \frac{2}{3} \cdot 2^{n-1} = \frac{2^n}{3}$,从而可求得 $a_n = \frac{2^{n+1}}{3 - 2^n} + 1$.

16. 根据上面的分析,我们令 $b_n = \frac{a_n + \sqrt{2}}{a_n - \sqrt{2}}$,则

$$b_{n+1} = \frac{a_n + \sqrt{2}}{a_n - \sqrt{2}} = \frac{\frac{a_n^2 + 2}{2a_n} + \sqrt{2}}{\frac{a_n^2 + 2}{2a_n} - \sqrt{2}} = \frac{(a_n + \sqrt{2})^2}{(a_n - \sqrt{2})^2} = b_n^2.$$

17. 解方程 $1 + \frac{2}{x} = x$,得两个不动点 $x_1 = 2, x_2 = -1$,于是

$$\frac{a_{n+1} - 2}{a_{n+1} + 1} = \frac{1 + \frac{2}{a_n} - 2}{1 + \frac{2}{a_n} + 1} = \frac{2 - a_n}{2a_n + 2} = -\frac{1}{2} \cdot \frac{a_n - 2}{a_n + 1} \quad (n \geq 1).$$

逐次迭代得

$$\frac{a_n - 2}{a_n + 1} = \left(-\frac{1}{2}\right)^{n-1} \cdot \frac{a_1 - 2}{a_1 + 1} = \left(-\frac{1}{2}\right)^{n-1},$$

由此可解得 $a_n = \frac{2^{n+1} + (-1)^n}{2^n + (-1)^{n-1}}$.

18. $\{x_n\}$ 的递推关系可化为 $x_{n+1}^2 = 2x_n^4 + 6x_n^2 + 3$. 令 $y_n = x_n^2$,则 $y_1 = 1, y_n = 2y_n^2 + 6y_n + 3 = f(x_n)$,其中 $f(x) = 2x^2 + 6x + 3$. 解方程 $f(x) = x$,

即 $2x^3 + 5x + 3 = 0$,得 $f(x)$ 的两个不动点 $\alpha = -\dfrac{3}{2}, \beta = -1$.

因此
$$y_{n+1} - \left(-\dfrac{3}{2}\right) = 2y_n^2 + 6y_n + \dfrac{9}{2} = 2\left[y_n - \left(-\dfrac{3}{2}\right)\right]^2,$$

则
$$y_n + \dfrac{3}{2} = 2\left(y_{n-1} + \dfrac{3}{2}\right)^2 = 2 \cdot \left[2\left(y_{n-2} + \dfrac{3}{2}\right)^2\right]^2$$
$$= 2^{1+2}\left(y_{n-2} + \dfrac{3}{2}\right)2^2 = \cdots = 2^{1+2+\cdots+2^{n-2}}\left(y_1 + \dfrac{3}{2}\right)2^{n-1}$$
$$= 2^{2^{n-1}-1}\left(y_1 + \dfrac{3}{2}\right)2^{n-1} = \dfrac{1}{2} \cdot 5^{2^{n-1}}.$$

又由数学归纳法,易证 $x_n > 0$,所以 $x_n = \sqrt{y_n} = \sqrt{\dfrac{1}{2}(5^{2^{n-1}} - 3)}\,(n \in \mathbf{N}^*)$.

19. (1) 因为
$$\dfrac{1}{k(k+1)(k+2)} = \dfrac{1}{2}\left[\dfrac{1}{k(k+1)} - \dfrac{1}{(k+1)(k+2)}\right],$$

所以
$$S_n = \sum_{i=1}^{n}\dfrac{1}{2}\left[\dfrac{1}{i(i+1)} - \dfrac{1}{(i+1)(i+2)}\right]$$
$$= \dfrac{1}{2}\left[\dfrac{1}{2} - \dfrac{1}{(n+1)(n+2)}\right].$$

(2) $\dfrac{1}{4}n(n+1)(n+2)(n+3)$.

(3) 因为 $k \cdot k! = (k+1)! - k!$,所以答案为 $(n+1)! - 1$.

(4) $\dfrac{n(n+1)(n+2)}{6}$.

(5) 因为 $a_k = \dfrac{1}{\sqrt{k}\sqrt{k+1}(\sqrt{k+1}+\sqrt{k})} = \dfrac{\sqrt{k+1}-\sqrt{k}}{\sqrt{k}\sqrt{k+1}} = \dfrac{1}{\sqrt{k}} - \dfrac{1}{\sqrt{k+1}}$,所以 $S_{99} = \dfrac{9}{10}$.

20. $S_n = \dfrac{1}{2} + \dfrac{2}{4} + \dfrac{3}{8} + \cdots + \dfrac{n}{2^n}, \dfrac{1}{2}S_n = \dfrac{1}{4} + \dfrac{2}{8} + \dfrac{3}{16} + \cdots + \dfrac{n-1}{2^n} +$

$\dfrac{n}{2^{n+1}}$,以上两式相减得

$$\dfrac{1}{2}S_n = \dfrac{1}{2} + \dfrac{1}{4} + \dfrac{1}{8} + \cdots + \dfrac{1}{2^n} - \dfrac{n}{2^{n+1}} = 1 - \dfrac{1}{2^n} - \dfrac{n}{2^{n+1}},$$

即 $S_n = 2 - \dfrac{1}{2^{n-1}} - \dfrac{n}{2^n} < 2$.

21. 因为当 $k \geqslant 2$ 时,有 $2k = k + k > \sqrt{k(k-1)} + \sqrt{(k-1)(k-1)} > 0$, 所以 $\dfrac{1}{2k} < \dfrac{1}{\sqrt{k-1}(\sqrt{k}+\sqrt{k-1})}$, 从而 $\dfrac{1}{k\sqrt{k}} < 2 \cdot \dfrac{\sqrt{k} - \sqrt{k-1}}{\sqrt{k} \cdot \sqrt{k-1}} = 2\left(\dfrac{1}{\sqrt{k-1}} - \dfrac{1}{\sqrt{k}}\right)$. 因此不等式的左边 $< 3 - \dfrac{2}{\sqrt{n}} < 3$.

22. 当 $n=1$ 时,$a_n = S_1 = 9$;当 $n \geqslant 2$ 时,$a_n = S_n - S_{n-1} = 11 - 2n$. 又 $11 - 2 \cdot 1 = 9 = a_1$, 故 $a_n = 11 - 2n (n \in \mathbf{N}^*)$. 令 $a_n > 0$,则 $11 - 2n > 0$. 因此 $1 \leqslant n < 5 (n \in \mathbf{N})$.

(1) 当 $1 \leqslant n < 5 (n \in \mathbf{N})$ 时, $a_n = 11 - 2n$, 即 $b_n = |a_n| = a_n = 11 - 2n$. 此时,$\{b_n\}$ 是首项为 9、公差为 -2 的等差数列,

$$T_n = 9n + \dfrac{n(n+1)}{2} \cdot (-2) = 10n - n^2.$$

(2) 当 $n \geqslant 6 (n \in \mathbf{N})$ 时, $b_n = |a_n| = -a_n = 2n - 11$. 此时,$\{b_n\}$ 是首项为 1、公差为 2 的等差数列,所以 $T_n = a_1 + a_2 + \cdots + a_5 - a_6 - \cdots - a_n = -(a_1 + a_2 + \cdots + a_n) + 2S_5 = -S_n + 2S_5 = n^2 - 10n + 5$. 故

$$T_n = \begin{cases} 10n - n^2 & (1 \leqslant n \leqslant 5), \\ n^2 - 10n + 5 & (n \geqslant 6). \end{cases}$$

23. (1) 由 $a_1, 2a_7, 3a_4$ 成等差数列,得 $4a_7 = a_1 + 3a_4$, 即 $4aq^6 = a + 3aq^3$, 变形得 $(4q^3 + 1)(q^3 - 1) = 0$, 所以 $q^3 = -\dfrac{1}{4}$ 或 $q^3 = 1$(舍去). 由

$$\dfrac{S_6}{12S_3} = \dfrac{\dfrac{a_1(1-q^6)}{1-q}}{\dfrac{12a_1(1-q^3)}{1-q}} = \dfrac{1+q^3}{12} = \dfrac{1}{16},$$

$$\dfrac{S_{12} - S_6}{S_6} = \dfrac{S_{12}}{S_6} - 1 = \dfrac{\dfrac{a_1(1-q^{12})}{1-q}}{\dfrac{a_1(1-q^6)}{1-q}} - 1 = 1 + q^6 - 1 = q^6 = \dfrac{1}{16},$$

得 $\dfrac{S_6}{12S_3} = \dfrac{S_{12}-S_6}{S_6}$. 因此 $12S_3, S_6, S_{12}-S_6$ 成等比数列.

(2) $T_n = a_1 + 2a_4 + 3a_7 + \cdots + na_{3n-2} = a + 2aq^3 + 3aq^6 + \cdots + naq^{3(n-1)}$, 即

$$T_n = a + 2\cdot\left(-\dfrac{1}{4}\right)a + 3\cdot\left(-\dfrac{1}{4}\right)^2 a + \cdots + n\cdot\left(-\dfrac{1}{4}\right)^{n-1} a. \quad (1)$$

式(1) $-$ 式(1) $\cdot \left(-\dfrac{1}{4}\right)$ 得

$$\dfrac{5}{4}T_n = a + \left(-\dfrac{1}{4}\right)a + \left(-\dfrac{1}{4}\right)^2 a + \left(-\dfrac{1}{4}\right)^3 a + \cdots$$
$$+ \left(-\dfrac{1}{4}\right)^{n-1} a - n\left(-\dfrac{1}{4}\right)^n a$$
$$= \dfrac{a\left[1-\left(-\dfrac{1}{4}\right)^n\right]}{1-\left(-\dfrac{1}{4}\right)} - n\cdot\left(-\dfrac{1}{4}\right)^n a$$
$$= \dfrac{4}{5}a - \left(\dfrac{4}{5}+n\right)\cdot\left(-\dfrac{1}{4}\right)^n a.$$

因此 $T_n = \dfrac{16}{25}a - \left(\dfrac{16}{25}+\dfrac{4}{5}n\right)\cdot\left(-\dfrac{1}{4}\right)^n a$.

24. (1) 解法 1 由题意知 $\dfrac{a_n+2}{2} = \sqrt{2S_n}, a_n > 0$, 分别求得 $a_1 = 2, a_2 = 6, a_3 = 10$, 故该数列的前三项为 $2, 6, 10$. 猜想数列 $\{a_n\}$ 有通项公式 $a_n = 4n-2$, 下面用数学归纳法证明数列 $\{a_n\}$ 的通项公式是 $a_n = 4n-2 (n \in \mathbf{N}^*)$.

(a) 当 $n = 1$ 时, 因为 $4\cdot 1 - 2 = 2$, 且已求得 $a_1 = 2$, 所以上述结论正确.

(b) 假设 $n = k$ 时, 结论正确, 即有 $a_k = 4k-2$. 由题意有 $\dfrac{a_k+2}{2} = \sqrt{2S_k}$, 把 $a_k = 4k-2$ 代入上式, 得 $2k = \sqrt{2S_k}$, 解得 $S_k = 2k^2$. 由题意有 $\dfrac{a_{k+1}+2}{2} = \sqrt{2S_{k+1}}, S_{k+1} = S_k + a_{k+1}$. 把 $S_k = 2k^2$ 代入, 得 $\left(\dfrac{a_{k+1}+2}{2}\right)^2 = 2(a_{k+1}+2k^2)$, 整理得 $a_{k+1}^2 - 4a_{k+1} + 4 - 16k^2 = 0$. 由于 $a_{k+1} > 0$, 解得 $a_{k+1} = 2 + 4k$.

因此 $a_{k+1} = 2 + 4k = 4(k+1) - 2$. 这就是说,当 $n = k + 1$ 时,上述结论成立.

根据(a)和(b),上述结论对所有非负整数 n 成立.

解法 2 由题意有 $\dfrac{a_n + 2}{2} = \sqrt{2S_n}(n \in \mathbf{N}^*)$,整理得 $S_n = \dfrac{1}{8}(a_n + 2)^2$. 由此得 $S_{n+1} = \dfrac{1}{8}(a_{n+1} + 2)^2$,所以 $a_{n+1} = S_{n+1} - S_n = \dfrac{1}{8}[(a_{n+1} + 2)^2 - (a_n + 2)^2]$,整理得 $(a_{n+1} + a_n)(a_{n+1} - a_n - 4) = 0$. 由题意知 $a_{n+1} + a_n \neq 0$,所以 $a_{n+1} - a_n = 4$,即数列 $\{a_n\}$ 为等差数列,其中 $a_1 = 2$,公差 $d = 4$,所以 $a_n = a_1 + (n-1)d = 2 + 4(n-1)$,即通项公式 $a_n = 4n - 2$.

(2) 令 $c_n = b_n - 1$,则

$$c_n = \dfrac{1}{2}\left(\dfrac{a_{n+1}}{a_n} + \dfrac{a_n}{a_{n+1}} - 2\right)$$

$$= \dfrac{1}{2}\left[\left(\dfrac{2n+1}{2n-1} - 1\right) + \left(\dfrac{2n-1}{2n+1} - 1\right)\right]$$

$$= \dfrac{1}{2n-1} - \dfrac{1}{2n+1},$$

$$\sum_{k=1}^{n} b_k - n = \sum_{k=1}^{n} c_k$$

$$= \left(1 - \dfrac{1}{3}\right) + \left(\dfrac{1}{3} - \dfrac{1}{5}\right) + \cdots + \left(\dfrac{1}{2n-1} - \dfrac{1}{2n+1}\right)$$

$$= 1 - \dfrac{1}{2n+1}.$$

25. (1) 设等比数列 $\{a_n\}$ 的公比为 q,则 $a_2 = a_1 q, a_5 = a_1 q^4$. 依题意,得方程组 $\begin{cases} a_1 q = 6, \\ a_1 q^4 = 162. \end{cases}$ 解得 $a_1 = 2, q = 3$. 因此数列 $\{a_n\}$ 的通项公式为 $a_n = 2 \cdot 3^{n-1}$.

(2) 由 $S_n = \dfrac{2(1 - 3^n)}{1 - 3} = 3^n - 1$ 得

$$\dfrac{S_n \cdot S_{n+2}}{S_{n+1}^2} = \dfrac{3^{2n+2} - (3^n + 3^{n+2}) + 1}{3^{2n+2} - 2 \cdot 3^{n+1} + 1}$$

$$\leqslant \dfrac{3^{2n+2} - 2\sqrt{3^n \cdot 3^{n+2}} + 1}{3^{2n+2} - 2 \cdot 3^{n+1} + 1} = 1,$$

即 $\dfrac{S_n \cdot S_{n+2}}{S_{n+1}^2} \leqslant 1$.

26.(1)(a) 当 $n=1$ 时,$0 < a_1 < 1$.

(b) 假设当 $n=k$ 时,$0 < a_k < 1$ 成立,则当 $n=k+1$ 时,$a_{k+1} = -(a_k-1)^2+1$.因为 $0 < a_k < 1$,所以 $0 < a_{k+1} < 1$,即当 $n=k+1$ 时,不等式成立.

由(a)和(b),对 $n \in \mathbf{N}^*$,不等式 $0 < a_n < 1$ 成立.

(2) 由题意知 $1-a_n = (1-a_{n-1})^2$,且 $0 < a_n < 1$,两边取对数得 $\lg(1-a_n) = 2\lg(1-a_{n-1})$,即 $b_n = 2b_{n-1}$,因此
$$b_n = b_1 \cdot 2^{n-1} = 2^{n-1} \cdot \lg(1-a_1) = -2^{n-1},$$
即 $\left\{\dfrac{1}{b_n}\right\}$ 是首项为 -1、公比为 $\dfrac{1}{2}$ 的等比列,所以
$$\lim_{n\to\infty}\left(\frac{1}{b_1}+\frac{1}{b_2}+\frac{1}{b_3}+\cdots+\frac{1}{b_n}\right) = \lim_{n\to\infty}\frac{(-1)\cdot\left[1-\left(\frac{1}{2}\right)^n\right]}{1-\dfrac{1}{2}}$$
$$= -2.$$

(3) 因为 $a_{n-1}^3 + a_n^3 - (a_{n-1}^2 a_n + 1) = a_{n-1}^2(a_{n-1}-a_n) + (a_n^3-1)$,且 $a_n - a_{n-1} = a_{n-1}(1-a_{n-1}) > 0$,所以 $a_{n-1} - a_n < 0$,$a_n^3 - 1 < 0$,$a_{n-1}^3 + a_n^3 - a_{n-1}^2 a_n < 1$.又
$$a_n^3 + a_1^3 - a_n^2 a_1 - 1 = a_1(a_n-a_1)(a_n+a_1) + (a_n^3-1) < 0,$$
$$a_1^3 + a_2^3 - a_1^2 a_2 < 1,$$
$$a_2^3 + a_3^3 - a_2^2 a_3 < 1,$$
$$\cdots,$$
$$a_{n-1}^3 + a_n^3 - a_{n-1}^2 a_n < 1,$$
$$a_n^3 + a_1^3 - a_n^2 a_1 - 1 < 0,$$

各式相加得
$2(a_1^3 + a_2^3 + a_3^3 + \cdots + a_n^3) - (a_1^2 a_2 + a_2^2 a_3 + \cdots + a_{n-1}^2 a_n + a_n^2 a_1) < n$.

(注:也可以通过证明对于 $i,j \in \mathbf{N}^*$,都有 $a_i^3 + a_j^3 - a_i^2 a_j < 1$ 得到.)

27.先用数学归纳法证明:$a_n \geqslant n+4$,所以
$$a_{k+1} \geqslant 4a_k + 3,$$
$$\frac{1}{1+a_k} \leqslant \frac{1}{4} \cdot \frac{1}{1+a_{k-1}} \leqslant \cdots \leqslant \frac{1}{6 \cdot 4^{k-1}},$$

$$\sum_{i=1}^{n} \frac{9}{1+a_i} \leqslant \frac{9}{6} \sum_{i=0}^{n} \frac{1}{4^i} = 2\left[1 - \left(\frac{1}{4}\right)^n\right] < 2.$$

28. (1) 由 $\sum_{i=1}^{n} a_i^3 = S_n^2$ 得 $\sum_{i=1}^{n+1} a_i^3 = S_{n+1}^2$. 前面的两式相减,得

$$a_{n+1}^3 = S_{n+1}^2 - S_n^2 = (S_{n+1} + S_n)(S_{n+1} - S_n)$$
$$= (2S_n + a_{n+1})a_{n+1}.$$

因为 $a_{n+1} > 0$,所以

$$a_{n+1}^2 - a_{n+1} = 2S_n.$$

(2) 由 $a_{n+1}^2 - a_{n+1} = 2S_n$ 得 $a_n^2 - a_n = 2S_{n-1}(n \geqslant 2)$. 前面的两式相减,得 $(a_{n+1} + a_n)(a_{n+1} - a_n) = a_{n+1} + a_n$. 因为 $a_{n+1} + a_n > 0$,所以 $a_{n+1} - a_n = 1(n \geqslant 2)$. 当 $n = 1, 2$ 时,易得 $a_1 = 1, a_2 = 2$,故 $a_{n+1} - a_n = 1(n \geqslant 1)$. 因此 $\{a_n\}$ 是等差数列,其首项 $a_1 = 1$,公差 $d = 1$,故 $a_n = n$.

(3) $\sum_{k=1}^{n} \frac{1}{a_k \sqrt{k}} = \sum_{k=1}^{n} \frac{1}{\sqrt{k^3}} < 1 + \sum_{k=2}^{n} \left(\frac{1}{\sqrt{k-1}} - \frac{1}{\sqrt{k+1}}\right)$

$$= 1 + 1 + \frac{\sqrt{2}}{2} - \frac{1}{\sqrt{n}} - \frac{1}{\sqrt{n+1}} < 2 + \frac{\sqrt{2}}{2} < 3.$$

练 习 2

1. 设 $b_n = a_{n+1} - a_n, c_n = b_{n+1} - b_n$,所以

$$c_n = b_{n+1} - b_n = (a_{n+2} - a_{n+1}) - (a_{n+1} - a_n)$$
$$= a_{n+2} - 2a_{n+1} + a_n = (3a_{n+1} - 3a_n + a_{n-1}) - 2a_{n+1} + a_n$$
$$= a_{n+1} - 2a_n + a_{n-1} = c_{n-1} \quad (n = 2, 3, 4, \cdots).$$

因而 $\{c_n\}$ 是常数列. 由条件②得 $c_1 = 2$,则 $\{a_n\}$ 是二阶等差数列,因此

$$a_n = a_1 + \sum_{k=1}^{n} b_k$$
$$= a_1 + (n-1)b_1 + \frac{(n-1)(n-2)}{2} \cdot 2$$
$$= 1 + (n-1)b_1 + (n-1)(n-2).$$

由条件③知 $b_4 = 9$,从而 $b_1 = 3$,于是 $a_n = n^2$. 综上,

$$S_n = \frac{1}{6}n(n+1)(2n+1).$$

2. 必要性. 设 $\{a_n\}$ 是公差为 d_1 的等差数列,则 $b_{n+1} - b_n = (a_{n+1} - $

$a_{n+3}) - (a_n - a_{n+2}) = (a_{n+1} - a_n) - (a_{n+3} - a_{n+2}) = d_1 - d_1 = 0$,所以 $b_n \leqslant b_{n+1}(n=1,2,3,\cdots)$ 成立. 又 $c_{n+1} - c_n = (a_{n+1} - a_n) + 2(a_{n+2} - a_{n+1}) + 3(a_{n+3} - a_{n+2}) = d_1 + 2d_1 + 3d_1 = 6d_1$(常数)($n=1,2,3,\cdots$),所以数列 $\{c_n\}$ 为等差数列.

充分性. 设数列 $\{c_n\}$ 是公差为 d_2 的等差数列,且 $b_n \leqslant b_{n+1}(n=1,2,3,\cdots)$. 因为 $c_n = a_n + 2a_{n+1} + 3a_{n+2}$,所以 $c_{n+2} = a_{n+2} + 2a_{n+3} + 3a_{n+4}$. 上面的两式相减,得 $c_n - c_{n+2} = (a_n - a_{n+2}) + 2(a_{n+1} - a_{n+3}) + 3(a_{n+2} - a_{n+4}) = b_n + 2b_{n+1} + 3b_{n+2}$. 因为 $c_n - c_{n+2} = (c_n - c_{n+1}) + (c_{n+1} - c_{n+2}) = -2d_2$,所以 $b_n + 2b_{n+1} + 3b_{n+2} = -2d_2$,从而有 $b_{n+1} + 2b_{n+2} + 3b_{n+3} = -2d_2$. 上面的两式相减,得

$$(b_{n+1} - b_n) + 2(b_{n+2} - b_{n+1}) + 3(b_{n+3} - b_{n+2}) = 0. \quad (1)$$

由于 $b_{n+1} - b_n \geqslant 0, b_{n+2} - b_{n+1} \geqslant 0, b_{n+3} - b_{n+2} \geqslant 0$,由式(1)得 $b_{n+1} - b_n = 0(n=1,2,3,\cdots)$. 由此不妨设 $b_n = d_3(n=1,2,3,\cdots)$,则 $a_n - a_{n+2} = d_3$(常数). 由此得 $c_n = a_n + 2a_{n+1} + 3a_{n+2} = 4a_n + 2a_{n+1} - 3d_3$,从而 $c_{n+1} = 4a_{n+1} + 2a_n - 5d_3$. 两式相减得 $c_{n+1} - c_n = 2(a_{n+1} - a_n) - 2d_3$. 因此 $a_{n+1} - a_n = \frac{1}{2}(c_{n+1} - c_n) + d_3 = \frac{1}{2}d_2 + d_3$(常数)($n=1,2,3,\cdots$).

综上,数列 $\{a_n\}$ 是等差数列.

3. (1) 由题设知 $(a_{n+1} - a_n) - (a_n - a_{n-1}) = 2b_n$. 令 $c_n = a_n - a_{n-1}$,则 $c_{n+1} - c_n = 2b_n$. 因此

$$c_{n+1} = c_1 + \sum_{k=1}^{n}(c_{k+1} - c_k) = (a_1 - a_0) + \sum_{k=1}^{n}2b_k$$
$$= 2(b_1 + b_2 + \cdots + b_n),$$

即

$$a_{n+1} - a_n = c_{n+1} = 2(b_1 + b_2 + \cdots + b_n),$$

从而 $a_{n+1} = a_0 + \sum_{k=1}^{n}2(b_1 + b_2 + \cdots + b_k) = \sum_{k=1}^{n}2(b_1 + b_2 + \cdots + b_k).$

(2) 若 $b_n = n$,则

$$a_{n+1} = \sum_{k=1}^{n}2(1 + 2 + \cdots + k) = \sum_{k=1}^{n}k(k+1)$$
$$= \sum_{k=1}^{n}k^2 + \sum_{k=1}^{n}k = \frac{n}{6}(n+1)(2n+1) + \frac{1}{2}n(n+1)$$

$$= \frac{1}{3}n(n+1)(n+2).$$

4. 令 $b_n = a_{n+1} - a_n (n = 1,2,\cdots)$. 由题设知 $a_{n+2} - 2a_{n+1} + a_n = n - 20$, 从而有 $b_{n+1} - b_n = n - 20$, 且 $b_1 = 1$, 于是 $\sum_{i=1}^{n-1}(b_{i+1} - b_i) = \sum_{i=1}^{n-1}(i - 20)$, 即 $b_n - b_1 = [1 + 2 + \cdots + (n-1)] - 2n(n-1)$. 因此

$$b_n = \frac{(n-1)(n-40)}{2} + 1.$$

又 $a_1 = p, a_2 = p + 1$, 则 $a_3 = 2a_2 - a_1 + 1 - 20 = p - 17 < a_1 < a_2$. 所以当 a_n 的值最小时, 应有 $n \geqslant 3, a_n \leqslant a_{n+1}$, 且 $a_n \leqslant a_{n-1}$, 即 $b_n = a_{n+1} - a_n \geqslant 0$, $b_{n-1} = a_n - a_{n-1} \leqslant 0$. 由 b_n 的表达式得 $\begin{cases}(n-1)(n-40) \geqslant 2, \\ (n-2)(n-41) \leqslant -2.\end{cases}$ 由于 $n \geqslant 3$, 且 $n \in \mathbf{N}^*$, 解得 $\begin{cases}n \geqslant 40, \\ n \leqslant 40,\end{cases}$ 所以当 $n = 40$ 时, a_{40} 的值最小.

5. 显然, 数列 $\{a_n\}$ 从第 2 项起大于零, 且递增. 由于 $a_{n+1} - 5a_n = \sqrt{24a_n^2 + 1}$, 两边平方, 得到 $a_{n+1}^2 - 10a_n a_{n+1} + a_n^2 = 1$, 且 $a_n^2 - 10a_{n-1}a_n + a_{n-1}^2 = 1$. 上述两式相减得 $(a_{n+1} - a_{n-1})(a_{n+1} + a_{n-1} - 10a_n) = 0 (n \geqslant 2)$. 因为 $a_{n+1} \neq a_{n-1}$, 所以 $a_{n+1} + a_{n-1} - 10a_n = 0 (n \geqslant 2)$, 从而得到

$$a_n = \frac{1}{4\sqrt{6}}[(5 + 2\sqrt{6})^n - (5 - 2\sqrt{6})^n].$$

6. 由题设得 $a_{n+1}^2 - 3a_n a_{n+1} + (a_n^2 - 1) = 0, a_{n-1}^2 - 3a_n a_{n-1} + (a_n^2 - 1) = 0$, 所以 a_{n-1}, a_{n+1} 是方程 $u^2 - 3a_n u + (a_n^2 - 1) = 0$ 的两个根, 因此 $a_{n=2} = 3a_{n+1} - a_n$. 由于 $a_1 = 0, a_2 = 1$ 且 $a_{n+2} \equiv 2a_n \pmod 3$, 故 $\{a_n \pmod 3\}$: $0,1,0,2,0,1,0,2,\cdots$ 是周期为 4 的周期数列, 且 $a_{2n} \equiv 1$ 或 $2 \pmod 3$, 而 $1992 = 3 \cdot 664$, 所以不存在自然数 m, 使 a_{2m} 被 1992 整除.

7. 令 $a_0 = 1$, 则 $a_{k+1} = a_k + a_{k-1}$, 且 $1 = \frac{a_k}{a_{k+1}} + \frac{a_{k-1}}{a_{k+1}} (k = 1,2,\cdots)$, 于是 $n = \sum_{k=1}^{n} \frac{a_k}{a_{k+1}} + \sum_{k=1}^{n} \frac{a_{k-1}}{a_{k+1}}$. 由算术-几何平均值不等式可得

$$1 \geqslant \sqrt[n]{\frac{a_1}{a_2} \cdot \frac{a_2}{a_3} \cdots \frac{a_n}{a_{n+1}}} + \sqrt[n]{\frac{a_0}{a_2} \cdot \frac{a_1}{a_3} \cdots \frac{a_{n-1}}{a_{n+1}}}.$$

注意到 $a_0 = a_1 = 1$,可知 $1 \geqslant \dfrac{1}{\sqrt[n]{a_{n+1}}} + \dfrac{1}{\sqrt[n]{a_n a_{n+1}}}$,即 $\sqrt[n]{a_{n+1}} \geqslant 1 + \dfrac{1}{\sqrt[n]{a_n}}$.

8. 设 $A_i = \{n \mid n = 4k + i, k \in \mathbf{Z}\}, i = 1, 2, 3, a_1 = 1 \in A_1, a_2 = 2 \in A_2, a_3 = 7 \in A_3$. 假设 $a_{3m+1} \in A_1, a_{3m+2} \in A_2, a_{3m+3} \in A_3$,即 $a_{3m+1} = 4p + 1, a_{3m+2} = 4q + 2, a_{3m+3} = 4r + 3 (p, q, r \in \mathbf{Z})$,则有

$$a_{3m+4} = 5a_{3m+3} - 3a_{3m+2} = 4(5r - 3q + 2) + 1 \in A_1,$$
$$a_{3m+5} = a_{3m+4} - a_{3m+3} = 4(4r - 3q + 1) + 2 \in A_2,$$
$$a_{3m+6} = 5a_{3m+5} - 3a_{3m+4} = 4(5r - 6q) + 3 \in A_3,$$

所以对一切的 $n \in \mathbf{N}^*$,有 $a_n \in A_1 \cup A_2 \cup A_3$,而 $0 \notin A_1 \cup A_2 \cup A_3$,所以 $a_n \neq 0$.

9. 把满足条件的 n 位数按首位来划分:① 首位是 2 或 3,则以下 $n-1$ 位各有 a_{n-1} 个,共有 $2a_{n-1}$ 个;② 首位是 1,第 2 位只能是 2 或 3,共有 $2a_{n-2}$ 个. 由加法原理可知 $a_n = 2a_{n-1} + 2a_{n-2}$. 又容易知道 $a_1 = 3, a_2 = 8$,从而由二阶线性递推数列的通项公式的求法,得到

$$a_n = \dfrac{3 + 2\sqrt{3}}{6}(1 + \sqrt{3})^n + \dfrac{3 - 2\sqrt{3}}{6}(1 - \sqrt{3})^n.$$

所以满足条件的 n 位数共有 $\dfrac{3 + 2\sqrt{3}}{6}(1 + \sqrt{3})^n + \dfrac{3 - 2\sqrt{3}}{6}(1 - \sqrt{3})^n$ 个.

10. (1) 设点 $A_n(a_n, 0)$,利用图像可以求出点 P_n 的横坐标等于点 A_{n-1} 和点 A_n 的横坐标的等差中项,即 $x_n = \dfrac{a_{n-1} + a_n}{2}$,所以点 P_n 的纵坐标 $y_n = \sqrt{3 \cdot \dfrac{a_{n-1} + a_n}{2}}$. 同时,$y_n = \dfrac{\sqrt{3}}{2} |A_{n-1} A_n| = \dfrac{\sqrt{3}}{2} |a_n - a_{n-1}|$,则 $\sqrt{3 \cdot \dfrac{a_{n-1} + a_n}{2}} = \dfrac{\sqrt{3}}{2} |a_n - a_{n-1}|$. 化简得 $a_n^2 - 2a_{n-1} a_n + a_{n-1}^2 = 2(a_n + a_{n-1})$. 同理,可得 $a_{n+1}^2 - 2a_{n+1} a_n + a_n^2 = 2(a_n + a_{n+1})$. 两式相减得 $(a_{n+1} - a_{n-1})(a_{n+1} + a_{n-1} - 2a_n - 2) = 0$,从而有 $a_{n+1} + a_{n-1} - 2a_n - 2 = 0$,则 $(a_{n+1} - a_n) + (a_n - a_{n-1}) = 2$,所以数列 $\{a_{n+1} - a_n\}$ 是等差数列,$a_{n+1} - a_n = 2n$. 利用叠加法可得 $a_n = n(n+1)$.

(2) 因为

$$\dfrac{1}{\sqrt[4]{a_k}} = \dfrac{1}{\sqrt[4]{k(k+1)}} < \dfrac{1}{\sqrt{k}} < \dfrac{2}{\sqrt{k + \dfrac{1}{2}} + \sqrt{k - \dfrac{1}{2}}}$$

$$= 2\left(\sqrt{k+\frac{1}{2}} - \sqrt{k-\frac{1}{2}}\right),$$

$$\frac{1}{\sqrt[4]{a_k}} = \frac{1}{\sqrt[4]{k(k+1)}} > \frac{1}{\sqrt{k+\frac{1}{2}}} > \frac{2}{\sqrt{k+\frac{9}{8}} + \sqrt{k+\frac{1}{8}}}$$

$$= 2\left(\sqrt{k+\frac{9}{8}} - \sqrt{k+\frac{1}{8}}\right),$$

所以

$$\frac{1}{\sqrt[4]{a_1}} + \frac{1}{\sqrt[4]{a_2}} + \cdots + \frac{1}{\sqrt[4]{a_{2005}}} < 2\sqrt{2005.5} - \sqrt{2} < 88.2,$$

$$\frac{1}{\sqrt[4]{a_1}} + \frac{1}{\sqrt[4]{a_2}} + \cdots + \frac{1}{\sqrt[4]{a_{2005}}} > 2\sqrt{2006 \cdot \frac{1}{8}} - \frac{3}{2}\sqrt{2} > 87.3,$$

从而有 $\left[\frac{4}{5} + \frac{1}{\sqrt[4]{a_1}} + \frac{1}{\sqrt[4]{a_2}} + \cdots + \frac{1}{\sqrt[4]{a_{2005}}}\right] = 88.$

练 习 3

1. 由已知得 $a_n = \sqrt{2 + a_{n-1}}(n \geq 2)$,它的递推函数为 $f(x) = \sqrt{2+x}$ $(x \geq \sqrt{2})$.令 $f(x) = x$,整理得 $x^2 - x - 2 = 0$,解得符合条件的不动点为 $x_0 = 2$(因为 $x \geq \sqrt{2}$).

下面我们用数学归纳法证明:$\sqrt{2} \leq a_n < 2$ 对一切 $n \in \mathbf{N}^*$ 恒成立.

显然归纳法的奠基成立.假设 $n = k(k \geq 1)$ 时,$\sqrt{2} \leq a_k < 2$ 成立,则当 $n = k+1$ 时,由归纳假设知 $a_{k+1} = \sqrt{2+a_k} > \sqrt{2}$, $a_{k+1} - 2 = \sqrt{2+a_k} - 2 = \frac{a_k - 2}{\sqrt{2+a_k} + 2} < 0$,即当 $n = k+1$ 时,$\sqrt{2} \leq a_{k+1} < 2$ 成立.因此对一切 $n \in \mathbf{N}^*$,$\sqrt{2} \leq a_n < 2$ 恒成立.易知

$$2 - a_n = 2 - \sqrt{2 + a_{n-1}} = \frac{2 - a_{n-1}}{2 + \sqrt{2 + a_{n-1}}} \quad (n \geq 2). \tag{1}$$

因为 $\sqrt{2} \leq a_n < 2$,所以由式(1)得

$$\frac{2 - a_n}{2 - a_{n-1}} = \frac{1}{2 + \sqrt{2 + a_{n-1}}} > \frac{1}{2 + \sqrt{2+2}} = \frac{1}{4} \quad (n \geq 2). \tag{2}$$

由于 $\sqrt{2} \leq a_n < 2$ 对一切 $n \in \mathbf{N}^*$ 恒成立,故

$$a_{n+1} - a_n = \sqrt{2+a_n} - a_n = -\frac{(a_n+1)(a_n-2)}{\sqrt{2+a_n}+a_n} > 0,$$

即 $a_n < a_{n+1}$ 对一切 $n \in \mathbf{N}^*$ 恒成立.

由式(1)知 $2 - a_n < \dfrac{2-a_{n-1}}{2+\sqrt{2+a_{n-1}}} < \dfrac{2-a_{n-1}}{2+\sqrt{2+\sqrt{2}}}$. 因为 $2+\sqrt{2+\sqrt{2}} > 2+\sqrt{3} > 3.5 = \dfrac{7}{2}$, 所以 $2 - a_n < \dfrac{2}{7}(2-a_{n-1})$, 从而有 $\dfrac{1}{4} < \dfrac{2-a_n}{2-a_{n-1}} < \dfrac{2}{7}$ ($n \in \mathbf{N}^*$).

由 $0 < 2 - a_n < \dfrac{2}{7}(2-a_{n-1})$ ($n \geqslant 2$), 得

$$0 < 2 - a_n < (2-\sqrt{2})\left(\frac{2}{7}\right)^{n-1}.$$

因为 $\lim\limits_{n\to\infty}(2-\sqrt{2})\left(\dfrac{2}{7}\right)^{n-1} = 0$, 所以 $\lim\limits_{n\to\infty} a_n = 2$.

2.（1）首先用数学归纳法证明：对一切 $n \in \mathbf{N}^*$, $\sqrt{a} \leqslant a_n < \dfrac{1+\sqrt{1+4a}}{2}$ 恒成立. 归纳法的奠基成立. 假设 $n = k$ ($k \geqslant 1$) 时, $\sqrt{a} \leqslant a_k < \dfrac{1+\sqrt{1+4a}}{2}$, 则当 $n = k+1$ 时, 由已知和归纳假设知 $a_{k+1} - \sqrt{a} = \sqrt{a+a_k} - \sqrt{a} = \dfrac{a_k}{\sqrt{a+a_k}+\sqrt{a}} > 0$. 又

$$a_{k+1} - \frac{1+\sqrt{1+4a}}{2} = \sqrt{a+a_k} - \frac{1+\sqrt{1+4a}}{2}$$

$$= \frac{a_k - \dfrac{1+\sqrt{1+4a}}{2}}{\sqrt{a+a_k}+\dfrac{1+\sqrt{1+4a}}{2}}$$

$$< 0,$$

即 $\sqrt{a} < a_{k+1} < \dfrac{1+\sqrt{1+4a}}{2}$, 所以 $n = k+1$ 时命题成立. 因此 $\sqrt{a} \leqslant a_n < \dfrac{1+\sqrt{1+4a}}{2}$ 对一切 $n \in \mathbf{N}^*$ 成立.

在此基础上证明单调性.

$$a_{n+1} - a_n = \sqrt{a + a_n} - a_n$$
$$= -\frac{\left(a_n + \frac{\sqrt{1+4a}-1}{2}\right)\left(a_n - \frac{1+\sqrt{1+4a}}{2}\right)}{\sqrt{a+a_n}+a_n} > 0,$$

即 $a_n < a_{n+1}(n \geq 1)$,故 $\sqrt{a} \leq a_n < a_{n+1} < \frac{1+\sqrt{1+4a}}{2}$ 对一切 $n \in \mathbf{N}^*$ 恒成立.

数列 $\{a_n\}$ 单调递增有上界,必有极限.

(2) 因为 $\frac{1+\sqrt{1+4a}}{2} > 1$,所以 $0 < p = \frac{1}{\sqrt{a+a_{n-1}} + \frac{1+\sqrt{1+4a}}{2}} < 1$,故

$$\left| a_n - \frac{1+\sqrt{1+4a}}{2} \right| < p \left| a_{n-1} - \frac{1+\sqrt{1+4a}}{2} \right|$$
$$< \left| a_1 - \frac{1+\sqrt{1+4a}}{2} \right| \cdot p^{n-1} \to 0,$$

从而有 $\lim\limits_{n \to \infty} a_n = \frac{1+\sqrt{1+4a}}{2}$.

3. (1) 数列 $\{a_n\}$ 的递推函数为 $f(x) = \frac{x(x^2+3)}{3x^2+1}$. 令 $f(x) = x$,解得不动点 $x = 0, x = \pm 1$,所以

$$a_{n+1} - 1 = \frac{(a_n - 1)^3}{3a_n^2 + 1}, \tag{1}$$

$$a_{n+1} + 1 = \frac{(a_n + 1)^3}{3a_n^2 + 1}. \tag{2}$$

由 $a_{n+1} = \frac{a_n(a_n^2+3)}{3a_n^2+1} (n \geq 1)$,以及式(1)和(2),易用数学归纳法证明:当 $0 < a_1 < 1(-1 < a_n < 0)$ 时,$0 < a_n < 1$(或 $-1 < a_n < 0$)对一切 $n \in \mathbf{N}^*$ 恒成立.

因为 $a_{n+1} - a_n = -\frac{2a_n(a_n+1)(a_n-1)}{3a_n^2+1}$,所以当 $0 < a_1 < 1$ 时,对一切 $n \in \mathbf{N}^*, 0 < a_n < 1, a_{n+1} > a_n$ 恒成立.同理,当 $-1 < a_n < 0$ 时,对一切 $n \in \mathbf{N}^*, 0 < a_n < 1, a_{n+1} < a_n$ 恒成立.即当 $0 < a_1 < 1$ 时,数列 $\{a_n\}$ 单调递增、

有上界;当$-1<a_n<0$时,数列$\{a_n\}$单调递减、有下界.因此这两种情况下都有极限.

(2) 当$0<a_1<1$时,$\lim\limits_{n\to\infty}a_n=1$;当$-1<a_n<0$时,$\lim\limits_{n\to\infty}a_n=-1$.

4. 数列$\{a_n\}$的递推函数为$f(x)=\dfrac{x+4}{x+1}$.令$f(x)=x$,解得不动点$x=\pm 2$.

解法1 求出通项公式.易知

$$\frac{1}{a_n-2}=\frac{1}{\dfrac{a_{n-1}+4}{a_{n-1}+1}-2}=\frac{a_{n-1}+1}{2-a_{n-1}}=-\frac{3}{a_n-2}-1,$$

它的递推函数为$g(x)=-3x-1$.

令$g(x)=x$,解得它的不动点为$x_0=-\dfrac{1}{4}$,于是有

$$\frac{1}{a_n-2}+\frac{1}{4}=-3\left(\frac{1}{a_{n-1}-2}+\frac{1}{4}\right),$$

从而有

$$\frac{1}{a_n-2}=-\frac{1}{4}+\left(\frac{1}{a_1-2}+\frac{1}{4}\right)(-3)^{n-1}=\frac{-1+(-3)^n}{4},$$

于是

$$a_{2n}-2=\frac{4}{3^{2n}-1}>0,\quad a_{2n}>2\quad(n\geqslant 1).$$

解法2 $a_1=1<2,a_2=\dfrac{1+4}{1+1}=\dfrac{5}{2}>2,a_3=\dfrac{13}{7}<2,a_4=\dfrac{41}{20}>2$,用数学归纳法证明:$a_{2n-1}<a_{2n+1}<2<a_{2(n+1)}<a_{2n}$对一切$n\in\mathbf{N}^*$恒成立.

5. (1) 可以仿照定理3.1.3,用数学归纳法证明.证明留给读者.

(2) 计算得

$$b_n=\frac{1}{a_n-(\sqrt{2}-1)}=\frac{1}{\dfrac{1}{a_{n-1}+2}-(\sqrt{2}-1)}$$

$$=-(3+2\sqrt{2})\cdot\frac{1}{a_{n-1}-(\sqrt{2}-1)}-(\sqrt{2}+1)$$

$$=-(3+2\sqrt{2})b_{n-1}-(\sqrt{2}+1)\quad(n\geqslant 2).$$

数列$\{b_n\}$的不动点为$x_0=-\dfrac{\sqrt{2}}{4}$,从而可构造等比数列

$$b_n + \frac{\sqrt{2}}{4} = -(3 + 2\sqrt{2})\left(b_{n-1} + \frac{\sqrt{2}}{4}\right),$$

于是有

$$b_n = \left(b_1 + \frac{\sqrt{2}}{4}\right)[-(3 + 2\sqrt{2})]^{n-1} - \frac{\sqrt{2}}{4} \quad (n \geqslant 1), \tag{1}$$

其中 $b_1 = \dfrac{1}{a_1 - (\sqrt{2} - 1)} < 0$.

(3) 因为 $b_n = \dfrac{1}{a_n - (\sqrt{2} - 1)}$,所以由式(1)解得

$$a_n - (\sqrt{2} - 1) = \frac{1}{\left[\dfrac{1}{a_1 - (\sqrt{2} - 1)} + \dfrac{\sqrt{2}}{4}\right][-(3 + 2\sqrt{2})]^{n-1} - \dfrac{\sqrt{2}}{4}}.$$

因为 $\lim\limits_{n \to \infty}[-(3 + 2\sqrt{2})]^{n-1} = \infty$,所以 $\lim\limits_{n \to \infty}[a_n - (\sqrt{2} - 1)] = 0$,于是 $\lim\limits_{n \to \infty} a_n = \sqrt{2} - 1$.

另一种解法如下:

$$0 < |a_n - (\sqrt{2} - 1)| = \left|\frac{1}{a_{n-1} + 2} - (\sqrt{2} - 1)\right|$$

$$= \frac{\sqrt{2} - 1}{a_{n-1} + 2}|a_{n-1} - (\sqrt{2} - 1)|$$

$$< (\sqrt{2} - 1)|a_{n-1} - (\sqrt{2} - 1)| < |a_1 - (\sqrt{2} - 1)|(\sqrt{2} - 1)^{n-1}.$$

因为 $\lim\limits_{n \to \infty}(\sqrt{2} - 1)^{n-1} = 0$,所以 $\lim\limits_{n \to \infty} a_n = \sqrt{2} - 1$.

6. 由已知得

$$a_{n+1} = -\frac{1}{3}a_n^3 + a_n = -\frac{1}{3}a_n(a_n^2 - 1). \tag{1}$$

又

$$a_{n+1} + 1 = -\frac{1}{3}a_n^3 + a_n + 1 > 0 \iff a_n + 1 > \frac{1}{3}a_n^3, \tag{2}$$

由此发现,若能证明:当 $-1 < a_1 < 0$(或 $0 < a_1 < 1$)时,$-1 < a_n < 0$(或 $0 < a_n < 1$)对一切 $n \in \mathbf{N}^*$ 恒成立,那么就能判断数列 $\{a_n\}$ 的单调性.

不妨设 $-1 < a_1 < 0$.假设 $n = k(k \geqslant 1)$ 时,$-1 < a_k < 0$,则当 $n = k + 1$ 时,由归纳假设知 $0 < a_k^2 < 1$,且 $a_k + 1 > \dfrac{1}{3}a_n^3$,故由式(1)和式(2),可知

$-1<a_{k+1}<0$ 成立,从而对一切 $n\in\mathbf{N}^*$,$-1<a_n<0$ 恒成立. 同理,可证当 $0<a_1<1$ 时,对一切 $n\in\mathbf{N}^*$,$0<a_n<1$ 恒成立. 于是,由式(1)得

$$a_{n+1}-a_n=-\frac{1}{3}a_n^3\begin{cases}>0 & (-1<a_1<0),\\<0 & (0<a_1<1).\end{cases}$$

因此当 $-1<a_1<0$ 时,数列 $\{a_n\}$ 是递增的;当 $0<a_1<1$ 时,数列 $\{a_n\}$ 是递减的.(可以进一步导出 $\lim\limits_{n\to\infty}a_n=0$.)

7. 不妨设 $0<a_1=r<\sqrt{5}$ (r 是 $\sqrt{5}$ 的一个有理数近似值),我们把问题化为:

(a) 对一切 $n\in\mathbf{N}^*$,a_n 是有理数,且 $a_{2n-1}<a_{2n+1}<\sqrt{5}<a_{2n+2}<a_{2n}$;

(b) $|a_{n+1}-\sqrt{5}|<p|a_n-\sqrt{5}|$ $(n\geqslant 1,0<p<1)$.

可用数学归纳法证明:对一切 $n\in\mathbf{N}^*$,a_n 是正有理数(略).

数列 $\{a_n\}$ 的递推函数为 $f(x)=\dfrac{2x+5}{x+2}(x>0)$. 令 $f(x)=x$,解得不动点 $x=\sqrt{5}$ ($x=-\sqrt{5}$ 不合题意). 画出递推图,可用看出数列 $\{a_n\}$ 是"混沌"收敛于 $\sqrt{5}$ 的,不论 $r<\sqrt{5}$ 还是 $r>\sqrt{5}$(请读者画出递推图).

不妨设 $0<a_1=r<\sqrt{5}$,那么 $a_2-\sqrt{5}=\dfrac{2r+5}{r+2}-\sqrt{5}=\dfrac{(2-\sqrt{5})r+(5-2\sqrt{5})}{r+2}=\dfrac{2-\sqrt{5}}{r+2}\cdot(a_1-\sqrt{5})>0$,故 $a_2>\sqrt{5}$;又 $|a_2-\sqrt{5}|=\dfrac{\sqrt{5}-2}{r+2}|a_1-\sqrt{5}|$,且 $\dfrac{\sqrt{5}-2}{r+2}<\dfrac{\sqrt{5}-2}{2}<0.12$,故 $|a_2-\sqrt{5}|<0.12|a_1-\sqrt{5}|$.

这说明 a_2 是一个比 $a_1=r$ 更好的有理数近似值. 接下来,我们可用数学归纳法证明:$a_{2n-1}<a_{2n+1}<\sqrt{5}<a_{2n+2}<a_{2n}$ 对一切 $n\in\mathbf{N}^*$ 都成立,以及 $0<|a_n-\sqrt{5}|<0.12|a_{n-1}-\sqrt{5}|<|r-\sqrt{5}|0.12^{n-1}\to 0$,从而 $\lim\limits_{n\to\infty}a_n=\sqrt{5}$.

推广的命题是:设正有理数 r 是 $\sqrt{a}$ 的一个有理近似值,证明:$\dfrac{2r+a}{r+2}$ 是 $\sqrt{a}$ 的一个更好的有理数近似值.

8. (1) 用数学归纳法证明:$\sqrt{2}<a_n<2(n\geqslant 2)$. 因为 $\sqrt{2}<a_2=(\sqrt{2})^{\sqrt{2}}<(\sqrt{2})^2=2$,故归纳法的奠基成立. 假设当 $n=k(k\geqslant 2)$ 时,$\sqrt{2}<a_k<2$,则当 $n=k+1$ 时,由已知和归纳假设得

$$\sqrt{2} < a_{k+1} = (\sqrt{2})^{a_k} < (\sqrt{2})^2 = 2,$$

即当 $n = k+1$ 时,命题成立.因此对一切 $n \geq 2, \sqrt{2} < a_n < 2$ 恒成立.

$a_2 = (\sqrt{2})^{a_1} = (\sqrt{2})^{\sqrt{2}} > \sqrt{2} = a_1$. 假设当 $n = k(k \geq 2)$ 时, $a_k > a_{k-1}$,则当 $n = k+1$ 时,由已知和归纳假设得 $a_{k+1} = (\sqrt{2})^{a_k} > (\sqrt{2})^{a_{k-1}} = a_k$, 即 $a_{k+1} > a_k$. 因此对一切 $n \in \mathbf{N}^*, a_n < a_{n+1}$ 恒成立.

(2) 因为数列 $\{a_n\}$ 单调递增、有上界,所以 $\lim\limits_{n \to \infty} a_n$ 存在. 设 $\lim\limits_{n \to \infty} a_n = L$, 对 $a_{n+1} = (\sqrt{2})^{a_n}$ 两边取极限,得 $L = (\sqrt{2})^L$, 于是得到唯一解 $L = 2$.

9. 由题设知 $\dfrac{a_{n-1}}{a_{n-1}^2 + 1} = \dfrac{1}{a_{n-1} + \dfrac{1}{a_{n-1}}}$. 令 $a_n = a_{n-1} + \dfrac{1}{a_{n-1}}$, 则 $a_{n+1} = a_n + \dfrac{1}{a_n}$, 恰好符合 $a_0 = 5, a_1 = \dfrac{26}{5}$, 故

$$a_{n+1} = a_n + \dfrac{1}{a_n} \qquad (1)$$

对一切 $n \geq 0$ 是恒成立的.

因为 $a_0 = 5$, 所以可由式(1),用数学归纳法证明:对一切 $n \in \mathbf{N}^*, a_n > 0$. 又由式(1)得 $a_{n+1} - a_n = \dfrac{1}{a_n} > 0$, 即 $a_{n+1} > a_n$ 对一切 $n \in \mathbf{N}^*$ 成立, 数列 $\{a_n\}$ 是递增的.

式(1)平方得

$$a_{n+1}^2 = a_n^2 + 2 + \dfrac{1}{a_n^2}, \quad \text{即} \quad a_{n+1}^2 - a_n^2 = 2 + \dfrac{1}{a_n^2},$$

从而有

$$a_{n+1}^2 = (a_{n+1}^2 - a_n^2) + (a_n^2 - a_{n-1}^2) + \cdots + (a_1^2 - a_0^2) + a_0^2$$
$$= 2(n+1) + a_0^2 + \dfrac{1}{a_0^2} + \dfrac{1}{a_1^2} + \cdots + \dfrac{1}{a_{n-1}^2} + \dfrac{1}{a_n^2}. \qquad (2)$$

在式(1)中,令 $n = 999$, 得到

$$a_{1000}^2 = 2\,000 + 25 + \dfrac{1}{a_0^2} + \dfrac{1}{a_1^2} + \cdots + \dfrac{1}{a_{998}^2} + \dfrac{1}{a_{999}^2},$$

所以 $a_{1000}^2 > 2\,025 = 45^2, a_{1000} > 45$.

要证明 $a_{1000} < 45.1$, 必须把式(1)放大. 因为 $\{a_n\}$ 递增, 所以 $\left\{\dfrac{1}{a_n}\right\}$ 递

减,故
$$a_{1000}^2 < 2025 + \frac{1000}{a_0^2} = 2065,$$

而 $2065 > 45.1^2$,也就是说,放得太大了,这就启示我们要把式(2)分组放大.

$$a_{1000}^2 = 2025 + \left(\frac{1}{a_0^2} + \frac{1}{a_1^2} + \cdots + \frac{1}{a_{99}^2}\right) + \left(\frac{1}{a_{100}^2} + \frac{1}{a_{101}^2} + \cdots + \frac{1}{a_{999}^2}\right)$$
$$< 2025 + \frac{100}{a_0^2} + \frac{900}{a_{100}^2}. \tag{3}$$

由式(1)可知 $a_{100}^2 > a_0^2 + 2(99+1) = 225$,故由式(3)得
$$a_{1000}^2 < 2025 + 8 = 2033 < 45.1^2.$$
因此 $45 < a_{1000} < 45.1$.

10. (1) 因为 $a = 2, b_1 = 4, c_1 = \frac{6}{7}$,所以由已知可知数列 $\{a_n\}, \{b_n\}, \{c_n\}$ 的各项都是有理数. 若存在 k,使得 $a_{k+1} = \pm 1$,即 a_{k+2} 无意义,数列中断,且 $\frac{2a_k}{a_k^2 - 1} = \pm 1, a_k^2 \mp 2a_k \mp 1 = 0$,解得 $a_k = \frac{\pm 2 \pm 2\sqrt{2}}{2} = \pm 1 \pm \sqrt{2}$,这是无理数,矛盾,故数列 $\{a_n\}$ 有无穷多项. 同理,可证数列 $\{b_n\}, \{c_n\}$ 也有无穷多项.

实际上,数列 $\{a_n\}$ 的递推函数为 $f(x) = \frac{2x}{x^2 - 1}$. 令 $f(x) = x$,解得不动点 $x = 0, x = \pm\sqrt{3}$. 若存在正整数 k,使得 $a_{k+1} = 0$,则当 $n \geq k+1$ 时,$a_n = 0$,且 $a_k = 0, a_{k-1} = 0, \cdots$. 这样经过有限步的倒推,得到 $a_1 = 0$,矛盾,故数列 $\{a_n\}$ 中不存在为 0 的项,同理,不存在为 $\pm\sqrt{3}$ 的项.

综上所述,$\{a_n\}, \{b_n\}, \{c_n\}$ 是无穷项数列.

(2) 解法 1 经计算得 $a_1 + b_1 + c_1 = a_1 b_1 c_1 = \frac{48}{7}$,猜想 $a_n + b_n + c_n = a_n b_n c_n$ 对一切 $n \in \mathbf{N}^*$ 恒成立. 我们用数学归纳法证明.

归纳法的奠基成立. 假设 $n = k (k \geq 1)$ 时,$a_k + b_k + c_k = a_k b_k c_k$,则当 $n = k+1$ 时,由已知和归纳假设得
$$a_{k+1} + b_{k+1} + c_{k+1} = \frac{2a_k}{a_k^2 - 1} + \frac{2b_k}{b_k^2 - 1} + \frac{2c_k}{c_k^2 - 1}$$

$$= \frac{1}{(a_k^2-1)(b_k^2-1)(c_k^2-1)}[2a_k(b_k^2-1)(c_k^2-1)$$
$$+ 2b_k(c_k^2-1)(a_k^2-1) + 2c_k(a_k^2-1)(b_k^2-1)]$$
$$= \frac{1}{(a_k^2-1)(b_k^2-1)(c_k^2-1)}[2(a_k+b_k+c_k)$$
$$+ 2a_kb_kc_k(a_kb_k+b_kc_k+c_ka_k) - 2(a_k+b_k+c_k)$$
$$\cdot (a_kb_k+b_kc_k+c_ka_k) + 6a_kb_kc_k]$$
$$= \frac{8a_kb_kc_k}{(a_k^2-1)(b_k^2-1)(c_k^2-1)} = \frac{2a_k}{a_k^2-1} \cdot \frac{2b_k}{b_k^2-1} \cdot \frac{2c_k}{c_k^2-1}$$
$$= a_{k+1}b_{k+1}c_{k+1},$$

即 $a_{k+1}+b_{k+1}+c_{k+1}=a_{k+1}b_{k+1}c_{k+1}$,故当 $n=k+1$ 时,命题成立.因此 $a_n+b_n+c_n=a_nb_nc_n$ 对一切 $n\in\mathbf{N}^*$ 恒成立.

若存在 n,使得 $a_n+b_n+c_n=0$,则 $a_nb_nc_n=0$,从而 a_n,b_n,c_n 中至少有一个为 0.不妨设 $a_n=0$,由(1)所证,引出矛盾,故 $a_n+b_n+c_n\neq 0$ 对一切 $n\in\mathbf{N}^*$ 恒成立.

解法 2 首先我们证明一个结论: $\alpha+\beta+\gamma=k\pi(k\in\mathbf{Z})$ 的充要条件是 $\tan\alpha+\tan\beta+\tan\gamma=\tan\alpha\tan\beta\tan\gamma$.证明如下:

$$\alpha+\beta+\gamma=k\pi \Leftrightarrow \tan(\alpha+\beta)=\tan(k\pi-\gamma)$$
$$\Leftrightarrow \frac{\tan\alpha+\tan\beta}{1-\tan\alpha\tan\beta}=-\tan\gamma$$
$$\Leftrightarrow \tan\alpha+\tan\beta+\tan\gamma=\tan\alpha\tan\beta\tan\gamma.$$

设 $a_n=\tan\alpha_n, b_n=\tan\beta_n, c_n=\tan\gamma_n(n\geq 1)$,则 $\tan\alpha_1+\tan\beta_1+\tan\gamma_1=\tan\alpha_1\tan\beta_1\tan\gamma_1$.接下来,我们用数学归纳法证明:对一切 $n\in\mathbf{N}^*$,
$$\tan\alpha_n+\tan\beta_n+\tan\gamma_n=\tan\alpha_n\tan\beta_n\tan\gamma_n$$
恒成立.

显然 $\tan\alpha_1+\tan\beta_1+\tan\gamma_1=\tan\alpha_1\tan\beta_1\tan\gamma_1$.假设 $n=k(k\geq 1)$ 时,$\tan\alpha_k+\tan\beta_k+\tan\gamma_k=\tan\alpha_k\tan\beta_k\tan\gamma_k$,则有 $\alpha_k+\beta_k+\gamma_k=m\pi$ ($m\in\mathbf{Z}$).当 $n=k+1$ 时,$a_{k+1}=\tan\alpha_{k+1}=-\tan 2\alpha_k, b_{k+1}=\tan\beta_{k+1}=-\tan 2\beta_k, c_{k+1}=\tan\gamma_{k+1}=-\tan 2\gamma_k$.因为 $2\alpha_k+2\beta_k+2\gamma_k=2m\pi$ ($m\in\mathbf{Z}$),所以
$$\tan 2\alpha_k+\tan 2\beta_k+\tan 2\gamma_k=\tan 2\alpha_k\tan 2\beta_k\tan 2\gamma_k,$$
从而 $\tan\alpha_{k+1}+\tan\beta_{k+1}+\tan\gamma_{k+1}=\tan\alpha_{k+1}\tan\beta_{k+1}\tan\gamma_{k+1}$,即当 $n=k$

$+1$ 时,命题成立.因此,对一切 $n \in \mathbf{N}^*$,命题成立.

这也就是证明了 $a_n + b_n + c_n = a_n b_n c_n$ 对一切 $n \in \mathbf{N}^*$ 恒成立.下面的步骤同解法 1.

11. **解法 1** 由已知得

$$a_n - b_n = \frac{1}{6}(a_{n-1} - b_{n-1}) = (a_1 - b_1)\left(\frac{1}{6}\right)^{n-1} \to 0,$$

所以 $\lim\limits_{n \to \infty} a_n = \lim\limits_{n \to \infty} b_n = L$.

消去 b_n,整理得

$$a_{n+1} = \frac{7}{6}a_n - \frac{1}{6}a_{n-1}.$$

它的特征方程为 $x^2 - \frac{7}{6}x + \frac{1}{6} = 0$,两特征根分别为 $x = 1$ 和 $x = \frac{1}{6}$.设

$$a_n = \lambda_1 \left(\frac{1}{6}\right)^{n-1} + \lambda_2 \cdot 1^{n-1}.$$

因为 $a_2 = \frac{a_1 + b_1}{2}$,所以 $\begin{cases} \lambda_1 + \lambda_2 = a_1, \\ \frac{1}{6}\lambda_1 + \lambda_2 = \frac{a_1 + b_1}{2}, \end{cases}$ 解得 $\lambda_1 = \frac{3}{5}(a_1 - b_1)$,$\lambda_2 = \frac{2a_1 + 3b_1}{5}$,故 $a_n = \frac{3}{5}(a_1 - b_1)\left(\frac{1}{6}\right)^{n-1} + \frac{2a_1 + 3b_1}{5}$.因为 $\left(\frac{1}{6}\right)^{n-1} \to 0$,$\lim\limits_{n \to \infty} a_n = \frac{2a_1 + 3b_1}{5}$,$a_1 < \frac{2a_1 + 3b_1}{5} < b_1$,所以 $a_1 < \lim\limits_{n \to \infty} a_n = \lim\limits_{n \to \infty} b_n = L = \frac{2a_1 + 3b_1}{5} < b_1$.

解法 2 我们有

$$a_n - \frac{1}{6}a_{n-1} = a_{n-1} - \frac{1}{6}a_{n-2} = a_2 - \frac{1}{6}a_1 = \frac{2a_1 + 3b_1}{6},$$

$$a_n = \frac{1}{6}a_{n-1} + \frac{2a_1 + 3b_1}{6},$$

它的不动点为 $x_0 = \frac{2a_1 + 3b_1}{5}$,于是有

$$a_n - \frac{2a_1 + 3b_1}{5} = \frac{1}{6}\left(a_{n-1} - \frac{2a_1 + 3b_1}{5}\right)$$

$$= \frac{3(a_1 - b_1)}{5}\left(\frac{1}{6}\right)^{n-1} \to 0,$$

故 $a_1 < \lim\limits_{n\to\infty} a_n = \dfrac{2a_1 + 3b_1}{5} < b_1$，收敛速度为 $\dfrac{1}{6}$.

12. (1) 因为 a_{n+1} 是 a_n 和 b_n 的算术平均，b_{n+1} 是 a_n 和 b_n 的调和平均，故对一切 $n \in \mathbf{N}^*$, $2 \leqslant b_n < a_n \leqslant 3$ 恒成立（因为 $a_1 \neq b_1$).

因为 $b_{n+1} - b_n = \dfrac{2a_n b_n}{a_n + b_n} - b_n = b_n \cdot \dfrac{a_n - b_n}{a_n + b_n} > 0$，所以 $b_{n+1} > b_n$. 又因为

$$a_{n+1} - a_n = \dfrac{a_n + b_n}{2} - a_n = \dfrac{b_n - a_n}{2} < 0,$$

所以 $a_{n+1} < a_n$. 从而有 $2 \leqslant b_n < b_{n+1} < a_{n+1} < a_n \leqslant 3$. ($\{b_n\}$ 单调递增、有上界，$\{a_n\}$ 单调递减、有下界，它们都有极限. 令 $\lim\limits_{n\to\infty} a_n = p$, $\lim\limits_{n\to\infty} b_n = q$，对题设中的两式取极限，只能得到 $p = q$.)

(2) 由题设中的两式，不难发现

$$a_{n+1} b_{n+1} = a_n b_n$$

对一切 $n \in \mathbf{N}^*$ 恒成立，从而有 $a_n b_n = a_1 b_1 = 6$.

易知

$$a_n - \sqrt{a_n b_n} = \dfrac{a_{n-1} + b_{n-1}}{2} - \sqrt{a_{n-1} b_{n-1}} = \dfrac{(\sqrt{a_{n-1}} - \sqrt{b_{n-1}})^2}{2},$$

$$a_n + \sqrt{a_n b_n} = \dfrac{(\sqrt{a_{n-1}} + \sqrt{b_{n-1}})^2}{2}.$$

两式相除得到

$$\dfrac{a_n - \sqrt{a_n b_n}}{a_n + \sqrt{a_n b_n}} = \dfrac{\sqrt{a_n} - \sqrt{b_n}}{\sqrt{a_n} + \sqrt{b_n}} = \left(\dfrac{\sqrt{a_{n-1}} - \sqrt{b_{n-1}}}{\sqrt{a_{n-1}} + \sqrt{b_{n-1}}}\right)^2.$$

设 $x_n = \dfrac{\sqrt{a_n} - \sqrt{b_n}}{\sqrt{a_n} + \sqrt{b_n}} > 0$ 对一切 $n \in \mathbf{N}^*$ 恒成立，则由上式得到

$$\ln x_n = 2 \ln x_{n-1} \quad (n \geqslant 2),$$

从而有

$$\ln x_n = 2^{n-1} \ln x_1 = \ln x_1^{2^{n-1}}, \quad x_n = x_1^{2^{n-1}}.$$

因为 $x_1 = \dfrac{\sqrt{a_1} - \sqrt{b_1}}{\sqrt{a_1} + \sqrt{b_1}} = \dfrac{a_1 - \sqrt{a_1 b_1}}{a_1 + \sqrt{a_1 b_1}} = \dfrac{3 - \sqrt{6}}{3 + \sqrt{6}} = 5 - 2\sqrt{6}$，所以

$$\dfrac{a_n - \sqrt{6}}{a_n + \sqrt{6}} = (5 - 2\sqrt{6})^{2^{n-1}},$$

从而有
$$a_n = \frac{\sqrt{6}\left[(5-2\sqrt{6})^{2^{n-1}}+1\right]}{1-(5-2\sqrt{6})^{2^{n-1}}} \quad (n \geqslant 1),$$
$$b_n = \frac{\sqrt{6}\left[1-(5-2\sqrt{6})^{2^{n-1}}\right]}{(5-2\sqrt{6})^{2^{n-1}}+1}.$$

(3) 因为 $0 < 5-2\sqrt{6} < 1$,所以 $\lim\limits_{n\to\infty} a_n = \lim\limits_{n\to\infty} b_n = \sqrt{6}$.

13. 易用数学归纳法证明:$1 < a_n < 2$ 对一切 $n \in \mathbf{N}^*$ 恒成立.

经计算,$\{a_n\}$"混沌"收敛于 $\sqrt{2}$,但很不规则,不像定理 3.1.3 一左一右地收敛于不动点.经计算得

$a_{95} \approx 1.414\,213\,562\,373\,10, \quad a_{96} \approx 1.414\,213\,562\,373\,09,$

$a_{97} \approx 1.414\,213\,562\,373\,10, \quad a_{98} \approx 1.414\,213\,562\,373\,10,\cdots,$

即当 n 充分大时,$a_n \approx \sqrt{2}$.

又
$$|a_n - \sqrt{2}| = \left|\frac{1}{a_{n-1}} - \frac{\sqrt{2}}{2} + \frac{1}{a_{n-2}} - \frac{\sqrt{2}}{2}\right|$$
$$\leqslant \frac{\sqrt{2}}{2}\left(\frac{|a_{n-1}-\sqrt{2}|}{a_{n-1}} + \frac{|a_{n-2}-\sqrt{2}|}{a_{n-2}}\right),$$

以及当 n 充分大时,$a_n \approx \sqrt{2}$,所以
$$|a_n - \sqrt{2}| \approx \frac{1}{2}\left(|a_{n-1}-\sqrt{2}| + |a_{n-2}-\sqrt{2}|\right).$$

设 $b_n = |a_n - \sqrt{2}|$,则 $0 < b_n \approx \frac{1}{2}(b_{n-1} + b_{n-2})$.设 $\alpha + \beta = \frac{1}{2}, \alpha\beta = -\frac{1}{2}(\alpha > \beta)$,即 α, β 是特征方程 $x^2 - \frac{1}{2}x - \frac{1}{2} = 0$ 的两个根,$\alpha = 1, \beta = -\frac{1}{2}$,于是有

$$b_n + \frac{1}{2}b_{n-1} \approx b_{n-1} + \frac{1}{2}b_{n-2} \approx 0 \quad (\text{当 } n \text{ 充分大时}),$$

从而 $0 < b_n \approx -\frac{1}{2}b_{n-1} \approx \left(-\frac{1}{2}\right)^{n-N} b_N (N \text{ 充分大}) \to 0, \lim\limits_{n\to\infty} a_n = \sqrt{2}$,收敛速度为 $\left|-\frac{1}{2}\right| = \frac{1}{2}$.

14. 这是个存在性命题,我们只要举出一个特例即可.

考虑到等比数列的性质,我们选择 $a_n = a_1 q^{n-1}$,其中 $a_1, q \in \mathbf{N}^*$,$a_1 > 1$.因为数列 $\{a_n\}$ 是严格递增的,所以取 $q \geqslant 2$.

$$\sum_{i=1}^{n} a_i = a_1 \cdot \frac{q^n - 1}{q - 1}, \quad \sum_{i=1}^{n} a_i^2 = a_1^2 \cdot \frac{q^{2n} - 1}{q^2 - 1},$$

$$A_n = \frac{\sum_{i=1}^{n} a_i^2}{\sum_{i=1}^{n} a_i} = a_1 \cdot \frac{q^n + 1}{q + 1}. \tag{1}$$

当 $a_1 \geqslant 3$ 时,在式(1)中取 $q = a_1 - 1 \geqslant 2$,此时 $A_n = q^n + 1$ 为正整数;当 $a_1 = 2$ 时,取 $q = 3$,此时 $A_n = \frac{3^n + 1}{2}$.因为 $3^n + 1$ 为偶数,所以 A_n 为正整数.

综上,$a_1 > 1$ 为任意正整数时,$\sum_{i=1}^{n} a_i \mid \sum_{i=1}^{n} a_i^2$.

练 习 4

1. 选 16.递推函数 $f(x) = -\dfrac{1}{x+1}$,令 $f(x) = x$,解得不动点 $x = -\dfrac{1}{2} \pm \dfrac{\sqrt{3}\mathrm{i}}{2}$,它们是 1 的立方虚根.设 $x_1 = \dfrac{-1 + \sqrt{3}\mathrm{i}}{2}, x_2 = \dfrac{-1 - \sqrt{3}\mathrm{i}}{2}$,则有

$$\left(\frac{Cx_2 + D}{Cx_1 + D}\right)^3 = \left(\frac{-1 - \sqrt{3}\mathrm{i}}{2}\right)^3 = 1,$$

故 $\left\{\dfrac{u_n - x_1}{u_n - x_2}\right\}$ 是周期为 3 的纯周期数列,从而数列 $\{u_n\}$ 也是周期为 3 的纯周期数列,$16 = 3 \cdot 5 + 1$,$u_{16} = u_1 = a$.

另一种解法是

$$u_{n+2} = -\frac{1}{u_{n+1} + 1} = -1 - \frac{1}{u_n},$$

$$u_{n+3} = -\frac{1}{u_{n+2} + 1} = -\frac{1}{-1 - \dfrac{1}{u_n} + 1} = u_n.$$

2. (1) $a_1 \leqslant 999, a_2 = f(a_1) \leqslant 9^2 + 9^2 + 9^2 = 243, \cdots$. 我们可用数学归纳法证明:$1 \leqslant a_n \leqslant 999 (n \geqslant 1)$,即数列 $\{a_n\}$ 的值域为一有限数集.又数列

$\{a_n\}$是递推数列,故由定理 4.4.2 可知,数列$\{a_n\}$是从第 N 项起的周期数列.

令 $a_1 = 3$,则 $a_2 = 9, a_3 = 81, a_4 = 65, a_5 = 61, a_6 = 37, a_7 = 58, a_8 = 89, a_9 = 145, a_{10} = 42, a_{11} = 20, a_{12} = 4, a_{15} = 26, a_{14} = 37, \cdots$,其中 $a_6 = a_{14} = 37$,即当 $a_1 = 3$ 时,数列$\{a_n\}$是从第 6 项起的周期为 8 的周期数列.

(2) 根据(1),假设数列$\{a_n\}$是从第 N 项起的周期为 T 的周期数列,则有
$$a_{n+T} = a_n \quad (n \geqslant N).$$
若 $N \leqslant T$,则取 $m = n = 2T$,得到 $a_{3m} = a_{2m}$;若 $N > T$,则 $N \leqslant NT$.因为
$$a_{n+NT} = a_n,$$
所以取 $m = n = 2NT$,得到 $a_{3m} = a_{2m}$.

因此存在 m,使得 $a_{3m} = a_{2m}$.

3. 设 $P_n \in \{-M, -M+1, \cdots, -1, 0, 1, \cdots, M-1, M\}$,其中 M 为正整数.考察有序数组
$$(P_1, P_2, P_3, P_4), (P_2, P_3, P_4, P_5), \cdots, (P_n, P_{n+1}, P_{n+2}, P_{n+3}), \cdots,$$
这样的有序数组中不同的至多有 $(2M+1)^4$ 个.下面可用抽屉原理仿照定理 4.4.2 去证明,证明留给读者.

4. (1) 解法 1 因为 $A + D = 0$,所以$\{a_n\}$是周期为 2 的纯周期数列.

解法 2 $a_{n+2} = \dfrac{2a_{n+1}+1}{a_{n+1}-2} = \dfrac{2 \cdot \dfrac{2a_n+1}{a_n-2}+1}{\dfrac{2a_n+1}{a_n-2}-2} = a_n$.

解法 3 令递推函数 $f(x) = \dfrac{2x+1}{x-2} = x$,解得不动点 $x_1 = 2 + \sqrt{5}, x_2 = 2 - \sqrt{5}, \left(\dfrac{Cx_2+D}{Cx_1+D}\right)^2 = (-1)^2 = 1$,所以数列$\left\{\dfrac{a_n - x_1}{a_n - x_2}\right\}$是周期为 2 的纯周期数列,从而数列$\{a_n\}$也是周期为 2 的纯周期数列.

(2) 令递推函数 $f(x) = \dfrac{5x-13}{3x-7} = x$,解得不动点 $x_1 = \dfrac{6+\sqrt{3}i}{3}, x_2 = \dfrac{6-\sqrt{3}i}{3}$.又 $C = 3, D = -7$,或 $q = \dfrac{Cx_2+D}{Cx_1+D} = \dfrac{6-\sqrt{3}i-7}{6+\sqrt{3}i-7} = \dfrac{-1+\sqrt{3}i}{2}$.因为 $q^3 = 1$,所以$\left\{\dfrac{a_n - x_1}{a_n - x_2}\right\}$是周期为 3 的纯周期数列.

5. a_n 的三个数位上,每个数位有 10 种选法,故 a_n 至多有 $10^3 = 1\,000$ 种. 因为 a_{n+2} 是 $a_{n+1} + a_n$ 的最后三位,所以我们只需考虑有序数组 $(a_1, a_2), (a_2, a_3), \cdots, (a_n, a_{n+1}), \cdots$. 这样的有序数组中不相同的至多有 $1\,000^2$ 个. 接下来,用抽屉原理和数学归纳法进行证明.

6. 由已知解得 $a_1 = -7$.

解法 1 由已知得 $a_{n+1} = -(a_n + a_{n-1}) = -(-a_{n-1} - a_{n-2} + a_{n-1}) = a_{n-2}, a_{n+3} = a_n (n \geqslant 1)$,即数列 $\{a_n\}$ 是周期为 3 的纯周期数列. 因为 $2\,011 = 3 \cdot 670 + 1$,故 $a_{2011} = a_1 = -7$.

解法 2 数列 $\{a_n\}$ 的特征方程为 $x^2 + x + 1 = 0$,它的两个特征根是 1 的立方虚根,即 $\omega = -\dfrac{1}{2} + \dfrac{\sqrt{3}}{2}\mathrm{i}$ 和 $\overline{\omega}$,故数列 $\{a_n\}$ 的通项公式为 $a_n = \lambda_1 \omega^n + \lambda_2 \overline{\omega}^n (n \geqslant 1), \lambda_1, \lambda_2$ 由 a_1, a_2 确定,从而 $a_{n+3} = a_n$.

7. 易知
$$a_n a_{n+1} \cdots a_{n+m} = P(a_n + a_{n+1} + \cdots + a_{n+m}),$$
$$a_{n+1} a_{n+2} \cdots a_{n+m+1} = P(a_{n+1} + a_{n+2} + \cdots + a_{n+m+1}).$$
两式相减得到
$$(a_{n+m+1} - a_n) a_{n+1} a_{n+2} \cdots a_{n+m} = P(a_{n+m+1} - a_n),$$
即 $(P - a_{n+1} a_{n+2} \cdots a_{n+m})(a_{n+m+1} - a_n) = 0$.

由已知得 $P - a_{n+1} a_{n+2} \cdots a_{n+m} \neq 0$,所以
$$a_{n+m+1} = a_n$$
对一切 $n \in \mathbf{N}^*$ 成立,即 $m + 1$ 是数列 $\{a_n\}$ 的一个周期.

8. (1) 因为 $\omega = \cos\dfrac{2\pi}{3} + \mathrm{i}\sin\dfrac{2\pi}{3}$,所以 $\omega^3 = 1$,且点列 $\{P_n\}$ 是周期为 3 的纯周期点列.

由 $1 + \omega + \omega^2 = 0$ 得 $\omega^2 = -1 - \omega$,又 $B_3 = A_3 + \omega A_2 + \omega^2 A_1 = 0$,所以
$$A_3 + \omega A_2 - A_1 - \omega A_1 = 0,$$
整理得
$$A_3 - A_1 = \omega(A_1 - A_2),$$
从而有 $\overrightarrow{A_1 A_3} = \omega \overrightarrow{A_2 A_1}, |\overrightarrow{A_1 A_3}| = |\overrightarrow{A_2 A_1}|, \angle A_2 A_1 A_3 = \dfrac{\pi}{3}$,故 $\triangle A_1 A_2 A_3$ 是负向等边三角形(请自行画图确定).

(2) 因为点列 $\{A_n\}$ 是周期为 3 的纯周期点列，$\omega = \cos\dfrac{\pi}{6} + \mathrm{i}\sin\dfrac{\pi}{6}$，$\omega^{12} = 1$，$3 \mid 12$，所以点列 $\{P_n\}$ 是周期为 12 的纯周期点列.

9. (1) 解法 1　因为 $f^{(2)}(x) = \dfrac{-1}{x-1}$，$f^{(3)}(x) = x$，故 $f(x)$ 的迭代周期为 3.

解法 2　令 $f(x) = x$，得 $x^2 - x + 1 = 0$，解得不动点 $x_1 = \dfrac{1+\sqrt{3}\mathrm{i}}{2}$，$x_2 = \dfrac{1-\sqrt{3}\mathrm{i}}{2}$. 因为 $C = 1$，$D = 0$，所以 $q = \dfrac{Cx_2 + D}{Cx_1 + D} = \dfrac{1-\sqrt{3}\mathrm{i}}{1+\sqrt{3}\mathrm{i}} = \dfrac{-1-\sqrt{3}\mathrm{i}}{2}$，它是 1 的立方虚根，$q^3 = 1$，故 $f(x)$ 的迭代周期为 3.

(2) 令 $f(x) = \dfrac{\sqrt{3}x - 1}{x + \sqrt{3}} = x$，解得不动点 $x_1 = \mathrm{i}$，$x_2 = -\mathrm{i}$. 因为 $C = 1$，$D = \sqrt{3}$，所以 $q = \dfrac{Cx_2 + D}{Cx_1 + D} = \dfrac{\sqrt{3} - \mathrm{i}}{\sqrt{3} + \mathrm{i}} = \dfrac{1 - \sqrt{3}\mathrm{i}}{2}$，它是 -1 的立方虚根，$q^3 = -1$，$q^6 = 1$，所以函数 $f(x)$ 的迭代周期为 6.

10. 令 $f(x) = x$，解得不动点 $x_1 = \dfrac{1-\sqrt{3}\mathrm{i}}{2}$，$x_2 = \dfrac{1+\sqrt{3}\mathrm{i}}{2}$，它们是 -1 的立方虚根. 由于 $C = 1$，$D = 1$，所以 $\dfrac{Cx_2 + D}{Cx_1 + D} = \dfrac{\sqrt{3} + \mathrm{i}}{\sqrt{3} - \mathrm{i}} = \dfrac{1+\sqrt{3}\mathrm{i}}{2}$，它是 -1 的立方虚根. $\left(\dfrac{Cx_2 + D}{Cx_1 + D}\right)^6 = 1$，所以 $f^{(6)}(x) = x$，$f^{(2\,000)}(x) = f^{(2)}(x) = f(f(x)) = \dfrac{x-1}{x}$.

11. 因为 $f(x) = \dfrac{x\cos\theta - \sin\theta}{x\sin\theta + \cos\theta}$，所以

$$f^{(2)}(x) = \dfrac{f(x)\cos\theta - \sin\theta}{f(x)\sin\theta + \cos\theta} = \dfrac{x\cos 2\theta - \sin 2\theta}{x\sin 2\theta + \cos 2\theta}.$$

由此看出，可以用数学归纳法证明

$$f^{(n)}(x) = \dfrac{x\cos n\theta - \sin n\theta}{x\sin n\theta + \cos n\theta}.$$

因为 $\theta = \dfrac{2\pi}{p}$，所以 $f^{(p)}(x) = x$. 从而根据定理 4.5.2，$f^{(n)}(x)$ 的迭代周期

为 p.

12. **证法 1** 我们从条件(a)着手. 从
$$f(xf(y)) = yf(x) \tag{1}$$
得到
$$\frac{1}{y}f(xf(y)) = f(x). \tag{2}$$
再由式(1)和式(2)得到
$$f(f(x)) = f\left(\frac{1}{y}f(xf(y))\right) = xf(y) \cdot f\left(\frac{1}{y}\right)$$
(上式左端用了式(1)),即
$$f(f(x)) = xf(y) \cdot f\left(\frac{1}{y}\right). \tag{3}$$
在式(1)中,令 $x=1, y=x$,得到
$$f(f(x)) = xf(1). \tag{4}$$
由式(3)和式(4)得到
$$f(y)f\left(\frac{1}{y}\right) = f(1). \tag{5}$$
令 $y=1$,得到
$$f^2(1) = f(1).$$
因为 $f \in \mathbf{Q}_+$,所以 $f(1)=1$. 代入式(4)和式(5),得到
$$f(f(x)) = x, \tag{6}$$
以及
$$f(y)f\left(\frac{1}{y}\right) = 1. \tag{7}$$
由式(6)和式(1)得到
$$f(xy) = f(xf(f(y))) = f(y)f(x),$$
即
$$f(xy) = f(x)f(y). \tag{8}$$
由式(6)知 $f^{(2)}(x) = x$,即 $f(x)$ 的迭代周期为 2,且当 $x \to \infty$ 时,$f(x) \to 0$,所以 $f(x) = \pm \frac{1}{x}$. 因为 $f(1)=1, f(xy)=f(x)f(y)$,所以 $f(x) = \frac{1}{x}$.

证法 2 首先,我们证明 1 在 f 的值域内. 对任意 $x_0 > 0$,令 $y_0 =$

$\dfrac{1}{f(x_0)}$，则由式(1)得
$$f(x_0 f(y_0)) = 1.$$
因此 1 在 f 的值域内．从而存在 y，使得 $f(y)=1$．在式(1)中取 $x=1$，得到 $f(1 \cdot 1) = yf(1)$．因为 $f(1) > 0$，所以 $y=1$，即 $f(1)=1$．又在式(1)中取 $y=x$，得到
$$f(xf(x)) = xf(x) \qquad (9)$$
对一切 $x>0$ 成立，即 $xf(x)$ 是 $f(x)$ 的不动点．因为当 $x \to \infty$ 时，$f(x) \to 0$，故没有一个不动点的值大于 1，从而
$$xf(x) \leqslant 1 \Rightarrow f(x) \leqslant \dfrac{1}{x}$$
对一切 $x>0$ 恒成立．

若 a,b 都是 f 的不动点，即 $f(a)=a,f(b)=b$，则由式(1)得
$$f(af(b)) = bf(a) = ba.$$
又 $f(af(b)) = f(ab)$，所以 $f(ab) = ba$，因此 ab 也是不动点，即不动点构成的集合对乘法封闭．特别地，由 $f(1)=1,f(ab)=ab$，知 $f(a^2)=a^2,\cdots$，$f(a^n)=a^n$，即 a 的非负整数次幂都是 f 的不动点．

设 $a = xf(x)$，则由式(9)知 $f(a)=a$．再设 $x=\dfrac{1}{a},y=a$，则再由式(1)得到
$$f\left(\dfrac{1}{a}f(a)\right) = f(1) = 1 = af\left(\dfrac{1}{a}\right),$$
从而有
$$f\left(\dfrac{1}{a}\right) = \dfrac{1}{a},$$
即
$$f\left(\dfrac{1}{xf(x)}\right) = \dfrac{1}{xf(x)},$$
也即 $\dfrac{1}{xf(x)}$ 是 f 的不动点．同理，可知 $\dfrac{1}{xf(x)} \leqslant 1, f(x) \geqslant \dfrac{1}{x}$ 对一切 $x>0$ 成立．

因为 $f(x) \leqslant \dfrac{1}{x}, f(x) \geqslant \dfrac{1}{x}$ 对一切 $x>0$ 成立，所以 $f(x) = \dfrac{1}{x}$，解是唯

一的.

13. 当 $z \geqslant 2$ 时,$z-2 \geqslant 0$,则由(a)以及 $f(2)=0$ 得到
$$f(z) = f((z-2)+2) = f((z-2)f(2))f(2) = 0,$$
即当 $x \geqslant 2$ 时,$f(x)=0$.

若 $0 \leqslant y < 2$,则由(c)知 $f(y) \neq 0$,从而由上面的结论知
$$x \geqslant 2-y > 0 \iff x+y \geqslant 2 \iff f(x+y)=0$$
$$\iff f(xf(y))f(y) = 0 \iff f(xf(y)) = 0$$
$$\iff xf(y) \geqslant 2 \iff x \geqslant \frac{2}{f(y)}.$$

上面推导的过程都是等价的,故 $2-y = \frac{2}{f(y)}$,即 $f(y) = \frac{2}{2-y}$. 因此
$$f(x) = \begin{cases} \dfrac{2}{2-x} & (0 \leqslant x < 2), \\ 0 & (x \geqslant 2). \end{cases}$$

14. 这是个存在性命题.

我们证明一般情况.以 m 代替 1989,我们证明:满足
$$f^{(m)}(n) = 2n \tag{1}$$
的函数 $f:\mathbf{N}^* \to \mathbf{N}^*$ 是存在的.

首先对式(1)进行一些讨论.由式(1)得到
$$f(2n) = f(f^{(m)}(n)) = f^{(m+1)}(n) = f^{(m)}(f(n)) = 2f(n),$$
即
$$f(2n) = 2f(n). \tag{2}$$
从式(2)看出,若令 $f(n)=n$,即 n 是 f 的不动点,则 $f(2n)=2f(n)=2n$,从而有
$$f(f(2n)) = 2f^{(2)}(n) = 2n, \cdots, f^{(m)}(2n) = 2f^{(m)}(n) = 2n,$$
即 $f(n)=n$ 是其一解,但解不唯一.

此题可推广至实数集.

15. 不存在.我们用反证法.

当 $n \geqslant 2$ 时,设 $f(n)$ 中最小的为 $f(n_0)$.由已知得
$$f(n_0) = f(f(n_0-1)) + f(f(n_0+1)) \geqslant 1+1 = 2.$$
因为当 $n \geqslant 2$ 时,$f(n)$ 中最小的 $f(n_0) \geqslant 2$,所以 $f(n_0+1) \geqslant f(n_0) \geqslant 2$(把 $f(n_0+1)$ 看作 n),从而有

$$f(n_0) = f(f(n_0 - 1)) + f(f(n_0 + 1))$$
$$\geqslant 1 + f(f(n_0 + 1)) \geqslant 1 + f(n_0),$$

矛盾,因而 f 不存在.

16. 参见《解决问题的策略》,恩格尔著,第 301 页,第 55 题.

提示:首先用数学归纳法证明:$0 \leqslant x_n \leqslant 1$,且当 $x_0 = 0$ 时,$x_n = 0(n \geqslant 0)$;当 $x_0 = \frac{1}{2}$ 时,$\{x_n\}$: $\frac{1}{2}, 1, 0, 0, 0, \cdots$;当 $x_0 = 1$ 时,$\{x_n\}$: $1, 0, 0, 0, \cdots$. $\{x_n\}$ 都是周期为 1 的周期数列.

练习 5

1. 易知 $\{n^3 (\bmod 7)\}$ 是周期为 7 的纯周期数列. 又因为 $\sum_{k=1}^{7} k^3 \equiv 0 (\bmod 7)$,所以

$$S_{100} \equiv \sum_{k=1}^{100} k^3 \equiv 99^3 + 100^3 \equiv 1^3 + 2^3 \equiv 2 (\bmod 7).$$

2. 因为 $\{S_n (\bmod 10)\}$: $0, 0, 0, 4; 0, 0, 0, 4; \cdots$,所以 $0.S_1 S_2 \cdots S_n \cdots$ 是有理数,且当 $n = 4k + i (k \geqslant 0, i = 1, 2, 3)$ 时,

$$S_n \equiv 0 (\bmod 10).$$

3. 因为 $\{n^4 (\bmod 10)\}$ 是周期为 10 的纯周期数列,且 $\sum_{k=1}^{n} a_k \equiv \sum_{n=1}^{10} n^4 \equiv 3$,所以 $10 \sum_{k=1}^{n} a_k = 30 \equiv 0 (\bmod 10)$,故 $\{S_n (\bmod 10)\}$ 是周期为 $10 \cdot 10 = 100$ 的纯周期数列,$0.S_1 S_2 \cdots S_n \cdots$ 是循环节为 100 的纯循环小数,所以为有理数.

4. 因为
$$x_n \equiv (x_0 + x_1 + \cdots + x_{n-2}) + x_{n-1}$$
$$\equiv x_{n-1} + x_{n-1} \equiv 2x_{n-1} (\bmod 9),$$
$$x_n \equiv 2x_{n-1} \equiv 4x_{n-2} \equiv 8x_{n-3} \equiv -x_{n-3} (\bmod 9),$$
$$x_{n+6} \equiv -x_{n+3} \equiv x_n (\bmod 9),$$

所以 $\{x_n (\bmod 9)\}$ 是周期为 6 的纯周期数列. 又 $0 \leqslant x_n \leqslant 8$,故 x 是有理数.

5. (1) 显然 $\{a_n (\bmod 2)\}$: $1, 1, 1, \cdots$,即它是周期 $T(2) = 1$ 的纯周期

数列.

因为 $(7,4)=1$,所以 $7^{\varphi(4)} \equiv 1 \pmod{4}$,其中 $\varphi(4)=2$. 因此 $\{a_n \pmod{4}\}: 3, 7^7 \equiv 7, \equiv 3, 7^{7^7} \equiv 7^3 \equiv 7 \equiv 3, 3, 3, \cdots$,即它是周期 $T(4)=1$ 的纯周期数列,于是
$$a_n = 4k_n + 3 \quad (n \geqslant 1, k_n \in \mathbf{N}).$$

因为 $(7,8)=1, \varphi(8)=4$,所以
$$a_{n+1} = 7^{a_n} = 7^{4k_n+3} \equiv 7^3 \equiv (-1)^3 \equiv 7 \pmod{8},$$
从而 $\{a_n \pmod{8}\}$ 是周期 $T(8)=1$ 的纯周期数列,
$$a_n = 8t_n + 7 \quad (n \geqslant 1, t_n \in \mathbf{N}).$$

因为 $(7,5)=1, \varphi(5)=4, 7^4 \equiv 1 \pmod{5}$,所以
$$a_{n+1} = 7^{a_n} = 7^{8t_n+7} \equiv 7^7 \equiv 7^3 \equiv 2^3 \equiv 3 \pmod{5},$$
于是 $\{a_n \pmod{5}\}: 2, 3, 3, 3, \cdots$,它是从第 2 项起的周期 $T(5)=1$ 的混周期数列,故 $\{a_n \pmod{40}\}$ 是从第 2 项起的周期为 1 的混周期数列.

因为 $7^4 = 2\,401 \equiv 1 \pmod{40}$,所以 $7^7 \equiv 7^3 \equiv 23 \pmod{40}$,于是 $\{a_n \pmod{40}\}: 7, 23, 23, 23, \cdots$,从而有
$$a_n = 40u_n + 23 \quad (n \geqslant 2, u_n \in \mathbf{N}^*).$$
因为 $(7,100)=1, \varphi(100)=40, 7^4 = 2\,401 \equiv 1 \pmod{100}$,所以,当 $n \geqslant 2$ 时,
$$a_{n+1} = 7^{a_n} = 7^{40u_n+23} \equiv 7^{23} \equiv 7^3 \equiv 43 \pmod{100},$$
从而有 $\{a_n \pmod{100}\}: 7, 43, 43, 43, \cdots$,即最多出现的是 43.

(2) 因为 $(9,4)=1, \varphi(4)=2, 9^2 \equiv 1 \pmod{4}$,所以 $\{a_n \pmod{4}\}: 1, 1, 1, \cdots$,于是 $a_n = 4k_n + 1 (n \geqslant 1, k_n \in \mathbf{N}^*)$.

因为 $(9,8)=1, \varphi(8)=4, 9^4 \equiv 1 \pmod{8}$(实际上,$9 \equiv 1 \pmod{8}$),所以
$$\{a_n \pmod{8}\}: 1, 1, 1, \cdots,$$
即它是周期 $T(8)=1$ 的纯周期数列.

因为 $(9,5)=1, \varphi(5)=4, 9^4 \equiv 1 \pmod{5}$(实际上,$9^2 \equiv 1 \pmod{5}$),所以
$$\{a_n \pmod{5}\}: 4, 4, 4, 4, \cdots,$$
即 $\{a_n \pmod{40}\}$ 是周期 $T(40)=1$ 的周期数列. 因为 $9^2 \equiv 1 \pmod{40}$,所以
$$\{a_n \pmod{40}\}: 9, 9, 9, 9, \cdots,$$
从而有
$$a_n = 40t_n + 9 \quad (n \geqslant 1, t_n \in \mathbf{N}^*).$$

因为 $(9,100)=1, \varphi(100)=40, 9^{40} \equiv 1 \pmod{100}$，所以
$$a_{n+1} = 9^{40 t_n + 9} \equiv 9^9 = (10-1)^9 \equiv C_9^1 \cdot 10 - 1 \equiv 89 \pmod{100},$$
从而有 $\{a_n \pmod{100}\}:9,89,89,\cdots$，故末两位出现最多的是 89.

6. (1) $\{a_n \pmod 4\}$ 的前若干项为:$2,0,0,0,\cdots$，即它是从第 2 项起的周期 $T(4)=1$ 的混周期数列. 由 $(14,5)=1$ 知，$\{a_n \pmod 5\}$ 的前若干项为:$4,4,4,\cdots$，它是周期 $T(5)=1$ 的纯周期数列，故 $\{a_n \pmod{10}\}$ 是从第 2 项起的周期为 1 的纯周期数列，它的前若干项为:$4,6,6,\cdots$（$14^{14} \equiv 4^{14} \equiv 6 \pmod{10}$），从而有
$$14^{14^{14}} \equiv 14^6 \equiv C_6^1 \cdot 10 \cdot 4^5 + 4^6 \equiv 36 \pmod{100}.$$

(2) **解法 1** 考虑一般情况，$a_1 = 67, a_{n+1} = 67^{a_n} \pmod{100} (n \geqslant 1)$.

我们先确定 $\{a_n\}$ 的个位数字. 因为 a_n 是奇数，所以 $\{a_n \pmod 2\}$ 是周期 $T(2)=1$ 的纯周期数列. 因为 $(7,10)=1, \varphi(10)=4, 7^4 \equiv 1 \pmod{10}$，所以 $67^{67} \equiv 7^{67} \equiv 7^3 \equiv 3 \pmod{10}$，$\{a_n \pmod{10}\}:7,3,3,3,3,\cdots$，即它是从第 2 项起的周期数列，个位数字都是 3.

因为 $(2,5)=1, \varphi(5)=4, 2^4 \equiv 1 \pmod 5, 67^{67} \equiv 2^{67} \equiv 2^3 \equiv 3 \pmod 5$，所以 $\{a_n \pmod 5\}:2,3,3,3,3,\cdots$，即它是从第 2 项起的周期 $T(5)=1$ 的混周期数列.

因为 $(3,8)=1, \varphi(8)=4, 3^4 \equiv 1 \pmod 8, 67^{67} \equiv 3^{67} \equiv 3^3 \equiv 3 \pmod 8$，所以 $\{a_n \pmod 8\}:3,3,3,3,\cdots$，它是周期 $T(8)=1$ 的纯周期数列.

因为 $\varphi(40) = \varphi(5 \cdot 8) = \varphi(5)\varphi(8) = 16, 27^{16} \equiv 1 \pmod{40}, 67^{67} \equiv 27^{67} \equiv 27^3 \equiv 27^3 \equiv 3 \pmod{40}$，所以 $\{a_n \pmod{40}\}$ 是从第 2 项起的周期 $T(40)=1$ 的混周期数列:$27,3,3,3,3,\cdots$，从而有
$$a_n = 40 t_n + 3 \quad (n \geqslant 2, t_n \in \mathbf{N}^*).$$

因为 $\varphi(100) = 40, 67^{40} \equiv 1 \pmod{100}$，所以
$$a_{n+1} = 67^{a_n} = 67^{40 t_n + 3} \equiv 67^3 \equiv 63 \pmod{100} \quad (n \geqslant 2),$$
从而有 $67^{67^{67}} \equiv 63 \pmod{100}$.

解法 2 因为 $(67,100)=1, \varphi(100)=40, 67^{40} \equiv 1 \pmod{100}$，所以 $67^{67} \equiv 67^{27} \pmod{100}$. 由于 $67^2 \equiv 89 \equiv -11 \pmod{100}$，故
$$67^{27} = (67^2)^{13} \cdot 67$$
$$\equiv (-11)^{13} \cdot 67 \equiv -(10+1)^{13} \cdot 67$$
$$\equiv -(C_{13}^1 10 + 1) \cdot 67 \equiv 23 \pmod{100},$$

$$67^{67^{67}} \equiv 67^{23} \equiv (-11)^{11} \cdot 67 \equiv 63 \pmod{100}.$$

7. 由已知,$x_1 + x_2 = 6, x_1 x_2 = 1, x_1^2 + x_2^2 = (x_1 + x_2)^2 - 2x_1 x_2 = 34$,
$$x_1^n + x_2^n = (x_1 + x_2)(x_1^{n-1} + x_2^{n-1}) - x_1 x_2 (x_1^{n-2} + x_2^{n-2})$$
$$= 6(x_1^{n-1} + x_2^{n-1}) - (x_1^{n-2} + x_2^{n-2}).$$

设 $a_n = x_1^n + x_2^n$,则由上式得
$$a_n = 6a_{n-1} - a_{n-2} \quad (n \geqslant 3). \tag{1}$$

因为 $a_1 = 6, a_2 = 34$,通过式(1),易用数学归纳法证明 $a_n (n \in \mathbf{N}^*)$ 都是整数.

因为 $(-1, 5) = 1$,所以由定理 5.3.1 知 $\{a_n \pmod 5\}$ 是纯周期数列.

因为 $a_n \equiv a_{n-1} - a_{n-2} \equiv -a_{n-3} \pmod 5$,所以 $a_{n+6} \equiv -a_{n+3} \equiv a_n \pmod 5 (n \geqslant 1)$,即 $\{a_n \pmod 5\}$ 是周期为 6 的纯周期数列,它的前若干项为:1,4,3,4,1,2;1,4,3,4,1,2;…,从中可看出 $a_n \not\equiv 0 \pmod 5$,故 $x_1^n + x_2^n$ 不是 5 的倍数.

8. 因为 $(2,5) = 1$,所以 $\{2^n \pmod 5\}$ 是周期 $\varphi(5) = 4$ 的纯周期数列,它的前若干项为:2,4,3,1;2,4,3,1;2,4,3,1;…,$\{n \pmod 5\}$ 是周期为 5 的纯周期数列:1,2,3,4,0;1,2,3,4,0;1,2,3,4,0;….

设 $a_n = 2^n - n$,则 $\{a_n \pmod 5\}$ 是周期为 20 的纯周期数列,它的前 20 项为:1,2,0,2,2,3,1,3,3,4,2,4,4,0,3,0,0,1,4,1. 我们发现在一个周期内,$a_3 \equiv a_{14} \equiv a_{16} \equiv a_{17} \equiv 0 \pmod 5$,故在 $1 \leqslant n \leqslant 10^6$ 之间有 $4 \cdot \dfrac{10^6}{20} = 2 \cdot 10^5$ 个 n,使得 $2^n \equiv n \pmod 5$.

9. 因为 $R_0 = 1, R_1 = 3$,
$$R_{n+1} = \frac{1}{2}(a^{n+1} + b^{n+1})$$
$$= \frac{1}{2}[(a^n + b^n)(a + b) - ab(a^{n-1} + b^{n-i})]$$
$$= 6R_n - R_{n-1} \quad (n \geqslant 1),$$
故可用数学归纳法证明 $\{R_n\}$ 是整数列. 由于 $c_2 = -1$,所以 $(c_2, 10) = 1$,因此 $\{R_n \pmod{10}\}$ 是纯周期数列,它的前若干项为:1,3,7,9,7,3;1,3,…,从中看出 $\{R_n \pmod{10}\}$ 是周期为 6 的纯周期数列. 因为 $12\,345 \equiv 3 \pmod 6$,所以 $R_{12\,345} \equiv R_3 \equiv 9 \pmod{10}$,即 $R_{12\,345}$ 的末位数字为 9.

10. 因为 $\{n^2 \pmod{10}\}$ 是周期为 10 的纯周期数列,它的前若干项为:

$1,4,9,6,5,6,9,4,1,0;1,4,9,6,\cdots$,所以 $n^2 \pmod{10} \in \{0,1,4,5,6,9\}$.

设任一个个位数不为 0 的正整数为 $10a+b(1 \leqslant b \leqslant 9)$,则有
$$(10a+b)^2 \equiv 20ab+b^2 \pmod{100},$$
并且
$$20ab \equiv 0,20,40,60 \text{ 或 } 80 \pmod{100}.$$

(a) 如果 $b=1$ 或 9,则
$$20ab+b^2 \equiv 1,21,41,61 \text{ 或 } 81 \pmod{100};$$

(b) 如果 $b=5$,则
$$20ab \equiv 0 \pmod{100}, 20ab+b^2 \equiv 25 \pmod{100};$$

(c) 如果 $b=3$ 或 7,则
$$20ab+b^2 \equiv 9,29,49,69 \text{ 或 } 89 \pmod{100};$$

(d) 如果 $b=4$ 或 6,则
$$20ab+b^2 \equiv 16,36,56,76 \text{ 或 } 96 \pmod{100}.$$

以上四种情况中,没有一个正整数平方的末两位数字相同. 我们没有讨论 $b=2$ 或 8,因此,个位数不为 0 的正整数平方的末尾有相同数字的只能是 4.

假设 x^2 的末尾至少有四个 4. 因为 $10\,000 \equiv 0 \pmod{16}$,所以
$$x^2 \equiv 4(10^3+10^2+10+1) \equiv 12 \pmod{16}.$$

又因为
$$(n+8)^2 \equiv n^2 \pmod{16},$$
所以 $\{n^2 \pmod{16}\}$ 是周期为 8 的纯周期数列,它的前若干项为:$1,4,9,0,9,4,1,0;1,4,9,0,\cdots$,从中可看出 $x^2 \not\equiv 12 \pmod{16}$,矛盾,故 $38^2=1\,444$ 为所求.

11. 因为 $(5,2^m)=1$,所以
$$5^{\varphi(2^m)} \equiv 1 \pmod{2^m},$$
其中 $\varphi(2^m) = 2^m - 2^{m-1} = 2^{m-1}$,于是我们有
$$5^{m+2^{m-1}} \equiv 5^m \pmod{10^m}.$$

令 $n=m+2^{m-1}$,则 $5^n \equiv 5^m \pmod{10^m}$,因此 5^n 与 5^m 的十进制表示的最后 m 位数字是相同的. 因为 $n>m$,所以 5^n 的十进制表示是 5^m 的十进制表示的数的左端加上某些数字.

综上,存在 $n=m+2^{m-1}>m$ 满足题设要求.

12. 因为 $a_2=9,(a_2,2)=1$,所以 $\{a_n(\bmod 2)\}$ 是纯周期数列.它的前若干项为:1,1,0,1,0,1,1,0,0,1,0,0,0,1,1;1,1,0,1,…,即它是周期为 15 的纯周期数列,且在一个周期段内有 8 个奇数、7 个偶数.

如果 $a_n\equiv1(\bmod 2)$,则 $a_n^2\equiv1(\bmod 4)$;如果 $a_n\equiv0$,则 $a_n^2\equiv0$. 即 $\{a_n^2(\bmod 4)\}$ 也是周期为 15 的纯周期数列,且在每个位置上奇偶性一致,所以

$$a_{1986}^2+a_{1987}^2+\cdots+a_{2000}^2 \quad (恰好一个周期长)$$
$$\equiv a_1^2+a_2^2+\cdots+a_{15}^2\equiv 8\equiv 0(\bmod 4),$$

即 $a_{1986}^2+a_{1987}^2+\cdots+a_{2000}^2$ 是 4 的倍数.

13. 因为 $f(10^k)=10^{kn}$,所以这个小数中某个位数后 0 的个数可以超过前某个位数后 0 的个数,因此这个小数是无限不循环小数,它是无理数.

14. 设 $b_1=2k,b_2=4k^2-2k$,
$$b_{n+2}=2kb_{n+1}-kb_n \quad (n\geq 1), \qquad (1)$$
则 $b_n(n\geq 1)$ 都是 k 的倍数.式(1)的特征方程为 $x^2-2kx+k=0$,解得两特征根为 $x_1=k+\sqrt{k^2-k},x_2=k-\sqrt{k^2-k}$. 设 $b_m=\lambda_1 x_1^m+\lambda_2 x_2^m$,则因 $b_1=x_1+x_2,b_2=x_1^2+x_2^2$,故 $\lambda_1=\lambda_2=1,b_m=x_1^m+x_2^m$. 由于 $0<x_2=\dfrac{k}{k+\sqrt{k^2-k}}<1,x_1^m=b_m-x_2^m,\{b_n\}$ 是整数列,$[b_n]=b_n\equiv 0(\bmod k)$,所以 $[x_1^m]=b_m-1\equiv-1(\equiv m-1)(\bmod k)$,即存在 $r=x_1$,使得对任意 $m\in\mathbf{N}^*$,有 $[r^m]\equiv-1(\bmod k)$.

15. 首先证明: $u_n=(b+c)f_{n-2}+af_{n-3}(n\geq 4)$,其中 $\{f_n\}$ 是斐波那契数列,然后仿照例 5.2.4 进行证明.

16. 显然,由定义知 a_n 都是正整数,且因 $a_1=3,1\leq a_n\leq 1982(n\in\mathbf{N}^*)$,根据定理 5.4.2,$\{a_n\}$ 是周期数列,但尚不能确定其周期长.为此,我们利用模周期数列来解决这一问题.

因为 $2a_{n+1}=a_n(a_n$ 为偶数) 或 $2a_{n+1}=a_n+1983(a_n$ 为奇数),所以
$$2a_{n+1}\equiv a_n(\bmod 1983). \qquad (1)$$
因数列 $\{a_n\}$ 的周期本质上是反映它的奇偶性变化的规律,而 $a_n(\bmod 1983)$ 与 a_n 的奇偶性是一致的,所以 $\{a_n\}$ 的周期长与 $\{a_n(\bmod 1983)\}$ 的周期长相等.

又因为 $(1,1983)=1$,所以根据定理 5.3.2,$\{a_n(\bmod 1983)\}$ 是纯周

期数列,故存在 T,使得 $a_{T+1} \equiv a_1 \equiv 3 \pmod{1\,983}$.由式(1)得到
$$2^T a_{T+1} \equiv a_1 \pmod{1\,983},$$
即
$$2^T \cdot 3 \equiv 3 \pmod{1\,983}.$$
因为 $1\,983 = 661 \cdot 3$,所以
$$2^T \equiv 1 \pmod{661}.$$
又 $(2,661)=1$,661 为素数,故根据欧拉定理知 $\varphi(661)=661-1=660$,$2^{660} \equiv 1 \pmod{661}$,因而 $T=660$ 是 $\{a_n \pmod{1\,983}\}$ 的一个周期.如何证明它是最小正周期呢?

因为 $T=660=2^2 \cdot 3 \cdot 5 \cdot 11$,所以 $T_{\min}$ 应是 T 的正约数,经检验都不符合题意,故 $T=660$ 是最小正周期.

17. 参见《解决问题的策略》,恩格尔著,第 300 页,第 47 题.